宋代寺院碑文集成

蔣媛媛　點校

第四冊

天津出版傳媒集團
天津古籍出版社

目録

胡寅

謝伋

曹勛

洪　邁

陸　游

釋寶曇

羅願

林亦之

鮑義叔

樓鑰

王　信

鄭舜卿

釋修信

張布

曾丰

胡寅

胡寅（一〇九八——一一五六），字明仲（又字仲剛、仲虎）。建州崇安（今福建武夷山）人。安國弟之子，安國養爲己子。中宣和進士甲科。靖康初，召除秘書省校書郎。楊時爲祭酒，寅從之受學。遷司門員外郎。張邦昌僞立，弃官歸。建炎三年，張浚薦爲駕部郎官，尋擢起居郎。上疏，宰相吕頤浩惡其切直，除直龍圖閣、主管江州太平觀。尋知永州。紹興四年復召爲起居郎。遷中書舍人。上疏，高宗嘉納。除集英殿修撰，復以徽猷閣待制知嚴州，又改知永州。除禮部侍郎，兼侍講，兼直學士院。丁父憂，免喪，除徽猷閣直學士、提舉江州太平觀。俄乞致仕，遂歸衡州。秦檜忌寅，雖告老猶憤之，坐與李光書訕朝政落職。復劾寅不持生母服不孝，諫通鄰好不忠，責授果州團練副使，新州安置。檜死，詔自便，尋復其官。紹興二十一年卒，年五十九。著有《讀史管見》三十卷（存）、《崇正辯》三卷（存）、《論語詳説》及《斐然集》三十卷（存）。見《宋史》卷四三五本傳。

豐城縣新修智度院記

事無記無以傳久遠，有大事不足記，而有小事足記者，有常事不必記，而亦有當記者。人生必有業，古之民業四，今之民業七。既服耒耜而又執斤削，既通貨財而又習弓矢。失常變守，蓋弃材也，治道所惡，君子不言也。各安其業不相侵紊，猶動物不植，走物不飛，理之固然，則又不必記也。均是農也，或鹵莽，或力田，則力田者可取矣。均是工也，或奇邪，或信度，則信度者可取矣。取之以勸能者，戒不能者，則不以細故常事而無記也。今夫儒服衣冠，則當修仁義禮樂，一取正於仲尼，乃其業也。詆訾先聖，而歸向异端，五濁貪欲而守持齋素，殃民害物而懺罪祈福，實諸所有而談論空寂，猶之弃材焉，則無可稱者矣。去父母，毁膚髮，攻苦學佛，爲廣宫大厦以事佛而居，其徒相與紹隆而不替，此爲僧之常業也。凡其所建立，必求吾儒之能文者以紀述之，若不必記，而君子有不免爲之言者，亦因其教寓勸戒焉爾。既已爲僧，而又隳敗其業，甚則破戒律，私妻子，近屠沽市販，或至弃寺而居，風雨敗佛像，經卷爲窶藪，亦不顧恤，如是者衆矣。則能不畔其教而守其常業者，豈不足道乎？豐城龍澤寺主僧廣照以修佛事緣化，有徐氏父子施最厚，照一不私己，盡用以葺其廬。凡殿堂、門閤、寮庖、浴匽、丹青、鑄甃，物物咸稱。寺在邑西五十里山崦中，松篁蔽虧，澗壑舂撞，人境佳處也。紹興壬子末，予侍親自杭西行，至是少憩焉家居，愛其清曠，留度冬春甚適。明年夏四月，將去而之衡山。廣照請曰：『山僧垂老多病，劬瘁於此屋，未嘗有士大夫車轍馬迹也。今幸辱臨，得一言刻諸石，没齒無恨。』予既許諾，又以其事問諸里邑，無間毁者，遂爲之記。蓋嘆世有當爲而不爲，不當爲而爲之者。則凡能爲不失其分者，亦可嘉也。影印文淵閣四庫全書本《斐然集》卷二〇。又見雍正《江西通志》卷一二五，乾隆《南昌府志》卷二三。

湘潭縣龍王山慈雲寺新建佛殿記　記首一百四十字先文定作　紹興三年

自古學道之徒，嚴事其師，等於君父。溯流循幹，厥有原本。若中國業儒者，必宗仲尼。西方浮屠氏號名雖衆，亦以佛爲無上士天人師，未能或之先也。仲尼夢奠之後，門弟子欲以所事聖人移於有若，而曾子不可，以此防民。猶有設故臣像侑坐先聖，端視至尊，拜伏不以嫌，君子有憂之，昌言於朝，以爲天地以來，中國規制未有如此者，庶幾乎曾子之心非迂言也。西方之教雖异於是，凡慈孝忠順之屬，尊卑貴賤之分，禮樂刑政所以維持人紀胥立於世者，皆掃除之，曰：『是有爲法，非實際也。』吾嘗考其事，則有不得遁者。其法有父子之傳，其位有賓主之异，其叙有戒臘之次，其居有丈室堂寮之别，其名位有長老、主事、衆僧、童僕之等，其奉養有寒裘、暑葛、朝晡蔬穀之具，其情文有交際往來、送死哭服哀樂之節。尤恐其壞也，則又爲之規律，以整齊之。守此者爲威儀，犯此者爲罪愆。其嚴如是，固秉彝之理欲去之而不能者，而其言曰：『若以事觀，是爲事障，若以理觀，是爲理障。吾不爲是也。』至其師弟之際，抑又謹甚。自其教東行，精舍遍天下。凡殿宇繪像，歸依所向，必以佛居上位，菩薩羅漢次第布筵列屋而環之。入其門，大殿翬飛，金碧相照，巍然而中尊者，不問可知其爲如來也，所從久矣。而湘潭隱山大禪寺，嘗有主僧創意徙佛於左廡，革殿爲閣，刻木高三丈，象千手觀世音居之。夫觀世音固慈悲神通，其視如來，蓋亦瞻前忽後，安能遽履佛地哉！一日挈弟子登坐其師之席，揖其師，退侍弟子之旁，倒置而逆施之，自有佛以來，無是理。其徒艴然不悦，蓋理有不可者，人心所同也。有大比丘法贇實嗣總持，命僧子積敦匠庀工，營殿於閣前，復其常制，瑰麗雄深，瞻仰端正。既成，求文以記之。予謂人生有三重焉，君父彝倫也，師承至德也。冰寒於水，無水則無冰，以弟子既傳道而可以黜師，是逢蒙既盡巧而可以殺羿。推此志也，子而齊聖，亦可先食於其父，臣而庇民，亦可易位於其君。雖學佛者絶倫離類，無意乎三綱，猶不取此也，况中國之大經乎？贇是舉，有感於吾心，故爲之一言。殿成於紹興三年某月某日，若工與費經營，常事也，則不必書。《斐然集》卷二〇。

桂陽監永寧寺輪藏記

文籍惟吾儒與釋氏爲最多。然儒書之要莫過乎五經、鄒魯之語。是七書者，上下關千五百餘歲，非一聖賢所言，總集百有餘卷而已。既經仲尼裁正，理益明，道益著，三才以立，萬世無弊，違之則與人道遠焉。未嘗丁寧學者收藏夸眩，以私心是之，而所以至於今，存而不廢者，蓋人生所共由，自不可離故也。其餘百氏著述日繁，世人得以卷記者至於數萬，可謂衆矣。然明智之士則必紀綱大訓，折衷於聖人，使至當歸一，精義無二，詖淫邪遁之辭，遏而不得肆，固不盡以爲是也。今釋氏之書五千四十八卷，以詞之多，故世人鮮能究之。吾嘗閲實其目，則曰論，曰戒，曰懺，曰贊，曰頌，曰銘，曰記，曰序，曰録，雜出於僧人所爲居其大半，而以經稱者纔二千餘卷焉。僧人於是中所常誦味舉唱者，又亦六七品而止爾，餘則置而不道也。所以不道者，抑未暇歟？將無庸稱歟？然則自其術論之，所得有淺深，則所言有當否。若舉以爲是，不亦罔之甚哉！夫其詞之多雖未可盡究，而立説之大旨亦可知矣。蓋論心則謂耳目鼻口之用，喜怒哀樂之變，皆非本體之妙也。論身則謂假暫聚生老病死無非苦惱，雖以食狼虎，飽鵰鳶而可也。論生死則謂有前世之來，後世之往，人與狗彘羊牛相爲輪轉而不息也。論世界則謂天之上有堂，地之下有獄，日月之中有宫囿，星辰之域有里數，而宇宙之衆如河沙微塵者，蓋不可勝計也。論庶物則謂羽毛介鱗皆前生之親愛宗族，而含靈蠢動，蚑蚋螻蟻，與佛不殊，亦欲化之，使登正覺也。其於秉彝天命，則以爲愛欲所鍾，因而滋續無足貴者，故視父母兄弟妻子猶怨憎仇毒之可惡也。其所親厚，則以它人爲慈孝傳繼，凡九州四海殊根异質，不問賢否，苟同於我者，皆法屬也。其論覆載之内，可見之物，可名之事，則等之寐夢幻詭，漚影雹露，舉非堅久真實，不必爲也。其論鬼神則記其狀貌，叙其種類，知其嗜欲年壽，得其居處名數，縱口而談，極筆而書，不自以爲怪也。佛既言之，又付囑之，僧遂演説而推廣之，所以其書至於五千四十八卷之富，且以爲字字皆至理，句句皆妙法，卷卷有光明發見，處處有神物護持，無可置議。於是裒人之財，竭人之力，印以紙墨，匣而藏之，載以機輪，推而轉之。丹砂黄金，文珉香木，窮極侈麗，葩華絢飾，然後爲快。獨疑而闢之者，乃外道魔障，佛之罪人。若傅太史、韓文公之流，至今爲釋子怒駡而未已也。夫既以空虚寂滅爲道之至矣，雖天倫之重，乾坤之大，照臨之顯，山河之著，猶將掃除殄絶，洞然不立，則凡見於形象，當一毫無有焉。今乃建大屋，聚徒黨，耕良田，積厚貨，憧憧擾擾，與世人無异。而以佛之遺書，營置儲貯，巍然焕然，欝相望也，烏在其爲空乎？不能空其言説之迹，而欲空并育之萬有，烏知其可乎？是必有説矣。比丘慈巖居桂陽之永寧，悉其志力以營兹事，勤苦歷年，而後克成，來求爲之述，以示久遠。予因舉儒釋异同，且箴夫弃有趨空者之蔽，庶吾黨之士相與講明，以止於至善。夫豈好辯哉，蓋亦不得已也。

《斐然集》卷二〇。又見《文獻通考》卷一二七，《荆川稗編》卷七〇，《南宋文録録》卷一〇。

衡岳寺新開石渠記

物無不可用，用之盡其理，可謂道矣乎，非邪？言道而弃物，體妙而用粗，或以爲精，吾見其二於物也。五穀飽人者也，今有人不種不穫，廩庾無積，釜甑無爨，持其枵腹而語於衆曰：『吾飫於食，吾之腹果然，汝奚不作稻粱黍稷之想而自肥乎？又奚不忘稻粱黍稷之念而已飽乎？』衆美其詞，相與贊之曰：『先生不忍獨飽，又憂弟子之飢，吾一聞之，了達無疑。咀嚼至教，而厭足甘味，雖六瑚八簋豐盛乎前，皆幻物也。』吾見天下之人皆口充乎此而中餒者也，迭唱更和，以爲至矣。居無何，不免於爲若敖氏之鬼。謂道不在物，至妙非事爲之用者，不類此歟？今夫人不可一日而無食，田不可過旬而暴之。有沃壤腴地而無溝洫畎澮，以資不雨之急，則大聖智亦不能拔苗擢穗，使發秀而穎粟也。而好誕者顧曰：是粗之爲用矣，吾有道於此，説雨露之功，談江河之德，發揮涵濡滋養之利，而指示灌溉收濟之效，顧盼作用，倏忽俄傾，則生物之衆既已被潤澤而大豐美，豈獨爾之長畝爲多稼哉！雖火雲焚空，金石融泮，萬類焦灼，固不能爲吾田之病也。嗟夫！此與向之爲若敖氏鬼者，固歸於無智而不仁，三尺童子猶將笑之，而又可以欺夫通天人、合外内之君子乎？衡岳寺長老純粹領寺之三年，數罹暵乾，顧田旁有溪流，不可激而使也，乃泝源上絶壁，相可引之道，躬率其徒，以鑱鑿從事，勞而益勤。未幾石渠告成，疏分巨派，飛練挂壑，流虹帶山，滂傾演迤，隨意停決。餘潤所覃，鄰壤作乂。是歲秋大穰，齋庖恬愉，鼓鐘其鏜。粹來請記之，使後有考焉，予曰：天地之内，事物衆矣。其所以成者，誠也。實有是理，故實有是心，實有是心，故實有是事，實有是事，故實有是物，實有是物，故實有是用。今以手舉物，而曰心未嘗舉，亦初無物也；以口對客，而曰心未嘗對，亦初無客也，斯亦妄人而已矣。何以明之？爾不能耕不土之田，居無地之室，衣不蔽之服，而食無米之飯，是則誠之不可掩也。而獨外此以爲道，可乎？往刻諸石，使來者讀而味之而要其歸，則吾之言猶爾之渠，蓋相與流通而不窮矣。《斐然集》卷二〇。

羅漢閣記

邵陽西偏縣曰新化，敕額禪寺是爲承熙。有大比丘智京，其號明覺，承嗣普融，紹臨濟宗。三返致書武夷居士，具道承乏餘十載，所行解淺薄，有愧負荷。惟是殿堂供養諸佛，梵唄香燈，齋魚粥板，雲寮海會，來者安隱，内外四維，室居器用，罔不備具。方丈之職，如涵月水，如應撞鐘，以是因緣，心未厭滿，乃建崇屋，延眝五百大阿羅漢。信士楊苐、曾衢、劉璩、楊甫、羊桌僉議營創，儒衣蘇林全山舍材。紹興癸酉仲春上休鳩工，經始明年七月十有五日，百役告成，所費緡錢溢三萬。高明宏深，升以飛梁，下敞三門，翼以行廡，受任衲子，與來賓客，幽討栖集，各有其處。

仰而瞻焉，巍巍耽耽，譬如海岸，迦陵伽林，滿月大樹，穹然彌覆，又如毗盧，華藏莊嚴，僧祇蓮界，所化現事，以是幻故，三磨鉢提，龕屏盤陀，奇肖岩谷。寶香所薰，結成雲蓋，幢幡鬘網，蔽虧空色，檐鈴風鐸，擊觸妙響。彼工師衆，非得定慧，特由善巧，疑於神變。彼五百像，雖則木偶，如喜如怒，如美如醜，如恭如肆，如悲如智，如入三昧，如相諭授，如泊無思，如默有應，如語未發，如視久諦，如數十輩同作一念，如方寸地起百千想，如以所執表示法度，如得無漏過于辟支。聲聞獨覺，如未涅盤，希慕三世大乘諸佛。承上有云：『華嚴莊嚴，得住處者纔以百數，豈如此間，舉眼即見？山僧老矣，形劬心耗，誠不自料，克果勝緣。願求證明，用語言施。』居士辭曰：『如來嘗説，我滅度後，有能尊信，興隆像教，種種嚴奉，是人獲福，應不可説。而達摩師譏訶梁武寫經度人，造寺無算。人天小果，有漏之因，如影非實，并無功德。今爾所作，是佛非祖，是祖非佛，於意云何？』明覺答曰：『如智京見，亦佛佛智，亦祖祖法。一萬萬一，是大圓鏡，於此鏡中，無窮邊際，一毛端相，現出承熙。羅漢杰閣，事理真如，不相留礙。倘遇彌勒，彈指開門，善財童子，隨引而入，則此閣中乃是如來秘密藏海。少林一派，從兹流出爾。』時居士忻然笑曰：『我异於是。予欲無言，以請之勤，悉載來語，謂之閣記，亦云可哉。』《斐然集》卷二一。

元公塔銘

予少也居荆門漳水之上，游學京師，教道襄漢，聞白馬寺有得佛法長老曰諒元者。久之，去白馬，如湖湘，而不詳其所止。紹興甲寅之歲，予寓居南岳，一日前住覆船山慈嚴來謁，問其孰嗣，則曰：『先師元公。』予以元知名僧，頗欲識之而不果，則遂詢其本末於嚴，嚴曰：先師福州之福清人，姓董氏。幼而奉佛，弃家投瑞峰寺。元祐四年試誦經中格，度爲僧。住洪州，禮事泐潭乾，乾器之。師自念言古人學道必先勤苦，我今無營，坐享乳糜薌飲，此意非法，乃爲泐潭禮佛遠去。及歸，乾已没，師復謁分寧玉溪慈，叢林號曰慈古鏡者，咨决安心，不更他適。洎慈就寂，始領衆游方，歷潭之潙山、鼎之梁山、荆之玉泉、襄之白馬，率上首立僧提唱，皈信者漸衆。大觀己丑歲，白馬虚席，州將以疏帖授師，師遜避再三，卒不得免。攝衣升座，衆聽狎洽，莫不恨其總持之晚也，一時聲譽與谷隱顯公相先後。居十年，以化緣既畢去，客於蒙城蘭若。桂陽監守與師有舊，遣書迎致，居監之天寧。監僻而寺陋，師隨方誘導，其説盛行，猺俗信化。越三年，當宣和乙巳歲，春正月六日，出謁知識，人人叙違，還寺令考鼓與衆言别，端坐而逝。逮十有九日，體魄堅植，色相自如，其徒不忍用火，相與即其身塑飾以事之。師質朴和易，接引欣欣，未嘗有愠怒色，揀擇心囊，中不蓄一物，得供施即隨手散盡。坐僧夏三十六，壽六十四。有《語録》一卷，門弟子爲長老者十一人。慈嚴所稱述者，大概如此。以予聞質諸知師者，驗嚴之語，皆曰然。嚴乃請曰：『先師道行孤高篤實，慈嚴等不能振大家風，恐遂泯然弗傳。願假一言，刻諸像塔。』其請至五六而益勤，予既重元之爲僧，又矜嚴之志，乃叙而銘之，曰：

宣道者言，任道者身。身則弗行，言則誰信？九年面壁，一人得髓。獨爲死生，其艱猶爾。末法滔滔，言滿天地。分據諸方，各有孫子。試聆其言，何法不證？夷考其行，鮮克相應。如彼所説，真空無相。以相見我，事障理障。如我所説，一陽一陰。心即是迹，迹即是心。謂迹非近，道終不近。於行必誠，於辭必遁。維元導師，浮屠之劭。質實廉清，蓋以身教。咨爾學人，欲嗣清風。尚視斯銘，以參异同。《斐然集》卷二六。

謝伋

謝伋，字景思，自號藥寮居士，上蔡（今河南上蔡）人，克家子。紹興初爲詳定一司敕令所删定官。三年以工部員外郎爲祠部員外郎兼權太常少卿。二十五年知處州。二十七年提舉兩浙路茶鹽公事。著有《四六談塵》二卷（存一卷）、《藥寮叢稿》二十卷。見《建炎以來繫年要録》卷四一、七五、一七〇、一七八，《嘉定赤城志》卷三四，《宋史》卷二〇六、二〇八等。

大宋台州臨海縣佛窟山昌國禪院新開塗田記〔一〕　紹興十三年三月

台之爲郡，負山并海，阪田狹薄，下土塗泥，側耕危穫，較計毫牦，以是富者無連阡陌，中人皆争尋常。惟海濱廣斥之地聚人力焉，以防止水，趨時如猛獸鷙鳥之發，收穫如寇盗之至，或可以得大利，農之知此者多矣。過之者挾其槍，刈耨鎛咸，有擊果疾耰之心。幸而得請於官，又主伯亞旅强以之力有限，比閭旅黨鄉州之心不同，則人弃我取，多歸於佛之徒矣。自佛法之入中國，逃賦役而去業，着幽禪以爲高，此唐韓愈氏之所病也，然佛之法大抵以舍身利物而無所任着爲心，則韓子之譏，學佛者之過也。台之南三十里有山曰佛窟，其院曰昌國，周廣順間吴越國檢校刑部尚書包彦暉之所建，真宗朝改賜今名。當南走瑞岩，北入郡城，大道上傳車轂擊，僧衲肩摩，寢於斯，食於斯，殆無虚時而歲乏蓋藏。院之檀越左朝奉郎、通判湖州左君譽嘗爲之謀曰：『院北廿里有堰曰高湖，岸之塗泥可田也。』左君既亡而事不就。紹興庚申季春，僧宗辯來主是剎，首發左君之遺意以語其徒，願供租賦以奉公上，出力役以給往來，院衆復因等皆是其説，則狀其事於縣。丞程君時攝邑事，以爲無傷於民而利於公，遂從其請。東西盡衆田，南伍師山，北及下渡，斷長補短，爲田□□□。於是富者出財，少壯者出力，能者出技，或弃庵而爲廬，或捨地而增址。暑不避暴炙，寒不避匽薄，四時之間無日休息，沾體塗足，以旦暮從事於斯，固壅塞以防決，蓄灌溉而能旱。二年而成，乃有積倉，取供十方齋厨，以給飛錫而來者。皆大歡喜，則具石將列檀施之名於左方，且求文以記。有僧崇教大師宗敏語宗辯曰：『左君之善謀而師克成之，得所與左善者而記之，則檀施悦矣。今謝祠曹故善左别駕，若求文於謝，其無辭乎？』辯來請記如敏説，余曰：左君吾先人之所知也，善與人謀，嘗一言而爲兹山永久之利，樂辯能成其意，故爲之書，以示不知者。時紹興十三年三月上浣日記。《台州金石録》卷五。

〔一〕題下原署：『右宣教郎、主管台州崇道觀謝伋撰。保信軍承宣使、知閤門事兼客省四方館事、樞密副都承旨曹勛書。右朝請大夫、新差權發遣撫州軍州兼管内勸農營田事、借紫金魚袋趙子游篆。』

曹勛

曹勛（一〇九八——一一七四），字公顯，號松隱，陽翟（今河南禹縣）人。以父恩補承信郎。宣和五年特命赴進士廷試，賜甲科。靖康初爲閤門宣贊舍人、勾當龍德宫，除武義大夫。從徽宗北遷，被命自燕山遁歸，建炎元年至南京，以御衣所書進入，建議募死士航海入金，奉徽宗由海道歸。執政難之，出勛于外，九年不得遷。紹興十一年奉命使金，金許還梓宫及太后。二十九年拜昭信軍節度使。孝宗朝加太尉、提舉皇城司、開府儀同三司。淳熙元年卒。年七十七。著有《松隱文集》（存）、《北狩見聞録》（存）。見《宋史》卷三七九本傳。

净慈創塑五百羅漢記　紹興二十九年正月

臨安都會，實據形勝。東連巨浸，揖溟渤之空闊；西接天目，孕山乳之宏秀。面朝背負，勢兼吴越，覆壓千里，利盡南服。而湖山在其右，一水練净，名岫環叠，平碧十餘里。旁岸皆僧坊寶社，净慈山報恩光孝禪寺實居其首。在錢氏時爲永明寺，慈化定慧師道潛居之。潛有行業，一時推重，嘗請於忠懿王，求塔下金銅羅漢像。會王曾夢十六大士從師而行，密符請意，因如其求，歸於精舍。是知多士一旦高臨於風烟之上者，光景固肇於此矣。是後智覺壽禪師相繼住持，作《宗鏡録》等數萬言，爲衲子指南。至聖朝神宗皇帝以圓照禪師宗本、大通禪師善本相繼法席，英風義概，聲徹上都。詔對殿中，名動海内。叢林之盛，號爲南山之冠。建炎初，寺遭回禄，基址但存，緇褐蕭然，遂爲荆榛之地。住山者第辦粥飯已爲能事，無復有一毫興建意。紹興初翠華巡幸。暫駐此邦，士大夫往往感今懷昔，訪尋囊所，咸欲稍復舊觀，日以爲念。會有薦湖州佛智大師道容住持，衆悦請之。容既至，創闢堂宇，挂搭禪徒，魚鼓聲聞，一新爽塏。又念昔金銅像夢應殊勝，且無礙神通，有不思議力，乃勞心募化，罔憚寒暑。能者效勤，巧者獻工，富者輸財，辯者勸施，以至行商坐賈，田間著姓，破慳捨有，整平故基，創建五百大士。釋迦中尊，金碧相鮮，丹雘有度，行列拱對，環向序居。蕭散契方廣之名，莊嚴等石橋之勝。榱題焕麗，繞以重楹。應供之相，覺顔間俱有喜色。逮及寶幢花幡，帳坐供器，凡作佛事者，靡不畢舉。鳩工於癸酉之夏，落成於戊寅之春，訖歲五周，始即厥緒。四方觀者莫不贊嘆，規制雄偉，像與法稱。大江而南，得未曾有，宜爲行都道場之冠。塑者一僧，事竟即化。原夫《涅槃經》義，謂昔五百商人采寶出海，值千盗攘去，并剜其目。商日夜號痛，欲向無所，人有告之曰：『靈鷲佛氏，能救汝苦。與我重寶，引汝見之。』商且行且捨，至大林精舍，佛爲説法，各證阿羅漢果。蓋其因苦願力，普攝無邊，散處山林，分形顯化，作人間福田，亦所以示人從生有貪，因貪受苦，因苦得報，回向正念，具大神通，成就一切者。時勸化有承宣使王公繼先，名重一時，心存諸佛，凡善緣所在，無不導衆心而稱首。故兹勝事，助緣最於他人。自治木塑造，裝褫修供，莫不身親。惟興隆之意，豈昔因中於儼然未散處，自有一種法性。不然，何歸依嚮道之切也？佛智嘗謂予曰：『物之成毁，率繫人念之善惡。彼念之不善，則寺之殿宇山立岳峙，蔽虧日月者，可使灰飛烟滅，掃地無餘。至念之善者，慷慨欲復，則瓦礫之場，化爲蓮宇，荒穢弗治，倏爾金碧，不疾而速，日就有成。』其於生滅成壞，變現須臾，於其中間，竟亦何有？然所以爲不滅計者，畢竟不在念外也。若止於觀感，而化自一鄉至一國，被於天下後世，其利益可勝言哉？心法悉繫於念，明矣。佛智履踐端粹，皆在正受，攝相歸性，信於諸方。屢求文於予，乃摭寺廢興、羅漢因果、檀那資助、佛智竭力及總費千萬餘緡，叙爲梗概，俾覽者具詳衆事，於予文施，誠不唐捐。紹興二十九年己卯正月上元日記。嘉業堂叢書本《松隱文集》卷三〇。又見《咸淳臨安志》卷七八，《西湖志》卷一〇，康熙《錢塘縣志》卷三四。

天竺薦福寺懺主遵式敕賜師號塔名記

紹興三十年七月日，有敕以天竺時思薦福寺故住持傳天台教觀僧慈雲法寶大師遵式，謚懺主禪慧大法師，塔曰瑞光。一衆望闕，祗承明命，天下衲子贊嘆异恩，得未曾有，誠山林苾蒭不世之遇。雖砥礪名節，端委立朝，巨德崇勛，暴耀一時，未有百歲而後，際會若斯之隆也。嘗謂佛者非特示其徒草衣木食，從事枯槁，蹈虎狼之區，與物外爲友而已，蓋將使修身八戒，傳持三學，續佛慧命，作新人天。若但守赤軸梵貝，冥行愚接，不造諸佛境界，亦非其徒也。惟師苦身滅性，死心忘生，夙於賢劫會中尚志而出，遂與天子宰相講論至要，廓然大觀，以己之天開人之天，騫然高舉，出於其類而拔其萃，一意願力，鋪張宗乘，修六度，備萬行，作止觀，以明空幻之法，俾本性靈承，安静無住。又行道之地每熾炭燃皶，置殿四隅，晝夜經行，以指抹皶，十指存三，乘痛烟起，示無生法忍，俾學空寂者得真法供養。以是不愛軀命，顧肯求嘉號，夸示後世耶？然利於時用者道必廣，化導既深者譽益崇。雖歷塵劫，聲迹愈著。是宜爲聖主覽文知名，即名增謚，顯題塔號，以榮其終，光昭异數，用詔方來。虚空有盡，師名無盡，則斯事也，可得無書乎？師五世孫子琳，不忘夙授，沾飫甚深，見索鄙文，叙致本始。若世功實行，則有曲記疏其詳。兹文之載，直書聖主所以褒揚高世之士，誘掖寰中，有識有情，咸飭衆善。自爾千百載下，凛凛然增嚴霜烈日之操矣，可不尚歟！《松隱文集》卷三〇。

六和塔記　大宋臨安府重建月輪山壽寧院塔

嘗謂天下之事，利害相若。惟能因利以除害，則利斯得而害乃去。錢塘昔號都會，既天子建翠鳳之旗，爲駐驛之地，可謂據東南天設之險。而浙江介於吴越，一晝一夜，濤頭自海而上者再，疾擊而遠馳，虎駭而龍怒，猛如山立，欻如雷轉，掠堤突岸，摧陷莫測。甚至于捲民廬舍，衝壞田畝，爲臨安之患久矣。雖智者造謀，巧者述之，莫能禦也。故汹然獨起，殊百川之進退。昔人嘗以爲言，又謂浙者折也，以潮之出海，屈折而倒流，其地形蟠吴挾越，夾群山而中來，折入既深，激而成鬥。夫以天設之險，爲東南之固，可謂利矣。而其奔濤巨浪，民不奠居，則害可勝言哉？冥冥中果有神物典司其事。錢氏有吴越時，曾以萬弩射潮頭，終不能却其勢。後有僧智覺禪師延壽同僧統贊寧，創建斯塔，用以爲鎮。相傳自爾潮習故道，邊江石岸，無衝墊之失，緣堤居民，無驚溺之虞。聞者德之，而武林郡民日由之而不以爲德。迨宣和三祀，塔與寺爲寇盜所爇，赤地無餘。自是潮復爲患，歲加一歲。或疾浪澎湃，舞潛蛟，躍鰍鱣，以至巨浪怒沫，頃刻間搗堤壞屋，侵附江之陸數十百丈。民雖實苦其害，然迄無以措手。紹興歲在壬申，天子憂之，思所以制其害者。在廷之臣，首以復興斯塔爲請。詔賜可，下有司計度，意將官給金幣，庀工治材。而都下守臣，擇可主持斯事，得僧智曇，蔬食布衣，戒行精絜，道業堅固，可任以幹緣。乃縷陳磚石土木，方隅廣袤，所以復塔之意，曇口諾心然，願以身任其勞，仍不以絲毫出于官請，得募民衆，畢兹勝事，都守即日命住持是院。曇自被命，如大檀越和義郡王楊某率先衆力，出俸資助。又居士董仲永，以家之器用衣物咸捨以供費。先造僧寮庫司、水陸堂、藏殿，安存新衆，俾來者有歸依祈求之地。以致中朝蓮社，聞風樂施，雲臻霧集，雖遠在他路，亦荷擔而來。自癸酉仲春鳩工，至癸未之春，五層告成。是年歲晚，則七級就緒。巍然揭立，成數十尋。跨陸俯川，欄楯層繚，面面門敞，寶綱鳴鐸，光動山海，撑空突兀，已立於風烟之上。外則規制壯麗，氣象雄杰，日以萬衆，歡喜瞻仰，得未曾有。內則磴道以登，環壁刊《金剛經》列於上下。及塑五十三善知識，備盡莊嚴。至於佛菩薩衆，各以次位置。凡所以鎮静山川，護持法界，調伏魔境者，莫不闔而存焉。塔興之初，土石未及百簣，而潮勢雖仍洶涌，浪猶暴怒，已不復向來之害。徧氓得袖手坐視，略無隱憂矣。噫，塔之利益果可以除害如此之驗耶？曇之願力緣法乃能興利如此之速耶？以故衣冠緇黄、耆艾士民，德曇甚深，而拱手贊嘆。是塔也，不特鎮伏潮不爲害，又航于海者，寅夕昏晦，星月沉象，舟人未知攸濟，則必向塔之方，視塔中之燈光以爲指南，則海航無迷津之憂。是致富商大舶，尤所歸向而喜捨無難色，此又塔之利也。塔將圓滿，寺衆以事之始末求予文以記其實。曇，東人也，體識深敏，早受律儀，持教臨壇，已逾三紀。信心之士，往往聆芳咀妙，割縛導述，作大方便，護于群生。顧予知曇之戮力，乃申利害之所出，陳上聖之憂勞，紀廷臣之建言，道曇之率衆與夫工徒用度之數，皆摭其實，庶知不假聲勢，成兹利益，備諸難事，而盡未來際，千百載下，僧俗當共謹護，以爲此邦植福，豈不美哉！約用工百萬，緡錢二十萬云。嗚呼，佛以像教，開示群生，而迷妄不靈，渾然莫知。所謂塔之爲意，蓋稽諸一體，内外洞達，於天人嚴持妙圓，出乎物表。堂堂此塔，即此佛也。以是威神，峙廣大之地，四時有謝，法體常然，屹若佛身，臨以願力，足能制諸外道，降伏天魔。此釋迦文所以禮多寶塔也。推是在人，清修梵行，與之齊肩，比塔高廣，攝受一切，則與冥然日用而不知者，固有間矣。予故標此，若形理兼宣，則自應冰釋云。《松隱文集》卷三〇。又見《咸淳臨安志》卷八二，《西湖志》卷一一，《西湖游覽志》卷二四，康熙《錢塘縣志》卷三四。

徑山羅漢記　紹興三十年正月

徑山蘭若，唐國一禪師道場。先有神龍居之，陰功密行，大庇其衆，歲時香蒲之供，殿宇之嚴，或不謹於清規，或弗虔於瞻視，必動以神威，示以顯化，緇素惴惴，無不增長善念。國家歲時畢彰殊應，香始在爐，足未及麓，而所欲已遂矣。是宜爵以真王，封以美號，載在明祀，爲一方福田。佛日杲公禪師被詔住此山，四衆歸依，肩摩踵至。彼上人者建化宗極，益新寶刹，廣大神居，禪衲翔集，室中無虚日。師持竹篦子爲信器便門，以示學徒，機反於機，事復無事。言下穎脱，得出世間法者，比比皆是。寺舊有春供羅漢一會，最爲勝緣，而繪像經久，絹素段裂，丹臒渝變，不可以傳遠。佛日以爲言，有湛然居士密已領解，獨運誠意，欲别爲繪事，增大圖軸，俾瞻之仰之，悚然信禮，思得鴻筆，用稱志願。湛然有婿監榷貨務趙伯駒，禀天潢之秀，擅丹青之譽，規摹人物，效法顧、陸。或得其游戲於一水一石，必珍藏緹襲，士大夫每以難致爲恨。倦於落筆，厥聞四馳。趙遽受湛然托，後直宿務中，夢有王者傳呼入謁，車騎甚整。方理冠屨，王已造前，揖而言曰：『湛然相委，山中所仰，須煩精專，甚善。以眷屬栖托，敢爾相祝。』將去，猶遲留曰：『願加意。』趙恍惚未知所對，遂寤。亟省適夢，索其風貌，則徑山龍君之神遇也。乃滌慮澡思，頓革夙倦，却去葷茹，自昕及昏，入不思議，至忘食息。軸寫五身百軸，而足莊嚴采翠，微妙清浄，行道入定，起坐顧瞻。笑顏愕睇，却立反觀，騎跨儀形，升降神變，道韵清穆，凝表睟澹，高出塵外，意蹈大方。肅容諦視，無不周盡體制；香雲縈拂，便如會方廣中。誠曠代之神品，極當時之能事。畫既成，湛然又各製髹塗盂鉢，七箸瓶爐，周以食案，佐以桶洒，并茶具鍋釜之屬，悉備於用，俾涉彌久，亦供聖位。嘗謂一佛二佛，三四五佛，猶曰善根，况見在正念，初無絲頭妄意計，彼五百大士，於香火冲漠之際，視湛然猶此畫此器之不泯，其於動静安樂之適，當無得失去來之累。獲浄信驗，可謂甚深。湛然復謂予與佛日曰：『向上法要離一切相，方名諸佛。然不有三身，何以示迹？倘雲開天空，德成於悟，則證菩提於上根。苟逐物生情，迷而不返，則中邊俱滯於爲幻。盡未來際，尚何言哉？非自得於性相，豈易言説？』因相視一笑。譙人曹某拱手贊嘆財法二施，得未曾有，摭其始末，爲書梗概。後之覽者，又宜知言動間物，已司其作止，可不念歟！佛日喜，乃伐石而碑之。時紹興三十年歲次庚辰正月戊寅上元日記。《松隱文集》卷三〇。

徑山續畫羅漢記　乾道九年六月

僕獲與今浙西路馬步軍總管趙公希遠及其兄千里交游甚久，喜其棠棣之愛，鴒原之敬，實士夫之儀矩。兄之拊弟，弟之奉兄，曰坐則坐，曰食則操匕箸以食。事之細大希遠，舉不先其指。人謂翔二鳳於層雲，咏連璧於一時，宗族嘆仰。又博涉書史，皆妙於丹青，以蕭散高邁之氣見於毫素。嘗耳其論畫，寫人物動植，畫家類能具其相貌，但吾輩胸次自應有一種風規，俾神氣翛然，韵味清遠，不爲物態所拘，便有佳處。况吾所存，無媚於世，而能合於衆情者，要在悟此。故二公以一圓墨舒卷萬象，俱受聖知。凡所落筆，皆縹囊玉軸，爲上方珍玩，僕無半辭溢美也。向者千里嘗爲徑山杲禪師畫五百大士百軸，舉世以爲榮觀。備佛事伊蒲之供者，寺無虚日，蓋人得争先睹之爲快。偶不謹回禄，皆失於煨燼中，所存僅三十軸，抑天遣六丁下取將邪？抑大士厭濁世之薰蕕，欲脱迹方廣雲烟之際邪？時千里下世已數年，今住持聞公禪師實嗣法大慧，有詔令繼大慧法席。父子接武，一音提唱，道俗歸嚮，龍天作禮，學者輻湊，惟恐其後。上聖知師道價，屢召入内殿，從容禪悦，機緣純熟，發明大要，神動天隨。揚厲般若之益，如水赴壑，特賜慧日禪師。一時榮耀，四方衲子咸知尊仰，以至襲大慧之規，再建杰閣，跨以飛橋。樓閣門開，中嚴毗盧等像。後具函藏所畫阿羅漢，環列護法諸天。其下則水陸堂，堂之西南一新客館〔一〕。閣之東重建鐘樓，高出雲表，與橋相視亘大。羅漢閣則如左右翼，棟宇宏麗，輪奂炳然也。聞公住持逾五載，聖上寵渥，錫賚异常，念莫能報國恩，乃祈以本院專爲祝聖壽道場。尋奉俞音，仍特賜寺額，爲興聖萬壽禪寺，免諸州場務商税，并平江府和義莊除納正税外，非時科斂，悉蒙蠲免，皆异恩也。公又懇希遠公求補大士之闕，而希遠向知被焚，固密伸此願，就其兄之勝緣，足大士之聖位，亟具繪素，靡間寒暑。不數月妙相梵容，金碧璀璨，磊落在列，如聞音吐靈山一會，便若儼然未散。嗚呼，誠心雅度，妙筆神集，莊嚴麗密，高臨於五雲非烟之上。非昆季其志一，其誠篤，何以致是哉？且觀此身如夢幻，能以此洗心，追嚴於冥寂之際，結友於冲漠之間者，顧肯沉於諸妄，而圖無益之想，增有生之障耶？仁者用心，卒不唐捐，故寺之遠近檀那歡喜修供，并日累月略無間斷，豈昆季共兹報緣中，先得神通第一者歟？某比以湛然居士見委紀事在前，希遠又托記於續功德之後，載欣書事，筆不停綴。他年覽者，或亦刮摩世習，共進此道，則登山臨水，擲鉢杯渡，處處相逢矣。尚願寺之典領與山君伽藍益加守護，無縱大士有石壁昆岡之游，用稱人天愛護之切。時乾道癸巳季夏望日記。《松隱文集》卷三〇。

〔一〕一新：影印文淵閣四庫全書本（簡稱『四庫本』）作『則爲』。

崇先顯孝禪院記　隆興元年七月

臣恭惟紹興皇帝執符御宇，光啓中興，溥博仁恩，化覃無外。忠厚邁周家之政，勤儉越漢文之德，凡所謂甚盛之舉，皆見於設施。其號令言動之際，記注固已成書。惟致養東朝前聖，以承顔順色，問安嘗膳，極四海之奉，均寒暑而不渝，猶爲餘事。又思所以崇東朝之先，以昭東朝之孝者。選去城不遠有皋亭山，地極秀潤，形勢朝揖，得故伽藍基址，乃建刹爲追嚴道場。庀徒度材，殿宇告成，詔有司賜以崇先顯孝禪院爲額，命臣作文紀其實，臣敢不對揚天子之休命！臣聞虞舜恭己南面，在宥天下，豈小信小惠乎遍之所致，惟教以孝，所以能化成天下。其後武王以孝稱三代顯王者，其垂拱而天下治，得以繼有虞之無爲，亦惟達孝而已。諦觀虞舜、周武克底于治，仰知聖朝崇色養之化，敦於變之風，其得大孝爲治體之宗乎？寺處皋亭山之陽，面直北高峰，左則長河深潤〔二〕，右則馬目相拱，山水對峙，秀不可掩，連絡崇岡，松杉彌亘，翹鵶隱顯，望之屹然，實帝城之東際也。上棟下宇，翬飛輪奂，大自佛殿、雲堂、鐘樓、經閣、法堂、寢室、庫司、香積、水陸、藏殿、官廳、童行寮、後架、浴院、囷倉，作屋船坊旦過，以至前資延壽，應用之所，無不畢備。小大楹檐，凡一百七十有四。起造於紹興之辛未，落成於次年壬申之仲冬。仍詔攸司俾免科敷差借，不許官司指占。至來歲冬，敕撥田三十餘頃，歲可收米二千一百餘斛，柴山桑筱等地二千八百畝有畸，可足烟爨之用。又有旨賜江下房廊土庫等九十間，以其日入充僧供。至是魚鼓增焕，瓶錫饒益，持誦精愨，行業修謹。水邊林下，參學之人，緇素畢來，趨向爲一。寶社安住，爲一法界，遂甲杭之叢林。其徒粥飯之餘，惟香爐經卷，依儀行道，第知追嚴資薦，罔有公幹驅馳之勞。太師、平樂郡王、淵皇太后季弟以疾薨，始葬於寺後，相繼諸韋氏與凡韋族有不幸者，皆以次序置塋列冢。初，王以東朝懿戚，平居習静，留意理性，創寺之始請於朝，以僧文剛住持。剛即爲區處位置，法則名刹，匠成於心，授規於匠，按圖分布，一皆如指。寺既即叙，剛以久勞告退。經三易主者，隆興皇帝知在昔土木薪水之勤，復命主寺事，至則一衆欣然承順，廣基大厦，文甓雕甍，皆昔所創意，雖燈籠露柱，無不知識。於是益相倡率，蔚爲清修，允彰前功再紹之驗。嗚呼，皇太后所以致崇先之甚虔者，則見天子事親之誠也；得顯孝之甚力者，則知天子奉親之孝也。推而放諸四海，生盡其養，死獲其葬，致熙熙然，有家至户到，比屋可封之民，於崇顯之道，豈不鶩乎大哉？至若法筵大士，升堂一瞬，説種種方便，舉向上機緣，妙湛靈明，頓超三乘五教之地。使過去見在皆承法蔭，上以祝南山之壽，而萬福攸同；次以拔净土之歸，六識不昧，乃至十方九有靈虚空界，入不思議妙莊嚴境，則崇顯之意，是宜略見於斯文。兹得操筆記一代之勝，臣實與榮焉。隆興元年歲次癸未，七月朔庚申，初三日壬戌上石。《松隱文集》卷三〇。

〔一〕潤：四庫本作『閪』。

顯恩寺記　乾道七年七月

余頃以困於艱虞，請祠客台州。每引領鄉關，邈隔胡虜，慨念松楸，久無掃灑，計堙没於草莽中，自先君先妣而上，凡四十餘喪在焉。遇晦朔節序，陰晴風雨，未始不北首，泫然流涕也。紹興初，先妣潤國丘夫人遽捐館舍，繼亡弟亡妻在殯，以未得回故都，且擇地卜葬。俟還先壟有日，則負骨以歸。因得地臨海縣真隱山之陽爲窀穸，以待北歸。隆興初，余承國恩，叨居掌武，以故事得於墳側建寺度僧，以昭恩紀，以薦冥福。遂就墳東南故顯明寺，岡阜拱揖，松竹茂密，相傳梁天監中馮氏所捨，具名請額於朝，蒙恩以顯恩褒親禪院爲名，時隆興元年也。寺本律刹，僧皆星居，爲出俸餘，建方丈、寢堂、僧堂、後架、看經衆寮，及涸軒、浴堂、鐘樓、三門、善神等，皆創爲之。并增米田，助供齋粥，革其舊俗，悉就清規。請禪學僧住持，自本韶至師玉，凡三易始得。師玉能以身律衆，結善知識緣，除歛去弊，遠依繩式，金碧其宇，燦然爲化城。遠近瞻敬，得未曾有。自爾可爲胡阜士民祈福之地。此刹最居僻左，惟罷參耆宿，爲身辨道，本分衲子，常安坐三個板頭，當一生住持者，始肯少分相應。况魚鼓依時，油醬俱足，作一小叢林，是爲安隱處。仍此方信嚮，皆習般若，助揚宗風，不致弊於流俗，斯可尚焉。余又闢寺西隙地，爲屋二十餘楹，井竈什物床榻皆備，以待省墳子孫歇泊之所，率不干寺門而足。又築南墻，自東直西，以限牛羊徑踐墳中。余以經憂患最多，瀕於九死，未應引年而致政，與兒輩卜居丹丘，間來墳山，樂其地，必留連旬日方歸也。暇日作記，用昭上恩，使世世子孫知兹刹廢興所自，以無忘國家之德意云。時宋乾道七年歲在辛卯七月旦，具位曹某記。《松隱文集》卷三一。又見民國《臨海縣志》卷三五。

仙林寺記

臨安在東南，自昔號一都會。建炎及紹興間，三經戎燼，城之内外，所向墟落，不復井邑。繼大駕巡幸，駐蹕吴會，以臨浙江之潮。於是士民稍稍來歸，商旅復業，通衢舍屋，漸就倫序。至天子建翠鳳之旗，萃虎貔之旅，觀闕崇峻，官舍相望，日聞將相之傳呼，法從之朝會，貢輸相屬，梯航踵至，翼翼爲帝所神都矣。惟是僧舍無有，鐘鼓莫聞，士民時序靡諷唄祈福之地。有僧智卿發廣大願，辦具足心，布褐而衣，麻麥而食，出爲衆曰：『上聖既宅有四海，撫存八紘，暫以千乘萬騎巡幸浙右，可無佛宇？朝鐘暮鼓，講如來妙旨，爲有衆之歸依，則三乘既傳，六用可警。』乃以平日所講學，談真空，論真諦，喻幻質，涉幻事，不有戒經，莫傳正受，奢摩他門，當爲依怙，尸波羅密，可證師資，超契律儀，是親近處，力陳詳説，俾善性觀妙者，無不心悦誠服。因草立舍宇，四教獲存，如谷答響，不墜於淵深。於是梵侣聽徒，日相諮扣。又念必立法筵，乃揚教迹，方袍之士，足可攝受。有右武大夫蔡通捨地一段，及御帶楊公恕、大夫司邦憲等諸大檀那，皆裒長財，積土木，轂擊肩摩，水航陸聚，雲臻霧委，莫可數計，不約而集。凡心許意諾者，各出力以營建，悉心於督護。自紹興十有三年創爲三門、佛殿、藥師殿、法堂、佛閣、戒壇、寢室、方丈、僧堂、厨庫、廊廡、鐘樓、磨坊、病院、選僧、浴厠，無一不備。以昔之榛葦之地，易而爲化城之所。灑甘露而遍十方，居法衆而與世等。以至墻垣溝井，鐘磬魚鼓，界相隱境，無不給以受用，身土交泰，融乎一妙，巍然東際，翬飛輪奂，爲行都僧坊第一。至紹興三十年落成，上憫其勞，出於一力，特賜仙林慈恩普濟教寺額以寵之，仍敕智卿，令住持傳教。師又謂江表僧尼，惟受具足律儀，未圓菩薩大戒，甚非全律，欲營方壇。遇聖節生辰，普爲僧尼增圓戒以開度。疏奏，上加賜壇名曰隆興萬善大乘戒壇。木未及匠，師已圓寂。其上足律師復欲成就師之前績，妙究故圖，力裒衆施，鳩工營立，增大本願。方壇克成，略無遺恨。仰以祝無量壽，則壽齊天地；俯以答常寂光，則光融法界，豈不駦乎大哉？智卿，中山人。母孕師，夢采白蓮，執持而寤，生既茂异，長尤疏通，神清體愉，氣和志遠。在總角，見僧即合掌敬待，不茹葷辛，惟喜簡素。父母不能制，令禮本州仙林寺僧德杲爲師。十六歲落髮，授《蓮經》七萬餘言，不旬浹能暗誦。又喜參訪名師，頓悟宗乘，了明諸教。後渡江抵臨安，值緣教焚如，僧至無屋可居，師又謂教有四宗，而三宗盛行，惟慈恩將墜，不復流布。乃制行孤絶，日燃香三炷，過中而食，三衣惟布，人不堪其苦。又募緣開版，兼廣慈恩及諸宗乘疏抄，一宗皆得圓信。師之於寺宇，作大道場，門門户户，鏡鏡影影，緇素瞻敬，莫不嘆其希有。遂即講説教典，法性因緣，六凡四聖，開曉衆知，罔有鈍根不領之觀。梵侶奔輳，日倍一日，栟欞之芘，高廣鮮焕，冬温夏涼，什物無一不新。凡受誨者，得大總持指導，身心隨所俱利。方且一錫一鉢，得安養燕坐，遽爾順寂，四衆所以無不悲戀也。則師之於仙林，可謂始終一如矣。寺門托記其事，得原始要終，又久知二公圖慮，相成其志，足爲世標的，深嘉其用心，而樂爲之書。雖老病倦於筆墨，亦勉以隨喜云。《松隱文集》卷三一。

清隱庵記　乾道元年三月

僕守官臨安，抗塵走俗，殊爲倦游。雖有湖山，公冗見驅，不能極曠覽之適，常慊然於懷。思得閑静處，與道人衲子輩或圍坐談笑，或携筇細履，開眼得林泉之勝，坐卧有雲霞之鮮，蕭然徜徉，不知老之將至。偶去城一水，獲德清下渚湖中小山，約五十餘畝，因栽柳岸，峙松檜，植竹塢，作屋數椽，俾前住何山僧祖純居之，復能增眠雲釣月之區，廣捫腹步武之地。每梅雨霏空，斷霞照晚，清風拂水，白月在波。樵歌漁唱，遞發於烟雲之中；輕帆短棹，往來於菰蒲之末。至若中霄月好，微瀾不興，湛若琉璃，碧浸百里，不知身世在塵埃間也。雖孤山擅武林之名，校之似不我過。噫，物外佳游，孰能以智力窮？惟有志於物外者方得之，因榜爲清隱，以識僕素心。復直書其事，以示純，純曰：『非風塵表人，不知塵外之樂；非塵外之士，曷可居焉？此庵不處要涂，不涉塵境，在游方之外，當與松喬，世同静友。今我與公豈不優哉？然任風節，喜韜晦者，其勿使知。』因相與一笑，時乾道改元季春上浣，具位記。《松隱文集》卷三一。又見同治《湖州府志》卷五三。

戰場立經幢記

佛以三身調御，萬行周圓，悲智會融，解脱生死，有經咒之勝妙，期超度之廣博。生者則驅八萬四千之塵勞，成就一切；死者則拔濟銷隕於苦趣，上生浄方。願力宏深，作大方便。比以戰士荷戈被甲，喪於白刃，皆愛君憂國之人，長夜無歸，漠然何托？忠魂義魄，月慘風凄。有湛然居士表率衆志，建幢五所，刻佛經咒，廣薦亡没。雖非脣吻聲音之所出，既標於幢，則日月照明，皆乘佛光也；風雨所及，皆聞佛音也。資大光明，乘大威德，普熏有截，拯救無量，冥行幽滯，有知無知，以至畜生餓鬼，地獄輪迴，皆獲正受。昏蒙者昭洗，沉累者升舉，與天地相終始，寒暑相往來。有形有盡，此幢無盡，無盡可盡，此願不盡。亡者以無盡之惠至未來際，常得受用。經云：『摧邪建正，名曰寶幢。』况一字含萬法，一音耳幽顯，汪洋溥博，當處現前。非居士以十波羅密爲心，何能利益生死，充滿法界？良緣最勝，莫顯於斯。曹某爲記於後，式紀其實。《松隱文集》卷三一。

净嚴僧田記

嘗謂諸福田中，真法供養，是最勝之緣。故寶髻長者，施飲食爲第一；至香積如來，以鉢飯遍十方。善財瞻仰，爲甘露之味，因知可資以不退轉者，賴食爲天。儻學佛之流，皆欲山栖谷隱，食草木之實，世之五穀，悉屏去而不用，然後謂之不與世相雜。名爲苦行，苦則苦矣，其如身何！今遵佛之約，不肉食而蔬，不過午而食，斯規甚至。必使一切屏去可食之物，其不餒而死幾希，尚何佛之可學也？是以世尊嘗乞食於舍衛城中，食已而後説法。則食者誠用以養身，而求至夫道也。故曰爲成道果，應受此食。是二時之供，可不間以鮮美哉？長老了居既買田，歲度一僧，善利已博。又募信心檀那，别置田三百二十畝，爲供僧换堂珍食之用。甚矣，有意欲人至於道也。蓄如是田，供如是僧，因如是食，辦如是道，當有發真頓悟，得正法眼，爲人天所嚮，豈不本於安禪養道之具哉？則居公用心，端有驗於此。雖然，天下之事，成之甚難而壞亦甚易。兹田既資衆力，可謂難矣。余恐後之繼者，或耕耘不至，而無秋成之望；收視不謹，而有侵漁之失；用度不節，而多費損之耗。以至歲月浸久，乖住持之方，乾没於庸人，則前功廢而後善絶，可不深戒！故余并記，亦居公之志也。居嗣法徑山大慧杲禪師，當大慧間關在外，時居能隨以奉事，勤苦困躓，罔有忿憚，相與始終，不失師弟子禮，其强忍堅固不背本如此。今置田爲度僧供僧之計，利益後來，誠足嘉尚。若其所行所志，則叢林中眼目高者，讀斯文抑有所宗矣。《松隱文集》卷三一。

净嚴度僧記

釋迦如來成等正覺，隨宜設化，説法度人。初度則阿若憍陳如，最後度則須跋陁羅。所應度者亦皆得度，猶説遺教經以告諸比丘，垂於無窮。雖滅度後，教法具存，如佛在世。則知佛之出也，本於度人。至於遺教之設，直欲精嚴其戒行，防閑其非僻爾。是經之傳，俾後世或見或聞，皆有所宗仰。由是凡學出世法，落髪披緇，依瞻佛日者，率稱遺教弟子。如一燈之明，可至於百千萬燈，無有窮盡，實自是發之。佛欲度人之心，可謂至切。知省董公以勤勞之節入侍帷幄，積有歲年，每肩一心，克辦衆事，號謹信之臣。而又了知苦空，信向般若，既著嘉績，擢登省庭，例賜功德院額爲净嚴禪院，延請僧了居主之。居耆德飽參，爲叢林規則。公没之後，精專恪守，有加于昔。傳道之外，復遍募信施，買田百畝，約每歲所收，度僧以續佛事，可謂得遺教之旨矣。自非董公有知人之明於前，居公能不負所知於後，何以至是？某告老，寓居天台林泉間，净嚴專使求文以紀其實，乃爲述遺教之意備告之。誠使得度者以此爲心，則無戒行之失；他日繼居者以此爲心，則有歲增之員。是得度與度人，一舉兩得也。以此仰祝聖壽，當千萬年常見流通，以此廣祝聖之衆，必歷塵沙劫，名具實在。其爲廣大，詎可算數？惟後人守之，勿墜厥旨。《松隱文集》卷三一。又見《永樂大典》卷八七〇六。

净慈道昌禪師塔銘　乾道七年二月

師名道昌，俗姓吴氏，湖州歸安縣寶溪横洋人。母初孕，夢梵僧至門，謂母曰：『某夙稟善戒緣，當托化。』語已不見。及誕夕，有白光滿室，家人异之。既丱，聰慧超出倫輩，絶不爲兒童嬉戲，喜聽僧講經論，便相詰問。母謂曰：『汝欲作僧耶？』師即合掌欣答曰：『是所願也。』六歲投鹿苑，禮澄公爲師。十三祝髮受具，堅持净節，綽有成人風。至十五擔包行脚，不憚寒暑，尋訪耆宿，究最上乘。時妙湛師住湖州道場山，道價擅一時，四衆皈仰。師首扣謁，一日問妙湛曰：『不起一念時，還有過也無？』湛曰：『須彌山，你作麽生會？』師於言下領略，自爾機鋒捷出，有無礙辯。後日，湛再見師，風神秀發，氣概過人，載試以言，大蒙印可。師藏器於身，不有其有，猶率時號俊杰如翠岩宗何山辯天、皇光，同游淮楚湖湘間，禮長靈卓、保寧機、佛果勤等大善知識，參同此事。輩流無不嘆异，以爲夙植善性，有渾然天成之契。師每於佛果室中，問答百出，了無留礙。勤大喜，請爲記室，師拂衣不顧。後諸方皆欲延接，若浮雲之卷舒，無當師意者。罷參歸雪川，士人莫倚施米麥豆六佰斛，懇令出世，住持何山。師所得既過人，爲妙湛高弟中白眉，故時流喜謂誠中興雲門，可獨擅其道，有堅白同异者，皆望崖而退。左丞葉公寓卞山，與師契厚，每魚鼓相從，伊蒲共饌，説甚深法，約爲方外忘形之交。繼葉公薦住平江瑞光，移穹窿，又遷四明，住育王山，皆創成法席，一新寺宇。至建炎初退席，披百衲，跨黄犢，游禮天台，信人邀留，更無虚日。紹興間，值參政張公帥閩，請師住大吉。又過秀峰，衲子往者肩相摩，踵相及，入山禮問，惟恐其後。先是妙湛住净慈，有大通所傳雲門大師摩衲，已八代相授。至是，妙湛對雪峰大衆，以此衣授師，衆謂不失其宗，人皆榮之。復住龜山，衆盈萬指，率以接引爲心，雲衲歸焉。葉公帥建康，時蔣山新經戎燼，屋僅數椽，像設莫存，基址如故。公奏請師住此山，不數年樓閣化成，若自天而下，實公規制，盡復舊觀。山中一草一木，若鳥若獸，皆被賜焉。師稍倦應接，力避法席，回居下山。葉公朝夕游處，雖夢寐間，靡忘話會。因了公辭徑山，太守奉旨，即請師繼之，屢辭不可。經五年，翠華駐臨安，靈隱方丈暫虛，師被旨住持。時丞相湯公喜師履踐禪悦，德臘俱高，欲以激昂有衆，奏授佛行大師。時年七旬餘，即告老，選靈泉幽隱，爲出塵之所，退居其間，自號月堂，杜門謝客，以養晚景。然闕下士夫甚衆，求訪師者日不暇給。值净慈闕住持，十方衲子懇府帥王公親入山敦請。師不得已承命。師雖壽高，而神采煥發，提唱明爽，問答無間。常曰：『吾欲得真實慕道之士，令大徹大悟，起雲門一派，俾天下向吾教者知有此宗。則人自然如水赴壑，豈爲枉道涉叢林耶？』忽以辛卯歲正月上浣擊鼓辭衆，遠近咸集，無不泣留。侍者宗本求語，師曰：『吾平生拈古頌古，流布其語已多，尚何言哉？』端然而化，師年八十有二，僧臘六十九夏，住十一刹，所度小師逾二百人，嗣其法者二十人爾。以二月旦入龕，葬全身於寺之東隅，地尤爽塏，如師之志。先住何山、其姝純公以行業懇求銘於予，予亦識師之爲人，銘曰：

西竺之教，被世甚深。持般若力，同鼓一音。大江東南，曠遠攸濟。各疏其源，以克承世。維佛行師，祝髮吴興。幼負佛性，與生俱生。得法妙湛，廓然一鑒。清净寶目，了無明暗。師以是法，施於諸方。度十一刹，壽考允彰。倏爾而去，日以亭午。逾八之年，無憾其侶。慈城東際，一塔巋然。湖光山色，全身安焉。師猶子純，承誨在昔。力廣行業，粲然玆石。《松隱文集》卷三五。

天竺證悟智公塔銘　紹興二十八年十二月

證悟大師名圓智，俗姓林。其母沈氏，夢一老儒求托宿室中，寤而生師。幼便聰穎，精於處决，喜人誦書，不好戲弄，群兒拉爲竹馬之游，師方挾策問難字，略不與兒酬對。父母异之，令習儒業，即欣然志學。之後，書所經目，悉能講説，雖醫方卜筮，皆亦詳究。每用一藥，即舉寒凉治療，使服者心開意曉，病亦隨愈。一日至僧舍，有律師方講《觀經》，傾聽久之，嘆曰：『落日之處，吾有故鄉，今歷耳根，如得家書矣。』慨念世間名利非我所爲，若流浪生死海中，徒自困爾，必依空寂之法，以横截苦處。丈夫志氣，豈不在玆！是後每潛往聽講，尤喜天台之教，謂可傳持。父母不能奪其志，年二十四祝髮受具，依白蓮仙法師，入室問具變之道，仙指行鐙曰：『如此鐙者，雖性絶非本自空寂，理則具矣。六凡四聖，所見不同，變則在焉。』師不契，後因掃地，誦《法華經》至『知法常無性，佛種從緣起』，意遂豁然，徑見仙而言之，仙曰：『且喜大事判然，《法華》止觀，此爲喉襟，汝能省知，誠造微入妙也。』師自是游心昭曠，多以此示人，每五日一寢，餘則涵泳道要，惟恐不及。或勝日佳時，人請放步閑静，師曰：『我之游則明窗净几，舒卷赤軸，游三周，參五佛，若閲止觀，則十境十乘，見祖師於塵劫也。』人益奇之，一坐東掖山二十四年，兩山千衆，既皆耆宿，師之論辯，悉出兩山之右，遂請爲上首。師常患本宗學者囿於名相，膠於筆録，至以天台之傳爲文字之學，南宗鄙而不相領略，每勉其徒曰：『豈不思吾佛云：「是精進處，只此一句，便有向上機緣。」何不覿面激揚斯事？』其衆聞此，莫不警悟。師每至月半，作説戒，布菩薩法事。或曰：『學圓頓者，何必爾耶？』師曰：『吾於時刻中未嘗不以波羅提木叉爲師。及以三十七道品綱紀其性，雖登壇受具逾五十年，而扶律談常未始輒易。』台州守參政謝公聞師道譽，請住祥符。殿撰劉公問：『教中一句，如何舉揚？』師曰：『文詮不到，即事爲真。』劉未曉，師曰：『現前諸法。』劉曰：『猶是合頭語。』師曰：『是誰唤作？』劉俯首未答，師曰：『離鈎三寸，不犯烟波。』劉大喜，即日親製疏，請住鴻祐寺。士夫欲其近城，又移住日山寺。太守端明胡公問師曰：『聞師住鴻祐時，被旨面誦《大悲圓滿心咒》，咒則不問，如何是大悲圓滿心？』師曰：『咒前所列十願心，若將此願心，投向刀山，山即摧折；施諸餓鬼，鬼即飽滿。豈不因心而然？』胡公稱重。又以所在道俗推仰，十年之間〔二〕，再更白蓮、赤城、慶善三大刹。師至慶善曰：『吾落髮之地，可以投老，始終有在，世可居矣。』鄉人亦争爲出財力整治，忽奉旨住臨安府上天竺寺。師曰：『都下名藍，豈容冒居？而榮出上命，理無違拒。』即赴之，首見太師秦公，時方當國，問師曰：『止觀一法耶，二法耶？』師曰：『一法也。譬之於水，湛然而清者止也，可鑒鬚髮者觀也，水則一耳。又猶兵也，不得已而用之。以衆生有重昏巨蔽之病，用止觀以藥救其心性，歸爲大全之一體。俾法界寂然，其名爲止；寂而常照，其名曰觀也。若其所止，則何所觀？如公垂紳正笏，燕坐廟堂，不動干戈，中興海寓，亦若是而已。』公喜曰：『幾乎蹉過，佛法之妙乃如此！』太原王公深相器重，爲法師會於覺苑，請師講《華嚴經》，高臨一衆，義天性海者，因而無不通脱。後見太師，忽曰：『覺苑所講，如何是大方廣？』師曰：『大則無乎不在，方則非背非向，廣則無所不有。』又問四種法界，師曰：『事法界者波騰鼎沸，大用繁興；理法界者十方世界，永寂如空；事理無礙法界者，在有不廢無，雖動不離静；事事無礙法界者，法法終日隨緣，法法終日寂滅。此四種他宗説爲果，吾宗則與佛同源。』又問：『四種外更有何法？』師笑曰：『却請公下語。』公曰：『可謂得《華嚴》髓矣。』由是朝野争相傳誦，謂未有脱然明白，若斯之偉。上竺久在灰燼之餘，荒烟寒草，僅有一殿奉大士香火。時重師行業者裒錢五萬餘緡，殿堂門廊，焕然金碧，更新舊制。當建造日，術者謂星辰不利主者，師曰：『佛與天星同一，造化苟得，寶坊輪奂，吾餘暉無幾，死復何憾？宜亟爲之。』師果微恙，謂衆曰：『吾去無難，但此緣未了耳。』是夕夢一仙人與藥飲之曰：『此天液也。』及覺，所病頓除，步武益輕，神采加健，衆皆异之。紹興二十七年夏久旱，奉旨祈雨，師冥禱曰：『三日不雨，老朽將奚益？』誠心所格，雨乃隨至。即於明慶寺講《法華經》一席，遂告沾足。師嘗到寺莊，聞久用牲牢祀神，師曰：『何可違佛禁？』即爲神説戒，以蘭羞代血食，自此年穀豐盈，倍於常歲。次年夏中，遽督工役甚速，至冬寺屋咸備，忽示疾，語衆曰：『渡江以來，得寺宇告成，志足意滿。』乃書偈曰：『人作辭世頌，我無世可辭。白雲回首合，青靄入看無。』顧首座若訥曰：『汝於此方，當有大緣，宜紹道場，流通吾教。』復書數語與當涂曰：『不孝有三，無後爲大。佛法無量，不傳亦大。若訥後生可畏，先達咸推，戒行雙弘，義觀兼美。宜嗣猊臺之麈拂，俾奉靈感之道場。』并寫《遺平生知舊道俗書》，一皆有理，略無留難，放筆端坐而逝。經二十七日，若訥等奉全身塔于寺之東，實十二月十二日也。師孝於親，信於朋友，祈禱於上下則應如影響。嘗著《普賢觀指文》等數書傳於世。住持名刹，皆有建立。受教之士，率能立僧，不徒爲飯囊以取容於時，故所至輻湊，以不得侍瓶錫爲恨。僕喜其道，每親炙之。既就窆，若訥謂僕知師爲詳，請叙而刊之，乃爲銘曰：

維兹岩邑，靈江之湄。物秀而美，民淳以熙。兩山精勤，有證悟師。縱無礙辯，廣智者辭。學者千笠，抱疑顛倒。師發正論，横議一掃。聲聞黄屋，赴天子詔。以佛諭佛，即妙而妙。駐錫上竺，戎燼之餘。師乃唱言，萬指并趨。芟除榛莽，騰架殿廬。士夫慕嚮，金碧其居。竭來頂謁，師已川逝。清風在堂，布金在地。望斷雲漢，一塔永閉。其嗣請銘，用信後世。《松隱文集》卷三五。

〔一〕間：原誤作『問』，據文意改。

華嚴塔銘　紹興十八年十月

嘗謂緇素异勢，其道惟一。苟造源底，皆可以獻明主，受世福。如良金美玉，初不即人，而人將即之，况攀麟附鳳，感會一時耶？佛者道仙，錢塘人，俗姓張氏。初，其母夢在精舍，見數僧室中相語，光明赫然，母瞻禮嘆仰。有老僧授以明珠，使吞之，已而有娠，生師。風骨秀整，自爲兒即不喜戲弄，求出家。父令依祥符寺慧鑒律師，律師先夢神謂曰：『汝母復來也。』翌日，師從其父來，時方四歲。律師以夢故，不欲子之，令禮法孫奉基。至九歲，落髪受具戒，便有師子奮迅之氣。日讀《華嚴經》，通諸要義，復爲法施，一時老宿，喜其有天成自得之學。又與僧净暉爲林下游方友，相與研究，日不少間。秀水青墩鎮寶閣賢首教院，自熙寧間建立《華嚴》講席，實法師净源道場，秀异穎出者無不依止，師往造焉。時法師性公示師以普賢行願品，用觀師意。師日夕精究理地，得明心三昧，曰：『依普賢願王，誓爲終歸。』三年下帷，從事香火，《華嚴》微言奥旨，獨得於科解之外，俊辯逸發，洞達知見，性公异之。師既契夙志，思欲遍參，乃與净暉相語曰：『昔人南游，我蓋北訪，期益廣所學，用印實際。』因同游京師，舍於醎池寺之仁王院。稍攄積習，作大佛事，知音者衆，日以籍甚。親王戚里、賢士大夫，皆喜從師爲澹泊之緣，寶轎金勒，户外屨滿，不倦也。師各以其身而爲説法，厭足歡喜，凡十四年。至宣和丙午，復同浄暉回姑蘇，居光福山，招法侄思彦翦草結廬，爲終焉計。會今天子握乾符，接天統，建翠華之旗，省方南國，鈎陳之衛，暫駐臨安，有懷蓮社，即詔有司以物色求二師。使至不敢避，即赴行在所。既對，上大喜，自爾數侍清燕，逾十年間，未始有干求，所奉惟炷香瀹茗。每逢壽節，赴内道場，皆爲上首，用對揚休命。始以浄暉爲左街僧録，師爲右街。至紹興十二年，暉死，乃以師録左右街，思彦代爲左街。僧之品秩，於是爲至。師庵於西湖九里松，暉公塔在焉。增益殿閣，依華嚴界觀，作諸佛事，清修梵行，若化城出於東際。上特賜寺額，曰圓覺。日嚴妙供，以祝萬壽。後力懇還山，未奉俞旨，以紹興十八年閏八月二十一日示疾，命思彦曰：『吾報緣將盡，汝其紹之。上酬聖恩，下從吾志。』又曰：『夢幻之身，如水浮漚，豈能長久？動不動法，皆是敗壞不安之相，無牢强者。』思彦慘然曰：『師平日得出世間法，今將安歸？』師曰：『從來所得，老無背違。唯此願王不相捨離。普賢境界，隨處發現。我以浄土寂光爲所歸矣。』次日晚，氣息僅屬，猶示衆曰：『凡所有相，皆是虚妄。若見諸相非相，即見如來。』語訖，儼然卧右脅而化，壽五十五，僧臘四十六。以其年十月初四日塔于圓覺之東北，實與暉俱。師始賜號妙音圓常，至是上恩改賜無際海印法師，塔名華嚴，因師所得法要，用旌不朽。既塔，又詔臣某類其行事，載之於石。顧久與游處，多見其行業，且嘆虎溪一笑之集，泊然無所。因爲直書，繫以銘曰：

維師仙，志醇誠，自剮髮，爲時英兮。誦《華嚴》，儼上乘，推至要，悟後生兮。以昔契，見帝庭，膝前席，藹休聲兮。統方袍，僧極稱，既遇合，志弗矜兮。立精廬，圓覺名，保願王，香惟馨兮。謂時哉，永厥齡，忽去來，隔幽明兮。上恩渥，號益增，窆於塔，孰與京兮。噫方外，有哀榮，千載下，視斯銘兮。《松隱文集》卷三五。

范宗尹

范宗尹（一一〇〇——一一三六），字覺民，襄陽鄧城（今湖北襄陽西北）人。宣和三年上舍登第。累遷侍御史、右諫議大夫，請弃三鎮以紓禍，坐罷。張邦昌僭位，復其職。建炎初出知舒州，以言者論其嘗受僞命，責置鄂州。後召爲中書舍人，遷御史中丞。三年，拜參知政事，次年繼呂頤浩爲相，累拜尚書右僕射、同中書門下平章事兼知樞密院事。紹興初罷，以觀文殿學士提舉洞霄宫，沈與求劾之，落職，未幾命知温州。退居天台，六年八月卒，年三十七。謚宗肅。《宋史》卷三六二有傳。

寶積禪院記

有神僧德性飛錫南陽，駐於浙西嘉湖之思賢里，見其境土饒沃，水木清華，爰率其徒，芟舍以處。壘石崇墉負棟，爲栖禪之所，題曰寶積，而屬余爲記。予維寶在釋氏，惟佛、法、僧三者而已，自此之外，更無所謂寶也。所寶者道德，所積者功行，而寶之積與弗積，直藐之爲軀殼外長物。故於千百億劫之後，出現三寶於無爲而化之區，融作舍利，鎮四部洲。天龍人等，莫不稱揚贊嘆，仰散八寶天花於無遮會上，普作津梁，無有涯際。此汝大聖人三寶之貴，所以無敵於恒河沙界者也。今師捨身濟物，卒登彼岸，其尚散星寶之積，以沾足於天龍人等也哉！光緒《重修嘉善縣志》卷六，光緒二十年刻本。

游國佐

游國佐，紹興間人。

金華寺龍骨塔銘　紹興十四年三月

金華老僧岩公所居後洞，獲龍牙角各雙并大骨數若干，頦額齦腭者十數枚。其夕夢巨人縞衣告曰：『此山神龍所依，樵牧觸穢，龍且去矣。今德人莅吾境，山復清潔，龍當還來，此其蜕也，瘞之吉祥。』岩公异之，乃即洞旁大磐石上累甓爲浮圖，盡取其牙角骨等藏焉。是歲紹興甲子三月也。銘曰：

邈神龍兮去何之，蜕龍骨兮見於斯。巨人夢兮審前知，休徵告兮豈吾欺。建浮圖兮澗之湄，固磐石兮蔭巖巖。德人莅兮境毋隳，嗟若龍兮歸何時。康熙《漢南郡志》卷一八，康熙二十八年刻本。又見《古今圖書集成》職方典卷五三四，雍正《陝西通志》卷九〇。

趙彭年

趙彭年，紹興時官左從事郎、昌州録事參軍兼司户、司法。

鐫造文殊廣賢菩薩題記　紹興十二年六月

奉善弟子趙彭年同妻楊氏，發至誠心，敬鐫造文殊師利菩薩、廣賢王菩薩。上祝今上皇帝聖壽無疆，皇封永固，夷夏□安，人民快樂；次乞母親康寧，眷屬吉慶，并願法界有情，同沾利益。紹興十三年歲在癸亥六月丙辰朔十六日辛丑，齋畢慶贊。左從事郎、昌州録軍事參軍兼司户、司法趙彭年謹題。《大足石刻内容總録》卷五九頁。

朱輅

朱輅，臨邛（今四川邛崍）人。紹興中歷官太常丞、兵部員外郎、知綿州。見《盤洲文集》卷七六《劉府君墓志》，《宋會要輯稿》職官七〇之二五、七〇之三九，《宋史》卷一〇三《禮志》六。

卧雲庵記

大聖慈寺傳法保福院圓明大師真惠闢其丈室之後，爲牖以北向，撤去暗塞，即而通之。吏部尚書鄱陽張公以寶文閣學士作鎮成都，以暇日適至其處，愛景物之幽遠，樂世外之閑曠，命以爲庵，名之曰『卧雲』，而親書其榜以揭之。真惠以告朱輅，求文以爲記。輅謂惠曰：若知卧之説乎？從吾儒言之，則汲長孺卧於淮陽，諸葛孔明卧於草廬，陳元龍卧於荆州，謝太傅卧於東山，裴中令卧於北門。此數君子者，其功業材器見於國祚生靈，則不待説而知也。從黄老言之，則其卧徐徐名之曰泰氏，其寢不夢名之曰真人。化人游於帝宮，希夷休於泰華，栩栩蝶游如蒙吏，倚墻雷鼾如彌明。若是者，老莊則爲畸人，而道家者流目之則爲神仙，其實一也。從浮屠氏之説，則得正法眼藏者又謂之禪，偃息受道時則有普願，結草幪帔時則有希遷，飢飯困眠時則有惠海。此皆以爲高人大士，超世出塵之流也。三者豈有异哉？其經綸酬酢，揮斥變化，蓋皆有事焉，而非世之頹然熟睡者也。張公以爲吾儒之學原老佛之要，前之數君子與夫畸人大士者，非其千載尚友，則皆往劫之吾身也。故公之治蜀，其尊儒得士，如吴公之客賈誼；其樂道清净，如曹參之師蓋公；其刳心佛祖，如康樂之依惠遠。合是三者而一以貫之。方其寓形於一息也，如孫叔敖甘寢秉羽，如南郭子綦嗒焉而噓，如昔鶖子燕坐林下，從容無爲，而文公叔度之化行矣。彼上人者，隱几對榻，相忘一室之内，而居於無何有之鄉。雖在闤闠，與山林何异？何必被褐懷玉，逃世遠去而後爲雲霞之士也哉？苟無見於是而惟卧之嗜，則甘晝寢者，夫子斥之以朽木糞墻；樂睡眼者，瞿曇斥之以蚌蛤螺螄。不有以證之，則孔子曲肱之枕與觸屏之寐奚辨，維摩詰示疾而卧與據槁之瞑奚别？均受之形性，而同异之相去邈乎天壤之不侔矣。陶淵明，江左古逸民也，嘗言五六月北窗下卧，遇凉風暫至，自謂是羲皇上人。誦其言，想見其風，如相將造於卧雲之游。微斯人，吾誰與歸？《成都文類》卷四四。

吴　憲

吴憲，紹興間常州宜興（今江蘇宜興）人。

小天童山施財米碑　紹興十年三月

大宋國常州宜興縣成任鄉常富里居住奉三寶弟子吴憲，謹施净財壹仟伍伯貫文足、米貳伯碩，入明州天童山景德寺營建寢宫一所。鳩兹勝利，薦先考六十大夫、先妣宜人吕氏五十八娘子、先兄知府少卿學士超升佛界。右恭維三寶印知，謹疏。紹興十年三月日，弟子吴憲疏。乾隆《鄞縣志》卷二三，乾隆五十三年刻本。又見《兩浙金石志》卷九。

馮時行

馮時行（一一〇一——一一六三），字當可，號縉雲，恭州璧山（今重慶璧山）人。宣和六年登進士第。紹興初爲丹棱令，政以最聞。以奉禮郎召對，力言和議不可信，忤秦檜，出知萬州。尋罷職，退居鄉里凡十年。檜死，起知蓬、黎州。官至左朝請大夫、提點成都府刑獄公事。隆興元年卒於官，年六十三。時行精《易》學，文尤高古，著有《易論》《縉雲集》等。見《縉雲文集》附録蹇駒所撰《古城馮侯廟碑》及乾隆《合州志》卷一二所載時行撰《龍多山鷲臺院記》等。

龍多山鷲臺院記　紹興三十二年十一月

余少讀唐孫職方《龍多山録》，思至其處，登降岩巘，爲徜徉浩蕩之游。紹興己卯，行年五十九，被命守沉黎，道由兹山，始獲一至所謂龍多山者。於時大雨險滑，攀援進退，一僵一起。上不五里，始曉而登，過晡乃至。雲露晦黑，跬步莫睹。私自念少而聞，老而游，昧無所見，中心慊然，若有負於兹山。已而嵐昏解剥，四野開霽，廓然千里，盡入指顧。縉雲清居，雲頂醮壇，若可攀挽。攝衣杖屨，擁以僕夫，下鷲臺，過至道觀，憩佛惠寺。又循岩至靈山寺，從容徙倚，意滿神愜。復還鷲臺，俄傾晦冥，雨復大霔。吁！時行迂愚闇闇，不可於世，豈此山神靈與人异好而尚或聽之哉？山負一道宫，三佛刹，而鷲臺爲之冠。一峰特起，草木華潤。寺僧道真，立志精堅，誓畢此生，有所建立，誠不可掩。小大同心，掃去敗朽，幻出金碧佛殿。僧堂、法堂、方丈、山門、厨庫，凡寺所當有，無不備具。最後轉輪大藏，瑰杰壯麗，藏奉釋迦文佛與其徒所爲書至五千四十八卷。前己卯二十三年經始，後三年落成，于是龍多之鷲臺鬱爲精麗矣。道真欲此延有道尊宿以居之，退處靈山，此又非尋常流俗之見。靈山歲久頹弊，獨一僧年七十餘，老且病，不能出其門户。而异時閣架飛檐，下瞰絶壑，最爲游觀之勝，孫職方之文與古今詩什皆刻岩下。道真果退居於此，豈惟鷲臺一新，靈山之景，當還舊觀。由佛惠寺循岩種竹柏，開徑縈紆以達，靈山幽深之趣，宜十倍於前日。道真識之。紹興三十二年十一月日，縉雲馮時行記。乾隆《合州志》卷一二，乾隆五十四年刻本。又見《輿地紀勝》卷一五九，《宋代蜀文輯存》卷四六。

程敦厚

程敦厚，字子山，世稱金華先生，眉山（今四川眉山）人，唐子。紹興五年賜同進士出身。十一年以上書贊秦檜和議除校書郎，十二年爲禮部員外郎，擢起居舍人兼權中書舍人。又以忤秦檜，黜知安遠縣，調彭州通判，奉祠，移靖州居住。二十六年官左朝奉郎、充夔州路安撫司參議官，未幾卒。敦厚爲人凶險諂佞，爲世所鄙。著有《義林》一卷、《韓柳意釋餘》（存）、《金華文集》《外制集》。見史堯弼《程右史哀詞》（《蓮峰集》卷一〇），《建炎以來繫年要録》卷一四五、一四六、一四八、一七四，《南宋館閣録》卷八。

眉州多悦鎮寶華寺藏經殿記　紹興十年十月

凡道之見於言者，非道之正也，言愈多而道愈遠。聖人蓋憂之矣，曰：『吾道一以貫之。』則言雖多，而道未嘗不一，然指一以爲道，可乎？佛氏猶恐學者之縛於一也，廓真如之無寄，會理之有歸，即一而非一，約不二門，闡圓覺義，是以演説八萬四千法，而曰：『吾説法四十九年，初無一字與人。』由此觀之，聖人之於言，有所不得已，而非道之正也。故曰：『能近取譬，可謂仁之方也已。』方者，囿於能所者也。言而不囿於能所，雖聖人不能也。然則不囿於能所者，斯道之正也。正者，不可以言言也。一藏教特假方便，止設喻爾。曰：如此學者將安所自入耶？夫孔子曰：『吾有知乎哉？無知也。』如來曰：『我於阿耨菩提，實無所得。』以孔子之無知，如來之無得，則十信十住十行十回向，乃至十地。僧秖精進三乘功用，莫非有漏果也，顧尚可於聖人不得已之言，區區刻舟記劍也哉？使學者如孔子以無所知故而知，如如來以無所得故而得，八窗玲瓏，六塵清浄，則恒河沙界，滿於其中，所有妙經，鼻端一嗅，皆我受用，而況一藏教乎！若無始情解，纖毫未除，雖半句偈，緣念和合，增上妄業，是即名爲輪迴，生死根本。烏虖！伊尹以一夫不獲爲辜，而如來以一衆生未成佛不取涅槃，予於是知聖人慈悲願力所以憂後世，其不得已而有言，又未嘗不一也。去年秋，予經塗多悦鎮，鎮之東有寺曰寶華，因休行李焉。見新所創殿甚巨麗，問其工役之自，主僧文悟曰：『悉出於鎮人劉章，用錢五伯萬有奇，當龕置舊者藏經于其中。』予故心善之。既歸未幾，郡之勝果院僧楊祖乃來請曰：『劉君亦楊祖檀施也。經殿落成矣，以楊祖辱聞緒訓於門下，敢寅緣丐文爲之記。』遂書孔子、如來不得已而有言之意，俾劉君鑱諸石，以遺學者，庶於無所知故而知，無所得故而得，則劉君建立之功不爲虛設云。殿起於紹興丙辰之正月，斷手於庚申之九月，其年十月乙巳日，眉山程某記。《國朝二百家名賢文粹》卷一二五。

賈廷佐

賈廷佐，字子野，婺州東陽（今浙江東陽）人，賈昌朝之後。宣和中入太學，登紹興二年進士第，爲嚴州桐廬縣主簿。時高宗欲遣使請和，廷佐上書力言不可，乞斬王倫，决意用兵。通判湖州，移台州，遷詳定一司敕令所删定官。後知處州致仕。卒，贈朝奉大夫。著有《善願集》《愚齋雜著》。見《敬鄉録》卷五，《金華賢達傳》卷四，《金華徵獻略》卷二。

禪智院記　紹興十五年十二月

紹興十五年十二月八日，禪智院主僧相印大師清廣以其院未有記，懼歲月浸遠，無以示來者，乞予文以書之。初，禪智開山簡通禪師因杜遠施地創建蘭若，得名禪師，太祖皇帝十二年辛未歲也。至英宗治平二年，改今名。自開寶四載迄今一百七十年，像設儼然，景物如新。院之土地祠，鄉民從昔烹炮物命，來享絡繹。予舉墮竈語以戒之，廣悚然，易以蔬祭，且復化衆建爲經藏，流通善法，以利無窮。夫以六世之久，所更者亡慮二千晦朔，而院宇之興，有加于昔。雖云佛法之場有護持者，然由鑿空之人一念流出，而廣踵其後，舉心動念，亦不苟然也。予嘗論人之善惡賢鄙，大率皆由一念。佛告阿難：『世間所以少得道者，由思想穢念多，故晝夜有八億四千萬念，一念善者得善果，一念惡者得惡果。』故《轉輪五道經》云：『天下萬物各有因緣。國王大臣從禮三寶中來，大富多財從布施中來，長壽無病從持戒中來，相貌端嚴從忍辱中來，勤于爲善從精進中來，持重者有德從禪定中來，才明聰解從般若中來。』嗟夫！此猶著于有漏之因耳，誠能一念入佛知見，頓了無我，深達物虛，則萬累俱銷，有何不證，猶微塵揚于猛吹，輕舸隨于迅流，只恐不信一心，自生艱阻。若入宗鏡，則一毫之善，皆是圓因，終不墮落人天小果。昔開山以把茅蓋頭，於此念也；今廣之治是院，薰修不懈，亦念也；聞墮竈以悚然，亦念也；築輪藏于二百年間，亦念也；既自善其所念，又欲轉化多人，亦念也；予爲之書，不□著其院之因起，且有以警之，亦念也。《金華文徵》卷五。又見道光《東陽縣志》卷二四。

宋婺州東陽縣昭福院殿記〔一〕

紹興十七年三月

賈廷佐

昭福院創於唐僖宗之廣明元年庚子歲，迄今宣和辛丑，凡二百四十一年。以魔寇火，無有存者。後八年歲在戊申，院之僧可詵募率信人以建佛殿，既而復造釋迦及文殊、普賢等像。詵之披攘經營，積累錙銖，俯仰於此十有五年，以及其志之成，而來乞予文以爲記。予謂毗盧遮那遍一切處，巍巍堂堂，煒煒煌煌，聲前非聲，色後非色。今以土木之工、像設之嚴，欲求如來，茫如搏風捕影，竟何所得？又况人人身中有如來相，結加趺坐，儼然不動，如石中金，如木中火，如琴中聲，如井中泉，如雲中日，湛然具足，無欠無餘，何假外求？弟以衆生從無量劫來，無明覆蔽，不能覺照，沉迷三界。譬如真金墮不浄處，隱没不見，卒難語以無漏聖道，示佛知見，是故由事入理，須假建立蘭若，崇飾梵容，使之睹相生善，皆爲最上一乘。若百川衆流，究竟朝宗于海。然則，誅之爲是役也不枉矣，故爲記之。不獨著其成，亦因以明如來之爲人切也。紹興十七年三月十五日記。《兩浙金石志補遺》。

〔一〕題下原署：『左承奉郎、新差權通判湖州軍州、主管學事賈庭佐撰。左奉議郎、權吏部侍郎邊知白書。右朝奉大夫、權刑部尚書兼詳定一司敕令周三畏書額。』

釋□房

釋□房，紹興間爲明州定海縣總持院住持。

總持院鐘銘文　紹興四年四月

敕賜總持院：本院原有大鐘一口，因兵火焚弃，拾得餘銅少許。□門檀越弟子龔諒，并胡氏四娘，與男辯之、敬之闔家等，施財五百貫，募本邑諸檀信男女弟子同捨，得□收買物料，再新鑄造。此大銅鐘晨昏鳴擊，所下闕巨書，并用祝扶帝祚興隆，皇圖永固，文武忠孝，國邑豐穰。然後警悟天人，薰聞動植，普息群苦，共報四恩。法界有邊，梵音無極。時聖宋紹興四年，歲在甲寅，孟夏己巳，十二日辛卯鑄就。住持比丘□房謹志。光緒《鎮海縣志》卷三三，光緒五年刻本。

釋法恭

法恭（一一〇二——一一八一），號石窗叟，明州奉化（今浙江奉化）人，俗姓林氏。年十五出家，後從天童正覺禪師問道，既而遍參諸識。歷主光孝、能仁、報恩、瑞岩諸寺。淳熙八年八月卒，年八十。見《攻愧集》卷一一〇，《補續高僧傳》卷九。

自得慧暉禪師塔銘　紹興二十九年

師諱慧暉，金州安城人也，俗姓王氏子也，幼歲而敏黠也。七歲而依理性寺法恩禪師爲丫角童子矣。十一歲而出家，讀《華嚴·净行品》，自捫面門曰：『諸佛心源，非老少得真者，必證佛果。』法恩默而知异之。十六歲而恩遷化，一夕不言，師默然而坐，忽夢見恩撫師之背曰：『汝久不得住此，須依付雪峰契禪師矣。』師夢醒，自惟曰：『契公是法眼之流裔也，我恩之因緣在彼宗。』乃問同學曰：『雪峰路遠多少？』學曰：『一百里餘，個中有嶮難，你欲到彼乎？若去，須相送。』師曰：『是是。』乃到契禪師處。契見師至，而問曰：『甚奇怪，老僧昨夜夢見一彌子來吾室，曰：「和尚是龍巢鳳也，吾是鳳巢龍也，須是一種。」老僧不覺作禮矣。今日見你，甚是奇特也。』師從此依止十九年。後又契曰：『你因緣因事不在此，且可去天童。今正覺和尚盛化，衆已逾千數，你若去，乃可居第一座。』師乃承契教而到天童，其問答見前章乎。師乃居第一座，一衆皆貴之。而已隨宏智禪師一十七年。徑山悟空禪師者，是師之師叔也，天童覺和尚者，是師之師尊也，共作證明，受二師之受印。而行脚五歲，乃參見尊宿二十五人也。後得歸天童，而受浄慈之請。二月二十五日入院，乃當紹興二十五年。同二十六年七月十九日退院。師爲僧六十八年，此中出世一十二年，七十歲即遷化。十一歲時剃髮而以來，曾不到尼公寺庵，其軀清浄，宛如水中月。師看閲經論書籍一十二萬卷也，人無知其所以。玉田居士、聰林居士、祐普居士等皆是太守輩也，師出世時，共作佐贊。法嗣之出世人一十三人也，石霜總、東谷光等爲首，會下雲衆七百餘員也。諸方尊宿等雖多一天下，至師推轂曰：『内外全該，其餘莫測。』是則摩訶大梵也。皇帝賜『自得禪師』，乃敕號也。浪馳管子記師大概，其旨十之八九不能及者乎。銘曰：

祖室光明，挑少林之妙清；宗旨派脉，紹新豐之洞靈。佛照輝朗，帶鷲嶺之精精〔一〕；禪林繁茂，知天童之契情。麟角通氣，賀賞一天太平；鳳觜出象，制開三段要誠。自得和尚，紹宏智百歲踵；家傳密用，舉大陽千年行。師游步七十年華後，豈以言思細可形乎！

住瑞岩法弟比丘石窗法恭謹撰〔二〕，紹興二十九年除月十五日馳筆書。

末，續藏經第二編第二九套第五册。

〔一〕精精：疑有誤。

〔二〕法恭：原作『洪恭』，據《攻愧集》《補續高僧傳》等書改。

胡銓

胡銓（一一〇二——一一八〇），字邦衡，號澹庵，吉州廬陵（今江西吉安）人。建炎二年進士，授撫州軍事判官。紹興六年以吕祉薦應賢良方正能直言極諫科，除樞密院編修官。八年，宰臣秦檜決策主和，銓上書請斬秦檜等，檜大怒，詔除名編管昭州。後迫於公論，乃以銓監廣州鹽倉，改簽書威武軍判官。十二年復除名編管新州，十八年遠謫吉陽軍，銓由是忠義剛直之名滿天下。檜死，銓内移衡州。孝宗即位，復奉議郎、知饒州，召對，除吏部郎官。隆興元年遷秘書少監，擢起居郎，兼侍講、國史院編修。除兼權中書舍人，宗正少卿，權兵部侍郎。乾道初知漳州，改泉州，入爲工部侍郎。七年，奉祠歸。淳熙七年卒，年七十九。謚忠簡。著有《澹庵集》《易拾遺》《書解》《春秋集善》《周官解》《禮記解》《奏議》《詩話》等。見楊萬里《胡公行狀》（《誠齋集》卷一一八），周必大《胡忠簡公神道碑》（《周文忠公集》卷三〇），《宋史》卷三七四本傳。

新州龍山少林閣記　紹興十六年

蜀僧寶覺圓遲大師曉真謁澹庵而言曰：『真掃溉龍山有年矣，塔廟棟宇之傾撓者，蓋瓦級磚之頹圮者，丹碧之漫滅者，水泉之污不清者，皆治新之。又即三門建寶閣，捏塑爲六祖像於其上，號曰「少林」。故番禺尉彭君大年以其母譚之命，實始創之。其費爲錢二百餘萬，又以錢二十萬爲所謂長生錢，以備异時修葺之費。且死，謂真必求澹庵書其事以告後，敢以請。』予嘗觀興國亘贊所謂『少林傫壁不以爲礙，彌天同輦不以爲泰，稽首六師，昔晦今明』之語，以爲志少林者，盡於是矣，其何以塞請？予自壬戌冬斥新興，及今四年，而真來乞文者八九返，益力，則謂真：『汝亦知一切聖賢，皆以無爲法乎？「着以色，見我不能見如來」，此佛語也。汝乃文飾土偶，以爲少林，是以形色求佛，茫然而畫風繫影，亦已固矣。而又爲閣以侈大之，豈不謬甚？雖然，自古如笠澤書所謂土偶者，其與是奚异？如是而不以爲不可，則雖汝之文飾土偶以爲少林，又爲閣以侈大之，無足怪者。予非學佛者，於浮屠説絶不通曉，汝欲聞浮屠之説以爲記，謁諸其徒之能文者可也。不謁諸其徒而謁於予，是固非欲聞浮屠之説也。見我仁義禮樂刑政之盛，君臣父子兄弟朋友之懿，堯、舜、禹、湯、文、武、周公、孔子以爲相傳而不朽也，故謁吾徒而請之，將聞堯、舜、禹、湯、文、武、周公、孔子之道也，予又安得而默？或謂世間萬法如露電泡影，雖海岳之大，變滅須臾，何况此閣此像？今欲種錢爲長生以錮留之，殆恃形以爲固，其無乃不達理也與！以爲達理者，非謂漠然無爲，聽其自成自壞也，必盡物之理而已矣。《易》曰：「君子以永終知敝。」一夫有形必有終〔二〕，有終則必有敝，此理之常也。物雖有終，吾能永其終而使之不窮；物雖有敝，吾能知其敝而保之勿壞，此之謂達理。至於理所不可，然後歸之於命。是閣之成壞，所不可知，而其理則有不可易者。』予既嘉浮屠之樂聞我道，又重有所激，於是乎書。清道光十三年胡文思重刊之《胡澹庵先生文集》卷一七。

〔一〕夫：原作『天』，據文意改。

衡陽觀音寺殿記　紹興二十九年二月

雁城西湖觀音寺殿者，僧本慧所建也。予聞西佛書云：『如我按指，海印發光，汝暫舉心，塵勞先起。』嘗味其言，以求其所謂海印發光，與所謂塵勞者而不可得。而觀於其居，喟然嘆曰：是塵勞之若是也。今夫茅茨木椽，卑宫陋巷，聖賢之高致。桑門之廬，豈不靡哉！擬殊裁於八都，仿圓方於太紫。杰閣嶢嶢，廣厦沉沉，逼帝宇以抗殿，狀峨峨以嶫嶫。蔕倒蘧於藻井，葩下敷而狎獵。仍增崖而啓闔，睨岫嵲而衡閾。托喬址於孱顔，冠迎風而轢嶢闕。徑百常而崛起，翔鶤仰而猶愕。竦造天之巍棟，上觚棱而翥金爵。若夫雲楣鬱其聳峙，厥高臨乎折風。躐天極而出駘蕩，帶折翳於重欒。跱游梁於浮柱，激倒景而納輝。雖都盧之輕趫，亦凌兢而莫能梯。何工巧之綺豁，逞瑰材而究奇！軼埃壒於天半，睇甍標而意迷。其不謂之塵勞，而謂之海印發光耶？其裝嚴也，則褢以綸連，文以藻繪，絡以火齊，繚以夜光。至於砥硄龍輔，懸黎結緑，和璞明月，連城拱璧，莫不錯落其間，流耀藏英，璀燦晶熒。於是木衣綈錦，土被金碧。玉碣居楹，梢雲綉栭。雕玉瑱以鏤檻，聯文甲之采梲。琢左墄之九齒，磋右平以滂沱。綺疏璇題，華榱璧璫。蒲牢萬鈞，怒璩趲趲。力連軒而賈勇，駴奮迅以超驤。至如寶華王坐，藏室法輪，蚩尤躩攘，守衛撝呵，則有黄支之犀，余吾之馬，九真之麟，條支之羽，白象驂乘，蒼龍吐珠，駓駚髬髵，虎兕熊羆，海鱗變而成虬，蜿蜿蝹蝹，觀者洞心駭目，曾不能悉其彷彿，而神已疲。又如箏琶箜篌，箎笱管篴，箾簫笐籠，篪籥琴筑，鐲鐃鼓鈸，喧哄取鬧，敗寥闃於浄宇，聒夢寐於幽人，是又不謂之塵勞，而謂之海印發光耶？今慧師乃因予里王夔以速記，予欲言其塵勞則幾乎詆，欲言其發光則近於誣，其何以塞請？雖然，慧也垢衣糲食，日持鉢丐於市，自貧女一錢，至給孤側布，辛苦劬瘁累數歲，始荒僝工。木天渠渠，突兀照耀，崇隆谹敷，創建於藜藿瓦礫之場，與夫剿民屈力，奓土木之奉以事徼福者，其爲塵勞，固有間矣，可書也已。寺經始於宣和癸卯，郡人譚士從、蕭思欽、蕭華協力市地。開山者祖心，而澄照、本浄、本慧嗣之，如漢甲乙帳之次。前雁峰，後岣嶁，左湘江，右蒸水，環修竹萬個。横塘雖附郭而野，兟兟賢士，多至游賞，故寺今有盧公贊元、胡公明仲遺墨存焉。予自海南蒙恩移衡，與佛者盱江祖儀游。儀爲予言，慧之初鳩材於耒陽也，方江而下，距寺百里所，水涸，當遵陸頓，役夫數百，嘆不能得。俄水暴至，浮木抵寺下，人异之。夫水至柔而强，至順而逆。秦政力能并天下，而不能使波伏不興；漢武鞭笞四夷，如追放豚，而不能使河復故道。慧以匹夫無能之人，暗嗚咄嗟，而水自至，此豈可以知力争哉！殿高廣三丈有五尺，自二十四年夏經始，至二十六年秋落成，其勤至矣。噫，世間萬法變滅須臾，恒沙寶塔，竟成微塵，兹殿也能保其不爲微塵乎？慧如有以保之，則予不能知矣。歲在屠維單閼，二月朔記。《胡澹庵先生文集》卷一八。

衡州壽光寺輪藏記　紹興三十年五月

番禺經略直閣向公道衡陽，謂某：『是州佛宇壽光寺輪藏者甚偉，主僧智本嘗游予門，欲謁記於子，盍記之？』某曰：『僕非學空者，何以塞請？』公曰：『第記之，庸何傷？』某曰：『諾。』大藏非古也，自周柱下史多藏書，故宋初學者，謂東觀爲柱史藏室。桑門踵其迹，故皮書者亦云藏。然吾聞瞿曇氏於一微塵中轉大法輪，何以藏爲？且世所謂藏者，又皆譎詭不物，上擬璇極，攀撩捫天，曲折百增，丹櫰璧楞，蒼螭蚴蟉以繚楹，象輿半漢以當軒。奔星經於彩纏，宛虹拖於雕宗。靈圉夷猶於珍館，夔魖偃蹇於南榮。亹標鳳翹，溯風欲翱。般爾之考極矣！執樂則靈媧宓妃，靚飾袨服，巾幘恤削，或鼓琴擫籥，或弄袖振屐。妙才騁技，態不可彌，夸容颿菁，軼天下之靡曼。守藏則八靈蹈厲，中黄育獲之儔，獝狂畢方，游光野仲之偶，仡若虎旅，拿攫慓狡，隅目高匡，趫悍虓豁，戴鶡秉戢，奮鬣被般，威讋虎，髮植竿，奎踽盤辟，千怪萬狀。轉輪則鼓鐘鏗訇，鈕鐲煒煜，唄梵隨作，嚻聲震蕩，嚨聒八宇，隱如忽雷，不及掩耳。彩飾纖縟則絢以雕藻，褱以朱緑，玟環彩緻，綝碧磊砢，璠珉璘彬，蚌實瑕英，璨若王廡，符采彪炳，布濩紛泊，崛詭逴躒。金雘塗飾，蕩心駭目，雖古髹槨扣砌，綺疏璇題，瑶宫瓊屋，未有飾如許金者。且西都建章，觚稜栖金爵，據《三輔故事》，金爵銅鳳耳。《長門》《甘泉》皆云『玉户金鋪』，《蜀都》『金鋪交映，玉題相輝』，俱謂胥閶鋪首銅鍰而已。《解嘲》『歷金門，上玉堂』，亦止謂門傍有銅馬耳。凡此皆非金也。叔世失其旨，乃至土木泥金，雖峻法綱，猶一簣遮紅瀾。吁，亦疏矣！然則俗不可移耶？金土同價之論，不可復乎？曰：以時言則不可，以理言則可。曰：物之不齊，情也。屨大小同價，人豈爲之？軻老亦自忘其説，而有菽粟水火之論。夫菽粟不可如水火，猶金不可如土也審矣。某曰：不然，天下之理，賤生於無所用，唐虞還圭抵璧，而天下知貴茅茨土階。漢世祖捐金於山，而天下知賤珠玉象犀。夫茅茨土階固不敵珠玉象犀也，然而貴賤昇者，生於用不用耳。若然，金土固有同價之理〔一〕。夫智本，瞿曇氏也，不謁記於其徒，而謁於僕，是故欲聞道以有見焉。使達是理，則知椎輪以爲瑶；使其弗達，則雖給孤側金，不足其欲，况能於微塵中轉大法輪，有是理哉？雖然，智本之達不達不必深校，而其能苦心勤志，營所謂藏，與夫鮮衣玉粲以規其私也，不猶愈乎？與夫暴露其書，風餐雨淋者，不既賢乎？衡歲比登，新城承節郎曹堯臣以餘力迎佛書於福唐，藏適成而書至。盱江僧祖儀嘗云：佛書止五千八百卷，比吾書，如唐弘文二十餘萬卷，不能四十之一。然自武德抵開元，集賢四庫卷止八萬九千〔二〕，迄天寶之季，又損八千五百，而佛書至今不亡者何也？其徒能尊其書，而吾徒不能尊吾書耳。彼雖亂離顛沛，其目可矐，其足可斫，而其書不可敓。吾徒苟一第，則已束書不觀，其能顧庋書之室乎？由是言之，智本亦可道也已。里人王夔言，是蓋智本之師寶千創之，工未竟而寂，智本嗣成之。嗜佛者馬永、耿資、朱德、蘇宏、崔宥、易宗鑒、耿忠、王希賢贊之，丁純、萬忠鈺、馮琪、劉汝權、馮尚穆者實董厥役。費緡以萬計，亦可憐矣。直閣公崇雅斥浮，或譏以黏湛之説，笑而不售。今乃繩智本如此，則若人者豈亦樂聞吾道，如文暢師之徒與？故首告以齊高《鶡冠子》之語，庶其聞而樂之。終告以弘文藏書之盛，俾知聖道之光，且以愧吾黨云。紹興上章執徐菾賓中潘，茨野胡某記。《胡澹庵先生文集》卷一八。

〔一〕金土：原作「金玉」，據上文改。

〔二〕八萬九千：原作「八萬九十」，據《玉海》卷五二「集賢院典籍」條改。

岳飛

岳飛（一一〇三——一一四二），字鵬舉，相州湯陰（今河南湯陰）人。出身農家，少力學，尤好《左氏春秋》、孫吴兵法。宣和中應募從軍，累遷至統制。建炎四年，率部襲擊金軍，收復建康有功，升通泰鎮撫使兼知泰州。紹興初，參與討破李成、范汝爲等，擢都統制，屯駐九江。所部軍紀嚴明，英勇善戰，時稱『岳家軍』。除江西、荆南鄂岳制置使。四年，收復襄陽，任清遠軍節度使、湖北路荆襄潭州制置使，駐鄂州。平楊么，除宣撫副使，進駐襄陽，除宣撫使、招討使。派兵深入僞齊境，收復洛陽西南州縣。十年，大舉北伐，克復蔡州、鄭州、洛陽等地，大敗兀朮於郾城，進兵朱仙鎮，欲渡黄河。而高宗、秦檜主和，一日以十二金牌促飛退兵。次年授樞密副使，奪其兵權。尋使万俟卨等誣飛，逮飛父子入獄。此年末，以『莫須有』之罪名被殺害，年三十九。孝宗時追謚武穆，寧宗時追封鄂王。事迹詳見《鄂國金佗稡編》及《續編》，《宋史》卷三六五有傳。

廣德軍金沙寺壁題記　建炎四年四月

余駐大兵宜興，緣幹王事過此〔一〕，陪僧僚謁金仙，徘徊暫憩，遂擁鐵騎千餘長驅而往。然俟立奇功，殄醜虜，復三關，迎二聖，使宋朝再振，中國安强，他時過此，得勒金石，不勝快哉！建炎四年四月十二日，河朔岳飛題。元至正二十三年刻、明印本《鄂國金佗稡編》（簡稱《金佗稡編》）卷一九。又見《咸淳毗陵志》卷一四，《荆溪外紀》卷一九，道光《永州府志》卷一八下，光緒《湖南通志》卷二七六。

〔一〕緣：原作『沿』，據《咸淳毗陵志》改。

東松寺題記　紹興元年二月

余自江陰軍提兵起發，前赴饒郡，與張招討會合。崎嶇山路，殆及千里，過祁門西約一舍餘，當途有庵一所。問其僧，曰『東松』，遂邀後軍王團練并幕屬隨嬉焉。觀其基址，乃鑿山開地，創立廊廡，三山環聳，勢凌碧落，萬木森鬱，密掩烟甍，勝景瀟洒，實爲可愛。所恨不能款曲，進程遄速。俟他日殄滅盜賊，凱旋回歸，復得至此，即當聊結善緣，以慰庵僧。紹興改元仲春十有四日，河朔岳飛題。《金佗稡編》卷一九。又見弘治《徽州府志》卷五，同治《祁門縣志》卷一一。

許端友

許端友，無爲（今安徽無爲）人。紹興間在世。

爲僧肇知山作法相澄心堂記　紹興二十三年十月

禪林梵刹棋布天下，方袍之士，持一瓶一鉢放意於林泉之間，飄若白雲，初無去住，雖曰達觀而未能澄心者也。肇公知山則异於是矣。當年幼落髮，謹持戒行，爰住法相幾三十年，一椽一桷，革故鼎新，護持教法，永不退轉，蓋有不可思議之功德。爲佛弟子之志固已堅矣，作大因緣之事亦已成矣，形可佚而居也，足可收而趺也，中心之所存者亦湛然常寂也，乃闢寢坐之堂而名曰『澄心』，且以示其休止之意，不亦善乎！一日楮先生、管城公從事於堂上，楮先生曰：『萬慮擾擾，皆萌於心，六欲七情，未免牽制，如之何而心可澄哉？』管城公曰：『噫，吾聞萬法本空，一塵不染。心未嘗不虚而清净而明也，欲或汩之，情或遷之，則煩惱自生，妄想皆作，昔之澄者今且濁矣。或澄或濁，在我而不在物，要在守其淵源，反歸其本可也。肇公知山了悟此理，方且游於斯，息於斯，默坐焚香，反觀内照，毗盧境界舉現目前。譬如一淵之水，風静波息，眉髪可鑒，不濁不擾，而常自若也。澄心之意，豈不明甚？』楮先生曰：『唯。』請記其事。予暇日亦登斯堂矣，瞻公面目，果如枯木人也，有諸中者必形諸外，揭名之義殆不虚得。於是摭管城公之説而爲之記，以示觀者。紹興癸酉十月望日無爲許端友記。《永樂大典》卷七二四〇。

釋了心

了心，高宗、孝宗時僧人。

重建南高峰塔記

住南高峰塔道人義圓，一日疏其修建大略，來東城退居求拙者語以識之。老子曰：『噫，予方掩關却掃，默據團蒲，體乎明静，如冬枯木，如古澗水，口邊白醭久矣。子不憚時流所忌，將蕪污先佛之塔廟也耶？止止！』越三數月，圓又來，叩請彌篤。老子從容合十指爪掌曰：『諾，願從事於斯矣。』翌日，與二士夫過西關，入石塢，由烟霞嶺得支徑，徜徉而上。松篁葱蒨，羊腸頡屈，行杳靄間，脚膝疲甚，遂解衣分塊石而坐，取棗栗相勞。既而怒策藤枝，獲小平曠，仰視雲根秀拔，天骨清臞玉立，危層巉巉千仞，吾人駭目動心，疑將厭焉。圓倒屣迎笑，如慰如慕者也。老子乃肅儀野次，拜手稽首，獻文字供以塞其望曰：聞如是晉天福中有梵僧飛錫至虎林，因睥睨南峰最高頂，曰：『於斯可以立大覺真人之表相些。』乃探毳囊，出舍利一顆，傍假比丘尼道圓疏助之力，作窣堵波以福來者。我聖世至道二年邦人朱氏泉、崇寧癸未仁王僧修懿，兩嘗葺補爾。後跨涉星霜，日就朽故。紹興二十有一祀，石屋宗妙師具箋疏挽今圓道人者居之。圓器識周通，歷練勤苦，志在再新榱栱，壯觀兩山。於是乎切柏爲香，鈎簾借月，入法性三摩提。理事圓修，克念仲禱致大，居士劉侯伉以青銅錢五百萬而成就之。今檐楹飛涌，瓦甓堅緻，耽耽殖殖，衆所悦可。龕室之内，繪佛、菩薩像合二十有四，尊嚴雍肅，仰止如生。衛以天龍部屬，十六善神。至於案几器用，罔不備舉。每巡檐張燈，或冥冥雨夜，海商山客，以此爲司南者也。四厢闢軒窗，以備游覽。東瞰平蕪，烟消日出，盡湖山之觀。南俯大江，濤洞洄洑，舟楫隱見，指漁浦蕭然，物色如畫。西接岩竇，怪石翔舞，洞穴邃密。疇昔紛擾之際，脱虎口隱於是者，活二十餘人。其側有應真瑞像一壇，狀貌奇古，若鬼工天成。北矚陵阜，坡陀曼延，箭櫪叢出，麥弊連雲。先是，土竅中栖神蝄，圓至不復見矣。山椒巨石，屹如峨冠，目之曰先照壇。度孫公琦訪求香幹，懸以繒幡，竪精藍標幟，復相其下上，纍石梯山，乃便於步武者也。信士周公紹能鼓鞴爲千石鐘，舉以重閣，昏曉撾之，蓋警諸昧昧者也。是中或雄杰偉麗，岌岌嶫嶫，成象於斗牛之間；或春蚓秋蛇，夭矯於晴嵐曉霞之際；或鏗金戛玉，聲聞於湖渚江皋之上。此皆圓道人置力不懈，而大居士、二檀信毅然而勇施者也。《咸淳臨安志》卷八二。又見《西湖志》卷一〇。

王之望

王之望（一一〇四——一一七一），字瞻叔，襄陽穀城（今湖北穀城）人，後寓居台州。初以父蔭入仕，紹興八年登進士第，爲處州教授。歷知荆門軍、湖南提舉常平茶鹽、潼川府路轉運判官、成都府路轉運副使。四川軍興，除太府少卿，總領全蜀財賦。孝宗即位，改户部侍郎，充川陝宣諭使。及還朝，參贊江淮都督府軍事。繼權直學士院，除吏部侍郎。隆興二年，自右諫議大夫拜參知政事，未幾兼同知樞密院事。時和戰未決，之望力附和議，以言者論罷，提舉江州太平興國宫。乾道初起知福州，爲福建路安撫使，移知温州。乾道七年卒，年六十八，謚敏肅。著有《漢濱集》。見本集卷八《候邊事少寧乞差宫祠朝劄》，《宋會要輯稿》禮五八之八九、儀制一一之六，《宋宰輔編年録》卷一七，《宋史》卷三七二本傳。

台州重修普安禪寺記

出臨海郡治之西四十五里曰寶藏岩，衆山環合，一峰特秀。有古招提，相傳權輿於蕭梁之世，舊爲安衆院，治平中改賜今額。其爲十方，以長老住持久矣。睦寇之亂，焚圮赤地，歷數代十有餘年，頗復興葺，而院小力薄，當往來之交，日不暇給，趣過目前，訖無前功。紹興閼逢攝提格之歲，故丞相高平范公過之，慨然以語郡守睢陽劉公棐曰：『物之廢興繫其人，公盍擇所授，庶可復乎？』於是選於叢林，以保寧璣之子彦筠主之。筠游方罷參，衆推耆宿。至則因殘就窘，左支右補，俾住者安居，游者飽食。然後斥其贏餘，助以檀施，次第建立，不亟不徐，飾故創新，以底于大備。庫有司，衆有寮，爨有厨，浴有室，安僧説法各有堂宇。而佛殿巋然居中，三門兩廡，旁帶前揖。荒基替址復爲寶坊，齋鐘粥魚鏗隱林壑。師曰：『吾院具矣，然山號寶藏，而經龕梵皮闕焉不設，名實不相副。』乃書抵瀘南帥馮公楫，得經五千四十八卷，規爲轉輪大藏，中栖千函，外覆大屋，學者恣取觀之。裒其施入，用佐供饋。一日，其徒來告曰：『師之爲勤矣，勞身苦思，垂二十年乃克成，而未有紀述，惜其遠且無傳，敢以爲請。』予舊與筠游，其始來兹山，謂予曰：『刹無大小，顧爲之如何。古人住山，披茨棘，蹈虎虺，孤坐岩谷，依草木而食其實。徒屬從之，贅聚其旁，苫蓋茅草。及道孚而化行，來者益多，則稍稍棟宇，以漸至于華大，後人安享之，謂是固然，而不知厥初之艱勤也。夫利人之資而享其逸，孰則不能？今吾刹雖隳敝之餘，不猶愈乎。姑置吾力焉，奚憂弗集？』予疑其落落難合，及今而信。嗚呼！筠可謂克踐其言者矣。予樂其志之有成，又喜其不予欺也，故書俾刻之。影印文淵閣四庫全書本《漢濱集》卷一四。又見《台州金石録》卷五。

董仲永

董仲永（一一〇四——一一六五），字德之，號已定居士，開封（今河南開封）人，舜臣子。以父蔭授入内内侍省左班殿直，以撲護禁掖火有功遷右侍禁。欽宗覃恩，轉西頭供奉官。高宗即位，轉東頭供奉官。累官至左武大夫、昭慶軍承宣使，終入内内侍省押班。乾道元年卒，年六十二。見《松隱集》卷三六《董太尉墓志》，《宋會要輯稿》職官五三之一、職官五四之一六、職官五四之二〇，《建炎以來繫年要録》卷一八三。

六和塔觀世音經像碑記　紹興二年七月

已定居士董仲永向施小字《觀音經》，後以湮没，遂成中輟。今復命工刊經於石，用廣其施。又求得菩薩妙像李伯時墨本，同刻諸石，作無盡施。仲永稽首合掌説偈贊曰：

真觀清净觀，廣大智慧觀，悲觀及慈觀，常願常瞻仰。嘆佛功德，上祝今上皇帝聖壽無疆，二聖早還京闕，天眷共保千祥，四海晏清，兵戈永息，風調雨順，國泰民安，法界衆生，同沾利樂。

時紹興二年歲次壬子中元日記。前住廬山三峽雲屋叟曉常勸緣。《越中金石志》卷八。

釋義真

義真，號慧覺大師，紹興間住四明北庵，因自稱北庵老人。見《敬止録》卷三一。

重建佛殿記　紹興十五年二月

四明之山，峰巒合沓，東西廣袤，央于天台沃洲之勝，古之所謂支遁買山，興公擲地，有所稱焉。既山水清遠，人物富庶，故方外之賓浮杯振錫，芟草誅茅，步幽野之丘墟，建岑寂之蘭若。于是佛刹相望，緇侶駢臻，鐘梵之音，周環響答。其講懺之風，香燈之熾，晝夜薰蒸于天地之間。居于左右者，但見日月晦冥，烟霞卷舒，雲泉杳靄，氣象空濛，而不知釋氏栖心之境，以戒定慧修入佛知見，殊形异相，隱顯變化至于此哉！上可以贊國家升平之運，祝吾君萬壽之長者，有所自矣。兹乃石晋開運中，檀越劉氏施隙地，爲當時行道之人庇風雨爾。始曰保安，英宗皇帝治平之初，改賜今額。師徒繼世，甲乙相承。本朝太平興國年，有僧仁聚住持。祥符之世，建大殿以安佛像，智聰、清海從而灑掃。迄于元祐，僉議道成。主師法虎，鋭意興葺，斤斧不休。歲月浸遠，大殿隳頽，土木凋弊。檀越中大夫周公每諭之曰：『先立睟容之煒燁，爲四衆之瞻依；次營畎畝之豐登，爲二時之飽足。經藏輪轉，大界精明，則身心安居平等，性智之道不遠後焉。』紹聖四年十月，命知律宗師孜公嚴奉毗尼，秉行羯磨，僧食兩界之區别矣。真俗之諦理焕然，三灾不壞金剛之場，踵步常行堅密之地，故承議周公初平之記存焉。普印大師靈一，始學天台三觀于延慶之間，言行克勤，端静簡潔，遂與觀興、觀明，用心經典。乃結會以禮慈悲寶讖，供佛齋僧，普施法食，種種薰修，皆爲化導。機緣輻輳，遐邇雲奔，于難捨中，各施金帛，以時繼日，選匠擇材。紹興十一年辛酉三月十三日壬子，大殿落成，上棟下宇，訖無故弊。適會幽邃堂圓證大師知謙勇施囊長，塑造本尊釋迦文佛。越二年，有僧廣堯募信士葉超造普賢像，後勸衆信造文殊像。妝飾圓滿，燦然一新。遂謁北庵老人曰：『深山窮谷中，艱難幾載，成此勝緣，可得一言，以紀始末。』予曰：『像法住世，所敬者唯在形儀。且三身亘廣，萬德莊嚴，經中以須彌爲之高，以河沙爲之數。色見聲求而邈不可得，心思口議而了不可知。故曰若見諸相非相，則見如來〔二〕。以此言之，普光明殿、大覺城東皆虛語也。是知如來于無量劫，弃頭目而何殊涕唾，困濟度而不惜形軀。狼虎絶食而投崖，鷹鴿供庖而代肉。翹一足于底沙，佛所口舌稱揚；求大法于阿私，仙人身爲床座。積其功而累其德，經幾劫而度幾生，報化之迹有殊，真應之功絶异。示三十二種之妙相，開八萬四千之奇踪。口角有泉，梵音遠而目連莫曉；頂輪無見，肉髻近而應持不窺。因既多門，果遂不一。或睹旃檀樓閣，或觀白象處胎。八相開遮，五時互遍，豈在他哉！今既泥龕塑像立宇宙中，輝騰白玉之毫，晃耀紫金之體，宛若靈山勝會，現百寶之光，亦如兜率陀天，居千華之座。一瞻一禮，列主伴之交泰；一香一花，爲道場之已具。彼無説説，我不聞聞。華藏未離，玉宮已降。雖教中有偏真中道之説、太虚明鏡之談，亦但存其彷彿，又焉能盡其無名無相寂滅之理哉！』屬予有幽憂之疾，久廢筆硯，而普印往來於百里之外，墾求弊文，故爲之耳。宋乙丑紹興十五年二月十五日記。《敬止録》卷三一。又見乾隆《鄞縣志》卷二五。

〔一〕如來：原作『知來』，據文意改。

龔　槐

龔槐，高宗朝人，曾官六合。

移建法雲寺記

予曩時得官六合，真之屬邑也。詣府受約束，館法雲禪寺。寺首義明謹敏有材，又不以私行之，予心嘉焉。是寺近逼闤闠，結茅爲屋，上雨旁風，殆不能支。問寺興廢之繇，曰肇唐景雲中，實慶雲，并賜田段，國朝治平明堂恩易今額。同郡被賜者十有三。初治儀徵觀之西偏，建炎初虜縱火獮無遺迹，乃築室於此，以安徒衆。他日將卜爽塏之區，崇成棟宇，使像設有奉，庶幾不負吾教，願得一言以紀事。予曰：『姑成之，我無難者。』後八年過之，則殿門堂廡大略畢備。地本古鎮，規制增新矣。出門遠覽，前瞻江山，却顧岡阜，若市而不喧，若野而不陋，真習定之所，而行人得以栖托焉。今夫衣冠而學者皆是也，顧宮廟不足以奉聖師，簠簋不足以供時祭，禮廢樂敗。賴天子修明，於州縣間春秋一行之，尚或以爲虧事，黨庠之教浸衰，人倫之叙攸斁。彼浮屠氏之子乃能談笑而興事，瞬息而成功，佛宮遍於海縣，食衽不勞耕力，衣冠而學者得無愧乎？義明夙得法於定山牧庵尚賢，蓋我先公方外友也，因與之記。嘉慶《重修揚州府志》卷二九，嘉慶十五年刊本。

王升

王升，大足縣（今重慶大足）民，紹興間在世。

鐫妝轉輪經藏窟數珠手觀音題記　紹興十六年十二月

在城奉佛弟子王升同妻何氏，伏爲在堂父王山、母親周氏，謹捨净財，鐫妝大聖數珠手觀音菩薩一尊，永爲瞻養。伏願二親壽標增進，合屬事宜百順，五福咸備，二六時中，公私清潔。時以丙寅紹興十六年季冬十二日表贊慶訖。《大足石刻内容總録》第五九頁。

唐文若

唐文若（一一〇六——一一六五），字立夫，一字仲懿，晚號遁庵，眉山（今四川眉山）人，唐庚子。紹興五年登進士第，分教潼川府，通判洋州、遂寧府。紹興二十六年以光禄丞召，改秘書郎，遷起居郎。出知邵州、饒州、温州。三十一年召除宗正少卿。金人犯邊，首建大臣節制江上之議，復除起居郎，遷中書舍人。孝宗嗣位，以疾請外，除敷文閣待制，歷知漢州、鼎州、江州。乾道元年卒，年六十，贈左通奉大夫。見《宋史》卷三八八本傳，《南宋館閣録》卷七。

報恩寺行記　紹興二十六年七月

紹興歲丙子七月，峽中久不雨，秋暑熾甚。己巳晦，連夕雩霈，水復大漲。余繫舟瀼中，杖策同二子輅、軫來游。道人定觀迎謁欣然，乃漢中舊識。憩食方丈，登佛牙閣，愛其江山鮮明，草木秀潤，頓失三峽之陋。寺本晋鐵佛院，距今八百祀，屢易而不廢，良有以也。聞方丈、法堂、輪藏皆創建，始事者曉公禪師，曰道隆、曰永璘嗣成之，三傳餘卅載，金碧鼎新。觀嘗相其事，至是欲余爲記。惜方行役，未暇也。曉、隆實傳法師資，而璘、觀及曉皆漢中人。鐵佛象以中更神霄徙他所，觀主寺事，既修三門，方營建東西挾閣，議復迎置故處云。充朝散郎、新除光禄寺丞眉山唐文若記。《全蜀藝文志》卷六四。又見嘉慶《四川通志》卷四〇，《宋代蜀文輯存》卷五〇。

聞人符

聞人符，秀州海鹽（今浙江海鹽）人。紹興二十七年中進士第，官餘杭尉。見《至元嘉禾志》卷一五，《宋詩紀事》卷五一，民國《海寧州志稿》卷一九。

惠力寺舍利衆善記

惠力，東晋舊刹也。始爲志愿寺，始于祥符中錫名今額，有東京左街僧録應史館編修贊寧所撰碑存焉。光堯皇帝中興之初，有釋道法師者，精業沙門，名聞九重，遂得召見。皇帝禮之，錫以釋迦佛牙。牙之體上圓而下方，其色瑩麗輝潤，傍有舍利綴其上，皆光明洞徹，而滋生不已，此其瑞也。道師携是牙游四方名刹，刹皆禱祈舍利，有求而得之者，有求而弗得者，意必有主于冥冥之間者，不妄其與也。紹興丙辰，始抵此土，寺僧鳴擊，以迓舍利于寶閣之下，悉衆而祈者凡三。丙夜之夕，有光如流星，自閣而下，蟠旋于祈壇之間。主僧援器而迎之，遂止集焉。寺今寶之，以爲神物，登藏經閣之上，因書其額曰舍利閣。歲遇下元，塔社之次，必請迎置諸寶塔之中，俾僧徒士俗敬禮之焉。昔唐憲宗時，鳳翔法門寺塔有佛指骨，帝使中使迎至京師，留禁中三日，因歷送諸寺。王公士民瞻奉舍施，惟恐弗及。有竭産充施者，有燃香臂頂供養者。昌黎公愈時爲刑部侍郎，惡其蠹財惑衆，上表切諫，以爲佛不足信。夫釋氏固非吾中國之教也，然其以虚無淡泊爲宗，亦欲使人寡欲戒殺，去革華侈爲事耳。三代而上，道德尊，風俗醇，君子小人皆知禮義，能自遷善而遠罪。秦、漢以來，世變益薄，人情日詐，謂君子爲能守吾儒禮義之教則可也，小人奔趨于財利嗜欲之林〔一〕，造非爲惡。蓋有逭罪于刑法之外者，而人猶以其教相謂曰：『此雖免于今生，必不能竟逃于後世。』彼人之情，信之既篤，而能以此惕然興戒，不至蹈非襲惡，吁，吾亦幸其有是哉！昌黎公必以爲不足信，則今之舍利，非天所生，非地所出，非工所成，不植而滋長，不運而旋轉者，而果何物耶？邑人迪功郎倪滂，善士也。故好佛甚篤，每旦持《金剛般若經》，修觀自在如意輪懺法，自幼至老，殆無虚日。節自奉累，纖微營修，齋懺在家在寺者幾三十餘會，供佛飯僧計十有五萬。而于是剎尤切注意，嘗與妙濟大師師遠同建祝聖華嚴長生道場一所，造盧舍那韋天二師圖繪，天神莊嚴，佛寺赫如也。寺有觀音靈應，爲士民所歸依。或水旱之灾，疾痛之厄，誠而禱之，各得所欲。遂裝新聖像，嚴飾寶殿，率僧行四衆每月繫念者數年，舍禾田薪場入常住，以月旦念阿彌陀佛，號普願往生墳庵，僧行因資焉。近又以寺自唐肅宗給縣税錢修，後因寇至焚毁，乾德間復建，歲久損敝，募講僧清裕重飾焉。輪奂丹雘，倏然一新。其崇奉舍施，類皆若此。嘗曰：『舍利，神迹也。曾未有述其所自來者。』因致書求記于余。余嘉其誠信有餘，爲善甚力，故并及之〔二〕。嘉靖《海寧縣志》卷九，光緒二十四年刻本。又見乾隆《海寧州志》卷六，《海昌備志》卷一二，民國《海寧州志稿》卷一九。

〔一〕小：原作『今』，據《海昌備志》《海寧州志稿》改。

〔二〕《海寧州志稿》於本文末注：『《藝文》前編録此文，後有「紹興丙寅歲次春王良月，邑中聞人符撰」十六字。』

靈池寺重建大佛殿記

吴越國大都督府鹽官縣硤石市，市之艮有寺曰靈池，古之名藍勝境也，惟存基坰。去甲子年，近寺檀越鎮遏使吴溽等與主事者議之，一言而成。材用將備，而蒇事者困于老疾，虧一簣之功。次即寺主僧遇榮散募衆緣，同成勝事。未有東海頭陀者，少爲水師，晚年國家通貨于南溟，選居甲士之列，斫纜而逝。一旦漂風吼，迅雷轟，四顧冥然，如是者五日，乃仰而祝曰：『儻與大衆得渡彼岸，則散髮爲無量因緣。』既而霧卷波澄，乃復本國，因舍妻子，被草麻，巡諸廛閒，以構斯願。迨癸酉冬創寶殿兩廈，雕檐翼展，文梁錦横，其側復有西方殿。今徒衆請徙于正方，抑又高下無差，廣袤折中，儼其威光，不亦美乎。乾隆《海寧州志》卷六，乾隆四十一年刻本。

史浩

史浩（一一〇六——一一九四），字直翁，自號真隱居士，鄞縣（今浙江寧波）人。紹興十五年第進士，調餘姚尉。歷温州教授、太學正、國子博士、秘書省校書郎兼二王府教授。紹興三十一年遷宗正少卿。三十二年建王立爲皇太子，除起居郎兼太子右庶子。太子繼位，以中書舍人遷翰林學士、知制誥、參知政事。隆興元年拜尚書右僕射，首言趙鼎、李光無罪，爲岳飛雪冤。旋因反對張浚北伐，罷知紹興府。淳熙五年再相，因與孝宗意見不合求去，拜少傅，充醴泉觀使。紹熙五年卒，年八十九。追封越王，謚文惠，改謚忠定。著有《尚書講義》（存）、《周官講義》《論語口義》《鄮峰真隱漫録》（存）。見樓鑰《攻媿集》卷九三《純誠厚德元老之碑》及《宋史》卷三九六本傳。

題靈芝照律師碑陰

儒以儒縛，律以律縛，學者之大病。唯師三千威儀，八萬細行，具足無玷，而每蟬蜕於定慧之表。毗尼藏中真法主子，故能奮數百歲後，直與南山比肩，功實倍之。嚮使師身不披緇，必爲儒宗，特立超詣，惜哉！師没後二十六年，遺馨不泯，朝廷錫號大智律師，塔曰戒光。以賜謚之寵不及載劉公之文，因書于後。《人天寶鑑》，續藏經第二編乙第二一套第一册。

廣壽慧雲禪寺之記

紹熙元年春二月辛丑〔一〕，故循王之曾孫宣義郎、直秘閣、前通判臨安軍府事張鎡請於朝曰：『願以城東北新宅一區，效前賢捨爲佛寺，仍割田六十頃有奇贍其徒，薰修植福，以伸歸美報上之志。』上曰：『可。』賜額廣壽慧雲禪寺。張君勛門佳裔，自幼刻苦問學，年未强仕，澹然無意於榮途。閑居遠聲色，薄滋味，終日矻矻攻爲詩文，自處不异布衣臞儒，人所難能。兹又捐所重以創精藍，尤難能者。既得請，乃一意崇飾，以侈上賜。徹堂爲殿，凡佛屋之未備者，悉力經營。土木堅好，金碧焕發，隱然叢林，爲寓都壯觀，見者起敬焉。落成，以書禱予爲記。予每嘆世人苟貴若富，必思廣其居，務極雄麗，以貽厥後，而夸無窮。然歷世未幾，生息繁衍，宏敞化爲湫隘。又從而分裂之，蜂房蟻垤，各開户牖，無復前日耽耽氣象。矧或不競，求售他人，一再過而爲墟者有之。固不若釋吝驕，齊物我，推己所有，與衆共之，爲長且久也。异時寢處宴游之地，千載儼然，子孫登覽，企想風烈，必有慷慨激昂，思濟其美者。世人識慮及此，已足爲達，而張君之志，則又過之。蓋自其先王受國隆恩，河潤澤及，迄兹涵浸，一身渺然，圖報無所，故爲是舉，以紓厥忠，匪直爲其私也。若夫鐘魚震動，雲水鼎來，演上乘而祝帝齡，錫餘福以佑黎庶，兹念一興，亘千萬祀不能磨滅，如佛氏所謂願力者，張君之忠寧有既耶？予嘉其志，故爲之書。太師、保寧軍節度使致仕、魏國公史浩撰。中大夫、權吏部尚書、兼直學士院、兼實録院修撰、兼侍讀樓鑰書并題額。

《武林金石記》卷九。又見《兩浙金石記》卷一〇。

〔一〕二月：「二」字原缺，據《二十史朔閏表》推補。辛丑，二月十七日也。

尊勝庵鐘銘

真隱居士作屋數十楹，在鄮城之東，乃以錢銀山欑易護聖院之荒地，將建寶閣，專一崇奉太上皇帝御書。已蒙儲皇賜名尊勝庵，親筆扁榜，光耀林泉。住持清文又能市銅於官，作鐘以警昏旦，爲之銘曰：

鳧氏製器，其名曰鐘。諧和衆樂，清廟辟雍。降及後世，遍滿梵宫。危樓百尺，萬鈞在鎔。一冶而就，厥聲孔洪。假爾衆手，破天下聾。人生冥冥，昏曉無窮。忽然震發，有耳皆聰。度亘騖遠，擊散群蒙。及乎無作，復歸於空。清浄之體，實與道同。盡未來際，悉悟圓通。影印文淵閣四庫全書本《鄮峰真隱漫録》卷四〇。

孫朝隱

孫朝隱，眉州（治今四川眉山）人，紹興中進士。見嘉慶《四川通志》卷一二三。

永慶院記　紹興十八年

自武擔循城而西，林樾秀美，景物清潤，有冢岌然峙于城隅者，前蜀王君光圖之墓也。傍有永寧佛宫，枕墓之顔，則王氏追崇掃灑之地也。本朝崇寧二年，始革爲十方，錫名永慶，以栖雲水之侣。更涉五世，棟宇隳廢，臺殿傾圮。時有比丘，法號道寧，慧力梵行，人天歸敬，遂率一方長者，鳩材僝工，革而新之。廢址頹垣，忽聳凌雲之棟；金繩寶界，坐侵星月之光。起於紹興乙丑之春，成於丙寅之夏，遂爲西郊净坊之勝。方王氏之興也，改廳堂爲宫殿，以墳墓爲陵寢，而此佛剎，因之以興。曾未數年，而狐兔已栖於楸松之下矣。聖宋龍興，削平僭僞，紺祠琳宇，因而不改，遂使祥雲佛日，輝映遠近。至於寧公不憚興作之勤，化出宫殿樓觀於摧殘瓦礫之中，厨堂廊廡，焕然一新，自非爲佛棟梁，以垂裕後世爲心，誰至是哉！迹其巧力，當夫天地無窮也。後之安禪選佛於其間者，可不念諸！紹興十八年記。《成都文類》卷四〇。

李石

李石（一一〇八——一一八一），字知幾，號方舟子，資州磐石（今四川資中）人。九歲舉童子，紹興二十一年登進士乙科。初任成都户曹掾，召入朝，任太學博士。自試院論罷，除成都學官，生徒達千餘人。後倅彭州，知黎州。乾道中召爲都官員外郎。復罷，出知合州，又知眉州。石好學能文，其詩文淵源於眉山蘇氏，於經尤長《易》《春秋》。議論剴切，不阿權貴，故仕途坎坷。淳熙八年卒。著有《方舟易學》（存）、《續博物志》（存）、《方舟集》（存）、《世系手紀》等。見所撰《自叙》及《建炎以來朝野雜記》乙集卷一三，《宋史翼》卷二八本傳。

安樂院飛輪藏記

西州佛事簡爲盛，簡之諸邑各以佛祠宇相夸，甘泉爲盛。甘泉之人以篤信於佛者甚多，而楊氏饒於財，非若他人妄施以徼福者。其言曰：吾此身此生由父母得之，與其致無益之思，孰若作有利之事？與其竭有限之力，孰若爲不盡之托？此安樂院寶藏之建所以專爲楊氏追薦佛事也。楊氏有名誂者，肇其志而有貽於前，其子深又率其志而有續於後，父子再世，如出一心，寒暑四時，風雨不變，此佛事所以日進一日，有成而無壞也。寶藏既建，則思所以倡其教、永爲一方香火、人天歸依之師者，則又請成都超悟院僧了因爲院宰住持。因又勸誘士之豪秀，曰羅覺民、曰吴世安，叔侄相與斥己田以廣卜築，揮槖金以增雅飾，由小以至大，自狹以至廣。凡楊氏父子有作而未就者，皆落成於因之手。此寶藏大概也。竊謂吾儒百行，以孝爲本，而二氏亦以孝爲本，中不得不异，而本則同者，何也？吾儒一髮一膚，明其所受，以無毁其全，此樂正子春不忍一足之傷而悒悒乎三月之久矣。而老氏者，亦以惜身愛生流爲神仙不死之説。獨佛氏者，以割截爲布施，以毁弃爲寂滅，其説有飼饑虎、委性命血肉而不悔者，此其説之异也。若夫吾儒以孝爲德，老氏以孝爲功行，佛氏以爲補報，推己以利人，盡心以及物，未嘗不同本而出也。吾不知楊氏父子果自吾儒出者乎？方其勇於佛也，以頭目髓腦苟可以致九原之痛者，尚所不惜，况金玉寶貨，過眼土梗不啻，何足計哉？此楊氏之心當與佛同體，而於吾儒不爲背本也。孟子曰逃墨必歸於楊，逃楊必歸於儒，此吾所以合三説而一以望於楊子者，其庶乎。若夫楊氏所施緡錢之數、經函之目、常住田頃畝多少，此了因住持事，不足書。年月日，李石記。影印文淵閣四庫全書本《方舟集》卷一一。

隆州重修超覺禪寺記

隆州者，今隆興天子之賜名也。仰惟龍飛御宇，慈儉爲寶而民自化，不貪而國自富。其易名井監以復隆郡之舊者，豈惟默契鳳曆所紀，亦以作新雅俗，阜成綏遠之實也。矧以大丞相虞公當國，道結主知，功課吏治，故守令必得一代才敏强濟、孝道愛民者，莅其任而遞守此邦，各務思所以仰稱吾君吾相眷安重意。苟可以恢拓郡體，俾不至沿襲簡陋，不獨藻飾吾土文物之盛，其贊化佐治，即如二氏者，亦得夤緣受賜，與吾士均。先是州有超覺僧舍，凡歷三太守而院事甫集。始也樊侯汝霖，建雲章閣以奉安光堯太上皇帝御書；其中也，何侯耆仲請改律爲禪，以稱宸奎所藏；至是史侯松老又大治棟宇，因舊增新，於以全十方氣象，曰佛事如是，足以望此州矣。且州以跨鰲名者，三嵎山也，自治寺與民居，如出鰲背，負而欲飛。此實佛地所種，宜有奇杰樓觀，稱一境華封聖人之祝，當無甚難者。而士民乃相與倡言曰：『是有三難，地以險自障而難於取平，僧以私自營而難於聚食，院以貧自畏而難於致象。此沿革禪律之是非分矣』。侯曰：『是有甚易者，地則高下爲基而平之，僧則立規矩嚴師而振之，食則括隱剩田以給之。』舊址僅長二十丈，跨山迤邐而下，爲屋二百楹，凡六重，其直衍深七十丈，其廣三之一。爲重屋出深廣之中而陡，所謂『雲章閣』者，巍然與日月昭回於上。其他像繪雕鏤、丹青金碧，焕然次第一新，其貽無窮之傳曷有涯涘哉！嘗聞之或人曰，天下名山大川，率爲二氏所攘以居，耗地力而分民心，無大此者。是又不然，生於天地之中者必有靈氣，人先得之，聖賢者先受之，蓋天所賦也。且有宇宙便有此山，今之三嵎岌然與岷爭雄，其靈氣融液，尚可以通海脉而輸天府，國寶所儲，以擅富强於天下，其賦於人又宜如何也？且以忠誼之著，勛業之美，文章之懿，與夫朴願純厚之俗，不藴利以自富，不貪名以自勝，不健訟以爲能，吏易於治，國易於資，异時竹帛所書，垂範千載，豈特一州之地甲乙全蜀而已哉？二氏者得以仰聖世包容之度，以風雨而自芘於境内者，皆靈氣之餘也，而又何隘於數椽之屋而已耶？且史侯之政异矣，愷悌所格，補葺蠧弊者非一，其視一土一木，心巧目營，休休然如善射者雋中而附汰輈也。追逋粟以爲食，搜羡卒以爲力，合樊、何二守之政而收其成。向之所謂三難，唧唧口語者，乃今相與贊嘆，奔走香火，以爲寶坊成就如佛之説從地涌出也。僝工於某年月，凡用日若干，以某日落成。寺本唐神龍所創，以『飛泉』名，乾符以『超覺』名，國朝因之。李順之亂，民畏其險爲盜資，乃火之，崇寧初復之。僧百輩不少散徙，後先名僧相似，不必更書。史侯字喬年，某州人。年月日記。《方舟集》卷一一。

靈泉寺慈氏閣銘

靈泉寺僧了緣始以紹興己卯建慈氏閣，其徒覺普遠來東南乞銘，李石合掌作禮，敬爲銘曰：

昔有化人來，云是西方佛，提掖周天子。足躡雲雨上，恍若鈞天居。俯視人宫殿，如累蘇積塊。化人云此幻，與王特神游。大哉佛一心，廣大包四極。我以一心觀，諸佛等虚空。誰令作宫殿，臺榭如祇園。金碧丹砂青，莊嚴具五色。幻中益以幻，形容諸佛心。耳目所見聞，何者爲國土。而况慈氏閣，空中樓一塵。佛身無邊雲，無數諸眷屬。有幾多羅樹，八萬千由旬。如何于一塵，便作見佛想。緣師老比丘，一念重山岳。辛苦成佛事，只以此心觀。袈裟裹虚空，無一不是佛。云此毗盧舍，磊落古道場。權輿自唐人，父老斤斧迹。層雲起杰觀，繪出華嚴境。香火諸梵唄，隱隱鐘磬聲。一粒與一衣，檀度歡喜捨。穿井得甘脉，誠非一日事。以此布施力，報佛父母恩。梯級登上方，隨方即見佛。我喜緣此事，隱忍如我心。頭目及髓腦，一痛皆可捨。佛事倘可作，先以此心觀。《方舟集》卷一四。

量庵銘　爲慧海師作

世有幾刹？刹有幾塵？一塵大地，風水火輪。中藏虚空，廣大由旬。敢以籧篨，邊畔四鄰。區區釜鍾，尺丈寸分。滄海幾斗？須彌幾斤？無量唯佛，有量唯人。有量無量，同一法身。《方舟集》卷一四。

觀音殿偈

資聖道人作觀音殿，歲月落成，鄉人李石歡喜説偈。

大士德如天，天高萬物下。如何尋丈室，收拾萬由旬。天既大不容，大士著何許？作室道人遠，先得大士心。能於一毫端，浩劫萬物數。百花香水海，妙寶莊嚴光。燕坐栴檀林，種種具足相。大士在掌握，八窗見天光。願以平等心，見聞薰一切。是故道人遠，作室藏虚空。我以歡喜心，爲説布施法。《方舟集》卷一四。

廣安軍羅漢洞碑

惟皇朝以孝治天下，貴人子以及人之親，禮也。先是，故樞密安公處厚乞廣安軍之高寺以爲香火墳域地，詔可，賜名『慶源報德』，俾安氏子孫因佛以思孝於其親，因親以效忠於其國，永其世之所自，以無敢失墜者。此羅漢洞之所由以建也。洞自宣和迨今守者三傳，羅法廣權輿之於其始，僧圓昭大之於其中，惠融又成之於其終，皆推祖羅漢以爲佛事。佛事既盛，而羅漢之靈感益著，蓋三人者定力所孚，而安氏子孫孝誠所格也。且爲佛之説曰，萬法以一心爲本，而心之所入，有迷有悟。迷悟云者，猶飲之有醒醉也。醉而醒，孰若初不醉？迷而悟，孰若初不迷？佛氏立萬法於根塵色相之林，是初不醉不醒也。且鋟木範金，鑱堅揉塗，而喜怒剛柔，肥瘠白黑，天人相好，無一不具，是其根塵色相中事。雖太空茫茫，一法未立，而天地日月，山河草木，有形有質，且復膠膠擾擾，與吾一心爲鬥，是在迷悟也。迷悟在我，何預於人，一心中主，萬法隨應，而洞中問津者始接迹，如祇園雙樹之集矣。按佛未寂時，有云十六比丘，又有云五百比丘，又有云一千二百五十比丘，此則羅漢也。自阿難、迦葉而下，雖藥王藥上入菩薩道者，未有不梯級阿羅漢而漸次果位者，吾將以吾之一心有求於佛，未即得而千二百五十大士者，又且役役於吾之夢寐飲食，精爽英靈日與吾接，如鍾鼓答響，如燈火捕影，善惡福業，不爽一髪，此以心感心法也。

《易》之論性盡矣，孟子謂心爲盡，揚子謂心爲神，吾儒所求於佛者如是。至其所迷悟，則門墻堂室之嚴，學者不可以馴致，自其盡者神者以及於性，佛於人不遠，况羅漢乎？隴西李石敬以其法偈而碑之，其詞曰：

洞天漂緲風日雲，千二百士自來去。執搏虚空了無物，觀所感者如河沙。稽首燕坐不動尊，千二百士法如是。留形不寂佛所屬，沈冥之海一葦杭。是故昭融父子心，心出一心幻三昧。多多取辦百千萬，乃至兆億指五輪。丹青金玉龍鳳姿，有面不同如一佛。我今觀心四果向，凡百有位臣子同。惟忠惟孝極君親，仙山不磨懋厥世。《國朝二百家名賢文粹》卷一二五。

何朝隱

何朝隱，紹興間人，號梅溪。

普成縣玉虛觀僧伽堂記　紹興十九年十月

玉虛觀在駕空之右麓，林薄葱蒨，宫宇古雅，下視邑居與山川之形勝皆一暖而盡。觀有石僧伽像，堂以庥之。按梁榜，建於國朝至和三年乙未歲，而像所由來，則故老云曩有光景夜見于邑東惠雲寺之側，迹而發之，乃得是像。寺僧圖遷之蘭若，十許夫不能致。主觀道士蘇德冲請以歸觀，弗增一人而升高越險，了無艱礙，似非偶然者。自始至今屢昭靈應，道俗信嚮如著蔡，然恨無石文以昭之也。紹興丙寅秋九月既望，予以事至邑游焉，歸訪故人衛君廷彦，娓娓更爲言之具如上事，則又曰：『佛老不相爲用久矣，今僧伽之栖是觀，莫能出其理，來者獻疑，願公發其旨，以之信遠傳後。』予曰：『道一而已，三聖人教雖异，而妙處未嘗不同，其驅人之善，宅心亦未始不合。是以莊生子休謂諸子關、老、墨、惠與己之道同出六經，而陶隱居《真誥》記裴真人弟子二十四人，十八人學佛道，餘學仙道，則道固三教均一，奚彼己之間耶？昔韓文公以儒宗自任，力排二家，而謂浮屠文暢者墨名儒行，特嘉而進之，至贈以詩文。夫墨名儒行，文公之所收録，則梵相竺儀而慈其心者雜高真以居，亦何間然也！大士之心意其以此。佛經云，僧伽觀音，菩薩化身。菩薩具三十二應妙得圓通法門，應現著於十相。則佛道冥而爲一，解脱見當爾，復何疑哉！』觀舊名東林，治平中始賜今額，廷彥云。紹興十九年十月初吉，梅溪何朝隱記。《蜀藻幽勝録》卷二。

王咸久

王咸久，紹興間爲左朝奉郎、通判蜀州。見《金石苑》。又據《建炎以來繫年要録》卷一五二，紹興十四年左承議郎、簽書雅州判官廳公事王咸久以牒試舉人不當，責降一官。疑即此人。

靈峰院鐘樓記〔一〕　紹興二十年正月

紹興丁巳，靈峰院僧寶勝創建鐘樓於院之山頂。越明年，樓成，其高七仞，縱廣半之，壯麗輪奂，動人心目。其冬，寶勝自缺久，因告之曰：夫妙真如性，與生俱生，而不能自知；大圓覺心，有化不化，而不能自見。是故珠必待於人説，月亦求於指缺開方便門，敕羅睺羅，撞鐘一聲，以示阿難。及諸大衆，反觀内照，得入理門。達磨西來，大洪頓教，門庭雖别，指趣無殊。有缺有聞堰溪水聲而悟者，有聞石擊竹聲而悟者，及其成功一也。今吾子囊無一錢，作大緣事，鑄此巨鐘，閣以層樓，纍以缺夜撞之，用警沈昏，固有一歷耳根，頓會宗旨，離文字之傳，絶語言之妙者。吾子亦何用記爲？寶勝曰：『不然，寶勝竊有説。缺公授之宰是邑也，相槻鹽井，托宿兹院，夢一道人爲針其腹，十年之病一昔而差。詰朝，問寶勝此院興建之由，寶勝以左缺龕爲對，偶合公心。自此每以興修督勵，寶勝顧吾院之貧、力之微也，何以稱公驅使之意？至建炎丁未，今制幹王公宏缺爲其疏文，又與其兄作大檀越。自此度材鳩工，迄用有成。然則修造之意，乃李公倡導於其始，而王公成就于其終。今缺福禄□□，豈非能仁護念，妙智扶持？願刻堅岷，以侈大兹山之靈，不亦美乎？』咸久曰：然，請爲書之，以傳諸信士。紹興二十年正月上元日開建，靈峰寺長講沙門寶勝立石。《金石苑》。又見《八瓊室金石補正》卷一一三，《宋代蜀文輯存》卷九九。

〔一〕題下原署：『左朝奉郎、通判蜀州軍州、主管學事兼管内勸農事、賜緋魚袋王咸久撰。左迪功郎、新果州司户參軍鄧良能書。右迪功郎、潼川府涪城縣主簿、主管學事李如晦篆額。』

喻樗

喻樗（？——一一八〇），字子才（一作材），號湍石，又號玉泉。其先南昌人，後徙嚴州（治今浙江建德）。少慕伊洛之學。中建炎三年進士第，爲信州玉山尉。趙鼎都督川陝荆襄，辟爲屬。紹興初，勸鼎起用張浚。以鼎薦，援秘書省正字兼史館校勘。出知舒州懷寧縣，通判衡州，已而致仕。檜死，起爲大宗正丞，轉工部員外郎，出知蘄州。孝宗立，提舉浙東常平。淳熙七年卒。著有《大學解》一卷、《玉泉論語學》四卷、《豐公逸事》一卷及《玉泉語録》《紹興甲寅奏對録》等。見《宋史》卷四三三本傳、卷二〇二、二〇三，《藝文志》一、二。

書福勝院記碑陰

行在揚州之三年，歲己酉，僕尉信之玉山，始至則詢十鄉之人物。客有言永安之賢者葉大夫，僕曰：『大夫之賢何如？』客曰：『昔吾邦之刺史有殖貨財供私欲者，屬邑奉承之不暇，獨弋陽有辛未嘗屈也。他日大夫過城下，會諸邑在焉，相帥而來，大夫顧曰：「孰爲弋陽？」弋陽曰：

「諾」。大夫曰：「聞君獨障横流，賢哉！」其好惡之公如此，可謂賢矣。』則又曰：『吾邦之人有解官而歸，遽置田數千百畝者，以夸於大夫。大夫笑曰：「吾貧甚，不能辦此，請以二十櫃書當之，可乎？」其趣尚高潔如此，可謂賢矣。或者以大夫好面折人短。夫面折也，而非猶愈於背毁而是者，况其是乎？若夫好面譽人，一旦利害少不如意，則背而毁之，是阱而錦之者也。聞大夫之風，可無愧乎？惜哉死矣，不得使吾子見之也。』僕聞其言以爲恨。後二年四月癸卯，始以職事至福勝院，見大夫所爲《造殿記》文，議論所存，蓋有不苟然者。信客之不妄，傷今之不見，爲書其碑之陰。同治《玉山縣志》卷二，同治十二年刻本。

釋仲昺

仲昺，南宋僧人，紹興中嘗爲明州寶雲傳教院住持，管内僧正，賜號真教大師。

摹刻寶雲禪院賜額敕黄後記　紹興二十年正月

建炎庚戌春，遭兵火，院宇一夕而空，聖朝所賜敕黄石刻，於煨燼中文字斷裂，已不可辨，常慨以無復再全之理者。逮紹興己巳，距庚戌凡二十載，一日忽有姚江僧持此墨本來，仲昺忻然如獲重寶，意必先祖通法師教席餘澤未已，使有天與之幸，不然何符契如此之非常耶！越明年正月戊子，再摹于石。前管内僧正、住持、真教大師仲昺書。《寶雲振祖集》，續藏經第二編第五套第五册。

李　杼

李杼，紹興中爲右承議郎，權通判秀州軍州并主管學事。

永福院記　紹興二十一年八月

夫累土畫沙，童子戲也，皆足以成佛，况乎運心廣博，勤苦功用，以是因緣而作佛事，利益一切衆生，則佛之道豈難成哉？平江之北六十里有墅焉〔一〕，曰『八赤』。前俯洞庭、太湖，旁連震澤、甫里，魚稻之美，商旅舟檝之所趨會。居處聚落，殆且百家。其民淳而樂業，日以遷善，農夫合耦以相助，幾於上古之遺風。舊有精廬，中更煨燼，僅存遺址。比丘宗潤即其所處爲接待院，延伫四方雲水之客。若見若聞，皆争捨施，貧者出力，富者出財，巧者出技，皆捨所愛。及諸結集，訖用有成。三門方丈，堂宇庖湢，皆易新之。嚴麗潔精，具足衆妙，爲往來者駭心動目之觀。序其實以告，具石請記之，爲書其略云。紹興二十一年八月日，右承議郎、差權通判秀州軍州、主管學事李杼記并書。《吴郡志》卷三六。又見《吴都文粹》卷九，《吴都法乘》卷一〇，道光《蘇州府志》卷四三。

〔一〕平江之北六十里：原作『平望之北二十里』，據《吴都文粹》改。

趙耆

趙耆，紹興間人。

增修大悲閣記　紹興十一年

由賢劫來，浮屠修行，多取窮山。風雨互浸，藜藋高拄，芻尼巢顛。植不撼動，把茅爲蓋，曾不遑施。及其成就，功超行溢，兩足俱尊。毗盧遮那，宫殿樓閣，逼塞十方。綿亘三世，廣博無量，莊嚴惟稱。蓋亦於道，可簡則簡，不爲不足；可華則華，不爲有餘。以是義故，累土聚沙，便了功德，而不簡陋；木天金地，始號因緣，而不華侈。爰當西南，有大都會，曰張儀城。人具善根，依佛信法。有大藍若，曰聖慈寺，佛事最勝，古今共傳。元豐壬戌，有大法師，敏行其名。造大悲像，端嚴妙好，千臂千手，千耳千目。復建大閣，嚴覆像貌。有大居士，東坡先生，文章宗師，名動海表，爲作記文，綴之以頌。此閣有壞，而文不泯。詩云：『亂生不夷，靡國不泯。』迨今紹興十有一祀，歲在辛酉，比丘秉信，謂閣雖雄，而不靖深。降階逾閫，地窘文墨。有來供設，敷座迫拘。閣瞰穴池，窅曠沈漼。夏潦翻波，勢若吞嘬。有來游者，反生怖噩。乃蔓榱題，蔭蔽延密，碧瓦參差，鳩欲飛去。乃梁池央，梐楯相屬，傃閣窈窕，引繩直趨。乃築短垣，障池三面，黑月經行，了無憂軫。用力曰劬，四稔而就。凡造如是，罔不欽肅，以拳加額，戴目瞻禮。因形窮理，因理生悟。於此有士，初自形觀，曰臂司運，曰目司視，元化所造，自有定形。西海之外，民爲隻臂，居反膝上；北海之外，民惟隻目，當面中央。生理滿足，雖曰自如，沴氣奇偏，僅同禽獸。伊陰與陽，衝和反本，在人爲靈，於類爲正。兩臂者人，一切諸佛，亦復兩臂。太子臂六，固自神异，而況千臂！兩目者人，一切諸佛，亦復兩目。老翁目四，固自神异，而況千目！失聲贊嘆，莫可思議。於贊嘆間，竟以理得。惟人兩臂，偏廢而運礙，故天下雖重，所不可易。惟人兩目，偏盲而視昏，故金屑雖貴，所不可安。以我兩臂，推彼菩薩，母陀羅臂，本同一臂；以我兩目，推彼菩薩，清浄寶目，本同一目。請論兩臂，莛草洪鼐，咸在所舉，其妙無大。把握宇宙，此與千臂，用實無异。所舉既疑，雖增兩臂，巨擘枝指，不失爲病。請論兩目，萬象森羅，咸在所睹，其中無間。洞察天淵，此與千目，用亦無异。所睹既迷，雖增兩目，重瞳大孔，不失爲賊。千臂千眼，非异非增，士悟所得，理固如是。善哉！菩薩形相，存於閣下，人資勝詣，遂造理窟。非獨敏行之力，亦兹來信之功。余於是乎記之，不以附於東坡爲嫌也。《成都文類》卷三九。

王十朋

王十朋（一一一二——一一七一），字龜齡，號梅溪，温州樂清（今浙江樂清）人。資性敏悟，强記覽，素有文行。紹興二十七年以進士第一及第，授紹興府簽判。除秘書省校書郎，兼建王府小學教授。輪對，上言朝政弊端數事，陳禦邊之策。遷大宗正丞，奉祠。孝宗即位，起知嚴州，召爲司封員外郎，累遷國子司業。隆興初，除起居舍人，升侍講，改侍御史。張浚兩淮之師失利，主和者横議蜂起，十朋自以先前力主起用張浚，故而上章待罪。出知饒州，歷知夔、湖、泉州。召除太子詹事。乾道七年七月卒，年六十。後謚『忠文』。十朋立朝剛直，歷官多有政聲。爲文崇尚理致，不務浮靡虚麗之辭，著有《梅溪前後集》五十卷；其《尚書》《春秋》《論語》《孟子》講義，尚未成書。事見汪應辰《有宋龍圖閣學士王公墓志銘》（《梅溪先生後集》附録），《宋史》卷三八七本傳。

妙果院藏記

紹興戊寅春，潛澗實印師傳天台教于永嘉妙果院，未幾有尼文贊來施實藏直萬金，緇素咸悦。

潛澗師走介致書于越，命某記之。某嘗聞吾儒中有二大善知識，曰東坡居士，曰王荆公，俱以文章名世，然其道不同，終身不相悦。及東坡記聖相藏，荆公深嘆服之。蓋二公俱深於佛，故能賞音，作者之手、識者之眼不可相掩也如此。某書生也，於佛學素不通曉〔一〕，其將何説以發揚之，然於潛澗爲猶子，義不可辭。抑嘗聞佛之爲教矣，其説惡貪而喜施，與吾儒同，然其徒多好人之施而不能自施，失佛之意遠甚。今是尼也，富於財，積而能散，生平植福之施，動以千緡計。又罄衣鉢以製是藏，百寶莊嚴，極其工巧，卒不自有而歸之妙果，可謂善施，得佛之遺意矣。然施易爾，不妄施難，是藏之成也，求之者多，咸莫之施，妙果不求而藏自來，可謂能具眼矣。兹爲叮書，偈曰：

壯哉古東嘉，妙果宅其西。老宿山中來，應緣傳妙法。有尼號員净，香火廬松楸。衣鉢抽萬金，造次大寶藏，經文浩卷軸，一一刺血書。用報父母恩，普及一切衆。神光屢發現，遍地生金星。至誠感幽冥，觀者咸贊嘆。忽發喜捨心，願歸諸妙果。法師慧業就，寶藏來證明。所施以其人，是能具道眼。圓净施寶藏，道心益員净。况施於妙果，因果宜無窮。妙果得寶藏，道場日益振。大作諸佛事，廣結諸因緣，須彌一轉間，功德無邊量。轉轉無已時，功德亦如是。

四部叢刊初編影印明正編者五年刊本《梅溪先生後集》卷二六。

〔一〕不：原作『否』，據影印文淵閣四庫全書本（簡稱『四庫本』）改。

雁蕩山壽聖白岩院記

諸矩羅居震旦東南，山名雁蕩〔一〕，最爲造物所惜，秘於萬古而顯於本朝〔二〕。山中絶境皆廬於佛子，開闢經營，必其徒之有道力者驅龍蛇虎豹魑魅魍魎而有之，權輿數椽，侵尋萬柱。如全了之庵於芙蓉，今爲能仁；行亮谷于安禪，今爲靈岩；文吉庵于碧霄，今爲靈峰是也。山之内外招提，無慮二十餘所，問其經始與廢而復興，無非有道力者焉。山之東有嶺曰謝公，世傳靈運好游山，而不知有雁蕩，蠣屐窮幽，至此而返。去嶺而北若干里，有山曰白岩，水曰仙溪。去岩而北若干里，有王子晋仙橋。子晋遺迹在吾州者三：一在永嘉，二在樂清，兹其一也。壽聖院在白岩之下，峰聳而奇，水清而駛，松竹蓊然而深，蓋諸矩羅駐錫、王子晋飛仙、謝康樂登臨嘯咏之所，宜幽人逸士、逃名晦身、修真學道者徜徉乎其間也。院創于唐會昌四年，至明年廢，又明年復興。初曰仙溪白岩院，至大宋治平四年十月始賜壽聖額。宣和三年燎于魔寇。院僧元象憫之，草創殿閣，塑像貌以奉香火，歲久浸壞。僧子親慨然曰：『兹山吾祖潘氏所捨，殿與像吾師所建也，其可坐眠而隳之耶？』於是糾同志，募衆緣，出力以成就之。寶殿巍然，輪奂翚飛，觀者咸會，歡喜贊嘆。工未畢，會傳教于邑之七寶、雙峰二院，其徒文表住是山，遂卒其事，而道場爲之一新。嗚呼！若子親者真可謂具道力有功於其教者矣〔三〕。《梅溪先生後集》卷二六。又見永樂《樂清縣志》卷五，《古今游名山記》卷一〇，《名山勝概記》卷二二，《廣雁蕩山志》卷一一。

〔一〕蕩：原作『岩』，據清雍正七年唐傳鉎刻本（簡稱『雍正本』）、光緒二年温州梅溪書院重刊唐傳鉎刻本（簡稱『光緒本』）改。

〔二〕『萬』下原衍一『萬』字，據雍正本、四庫本、光緒本删。

〔三〕若：原作『君』，據四庫本改。雍正本、光緒本作『僧』。

雁蕩山本覺院殿記

有僧景暹來自雁蕩，袖前傳法能仁宣公、今傳法靈岩行公書，求余文記本覺院殿。余延之坐，飯之，贈以詩，辭不能記。暹曰：『宣公年逾九十，有名行，緇林推重爲老禪，今退居是山，足以重吾徒。行公蜀人，傳心印於名師，與賢士大夫游，且能詩，嘗受知於君。某以二禪師之命故來，願勿辭。』余善其言，遂諾之。院舊名延唐，而不知其開山之始。嘗廢于會昌，至乾寧二年復興，增額曰乾寧延唐。我宋有天下元年，改賜今名。院在雁山之東隅，位以甲乙〔一〕，祥符、天禧間〔二〕，僧友忠南游五羊，得天竺國貝葉梵書以歸，至今猶存。釋家舊殿建於元豐初，歲久垂壞。日者以山門不振，咎其基之不吉，暹出願力，募財鳩工垂二十年，以紹興戊寅秋九月易地而遷之，棟宇鼎新，金碧照輝，用力孔艱，迄乃有成，可嘉也已。詞曰：

雁蕩之陽，延唐道場，毁于會昌。起廢乾寧，我宋龍興，本覺是名。先民不作，金仙斯覺，以覺後覺。山中老禪，出世應緣，亦覺之先。咨爾釋子，潛心宗旨，不覺不已。忠得貝書，暹興殿廬，亦覺之徒。殿廬既周，勿怠薰修，同國戚休。唐祚既遷，我宋是延，億萬斯年。

〔一〕位：原作『住』，據四庫本改。

〔二〕天：原作『延』，據右引改。

《梅溪先生後集》卷二六。又見《廣雁蕩山志》卷二。

潛淵嚴闍梨塔銘

師諱處嚴，字伯威，姓賈氏，温州樂清人也。父靖，居鄉以長者稱。母萬，方娠，一夕夢黑龍自天躍而下，俄化爲道人入其家。及産，師有异相，幼警悟不凡，經史過目輒成誦。舅東平先生規，邑之名儒也，試以對，隨口應答，大奇之。少長，忽不茹葷，母强之，卒不從。一日游精舍，歸白其母曰：『兒蔬食居俗非所宜，願出家學佛，惟夫人割愛。』遂往里之明慶院禮僧知性爲師。既落髮受具，游歷郡刹。初學律，未幾習天台教觀，慨然嘆曰：『吾邦僻在海隅，見聞不廣。』遂之錢塘，依南屏臻公，聽天台大部，明《法華》諸經。時學者尚編録，務相詰難。師聽法罷，端然默坐，同輩問之，發明師説，了無遺誤，因謂之曰：『文字分别，馳騁法相，吾不能爲。』遂遠游禪林，訪先輩老宿，叩擊玄旨。師志節高，學識超邁，杖錫所至，道眼相契爲多。會有以座首命之者，師曰：『吾宅心名利外，冀逍遥自適，詎能爲人役耶？』於是西游帝都，觀伊洛南，周旋江淮間，凡名山水、叢林巨刹，靡不至。時道潛、思聰二僧與東坡居士游，聲名籍甚，咸與師善，數以篇章往來。師博學，詩文尤典重，且工書，有晋宋法。或勸以所作謁縉紳求知己，師笑曰：『古之桑門上首與士大夫游，非求之也，道自合焉爾。』故終身不以一字干謁，識者高之。元祐間還永嘉，寓净光、大雲、開元諸寺，其徒翕然歸之，扣門請益者屨相躡也。師訓以本業外，復以詩書子史導之，凡經指授者咸見頭角。時開元建護國天王殿，命師作記，文辭雄偉，太守范公見之，稱嘆良久，命刻石行于世。元符初歸故山，誅茅結廬，循除蓄流，自號潜澗，賦詩鼓琴以自娱，有古人林下風。師有辯辨，長於講釋，鄉里巨室欲屈師講經，莫能致，因具法筵，集廣衆，預設巍座，俟師至，與衆迫之。師匆遽就席，闡揚輿旨，緣飾以文，音吐鴻亮，聽者驚悦。明慶自創業幾七百年，無文迹可考，師首爲撰記并書之，時稱二絶。郡守張公平聞其名，以禮致之，躬受《楞嚴》大義。初以僧正命師，又命主禪席，皆力辭之。每詣府，手提一笠，未嘗肩輿。人以師爲府座所厚，因屬以事，師正色峻拒。府政有不便於民者，委曲以告，守改容聽之。瑞安令吕公勤自號湖海道人，邂逅師，喜甚，與俱還邑，築庵於廳治後園，命師居之，爲留三宿而去。邑令丁公湛每訪師談道，終日忘返。晚景絶人事，惟精修浄業，喜諷誦《楞嚴》《圓覺》《維摩》《光明》《法華》等經，精熟如流，静夜孤坐，焚香暗誦，琅琅之聲出于林表。嘗手書《法華》《光明》二經以報母德，又書《華嚴經》八十卷，首末不懈，字法益工。弟子宗要游學姑蘇，俄以書督其歸，未幾師得疾遽終，政和壬辰正月二十日也，享年五十四，僧臘三十九。至三月，闍維得舍利數百顆，明瑩如珠。明年九月，植塔於故廬之後，以遺骨并舍利葬焉。師於佛學無不通曉，尤深於禪，而接物以教，故以闍梨著名。平生製述甚多，藁隨毁失，圓寂後弟子收拾遺文，編成二卷，人有得其片紙皆寶藏之，其文翰見重於人如此。弟子宗要師號寶印，傳天台教，住永嘉之妙果，克世其業。法孫德純亦傳法于郡之龍翔。某大母氏師之同母姊也，寶印師蓋某之叔父。師殁之歲而某始生，自兒時稔聞德名，恨不逮見。今四十餘載矣，始獲以叔父之命銘師之塔，不敢以鄙陋辭。銘曰：

師之道，儒律禪教，咸臻其要。師之技，歌詩文翰，咸極其致。師之節，公卿大夫，不屈而謁。師之訓，子傳教觀，孫傳心印。師之廬，左琴右書，山高澗迂。師之塔，明珠遺骨，千古不滅。《梅溪先生文集》卷二〇。

何涇

何涇，紹興二十六年以左朝奉郎除爲大理寺丞。詳《建炎以來繫年要録》卷一七一。

延慶院圓照法師塔銘

予故居鄞江之東，舍南不百步有古招提曰廣壽，崇寧間住持圓照法師者以義學導其徒〔一〕，以求丐給其食，以寬恕不授御其下。時廣壽衆二百，堂厨蕭然，無儋石儲。師每旦未明則就講，講罷，具小舟遍走檀越門，所至無貧富皆樂施，暮必梱載而歸。如是者十餘年，雖祈寒隆暑不少輟。予固已异，未之幾偶相見，軀幹堂堂，音吐如鐘，蓋偉然奇男子也。徐與之語，論辯蟬聯，出人意表，辭深義秘，落落難窮。詰其所宗，則曰天台大師吾祖也。其教即言説而詮解脱，繇文字而契性空。語其次第，因戒入定，因定發慧，慧生八萬四千法門，攝諸方寸而無餘，擴之照用而皆足。要其極致，則心離名字，法等虚空，空假雙融，有無俱遣，成法破法，皆名涅槃，智慧愚痴，通爲般若，包大千而不礙，亘萬古而常存。兹所謂不與法縛，不求法脱，無得無證，極深而探賾者與？不然，又安得稱不思議境耶？予益服其辯博，始大奇之。爾後師數主名刹，予亦宦游南北〔二〕，聲迹了不相聞。一日比丘悟定、清皎自城抵山居，寒暄外袖出文書一通曰：『先師圓照法師已葬，願丐公筆志其塔。』予既與師有疇昔之雅，又熟其行業之詳，故不辭而與之銘。師諱梵光，字和甫，姓楊氏，圓照其錫號也。世居明州奉化縣。初，母王氏感异夢而娠，十有二月乃生。既生，室有香异，親族駭嗟。髫齡警穎不類常兒，授以儒書，一覽輒誦。年十二出家，依普安院鑒修爲師。十六落髮受具戒，器識已自卓越。一朝語曹輩曰：『三世諸佛，戒爲根本，菩薩六度，率先尸羅。戒律吾儕稻粱也，詎可一日亡哉！』乃詣湖心壽聖見通照律師，授以毗尼之學，凡三年盡通律部。始來延慶，從神智習台教。無幾何，厭城市囂塵，慨然有游方志，即東走丹丘禮智者塔，仍遍歷祖師往昔經游地。當是時，天台教盛於浙西，秀有智普，杭有元浄、梵臻，四海學徒風馳霧合，唯恐其後。師聞欣然，即日芒藜西去。初見辯才浄師於天竺，嘉其精專，爲授記莂及傳圓頓大義，得解脱知見。復之白牛慧海謁梵慈普師，心法相契，一見忘歸。留十有三年，日夕諮叩，雖疾病不廢業。或勸其養疴少休，則曰：『朝聞道，夕死可矣。』普講《法華》，至《如來壽量品》廣揚三身報應，遂於言下大悟。久之求還鄉，普撫其背曰：『吾道東矣，子去必大振四明法席，宜自愛。』既歸，止郡之承天，衆請説法，舉麈揚音，滿座嘆服。俄請住茅山普安，師受業院也〔三〕。居有間，太守王公資深以廣壽召，師焦勞一紀，聲價俞光。政和四年春，屬延慶虚席，太守吕公淙固請，不獲辭。初離廣壽，其徒願從者百有二十，却之弗聽，於是延慶增至五百衆，其盛殆過法智之席矣。給事中傅公墨卿使三韓，寄徑四明，傅家會稽，稔師譽望，首過延慶，請升座敷宣妙旨，嘆重久之，因贊所繪像，以示傾倒。靖康改元，高麗遣使修貢，及境訪師，云國王問訊，翹仁大名，無階瞻禮，謹獻法衣一，并寄海東曉師所著疏論二百卷，屬師流通。名稱遠聞，雖蠻夷亦知嚮慕焉。建炎三年，以老謝去，退居茅山湛明庵，婆娑林泉，七閲寒暑，將有終焉之志。後寓奉化之福聖，會延慶毁廢積年，太守待制仇公悆思得人以振起之〔四〕，迎師再還，至遁避力辭終不許。入院日，郡僚畢集，佇聽講演，仇公嘆曰：『微言發覆，聞所未聞。』士庶無不改觀。紹興十二年示疾丐閑，衆挽留之不能，乃以院事付傳法弟子道琛而歸老于擇陽之悟真。住持義誠者師弟子也，平日尤所親善，故往依焉。擇陽之西半里許即前發運使陸公置之舍館，往歲陸倅明時雅重師，與爲方外友，至是數過從。明年春忽謂陸曰：『老病久以口腹累悟真，且辱公异顧，銜戢亡可言者。生雖無常，滅必有所，今將以後事托延慶，請從此辭。』陸公即具舟楫遣行，既抵延慶，沭浴更衣，跏趺宴坐，集衆誦《無量壽經》，索筆書遺訓付稟法弟子，復作頌告别，投筆于几，再命衆誦《安樂行品》至『深入禪定，見十方佛』，恬然隱几而逝，實紹興十三年三月八日也。俗壽八十，僧臘六十四。手度弟子二人，曰正勤、正因，師孫八人，升堂入室稟法傳道者二百餘人，其餘四方學者殆不可勝紀。以是年四月二十八日葬于城南崇法院祖塔之側。師天資樸素，不事矯飾，坦率有度量，待人無貴賤之殊，公卿輿臺禮遇惟均。或者難之，則曰吾法以平等爲心常，不輕爲行，豈容分别耶？其在講席，妙如《玄義》《文句》《止觀》〔五〕，皆再終帙。平居似不能言，至剖析經旨，決隱破疑，霏霏如吐木屑，聽者終日忘倦。諷唄齋薰，尤務虔恪，雖陰功密行，痛自韜晦。若乃隨緣利物，却鬼救灾，顯然在人耳目，有不可得而隱者。初住延慶，宣和壬寅夏旱，祈禱備至而旱日甚。郡中官史以式法築壇請講雲雨經，始披軸則雲興，甫離席而雨作，一境霈然，卒賴以濟。昌國縣戴氏爲鬼物所擾，呼巫覡，召羽流，百方驅禳故弗效。迎師誦咒，及門而祟滅。其在福聖，道俗請師增授大乘菩薩戒。奉化縣鄔氏子方疾革，如有物憑附，語家人輩曰：『吾汝之先久處幽冥，聞人間有光法師者道行高潔，爲衆施戒，是日冥中异類悉脱沉淪，故得暫歸别汝。』師之异迹如此非一，然亦未嘗語人〔六〕。人或詰問，則正色拒之。領家衆逾五十載，接物度人始終無如一日，及其示滅，識與不識皆涕泣戀慕云。頌曰：

宣尼居聊，士絶横議。夢奠之後，儒墨分類。大雄降靈，心印不二。金棺甫闔，教禪殊致。岐判途别，其歸則同。曰教曰禪，均助宗風。教或譏禪，執有非通。禪復訶教，病在溺空。兩者紛紛，玄相矛盾。孰能統一，各固封畛。於赫天台，悼法將泯。兼綜二家，爲世標準。妙玄文句，教是以明。開止觀門，禪那乃行。智者既寂，傳數十燈。垂五百祀，法智中興。飛英鄞江，掀雷扶電。又百餘年，不絶如綫。逮生圓照，死灰復煽。遹追三智，示佛知見。脱法齊衆。蓋五十春。匪恕伊教，其徒日親。攘斥异端，如薙荆榛。拯漂援溺，如航巨齋。盛德辟邪，妖鬼奔怖。聲譽遠騰，蠻夷嚮慕。旱既大甚，演經澤霔。幽魂靡托，戒法能度〔七〕。襟量汪汪，軀幹堂堂。釋門領袖，慧苑琳琅。道行雖高，鏟采埋光。豈如麈鄙，自伐己長。化緣既周，跏趺告别。不斷世諦，示有生滅。惟師之心，鑒像水月。嵩岱可磨，師名不没。《四明文獻考》一四九頁，明抄本。又見《四明圖經》卷一一。

〔一〕持：原作『特』，據文意改。

〔二〕宦：原作『官』，據文意改。

〔三〕院也：原倒，據文意乙。

〔四〕太守待制仇公悆：句中原脱『制』字，據《宋史》卷三九九《仇悆傳》，悆嘗爲徽猷閣待制，後知明州，此處顯係稱其官稱職名，據補。

〔五〕玄義文句止觀：句中原無『義』字，按此處係言天台教義三大部，即《法華玄義》《法華文句》《摩訶止觀》，據補。

〔六〕語：此下原衍一『語』字，據文意删。

〔七〕戒：此下原衍一『戒』字，據文意删。

李浩

李浩（一一一六——一一七六），字德遠，撫州臨川（今江西撫州）人。登紹興十二年進士第，調饒州司户參軍，入爲太常寺主簿，兼光禄寺丞。請祠，主管台州崇道觀。孝宗即位，以太常丞召，逾年，除員外郎兼皇子恭王府直講。乞外，除知台州。復入爲司農少卿，遷大理卿。與時宰不合，求外，除知静江府，兼廣西安撫，有政聲。召還，除權吏部侍郎。淳熙初，以秘閣修撰出任夔州路安撫使。淳熙三年卒，年六十一，詔贈集英殿修撰。浩少力學爲文，及壯益沈潛義理。立朝慨然以時事爲己任，忠憤激烈，言切時弊，以此見忌於衆。著有《文集》二卷。見《宋史》卷三八八本傳及卷二〇八《藝文志》。

天童應庵曇華禪師塔銘

隆興改元，癸未六月十三，住持天童山應庵禪師曇華遷寂，塔全身于院之西麓。其侍者興會持遺書副以趙州之頂相來，且需文以銘。余曰：銘余宜爲。歲在庚午，始識師于番陽，十四年于今，念有所至，雖千里命車，忽焉去之，亦不爲少頃留，以是爲常。家居官居，其門弟子以化事往還，蓋未嘗絶也。知師之所歷至詳，銘余宜爲。示之信入，導以進步，既久而本然之法軒豁呈露，靡所逃遁。考觀其極，與吾儒所謂一貫兩端，宗廟之美，百官之富，無得逾之日月，不可階之天，無或少戾。知師之所造至悉，銘余宜爲。負二宜爲，最後又以古佛相貌寄意，銘余責也，其可辭？師，江氏子，蘄之黄梅人。生而奇杰，骨目聳秀。童稚便厭世，故具決定志，津濟群品。年十七，出家于邑之東禪。明年，爲大僧。又明年，杖錫參訪，首謁隨州水南遂和尚，染指法味，歡喜踴躍。遂遍歷湖南北、江東西，所至與諸老激揚，無不投契。然師根器遠大，不肯得少爲足，要求向上鉗鎚，透頂透底。諸佛列祖，羅籠不住，一著以厭滿初願。乃上雲居，禮圓悟，禪師一見拊勞，痛與提策。以爲法之故，服勞難事，趨走惟恐居後。會圓悟入蜀，指以往見彰教隆于宣。隆，其子也。隆移虎丘，師實爲先馳。未半載間，通徹大法，頓明圓悟爲人處。機關深固，運用恢廓，言句之出皆越格超量，人天罔測，道聲藹然，洽于叢林。未幾禮辭，游戲諸方。初分座于處之連雲，處守遂以妙嚴請師出世。繼住衢之明果，蘄之德章，饒之報恩、薦福，婺之寶林、報恩，江之東林，建康之蔣山，平江之萬壽，兩住南康歸宗，末乃住天童，皆緇素欣慕同辭。公舉開大施門，垂手未悟，遠近奔湊，如水赴壑。師于普説、小參、問答、勘辯之屬，皆從容暇豫，曲盡善巧，而室中機辨，操縱殺活，尤號明妙。飽參宿學，一近槌拂，亦污下心死，恨見之晚，先意出力，辨所難集，以申報效。舊嘗領徒典刹者，皆晦匿名迹，以得寓巾鉢于下陳爲幸。嗚呼，道亦宏矣！師既大振宗風，爲世眼目，至于行業高潔，咸可稱述。師初有發明，即與此庵禪師時號元布袋同行反覆博約，日益深奥。及從此庵于護國，相得歡甚。此庵之亡，意于師不無所屬，而開堂嗣法，訖不忘虎丘，與近世眩于名聞、牽于利養、燒香不原所得者异矣。矩範嚴峻，或有過失，往往面質，無所寬假，言既脱口，亦釋然無間，以是學者畏而仰之。每于住持，泛應虛受，雖料理建置，小物細故，動爲無窮計，未嘗苟且。至纖毫不可于意，即翩然徑去，莫能回奪。嘗自言衲僧家著草鞋住院，何啻如蚖蛇戀窟。徒衆不許放逸，事事必身率之。其將示疾也，猶挂牌入室至夜分〔一〕，他日多類是。將終，或以辭世偈爲請，師曰：吾嘗笑諸方所爲而自爲之耶！區處院事，纖悉不遺，奄然趺坐而化。春秋六十一，僧臘四十三。偈頌語録甚富，未及詮次，已盛傳于世矣。徑山妙喜禪師聲價隆重，方其顯赫時，争屈下之，師執常禮無加損。及其在梅陽，有僧傳師垂示語者，妙喜見之，極口稱嘆。後以偈寄歸宗，云：『坐斷金輪第一峰，千妖百怪盡潜踪。年來又得真消息，報道楊岐正脉通。』其歸重如此。逮妙喜還徑山，退居月明庵，師演化于明，叔侄相望，往來憧憧，必至二大士之門，咸曰妙喜、應庵無异辭。師寂後未逾月，妙喜亦化去，祖道其遂陵夷矣乎！後生可畏，必將有紹之者。銘曰：

臨濟一宗，支派分布。大于楊岐，盛于五祖。善美具并，厥唯圓悟。生子若孫，益振門户。師固後出，氣雄諸方。發端水南，遍參江湖。所至皆靡，陳既堂堂。師視缺然，高翥遠驤。窮法頂底，乃梯乃航。槌拂巾瓶，一十三剎。示無緣慈，縱無畏説。魔族萬千，我殺我活。驅耕奪飢，定動智拔。還其本然，同此大達。太白峰之前〔二〕，玲瓏岩之下，有窣堵波，靈骨是舍，三十年後話行，猶是閉眼作夜。《天童寺志》卷七。又見《吴都法乘》卷五上之下，《正宗語録》卷三一。

〔一〕猶：原無，據《吴都法乘》補。

〔二〕峰之：原倒，據右引乙。

晁公溯

晁公溯（一一一七——？），字子西，號嵩山居士，又號箕山先生，巨野（今山東巨野）人。靖康元年，北敵發難，年僅十歲即隨家人逃離汴京，東游吴楚。次年十一歲時，父冲之留佐東道，敗死于寧陵。紹興初入蜀投靠姑丈孫涪州，八年與李燾同科進士及第。十年任梁山尉，二十五年留佐夔州路轉運判官王珏，三十年爲涪州軍事判官，隆興元年知梁山，乾道元年知眉州，乾道二年升任成都府路提點刑獄公事，既兼漕挽。衰遲之年曾赴上都，再入江南。著有《嵩山集》。《宋史》無傳，事迹略見所作《憫孤賦》、《送子嘉兄赴達州司户序》、《梁山縣令題名記》、《自過犍爲山水益佳》詩、《上張待制劄子》、《與李仁甫結交書》、《省齋記》、《王少卿墓志銘》、《程氏經史閣記》、《答蘇小溪小簡》、《上虞參政劄子》、《盡心堂記》、《與石通判劄子》等詩文及師璇《嵩山集序》。

定慧院記

硤中之郡十有三，皆尚鬼而淫祀，若施與黔其尤焉。而涪於二邦爲近，故其俗延及於外之屬邑。樂温亦然，有疾則謝醫却藥，召巫師，刲羊豕，以請於神。甚者用人爲牲以祭，不可則云神所譴，弗置也，即卧不食，俟期以死。世相傳爲常，不之怪，吏亦不能禁。是以一方大蒙其害，民用鮮少，生字不蕃。長吏以下懼焉，夙夜思念所以佐天子理元元之意。因見唐柳州其俗大抵類此，賴刺史柳宗元至，知其民頑，難以訓告，因修郡之大雲廢佛祠，設浮圖氏之法以竦動之。由是其俗去鬼息殺，而稍遷焉。意者浮圖氏之法，果可以佐教化也。或者以謂梁以浮圖亡，唐以浮圖衰，顧何取於今哉？是大不然。竭天下之力，弊於土木，爲宫室之麗者，浮圖之末也。若夫以慈惠不殺爲心，以清静持戒爲行者，乃其本爾。梁、唐徒以其末致亂，吾能舉其本焉，有不可乎？今樂温有浮圖祠曰定慧，其先以律自名，用此以却四方之士，而保其環廬之田，以庇其室，至於長子孫而襲居焉。非徒不能化其民，而又甚之也。昇時嘗見東南持禪那者爲嚴，不與律等。今若易律而禪，求具名德者，令説法齊衆以表率之，其於佐教化者宜易也，而涪之民當有勸焉。於是上之即位十二年，郡守得請於朝，命吉祥寺僧了鑒統其徒。越明年，而寺之榱桷板檻之腐撓者，蓋甓級磚之夷圮者，鑒皆易治之。其宇日以嚴飾，其俗有革於舊。予適客於是邦，聞其事心嘉之。會鑒來以記屬予，故爲之書，且信柳子之言於後世云。文淵閣四庫全書本《嵩山集》卷五〇。

洪适

洪适（一一一七——一一八四），字景伯，號盤洲，初名造，字温伯，一字景温，饒州鄱陽（今江西鄱陽）人，皓長子。紹興十二年中博學宏詞科，除敕令所删定官，改秘書省正字，歷台州通判，知荆門軍、徽州，升尚書户部郎中，遷司農少卿。隆興二年，除中書舍人。乾道元年，遷翰林學士，同年歷升參知政事、尚書右僕射、同中書門下平章事兼樞密使。未幾以灾异乞退，奉祠。尋起知紹興府、浙東安撫使。再奉祠，家居十六年，淳熙十一年卒，年六十八，謚文惠。适幼敏悟，有文名，喜著述，又好收藏金石拓本，參證史傳，考核頗精，著有《隸釋》（存）、《隸續》（存）、《盤洲集》等。《宋史》卷三七三有傳。

息庵記

蟄寮居士覲親真陽，州小而鄙，無一略可人意。聞浮屠氏有希賜者釋其流〔一〕，竺貝所譯，南祖北宗所傳，整整在胸抱。嘗鳴法於州之報恩，今潛于洸口矣。故道場之南有所卓小庵，因踵之。龍江來前，冱洄迤折，嘉山群侍，左環右踞。旁睨崇木，清陰接人，爲之躊躇移時。後一月，舟下番禺，歷洸口山椒，有古招提，一僧頳面弊衣，方羊林下。即之爲誰？曰希賜。與之語，始印所聞。曰：『吾結茅英山，將老焉，异日寂滅，又將塔焉，名之曰「息」，可乎？』居士曰：『師欲息其身如槁木者耶？抑欲息其心如死灰者耶？將消摇放曠、草衣木食，以息其生耶？抑端坐長往，使門弟子鳩骸甃卯，以息其死耶？如曰息身，是身是幻；如曰息心，無心可息。日月往來不能持久，何以息其生？風至葉脱，水静漚散，雖以遺體飼飛走可也。』賜矍然起曰：『善哉！庵後有石壁立，吾將刻兹説。』居士曰：『庵可息也，石可刻也；庵可毁也，石可賀也。』四部叢刊本《盤洲文集》卷三〇。

〔一〕釋：原缺，據文淵閣四庫全書本（簡稱『庫本』）、清光緒十年續刻本（簡稱『清刻本』）補。

龍興寺鐘銘

大雲龍興古招提，鐘礜弗考歲屢移。雲門九世守日師，縱臾檀越歡喜隨。鳧氏範金侈弇宜，六時警發聲法槌。大地震動人天知，劍輪息苦刀山隳。功德無邊不思議，紹興作噩癸配支。青牛御辰帝乘離，顯允方叔護法時。《盤洲文集》卷二九。

黄覺先

黄覺先，紹興間合州（治今重慶合川）人。見《民國新修合川縣志》卷三六。

弘法沙門海禪師塔銘 并序〔一〕 紹興二十七年五月

□□□□□□□□父士良，好善君子也。元祐初，以郡西龍歸山祖業□□日□與僧□□於道，譽聞鄉里間。乃以一子禮之，名慈海。即海爲人，自幼弗茹葷酒，能苦清，性淡，專意樂道。經若干試，衆方袍圓相□裝□□□□具□□□參古當仁座下，聲望藹然。久之，還本院，以先師既□□□□南下，遍游諸方，至洛京，精搜華嚴教旨。猶以爲未也，遂捐弃□□□□陳言，入不二門，求無上旨。凡名藍勝剎，不怠尋訪，高行大士，莫不信禮。至三祖宗□□會下，禪師以無無上因緣示之，反復□□而□□□一言投合，爲初印證。振錫西歸。未幾，屬報恩禪寺，久之，住持。郡守劉公□説之，請爲國開堂。天人普築，敷暢法音，洗滌塵垢。無貴賤小大，咸嘆□□得未曾有。以長老退居山院，乃與九夏之供。净侣雲集，旦夕指講道妙，多所開悟。癸亥紹興十三年六月九日，浴罷留頌，皎然而化，享年七十有五。時□南游三十有八載矣。銘曰：

師之過來，與人爲徒。敷道演法，祛蒙覺愚。師之過去，與化爲人。四通八達，無在不真。生耶死耶？天乎人乎？片月澄水，孤雲太虚。咄！

丁丑歲紹興二十七年五月十九日，親侄小師希傳立石。《民國新修合川縣志》卷三六，民國十年刻本。

〔一〕原碑額題《海長老塔銘記》，題前一行署『里人黄覺先撰』。

釋智宣

智宣，紹興間住明州（治今浙江寧波）天童山東谷庵。

東谷無盡燈碑　紹興二十八年正月

大宋國紹興府上虞縣上管鄉市郭尚德坊第三保居住清信，奉三寶女弟子陳氏五娘施净財三十六貫文入明州天童山東谷庵，燭長明無盡燈一碗，供養先和尚覺禪師塔前功德，祝獻自身行年本命元辰，照臨星象，懺滌罪愆，莊嚴種智者。弟子莊宇、妻吴氏百六娘，共施净財三十六貫文，就東谷庵燭長明無盡燈一碗，供養觀音菩薩功德，祝獻自身行年本命元辰，乞求花男子，早遂心願。女弟子莊四、四娘施净財三十六貫文，就東谷庵燭長明無盡燈一碗，供養本師釋迦如來功德，答還先許願心圓滿，仍懺罪愆，莊嚴種智者。右，伏惟三寶證明，天龍炳鑒，謹疏。泰山海陵縣居住清信奉佛弟子樊賓，并妻范氏妙真，男陳樊遵還，媳婦許氏小三娘、張氏十二娘，共施净財三十六貫文足，入明州天童山東谷庵，共點晝夜長明無盡燈一碗，供養先和尚覺禪師塔前功德，各薦門中先亡久遠超升寶界者。泰州興化縣招遠坊、今寄居姜堰、奉佛弟子琴彦遷，并妻鍾氏三娘，謹施净財三十六貫文足，開田三畝，點盧舍那佛閣善知識前無盡燈一碗，作來世之津梁，獲他生之善報。泰州海陵縣姜堰居住奉佛弟子周榮，并妻李氏興晤，謹施净財三十六貫文足，開田三畝，點盧舍那佛閣善知識前無盡燈一碗，功德薦亡父周助二郎，亡丈母陸氏四娘子懺悔罪愆，莊嚴福報。紹興二十八年正月日，募緣直歲僧智宣、山門監寺沙門惠璋，住持傳法沙門法爲立石。同治《鄞縣志》卷五九。

釋從廓

從廓（一一一九——一一八〇），俗姓林氏，福州長溪（今福建霞浦）人。年十五於建善寺祝髮受戒，嘗從懶庵需公、大慧杲禪師游，嗣大圓璞禪師，住持明州育王山廣利禪寺，賜號妙智禪師。晚以衣囊立庵於烏石山，名以笑月。淳熙七年卒，年六十二。見樓鑰《育王山妙智禪師塔銘》（《攻愧集》卷一一〇）、《補續高僧傳》卷一一。

阿育王山舍利寶塔記

釋迦佛舍利寶塔，蓋昔阿育王親承佛記，吾滅度後，取吾八塔真身舍利，造八萬四千塔以藏之，此其一也。自西晋太康間，有劉薩訶者，神人指示云：『會稽有阿育王寶塔，汝往頂禮。』於是薩訶自并州精誠敬禮，至於鄮山，忽一夜，寶塔從地涌出，光明騰輝。逮至皇宋淳熙丙申，凡八百三十餘年，爲國家植福之地，固非一日也。紹興間，恭蒙光堯壽聖憲天體道性仁誠德經武緯文太上皇帝親灑宸翰，賜佛頂光之塔，可謂千載一時之幸矣。又至淳熙二年十一月二十八日，今上皇帝遣天使入内内侍省西頭供奉官李裕文到山傳聖旨，降香宣迎釋迦如來真身舍利寶塔，詣行在所，仍著住持僧臣從廓，同侍者一人，行者五人，恭奉香火迎請前來。五日到國門，即時入禁庭觀堂供奉。皇帝進素膳，詣舍利寶塔前焚香瞻敬，未有所睹。於是皇帝屏左右，静坐良久，再焚香祈禱，有頃，舍利於塔尖上涌現，如月輪相。次日，皇上又進香素膳，焚香瞻禮，舍利復現寶塔兩角，如水晶珠。是日，蒙聖恩宣押臣僧從廓入觀堂，遂獲瞻望清光。聖恩下逮，俯賜宣問佛法大意。廓自惟山林野樸，遭際如此，豈勝榮幸！得旨賜妙智禪師，廓即時望闕謝恩祗受。至二十九日，皇太子有請寶塔，願一瞻敬。皇帝復遣元宣天使奉塔往東宫，皇太子焚香瞻敬，精誠祈禱，舍利現寶塔相輪第二層，纍纍然如水晶珠狀。又淳熙三年正月七日，皇帝又進素膳於碧琳堂，焚香瞻禮，舍利復現塔角，如淡金珠。是日，親灑宸翰，書『妙勝之殿』四字賜本寺奉安寶塔之所，奎光炳耀，一寫而成，此有以見皇帝崇奉佛教有由來矣。仍賜行者度牒五道，賜錢萬緡，降出寶塔御香。得旨：令徐得榮同廓奉寶塔還山，及迎御書殿額入寺，熏修種種佛事，以侈上賜，仰祝皇上陛下聖壽無疆。廓不敢蕪詞，妄加緣飾，第摭其言以爲之記，庶幾昭示萬古，增光佛日。淳熙三年□月，明州阿育王山廣利禪寺住持傳法特賜妙智禪師僧從廓記。《明州阿育王山志》卷三，清刻本。

汪應辰

汪應辰（一一一八——一一七六），初名洋，字聖錫，信州玉山（今江西玉山）人。紹興五年中狀元，時年僅十八，授鎮東軍僉判。召爲秘書省正字，以論事忤秦檜，出爲建州通判，後歷判袁州、静江府、廣州。檜死，召爲吏部郎官，遷右司。以親老乞外，出知婺州。入朝，除秘書少監，權吏部尚書。乞外，歷知福州、成都府，爲四川制置使。入覲，除吏部尚書，尋兼翰林學士，復以端明殿學士出知平江府。淳熙三年卒，年五十九，謚文定。應辰少從吕居仁、胡安國游，精于義理，張栻、吕祖謙皆深器之。立朝剛正，多革弊端，中貴人皆側目。著有《玉山文集》《石林燕語辨》等。《宋史》卷三八七有傳。

法海院記略

懷玉之爲山，於饒、信之境爲最高。所距州縣，其近者猶百里而嬴。攀援而上，凡十有五里，乃得所謂法海院者。其顯敞虚曠，非始望所及也。然而去人既遠，則所以相生養之具皆取足於一山。其地巉峭，其氣高，諸所莳種，大抵力倍而獲寡，時過而僅熟。故其爲枯槁，亦世所希有云。

同治《玉山縣志》卷二。

韓元吉

韓元吉（一一一八——一一八七），字無咎，號南澗，開封雍丘（今河南杞縣）人，南渡後居上饒（今江西上饒）。韓維玄孫。初以蔭入仕，爲龍泉縣主簿，調南劍州主簿。紹興末歷知建安縣，召爲司農寺主簿。乾道中，歷江東轉運判官、守大理少卿、權中書舍人，累官至吏部侍郎。淳熙初出知婺州，入爲正奉大夫、吏部尚書。乞外，復以龍圖閣學士知婺州，後罷職奉祠。爵至潁川郡公。淳熙十四年卒，年七十。元吉學於尹焞而友朱熹，吕祖謙爲其婿。著有《易繫辭解》《焦尾集》《南澗甲乙稿》等。見《宋史翼》卷一四，《南宋文範作者考》上。

建安白雲山崇梵禪寺羅漢堂記

閩之爲郡八，一水之分，上下有四。下州之民習王氏，故俗奉佛惟謹，至上州，雖佛之徒未知有佛也。建炎初盜起，上州民四鬥亂，四郡之境，蕩爲炎埃，而下州獨帖然無事。因相與訾病，以爲是不奉佛之應。自兵火事息，上州之民鮮不畏禍，而佛之徒頗知用其説以警懼動化其俗，凡所以奉佛者，相視出力，惟恐其後。無幾何，用事者斂佛寺之餘以佐縣官，由是佛之徒復睨其居如傳舍然，蔑有興事赴功之意。白雲在建爲望刹，异時以禪學著見號爲宗師者閲數世，久敝不舉。紹興二十六年，僧惠琳主之，乃嘆曰：『閩於天下，僧籍最富，今哀死殆盡，吾將製五百大士之像，使是州之民知雖無僧而有賢聖者存，豈不助吾教哉！』蓋左文林郎葉薦、宋穎實爲之勸，二年而告備，又爲尊者十八附其旁，佛之像峙其中，費金錢百萬餘，闢堂而居焉，求予文爲之記。予笑曰：宋穎蓋儒者也，儒之道不語怪以惑民，不取人以自利，今是像之設，不惑民而自利耶？宋穎曰：不然，凡吾州之民樂爲之者，以其有遷善之心也。琳之志所以有爲者，耻其徒之安於陋而不振也。天下之事，能不安於陋而振以有爲，俾民遷善而樂爲之，是豈特佛之徒也？予於是愧其言。然予嘗游天台，至石橋，愛其山林之幽深，泉石之峻潔，以求望見所謂方廣寺者。而神光鐘磬之异，好事者往往能道之，則五百大士之神，其庇蔭於世有不可誣。宋穎今爲台州從事，盍一造其地，以吾言招之，於此方之民，宜有以慰其意者矣。影印文淵閣四庫全書本《南澗甲乙稿》卷一五。

隱静山新建御書毗盧二閣記

并江而南，自建業歷姑熟，其山之著者曰隱静，介於句曲、九華之間。初無奇形异態，以峻拔表見於外，而澗壑逶迆，草豐木茂，五峰錯立，如高人勝士超然迥出於埃𡏖，非世俗所得而有也。山之寺曰普惠，棟宇宏麗，佛事焕列，足以稱其山。寺之長老曰妙義大師道恭，當乾道三年，住山二十有四臘矣，禪學疏通而持律嚴甚，足以稱其寺。恭之始來也，寺既圮於盜，因撤而新之。築大殿，植二樓，峙杰閣於南，闢丈室於背，周廊重廡，環室數百，無一榱一桷仍其舊者。恭嘗自嘆，以爲積此歲月，其志願之力粗已伸矣，而寺故有閣藏三朝御書百有二十軸，規制卑陋，不足妥宸章寶墨之重。客過而問之，恭則𢥠然曰：『吾敢後此哉？是以庋天子之書，非有朝命、郡邑之請，懼不可爲爾。可自爲耶，可自爲今爲矣。』於是鳩工庀材，夜以繼日，歲十二月乙未，閣亦新焉。先是閣之建實嘉祐三年，郡人郭祥正爲之記，謂其甲於寺屋也，乃以卑陋易之，則其興造加於舊，率可知矣。明年三月告成，恭來言曰：以楹數之從衡爲七十四楹，以尺度之高下爲七十尺。中以庋御書，後爲複閣，以安毗盧遮那之像。左右飛閣，道壁涌千佛，欄楯四合，可以周旋瞻望作禮，圍繞在我教中毗盧遮那廣大樓閣等一切處。使昧者於此，不勞彈指，同入如來大光明藏。而雲漢昭回，炳耀大千，實我導師矣。願并記之。蓋宋室至太宗皇帝，悉平僭亂；章聖登封降禪，以告成功；仁宗偃武修文，躋於極治。萬幾餘閒，始得游意翰墨。三聖奎畫，在世爲多，高出唐貞觀右，頒之天下，以鎮夫名山川。惟隱静以梁慧嚴師杯渡道場，獲受此賜。建炎初，賊張琪巢焉，書以僅存，是有神物陰拱而護之。今道恭典治此山，能竭己力，美輪奂以侈上施，又崇像設，益闡其師傳。用錢凡四百萬，積工凡萬一千有奇，而佛像之費不在焉。志勤而意廣，誠可嘉者。嘗讀《華嚴》，考所謂善財童子求善知識，自妙峰極海岸國，展轉南行，蓋百一十許，最後始登毗盧大閣，方能了知一切莊嚴自在境界。然是童子初入胎時，七寶樓閣已現其家，乃見世尊逝多林中重閣故在，而山巔水涯，城郭市肆，人天仙鬼，諸聚集相，奔走殆遍，是遭文殊調劇不悟。自今回觀，可發大笑。恭之不起於坐，既已莊嚴佛土矣，而最後因緣，猶示此閣。善財不生，彌勒未見，將與文殊義爲同异，必有能辨之者。特以御書在焉，則甚大而光明矣。道恭笑曰：『然。所以求子而記者，此也。』遂書以爲記。《南澗甲乙稿》卷一五。

崇福庵記

古者葬而不封，蓋遠之也。中古而降，則既封矣，然墓而弗祭也。成周之禮則祭矣，故冢人祭墓爲尸，然未有守也。其曰守墓禁與墓大夫之職，皆典其禁令而已。兩漢而下，守墓之家始有聞焉。夫葬而封，封而祭，祭而守，豈後世之俗浸不逮於古歟？亦曰禮之變而無悖者矣。謹其兆域之原，護其松檟之植，易其廬而屋焉，假人而掌之，子孫歲時必至而不敢忘，聖人復起，宜有取乎此也。自浮圖氏之説興，士大夫之家欲守其墳墓者，率致其徒，國家著令，從而許之。其爵算有不得命爲寺，則亦自築精舍，選擇一二而處焉，以爲較之丁壯而無妻孥之累，潔齊寂浄，庶以嚴乎鬼享也，天下之俗幾何幸哉！秘閣修撰韓公之爲都大提點坑冶鑄錢也，當紹興之十五年，請於朝曰，所領凡九路，不可以謀尺寸之産，惟母太碩人鄭之喪未葬，將卜地於信州上饒縣。詔俞之。於是兆於明遠鄉禪寂院之東山。無幾何，公使於蜀，又帥於夔，而不幸捐館舍。紹興之二十年，其繼室李夫人奉公之柩祔窆焉。越五年，於墓左始爲屋數十楹，以處浮圖氏者。又十有三年，益大葺之，範金爲鐘，樓居其上，門闥室宇，以備以嚴，視佛廟之規，雖微而體具。始山未有泉，庀工之日，劚土而泉涌，已而有露降於墓木而甘。夫人慨嘆，謂其有物陰相之也，因名曰崇福庵，買牒而度爲僧者三人，買田以贍夫僧者逾六十畝。蓋韓氏家許昌，渡江而南，墳墓既不可族矣。修撰公蚤以才諝自奮，歷尚書郎，宣力四方，隱然爲時吏師，而不得世其貴，以盡發其藴。平生未嘗營産業，僅克有地以葬其親，而身没數千里外。取二猶子子之，繇夫人而後家道立。夫人間關東歸，既教其子以詩書，而躬布衣糲食，翛然自得，以從浮圖氏之學，凡舍宅之外，悉捐其貲，以爲是庵。嘗曰吾夫之力所不及者，吾以一婦人之力，閲二十寒暑而卒成之。修撰公諱球，字美成，於某爲祖父。某寓於信，親見夫人遇事有法，可以爲難，故爲道禮之變，且述夫人之志以示後之子孫，俾知孝云。乾道四年十月，右朝散郎、守大理少卿韓某記。《南澗甲乙稿》卷一五。

崇勝戒壇記

佛刹之在江左，莫先於金陵之瓦棺寺。蓋自東晉興寧二年，移陶官秦淮之北，而以其南舊陶地施僧慧力，以爲之寺。或曰瓦官謂陶官也，後訛以爲棺爾。又曰昔有僧誦《法華經》者，以有虞氏之制葬於城隅，而蓮華生其上，故寺以瓦棺得名，然莫可考也。考之寺記，晉武帝寧康三年，始建戒壇。唐貞觀二年，造閣三成，高二十五丈，挾以東西二閣，通十有九楹，爲一方雄杰之觀。其後閣壞於南唐，又新之，號昇興閣，而寺名昇元。宋有天下，易昇元爲崇喜閣，亦燼於火。太平興國五年，更錫崇勝院額，戒壇在焉。建炎渡江，兵寇雜擾，寺宇無一存者。紹興之十九年也，有寓僧福濤，慨然欲復之，而寺基廢爲軍營。會慈濟大師初政，以慈恩教法自北方之漢，曰吾教江南未有傳也，聞智者大師嘗講正觀，造疏鈔於此，則此地宜爲講席久矣。相與廬其側，以告於有司，請於朝，得其地纔什一也。施者漸集，而濤遽化，政主之餘二十載，悉力營焉。凡殿宇像設與夫講授之堂、栖息之室、庖湢庫廩，無不備具。乃致院事，以付其徒，甲乙傳之。書來請曰：初政幸未死，得以了此寺緣也，願有以記其始末。頃予將漕江東，見其營繕之勞、工築之力而志之不怠也，以爲佛之徒能堅忍不拔，期於事之必集如此。然予聞佛之説以空爲宗，以寂滅爲樂，以身爲僞，以諸相爲妄，故雖垢衣乞食，坐卧不過桑下，而能神通變化，一光明中，臺殿寶閣，彈指悉現，以起人敬畏之心，示其莊嚴佛土而已。後之讀書者，不解佛所説義，乃欲竭人之力，窮土木之工，以崇飾塔廟，效其仿佛，然神通示現者無。方人之土木者有限，故言治者詆以爲生民之蠹，而事佛之實，固不在是也。今慈濟師則不然，惟以講演妙義，動化一方。隨其志之所遇與施者所可及，而使荆榛瓦礫之墟，復爲道場清净之域，規制僅足，不侈不陋。亦建大閣，崇且百尺，造爲千佛，以五時教法，置機輪之藏。遠近從學，持鉢而食者，動溢千指。其視正觀昇元寺宇之舊，若三千大千世界納一毛孔，而四方上下，隨處各异，又如四大海水入一蹄涔，而魚龍蝦蛭，游戲自在，不知是大是小，是同是别也。師聞之曰：是中安有大小同别耶？曩者仁宗皇帝賜一寶珠，徑大四寸，鎮在戒壇，前日劫火洞然，此珠不壞，照耀虚空，如揭日月。又顧長康曾於寺室手畫金粟如來之像，號爲神妙，吾得舊本刊置壁間。有人如此，入吾寺門，受其足戒，能於寶珠恭敬作禮諦觀，審見此寺八百年間無成壞相，隱然常住。况於經營建立，比量大小，作去來今，何有是處？欲解斯義，往問金粟，或説半偈，當能了之。予笑曰諾，因爲之書。淳熙五年五月，具位韓某記。《南澗甲乙稿》卷一五。

建寧府開元禪寺戒壇記

佛學之徒，以寂靜能忍爲心，而以勤苦不退轉制事。故有斷其肢體以求師授法，死而至於更生，猶未忘其所營造者。用是以崇其塔廟，故雖窮山絶壑，必得其地而居之，而率有成焉。豈類於吾儒所爲執德之不回而正固之幹事者耶？蓋特用之於其一法爾。始予守建寧，而城南有大寺曰開元，負山面溪，形勢雄峙，世傳以爲吴大將吕蒙舊居也。建炎初火於巨盜，蕝而未輯，長老僧懷璧住而慨然曰，當以試吾願力也。不數年，則新其大門，更其兩廡，闢殿庭，興寢室，輪奂規畫，嚴且整矣。去歲之冬，又以書來曰：寺有授戒之壇，吾學之所甚重，蓋其誓夫新爲僧者。自紹興三十有二年移置於寺，而猶寓於方丈之地，非天子誕彌之節莫得宣焉。府縣之官，拜祝其下，而壇宇到今弗備。乃先捐其平生衣資，然後募諸施者，且取寺之贍衆之餘，合爲之費。鳩工庀材，甃石三成，琢鏤鎪巧，極其精制，衡餘百尺，從六十尺有二，崇過四十尺，丹髹其楹，繪采其壁。而左翼軍將劉琮者，思子明之功，施作佛像其中，四大神介胄其隅，以爲之衛。起五月辛未，至十二月而畢，亡慮三千緡也。而竊欲予文以記，三返而益勤。夫閩之八州，以一水分上下，其下四郡，良田大山，多在佛寺，故俗以奉佛爲美，而佛之廬幾甲於天下。若上州則雖有僧舍，類皆空乏不給，況殘毁之餘，能從事於土木哉？璧舊爲衢、信二刹，人所欽向，而用心精勤，汲汲靡懈，故至則成就若此。予是以知天下之事，不患於人之不能爲，而患在人之不肯爲。使士大夫遇事能有堅忍不拔之志，則亦何功之不可成，何業之不可廣也？故其有請，不復究浮屠之説、毗尼之教以炫詡其徒，而以有於吾心者舉而示之。然璧亦老矣，聞其築室於山，蓋將休焉。因爲此書，俾建溪之人歲時嬉游梅山陸泉之下，以觀開元紺宇之盛，知其興復自璧始也。淳熙十年五月，具位韓某記并書。《南澗甲乙稿》卷一五。

景德寺五輪藏記

比丘顒寧住池州景德寺，有《大藏經》，一夕而火，衆皆聚泣，以爲不祥。寧獨笑曰，是將待我而易也，庸何傷？寧始傳法在長蘆，能鼎新其棟宇，而老于佛乘，池人亦敬异之。不逾月，果以其願力更爲所覆之殿，悉大其舊。又爲藏者五，摹諸經分置其上，閲再歲而後成。中爲機輪，轇轕運動，復以無量金銀五彩而爲嚴飾，又以無數幡幢寶鐸網幔而爲供具，珠珍間錯，丹碧照耀，老稚環觀，嘆未曾有。于是書來乞記，三返而益勤。乃謂之曰，吾之不托于文久矣，况爲佛之語乎？然吾聞之，佛經之入中國，重譯而僅傳，其雜僞紛舛，殆與儒書未删者同。而中國之學者，穿鑿傅會，亦不异于俗儒稽古之説也。爾之徒不務其擇而惟取其富，又庋而弗讀，乃爲是機關技巧，以炫于愚夫愚婦，而曰是將運之而與讀無異，不幾于兒戲而自誑哉？且在爾之法，一已多矣，而安用五爲？寧曰：『不然，子特知子之説，非知吾之説也。夫佛之説爲經，經之設以藏，藏之轉以輪，皆假名而合者也。默而識之，則佛固未嘗有經，經固未嘗有藏，藏固未嘗有輪。使世之學佛者，不以目視而以耳聽，不以口誦而以心通，吾之藏信無用于五也。然自其五而言之，若天之緯星，地之喬岳，與夫氣之行于天地之間者，發而爲聲，聚而爲色，散而爲味。數猶是爾，至于四肢之與首也，手足之有指也，雖以我身無或异者，不知我身動者爲誰。有動者故，是以凡夫莫能測知。今吾合一臂之力，而令此藏皆悉運轉；藏運轉已，亦令此經皆悉運轉；經運轉已，則令此心皆悉運轉；心運轉已，一切真經當在何處？子見夫琅函犀軸，輻萃鱗委，而經未始讀也；曾不見夫手臂從衡，雷奔電激，而藏未始動也。即動與静，一刹那頃，于此藏中，當有能證三摩地者。昔有童子聚沙爲塔，或以爪甲畫成佛像，而猶許之。况吾此藏衆寶所成，願力所就，諸經所集，人天所護，以爲兒戲，不亦可乎？』予曰：『吾不復辨也，請問爾之費幾何？』曰：『縻金錢一萬七千緡。爲日月幾何？』曰：『始乾道七年正月，迄九年十月。其廣若大幾何？』曰：『藏崇二十五尺，袤十有三尺，四傍者崇減于中六尺，袤則減其半焉。施者爲誰？』曰：『相仲德鄧居諒而下，施財者也；汪彦，施經者也；工之與民，施力者也；寺之徒，施緣化者也，故願子施以文。』予曰：『爾之志堅若此，其求無不獲又若此，吾文何吝哉？』于是施之以爲記。《南澗甲乙稿》卷一六。

廣教院重修轉輪藏記

信州城北有大寶刹，名曰『廣教』。惟昔陸羽即山種茶，泉乳甘潔，草木清潤。刹西南隅實建大藏，爰以精金，合衆寶色，天宫樓臺，遍覆其上。復作大海，激水騰波，魚龍出没，守護其下。諸天彩女，箜篌笙笛，作樂歌舞，圍繞其前。此土所有諸佛菩薩，真經妙義，分卷析軸，函置其中。有主藏神，紺面赤髪，雙角巋然，非龍非妖，非夜叉鬼，以指劃口，出風雨聲，率領眷屬，挾持其輪。州之境内，若男若女，凡曰祈禱，惟神是依。或時江湖舟墮險處，出手雲間，救度危急。以是因緣，多歷年所。一日藏軸傾偃自摧，竭十夫力不能摇動〔一〕，四衆環觀，愁惱怖畏。長老懷璧來住是刹，以大慈悲出善巧智，即告四衆，我有無邊願力，重興此藏，汝有珍寶及錢穀米，當即隨捨，毋作愛吝。初以一錢，積至千萬，曾未幾月，藏忽運轉，迅如風旋，隱若雷動，觀者作禮，嘆未曾有。更相爲言，此藏前日非有增減，何因不動？今者何得外相不易，運轉如初？是大長老必有幻術，使我不知，孰能爲我決疑惑網？爾時長老笑謂四衆，我豈有術，非不示汝。我觀此藏機牙交關，輪輻互設，阿僧祇劫，未有可壞，而其壞相獨在于心。心初不堅，蟲蝎螻蟻，諸濕生類，得其間便。然其本體，莊嚴具在，真經妙義，元不欠闕。我以方便，復安其心，得端正木，補其故處。是法藏也，猶再生人，精神既還，手足自用，由此故能運轉不息。汝等當知一切世間，欲證如來無上妙果，非從天降，不自地出，究竟圓覺，皆在汝心。以汝真心不能自見，雖有八萬四千秘密寶藏充載汝身，眼耳鼻舌同于如來，而無如來智慧明了，流浪生死，如逆風波，蔑有暫止。佛以方便，直指汝心，若對鏡時，自識其面，使汝法輪觸處運轉，亦如此藏，圓滿眼前。汝心本無，我法安有，由心非心，悟法無法，返求汝心，當得自在。于是四衆同聲，以偈贊曰：

我觀世間諸幻師，或時幻出諸技巧。樓閣寶座及天宫，龍神夜叉非一相。了知是幻即非實，謂佛示現亦復然。一切皆由心所生，知佛是心非是幻。譬如迷走狂痴人，眼耳鼻舌元具足。觀瞻動作及言語，在人趣中無有是。醫王調以無上藥，其心既正身亦隨。六時所用常獲安，自然歡樂有生意。惟大寶藏妙法輪，此土地方悉瞻敬。雖有五千四十八，如來所説衆妙經。繇其心病未即除，一時乃有諸壞相。大士願力度衆生，圓滿布施彈指頃。心華發明不空過，十方佛刹皆現前。須知此藏及是心，悉無工施力用所。天輪長旋地軸涌，法界空虚元不動。以不動者觀諸佛，還以動處作佛事。河沙劫塵遍莊嚴，盡未來際無有壞。《南澗甲乙稿》卷一六。

〔一〕十：原作『千』，據武英殿聚珍版本（簡稱『聚珍本』）改。

崇福庵安静泉銘

安静道人，倚杖視役。撥剔草間，泉應而溢。萬斗源源，既甘且清。四衆環觀，爰以我名。道人云亡，泉流不息。千畝深耕，百夫聚食。有僧住廬，有墳在山。嗟嗟子孫，勿忘我艱。瑑石揭銘，毋俾泉壞。泉本無生，道人常在。《南澗甲乙稿》卷一八。

史堯弼

史堯弼（一一一九——？），字唐英，世稱蓮峰先生，眉州（治今四川眉山）人。紹興二年，李燾十八歲爲眉州解魁，堯弼居第二，年僅十四。遵親命，束書東游。張浚在潭州，乃以古樂府、《洪範》等論贄之，浚謂其大類東坡。紹興二十七年與其弟堯夫登第。紹興三十一年金兵渡淮進至長江，張浚復起，堯弼謂浚用兵必敗，已而果然，人以爲知言。乾道二年省齋書《蓮峰集序》，稱『天下學士欲拜下風而不得』，可知堯弼必卒于紹興末乾道初之五六年間。見省齋、任清全《蓮峰集序》（《蓮峰集》卷首），《宋元學案補遺》卷五〇。

王老僧塔銘

嘉州龍游之屬鎮曰平羌，岸大江，人夥以繁，有院曰大悲屹焉。市廛中有老僧紹宗，眉龐骨立，頹然出入民伍間，供其鐘磬梵唄之事。闤闠郊墟，莫擇所適，遇人無貴賤尊少，歡愉無間。暇則敞軒面竹，曰梢雲，兀然終日，若槁木然。平生未嘗見欣戚，藏之有無一不問，或胠篋持去，雖空乏亦不以動意。得年八十有五以化，幾若無心者。夫浮屠人之説，余不能盡詰，大率欲旋反於初，不滯於物，死生變遷有不能入者。余不知師果能通其説與否？特喜其能一切不係著于心。與今之利于山林，墨墨而居，于于而作，自以爲有得，而其中往往遇物則勃蹊搶攘，不知自息者，是於其説，余又不知其孰爲通與否也。師之化以紹興二十八年正月甲子，火而塔之以三月丙寅。小師法圓既奉順其生，又能厚於其終，求余書其塔。師姓王氏，世爲儒生，於余祖母爲母弟。銘曰：

不住著，止係留。身百年，海一漚。泊焉漚滅今何游？文淵閣四庫全書本《蓮峰集》卷一〇。

員興宗

員興宗（？——一一七〇），字顯道，號九華，陵州（治今四川仁壽）人。紹興二十七年進士，權差黎州教授。乾道中詔試禁林，賜詁第一，擢著作郎、國子編修、實録院檢討，與修四朝國史。國有大議，皆直言敢諫，遇事有不可，即指陳利害，如茹物于中，一吐爲快。以此觸怒權貴，以讒去職，僑居潤州。乾道六年卒。著有《辯言》（存）、《采石戰勝録》（存）、《九華集》。見本集《答程用之書》《上宰相書》《上四叔承事書》及李心傳《九華集序》，王頤《祭員興宗文》等。

池州改建南泉承恩禪寺記

乾道四年，天水趙公富聞守杭州政成，有旨擢荆湖北路轉運判官。先是池多名山，陂陁連延，深密粹秀，浮屠從而宫者半之。距郡七十里，寺曰承恩，由來廢墜。富聞披圖側睨而嘆曰：『嗟乎，是乃古佛塔廟，所謂南泉者也。是何從廢哉？且是導師，昔在過去有唐貞元，於諸禪那最爲第一，爲超三昧法門，爲説無量妙義，爲度無央數衆，爲成一切種智。久居是山，成如是刹。假使更千百劫，世間諸所有相，山河可摇，大地可壞，灰劫可盡，此師此道不可没也。然則是諸國界現莊嚴地，護持增飾，我敢怠乎？』閲數月，乃偕倅貳堅決衆疑，乃命大長老號曰善崇再主静席，建大法鼓，爰集法衆，取諸廢寺福安、清修及諸廢塔若龍泉等，園田稼穡，木槿桑棗，種種上妙，不假語言，共成饒益。又出本末，授諸九華居士，令具贊記。如是三請，無有窮已。居士聞之，作而應曰：『善哉大夫，成如是希奇功德，未易有也。然自我聞，若彼導師與諸佛祖，同一性住，無取無捨，無成無壞，而况世諦土木緣假，忽興暫廢，其足徵哉？大夫亦知之乎？且佛性海妙湛圓明，猶如虚空。彼虚空性，了不可摹，則是南泉了不可記。世間筆墨，同假象色，同名爲幻，欲識南泉，無有是處。且彼導師平常行道五十年餘，常作是言：「心不是佛，智不是道，道不屬知。因知衆生種種妄執，執物爲見，執見爲知，現顛倒故，知者爲病，不知亦病，説知不知，病悉如是。」有能一日離大障惑，住大解脱，我當許與此大導師同一目視，同一耳聞，同一機發，同一性住，乃至同行、同願、同説不説，我境俱融，不知我之爲南泉乎，南泉之爲我也。如是導師不遠我矣。昔世尊謂文殊曰：「如汝文殊，不應説言，更有文殊。」然則覺照藴空之餘，平等行願之海，衆生無量法性，無量真諦，既各具南泉矣，乃復紛紛更覓南泉乎？大夫其勉之。』富聞笑曰：『極矣妙矣，吾因世聞法，得出世間義。因葺導師既墜之寺，遂識導師不墜之相。是知此刹示現，永斷結習，此刹光明，永遍塵刹，是皆導師之賜也，居士其預有焉。』居士即稽首翹望，爲説偈言：

世間種種顛倒想，興壞取捨非實相。本來真覺覺妙明，實無身心受生死。有如無病體陶然，醫實誰遣療病者？我觀南泉坐道場，説不是心不是佛。是聲時寂寂時彰，百萬妙義一時墮。了無針鋒可入手，天人鬼神不敢視。奔走趙州喪黄蘗，馬駒踪迹轉光焰。一説遍説無量説，究竟舌本無不動。非惟彼相不動故，山河大地説熾然。乃至滿八十小劫，循至億劫不思議。導師常不離本座，聲音妙義悉現前。我觀承恩舊殊勝，藏是真身無惱壞。華林寶樹日放光，如何上慢增濁橈。賴一精進過量士，生自天支露悲愍。園田林植衆妙具，俄頃令復鐘鼓緣。莊嚴是刹照塵刹，悉顯南泉無量義。若云是刹非真實，善財樓閣亦非真。佛子欲徹南泉機，當作是念爲正念。文淵閣四庫全書本《九華集》卷一九。

金繩院觀音塑像記

聖人觀萬法而返於一，而其極也，一足以涵萬。流行散徙，揮綽洞達，上足以抗太虚，入窈冥，下至於融八紘。内外萬物，形狀變化之情，人愈即之而無窮也，測之而無得也，逐之而無及也。浩乎巍然，詰其何自而一，與夫一之所以運量至此，伊誰究之而誰識之耶？意必有虚而明，圓而静，返流全一者之得之也。昔者吾窮乎西方之學，以爲莫尚乎體，復於一以致用，所謂觀音大士者最其全一者也。彼由聞而心圓照，物未至而心自融，心未起而聞自具，衆機不張而一真内澄，是以聞薰聞修聞所聞，盡非有萌於物而有意於聞也。衆萬控薄，舉不外吾之聞，此其所以爲聞也歟！或曰吾耳之性猶聖賢耳之性也，循聞之本，非自外出，非不外入也，何獨大士云耳哉？然衆生不復於聞，而大士獨曰聞，復何謂也？曰是非天下之所能備也，衆生以心緣撓心，吾聽内謬，則吾真内賊，孰哉？鬱鬱乎是其中有弗一者乎？今吾試窺諸天地之間，虚空與一氣之相遭，而律之本於是焉生。彼其樂之融於中而泄之金石者，天下非固求聞，而有不能不聞者也。其聲氣之接，徐疾奮蕩，往來儥起之變，善聞者運聲以契妙，契妙以合一，渾渾洋洋，吾不知因聲而後有聞耶，因聞而遂有聲也。是二者其真爲一乎，其异耶？若使衆人雜聽於康莊之逵，心之不冥而境之衆多也，雖九奏乎吾側，清者濁者疏亮者，直而條達、柔而蔓衍者，吾先兆乎常變作止之意爾。執一則廢二，執宫則廢羽，執羽則廢商，始焉心迎而距，終焉聽雜而流，若是而自名於爲聞，其果有得矣乎，抑其無得也？知其無得，則知衆生流浪，爲聲所蔽。既以倒聞爲機，蓄聞爲誤，至於六用迷惑，而不可正者斯已矣。故夫古之聰聽於樂者，必返於聽之初。形充空虚，其來無止，其去無朕，了衆樂於寂然之初，而後衆音之所不得遁，此天下之至聽，而君子充其類以治性者也。然則至聞無聽，而後爲聞，而况聖賢自性聞之者乎？今彼大士以一精明而離二，生滅翳除，故聞復，則道惡乎往而不聞？聞極故圓妙，則聞烏乎往而不可？真聞現前而十方平等，雖一佛二佛以至千萬億佛，同一慈力。雖一國土，他國土，以至恒河沙國土，同一悲。仰體於無窮而化於無垠，大士之本聞猶未數數然也，烏睹所謂贊其聞矣哉？成都金繩禪院主僧道如者，喜誦大士之教，以爲金繩之地，塔廟勝處也，觀音之像闕焉，於是戚焉以憂。敕工具衆寶香檀，摶土爲像，衣金螺紺，朱瑟炫耀，法帶卧具，玲瓏宛轉，與夫前施後列，逸浪層岩，恍惚怪怒，祥雲瑞霧，花葩竹石，青紅晃蕩，疏曠簡遠之意，率皆匠之於心，窮之無端，而視之無涯，神施鬼設，豈所謂融於受，勃然應，沛乎其技之妙，而妙竟不自知也？异時觀音或因像致禮，因禮生悟，其不在兹乎？陵陽員某見聞妙麗，即爲著大士入道之因，且繼之頌曰：

我觀世間人，種種患無明。一根不銷復，六用自成障。聞既不可得，况有聞聞者？譬彼游都城，忽聞衆樂作。鼗鼓及鐘磬，柷敔諸瑟琴。是聲本涵聞，非以聞故有。而諸妄執者，先修聲所在。即聲以爲聞，是事非真實。如是倒聞機，未幾聞變滅。循聲故流轉，旋流獲無妄。如文殊所説，稽首觀世音，不住一切相。覺寂聞自融，聞性圓滿故。心精既遺聞，是則真聞者。以致無量劫，及恒沙國土，皆以聞攝入，名究竟圓通。我今釋塵勞，敬禮光明像。願一彈指頃，修證亦如是。《九華集》卷一九。又見《成都文類》卷四〇。

嘉州德山和尚塔銘 并序

金山大浮圖印公，具書載其師遵法業佛之道云云以來。未幾，則又以其徒慧海之狀來，曰：『吾師雖老空山，亦既克終且壽矣。凡謂沙門，空義也，空者不足以存，存紀夫空者，其又足以存耶？然吾有請於君子，義於何屬？吾將以振吾流也。』予於是可其請。師名靖素，漢嘉人，族李氏，家世順善，性堅忍，服勞屏玩，年十九，得度於德山紹覺師，受具於丁真師。蓋常游行西州，退而山栖，因自奮曰：『聞之佛者，吾祖法吾門也。分門者戾祖，吾佛所不印矣。所謂禪那者，經與律者，不識則三，貫之則一，吾識之矣。且一水顧异月，萬竅顧异風乎？』遂發《楞嚴》諸秘於師旦道人，又通《圓覺》《華嚴》大論於歇岩、道融諸師。最後從大峨長老遵奇游，與九頂照通書，此兩人者有徒衆，禪學明備，雅素絶人者也。師依倚既久乃去，由是語默有本，其自植類此。先是德山外邊三峨，三峨者，大士普賢所廬也。凡四方旁近郡行游禮敬，春盡日數十百車，衲士過客良勤。然間有内行不治，賓游益落。師用是嚴節度，具客舍，舍上之同流聞聲亦皆至，至悉可久，雖不至者亦稱予不衰。師又常哀己所有，易置田以飯九頂堂聚者，人怪之故，師笑曰：『取之四衆則予之四衆，我道蓋是矣。』嗟乎，師可謂善導，且予人之周也。年七十有二，臘五十有三，乾道元年九月初示疾，既七日乃逝，十月闍維之薪盡，得不壞者二，遂塔於山之南，餘骨畀之，法導師旨云。弟子二人曰寳燈，曰寳印，金山師也。孫慧海、智平、智穆、智觀、慧慈、慧宗等三十人，慧海殊通，故余亦有聞。師天姿粹純、律守嚴甚。嘗曰：『我之威儀，自視無不足。所不足者，少林别傳之旨播於南州，吾不能東，以較吾之所有，吾命也。且吾宗迦葉始以一笑得諸其師，而臨濟以喝接諸。其所以師其戒光定力，相烝相摩至今者，誠有偉於造物者也。臨濟數傳而得楊岐會，三傳而得圓悟勤，勤起而臨濟之道益大。今吾之鄰曰某峰民者，實主於勤之室者也。吾契之，吾何其病！』乃復命印盡民之道，其後摘之使東，曰：『吾今塵垢死生矣，汝無庸侍我。蓋四方充然，聖諦廓然，汝得吾亦得也。』即以故征行江上，决擇孤明，諸公貴人至俯首禮之，延坐道場，井井皆冠三吴者。人皆以圓悟爲不死，而揚岐之路不荒矣。嗚呼，其非師力也乎？其不尚可銘也乎？銘曰：

三峨環環與天齊，大士所廬山所滋。彼金光界飛參差，下相觀瞻敢瑕疵。有庸者子溷爾緇，六鑿顛倒心體披。類污神山窈厥輝，誰歟返此素以之。口翻大論與毗尼，律精非傳律自持。融三以一昭厥垂，唯大弟子秉佛機。慧風曾扇南東施，我知其根慰所思，有欲崇之此其師。《九華集》卷二〇。

曾協

曾協（一一一九——一一七三），字同季，建昌軍南豐（今江西南豐）人，徙家湖州之德清。肇孫。紹興中舉進士不第，以蔭仕爲長興縣丞，移嵊縣丞，擢鎮江府通判，又爲臨安通判。乾道間歷知吉州、撫州、永州。九年卒。見本集卷四《上張同知書》，傅伯壽《雲莊集序》（四庫本《雲莊集》卷首），《宋會要輯稿》職官六一之五四、六一之五五，《宋詩紀事小傳補正》卷三。

超宗道人妙用庵記　乾道元年十一月

超宗先生居妙用庵中，千變萬化〔一〕。四通六闢〔二〕，或生或殺，或縱或奪，點鐵成金，指南作北，横拈倒用，於法自在。如摩尼珠隨現五色，如老大悲千手現前，無有間斷，無有疲勞，無有窮盡。歡喜贊嘆，比比皆是。時有無得居士，致問來者：『汝亦識所謂妙用者乎？』先生泊然太虚，無所附着，杳然深淵，不見源底。如金剛杵，觸之者碎〔三〕；如大火聚，近之者爇。徹内徹外，了無一物。石光雷聲，滿虚空界，不見踪迹。如世伎兒，幻出物象，適從何來，可駭可笑；如張空拳，誑嚇小兒，啼止張開〔四〕，元無所有。識此乃爲識妙用者。咄哉來者！先生微露頭角，使汝猶得見聞。萬一收捲波瀾，銷鎔劍戟，坐斷要津，塞却唇吻，汝又將於何見先生耶？昔有維摩詰者，不披袈裟，不去鬚髮，游行俗間，爲諸菩薩、聲聞解去法縛，將釋迦世尊慈悲救物所立教言，一一掃除，不遺餘力〔五〕，名報佛恩。又將見大見小，見遠見近，見浄見穢，見聖見凡，一切分别破壞浄盡，名度衆生。若但以取香積飯，斷妙喜界，有大神力，睹維摩詰，未爲知音。今者汝復欲以此觀先生耶？若能於無作用時常相對面，不爲幻軀之所隔礙，始知先生終日爲而未嘗爲，終日言而未嘗言。妙用縱横，不離當處，開大施門，不虚設矣。』居士一日謁先生於是庵，謂居士曰：『汝其記此。』聞命之次，奮筆直書。雖然，一點一畫，個中容受不得。先生終日説法，一毫也説不著，而況引紙濡墨，文彩愈彰，去道益遠，讀之者須知居士不曾作如是説，庶幾免相負累。乾道元年十一月癸酉，無得居士記。豫章叢書本《雲莊集》卷四。

〔一〕千：原闕，據文淵閣四庫全書本（簡稱『四庫本』）補。

〔二〕闢：原作『闥』，據四庫本改。

〔三〕『碎』上原有『如』字，據四庫本删。

〔四〕開：原作『間』，據四庫本改。

〔五〕力：原作『方』，據四庫本改。

陳武子

陳武子，建陽（福建建陽）人。孝宗朝在世。

吴江重修聖壽禪院之記

平江府吴江縣聖壽禪院，石晋天福七年所建也。初，朱梁開平三年，錢氏奏分吴縣地爲縣，閲三十四年而有是院。始名興寶，皇朝天聖二祀，賜以今名。開山以來，有志昇、法序居此禪席，實相先後，二師俱宗門梁棟，五家宗派可考也。景祐中，兵部員外郎、知制誥謝公施大藏經在焉。圓照禪師宗本嘗主之，後自瑞光召對便殿，遂爲慧林第一代師。其它領袖有道因佛緣者，常不乏人，以故號名刹。更建炎兵火，□□像毁，掃地無遺。會清本法師相繼駐錫，遍募檀那，增創莊田，而又畚築故址，僅成殿廡。歲月積久，風淫雨虐，浸復頹圮。田爲畝千，皆沃壤，年來守者屢更，往往侵漁，百用不給，而逋負重仍，殘僧纔三數輩，鐘魚幾爲絶響，聞者駭之。縣大夫趙公下車之明年，政既成，儒宫神宇、驛舍橋梁，次第營繕。一日因會慶節，率僚佐詣其院，慨然曰：『莫嚴乎萬呼席拜之所，而蕪廢日甚，何以昭臣子恭虔？』於是謀所以新之。呼集其徒，授之規畫，俾各董一事，其鳩工度材、自一金一穀以上，悉徹公聽。曾未逾時，法堂方丈與山門佛屋焕焉輝映，且衷以修廊，□以高墉，凡所以安衆作佛事者，靡不崇貴。公復慮异時强有力者彫居蟻蝕，乃作靈山，設法像於法堂之兩翼焉。公平日持心誠慤，不飾目前，於時概觀。未幾，四方衲子雲會，相與驚嘆曰：『物之成就自有時。』縣有剎曰無礙、寧境、華嚴、萬壽，與是凡五，公各講助勤奮，或圖新於舊，或易橈以隆，而聖壽尤其全備。自是信士善女，破慳捨有，日月以至，則窮壯極麗、他日之雄，當未易量。夫廢於一時，而後人不能更興者，天下事多此類。使振頽起仆，率如是院，顧天下有不足言者，將□於公見之。落成日，耆宿踵其門，曰：『院之中興，縣大夫力也，請述其事刊諸石，以詔後世。』僕猶得於目擊，所不敢辭，故爲歷道其廢興之端，而并以窺公它日閎大者寓焉。公玉牒，名公廣，字德儉，今官宣教郎。淳熙三年季春既望，建陽陳武子記，丹丘李時高書并篆額，住持僧道珠立石。《吴都法乘》卷一〇下之上。

孫觀國

孫觀國，字賓老，綿州羅江（今四川羅江）人，徙彰明（今四川江油）。紹興中登四川類試第，解褐爲彭州司理參軍，除遂寧府教授，調文州曲水令，再除彭州教授。歷知眉州丹棱縣、簡州、隆州、嘉州，乾道間卒。著《齕翁文集》七十卷、《游吴録》二十卷、《龍川筆録》十卷。見李流謙《朝奉大夫知嘉州孫公墓志銘》（《澹齋集》卷一七）。

重修橋院寺碑記　乾道三年

乾道丁亥歲春正月，橋院寺僧嘉誠狀其院始末來請記云，故老傳唐時涪江大漲，嚙岸蝕田，土人即其處創水陸觀音像厭勝之。又院北有小刹，名佛迹，碑刻云，僞蜀明德元年，僧德輝再興橋院，則知院創於唐信矣。又云，本朝淳化中，土人毛善者請妙光寺僧仁恪住持，凡六傳而至僧嘉誠。誠姓楊，魏城縣永寧鄉人。院於比年蒙大檀越鄧君仲修者開其端，又得鄉大夫王君子信者相其議，於是瀝誠化衆，庀材鳩工，而後律殿中嚴，重闔外敞，翼以修廊，繚以周垣。維經有樓，維齋有廳。若房廬，若庖廩，繼繼繩繩，匪侈匪陋，又塑像釋迦佛及六祖觀音羅漢，玉毫金相，駭目動心，鼓鍾鏗鍧，龍象雜遝。變邱墟而爲勝地，化沮洳而爲膏腴。灾殄滅熄，福禄鼎來。噫嘻，嘉誠行業如是，不亦偉哉！頃年大水，在處漂突，桑畦芋區匯爲淵潭，惟院之近境寂無驚湍。如大北津水最暴，今雖夏秋亦可涉，豈非賴神明之力與。竊嘗聞水爲太陰之氣，小人道長，則陰勝而水溢。方今聖人在上，陽德方亨，故水順其性，雖泛濫而不爲灾，而神又足以相之。夫是以僻遠彈丸之區，罔不占《既濟》而慶豐亨也。予又念寺僧繼承之美，培植之勤，均不可没，重其請而爲之記。

同治《彰明縣志》卷五七，同治十三年刻本。又見《宋代蜀文輯存》卷六〇。

徐畸

徐畸，字南夫，一字叔範，婺州蘭溪（今浙江蘭溪）人。從朱震學，得其《周易》旨要，兼明《春秋》《禮記》。隱居教授，學者稱爲天民先生。乾道間詔求賢良，有司以畸應，力辭。著有《周易解微》三卷，《禮記心法》二十卷，《文集》若干卷。見《金華先民傳》卷七，《宋元學案》卷三七，《宋元學案補遺》卷三七。

重游禹山會大智院新修記　淳熙十二年十一月十四日

予行禹山，而得所謂頂湖者游焉。禹山之高可千仞，頂湖在其巔，計其深廣，不出步武尋丈間，至淺狹也，而旱澇不能使之稍有盈縮。其泉仰出湛然，淵而不流，是於水爲有常德者。或禱雨，雨輒應，相傳有龍蟄焉，未可知。禹山之得名，所由來既久，且禹廟在焉。其地去會稽不三四驛，於圖志莫可考，而其遺迹舊事，尚可尋訪得之。且雖出於野老田夫所傳，必皆有所自，雖不必爲信，要可以廣异聞而補前志之闕逸。爲是禹山者，余爲之再至。大智院者，余行禹山所休止之僧舍也。院在禹山之趾，亦莫知其所始，記籍無在者。而其庫庾齋房，廊廡庖湢，自堂殿以下，大抵出於宣和兵火之後。後稍葺治，而摧剥傾馳者，尚十三四也。所閲主僧凡幾人，而莫有終始以其事爲己任，於是道濟者有志焉。余於是時方行禹山，思欲窮其尋訪，於大智院雖傀焉少休止，未知其終竟果何如。他日再過之，則既燦然有可觀。而後知濟之所爲，終以不從於素。其營徹整治之功用，竹木瓦石丹雘之飾，爲錢蓋六十萬有奇，濟所自力不足，而取之檀施。蓋自淳熙壬寅，訖淳熙乙巳。是役也，終始四年，於今而粗克有成。既成而余適再爲禹山之游，爲宿留久之。然則事之興壞，夫豈不以其人，必曰彼有藉而成；凡事興壞，無小大，必皆有數者存。豈其然哉？濟之一切功用，其在大智院，既予所悉知；而禹山登覽之勝，其在東白，不可使無傳也。濟方有請，故書之，蓋作記之本末具焉，以見余於禹山，其勤若此。淳熙十二年十一月十四日記。道光《東陽縣志》卷二五，民國三年東陽商務石印公司石印本。

謝諤

謝諤（一一二一——一一九四），字昌國，臨江軍新喻（今江西新余）人。紹興二十七年進士，歷樂安尉、吉州録事參軍、知分宜縣。丁父母憂，服闋，除幹辦行在諸司糧料院，遷國子監簿，尋擢監察御史。上義役法，遷侍御史，再遷右諫議大夫，兼侍講。光宗登極，獻十箴，又論二節三近，除御史中丞、權工部尚書。請祠，以焕章閣直學士知泉州，又辭，提舉太平興國宫而歸。紹熙五年卒，年七十四，贈通議大夫。諤爲郭忠孝門人，學者稱艮齋先生，又稱桂山先生，著述頗豐，有《性學淵源》《論語詩書解》《春秋左氏講義》《柏臺諫垣奏議》《經筵總録》《孝史》《艮齋集》等。見周必大《朝議大夫工部尚書贈通議大夫謝公神道碑》（《文忠集》卷六八），楊萬里《謝公神道碑》（《誠齋集》卷一二二）及《宋史》卷三八九本傳等。

普庵塔銘

佛念衆生，廣存濟度，尋常蹈故，或未易悟。間出奇偉，耳駭目驚，激其善心，土累山成。

惟普庵師，名滿京國，聞者見者，怡然有得。亦建棟宇，且營橋梁，作方便法，源深流長。師究無心，雲開月明，師道長存，何有於銘！道光《宜春縣志》卷三一，道光三年刻本。

梅權

梅權，紹興間宣州涇縣（今安徽涇縣）人。

造塔記　紹興三十一年三月

宣州涇縣坊郭宣陽都□佛弟子梅權，與妻葉氏、男彦卿、彦啓闔家眷等捨錢三十貫文足，入水西山□□□建造寶塔第一層一面，以成勝事者。伏願此功此德，用仰答於四恩；若宗若親，冀潛消于八難。綏我眉壽，垂裕後昆。咸趨義命之方，無替箕裘之業。謹刊于石，以永無窮。辛巳紹興三十一年三月十四日記。民國《安徽通志稿·金石古物考》卷一五。又見嘉慶《涇縣志》卷一二。

魏杞

魏杞（一一二一——一一八四），字南夫，壽春（今安徽壽縣）人。登紹興十二年進士第，知宣州涇縣。召對，擢太府寺主簿，進丞，遷宗正少卿。出使金國，不辱使命，還遷給事中，同知樞密院事，進參知政事、右僕射兼樞密使。以灾异免相位，守左諫議大夫、提舉江州太平興國宫。淳熙六年，授觀文殿學士、知平江府。爲言官所劾，奪職，遂告老，居碧溪，學者稱碧溪先生。淳熙十一年卒，年六十四，追謚文節。傳世之文僅數篇，後人編爲《魏文節遺書》。見《宋史》卷三八五本傳。

育王山妙智禪師塔銘

皇帝即位之十五年，有詔明州阿育王山廣利禪寺釋迦文佛舍利寶塔詣行在所，住持僧從廓侍行。既至，命入禁中觀堂安奉，上御素膳，焚香瞻禮，親睹殊勝。遂召廓對碧琳堂，問舍利從何發見。奏曰：『自陛下聖心發見。』上大悦，親洒宸翰，大書『妙勝之殿』賜廓以妙智禪師號，仍度僧五員，頒錢萬緡，眷賚優渥，前所未見，由是寶塔之靈益顯而廓之名愈彰矣。廓姓林氏，福之長溪人，家世業儒，踵登賢科。生而穎悟，不妄言笑，群兒强以聚嬉，泊焉如不聞。有以出世法語之，則忻然解悟。年十五，依邑之建善寺祝髮受具戒。時閩中名刹多有道之士，悉往從之。佛心纔分室中，舉『四大各離今身，妄身當在何處』，有所感發，述《投機頌》，佛心首肯之，而不自以爲足也。去之，見懶庵需公，爲侍者。復依大圓璞。璞，大慧杲公之高弟，門庭甚高。始叩之若自失，久之豁然有得。服勤數載，璞撫之以爲類己。然以未識大慧爲恨，不憚重趼，見於衡之回雁峰下。大慧深加器重，留三年。告歸，送之以偈，又以書屬璞曰：『廓乃佳衲子，可爲成就，使异日爲吾家種子。』自此叢林争下之。紹興丙子，大慧被旨來育王，復來依焉。大慧移徑山，璞以繼之，衆逾千數，以爲第一座。制帥丞相沈公以廬山請出世，大慧方名冠天下，無不願出其門以借重。開堂日，乃以瓣香嗣大圓，諸方以此益高之。已而育王虚席，尚書韓公欲邀大慧而舉以自代，遂主此山，禪衲雲集。以祖孫三人世繼坐道場，築堂於丈室之東，名以『三秀』，遂爲空門美談。才具素高，以其暇日興土木之工，皆極其壯麗。增庾入數千斛，施者委金帛，創爲長生局五所，百需皆備，月施金錢，飯僧以萬計，又造金塔以奉舍利。此特其餘事爾。日本國王閲師偈語，自言有所發明，至遜國以從釋氏，歲修弟子禮，辭幣甚恭。且以良材建舍利殿，器用精妙，莊嚴無比。丞相史公帥七閩，以鼓山趣其歸，滎陽郡王力挽無行。魏王出鎮，一見其風儀，目爲僧中龍。又聞其機辯峻發，肅然加敬。師晚以衣囊立庵於烏石山，名以『笑月』，爲終焉計。有偈云：『三峰斂却閑雲，大海冷涵秋月。』庚子季春，拂衣歸庵，杜門不與世接。俄示微疾，八月四日呼左右付以後事。澡浴趺坐，書偈曰：『掣斷黄金鎖，鑿碎玉樓鐘。騰身太虚外，半夜日輪紅。』擲筆而逝。壽六十二，臘四十七。月五日，葬於庵之寢室。惟臨濟楊岐之宗，至大慧而益震。又得如師者爲嫡孫，上承聖天子之休寵，下爲帝子公相之所尊禮，近焉道俗之歸向，遠焉外夷之師仰，可謂盛矣。徒弟至籌室所度，未易悉數。有宜意者得法最的，住平江開元，方有聲於時而遽即世，禪家惜之。徒弟至百餘人，家法嚴甚。嘗以師語録萃爲巨編，師呵之曰：『汝輩隨語生解，去道益遠矣！』固不許。師既没，乃始得百之一二刊之。余投老山林，與世相忘。師謂可以語道，往來無虚月，警所未至，相期歲寒。一旦弃我而先，愴念不已。其徒求銘於余，爲之銘曰：

楊岐千古栗棘蓬，諸方誰敢嬰其鋒？佛日老子雲夢胸，呵佛駡祖一洗空。子孫三秀玉几峰，妙智杰出傳家風。碧琳一語開淵衷，帝子謂是僧中龍。三韓萬里滄海東，酋杰稽首禮益恭。一聲擊碎玉樓鐘，日輪夜半通天紅。亭亭寶塔上凌空，烏石與之俱無窮。《魏文節遺書》。

釋奉寧

奉寧，紹興三十年奉敕住持韶州曲江曹溪南華寺。

重新祖塔記

六祖大鑒禪師寶塔，創於唐先天年間。元和中，憲宗賜額曰『元和靈照之塔』。皇宋開寶初，王師平南海，劉氏殘兵作梗，遂爲煨燼。尋有制興修，功未竟，會太宗即位，留心禪門，詔遣郎中李頌、司徒張公前來措置，重新建造。工畢，上奉御筆賜額曰『太平興國之塔』。至紹興二十四年甲戌歲十二月十五日，復罹回禄之變。奉寧庚辰春準敕差住持當山，於壬午歲三月丁酉朔十五日辛亥，募緣鳩工，鼎新建造。奉寧忝繼祖芳，謹次其實。所將功德，上祝當今皇帝聖壽無疆，聖文睿武，掃蕩妖氛，恢復故基，廓清天宇，萬邦道泰，四海升平，文武官僚，增崇禄位，風調雨順，稼穡豐登。《曹溪通志》卷五，清刻本。

青陽仲廣

青陽仲廣，乾道間井研（今四川井研）鄉貢進士。

天王寺塔記

寺有塔以藏舍利，爲層十三，此釋迦氏殊勝莊嚴，僧祖逢創始於隆興壬午。基就力不繼，邑人憫焉，願續其事。邑之利源以鹽，自一層至九，費所取者三之一。施心尚未厭，又合力爲第十層。工徒磚瓦之供，自十而上合尖有期矣。嗚呼，事有一人營之，百人終之者。不營於始，無以開其先；不續於終，無以萃其功。百人者，一人之繼。是塔之興，雖多歷年所，然獲終於有成者，百人之助也。掌化任某乞文刻石置層上，以紀歲月云。嘉慶《四川通志》卷四二。又見光緒《井研縣志》卷一六，《宋代蜀文輯存》卷七二。

曹冠

曹冠，字宗臣，一字宗元，號雙溪，婺州東陽（今浙江東陽）人。博聞强記，過目不忘，以文詞知名于時。秦檜十客之一，檜以諸孫師事之。紹興二十四年與檜孫秦塤同登甲科，其答策力攻二程理學。二十五年由平江府府學教授行國子録，尋擢太常博士兼權中書門下檢正諸房公事。檜死議謚，謂檜紹開中興，宜謚忠獻。二十六年九月駁放其科名。孝宗時許再試，復登乾道五年進士。紹熙初知郴州。後轉朝奉大夫、賜金紫致仕。卒年八十。著有《經進十論》《萬言書》《恢復秘略》《時政救弊》《裕民政要》《補正忠言》《帝範十贊》《忠誠堂集》及《雙溪集》二十卷，均佚，僅有《燕喜詞》傳世。見《建炎以來繫年要録》卷一六六、一六九、一七〇、一七四，《誠齋集》卷七三，《郴州仙居般倉記》，《金華賢達傳》卷九，《金華先民傳》卷七。

東陽中興寺環翠閣記　淳熙七年

東陽，婺之壯縣，以佳山水得名，而襟帶溪流，雄杰秀麗者，南山其尤也。山之下有寺焉曰中興，規模宏大，甲於諸刹。治平甲辰，權令陳恂司直建閣於寺之坤維。紹興初，令尹王榕德林名之曰環翠。憑欄徙倚，極目虛曠，東接涵碧，西望甑山，南臨峴峰，北瞰畫水。疏篁密樾，烟霏斂散，平田迥野，鷗鷺去來，松聲泉溜，清音唱喁，雨暘晦明，變態萬狀。四序之景不同，而覽物之際，咸足以暢幽情也。若夫春日遲遲，民物熙熙，蘭徑桃溪，芬馥芳菲，游人駱驛，蓋有竟夕而忘歸者矣。序應薰弦，清風颯至，雲峰多奇，餘霞散綺，披襟逭暑，蓋有愛長日而醉吟者矣。至於金飆肅岩，桂芳萬竇告成，橘緑橙黄。于斯時也，清宵玩月，嘉節吹帽，豈羡夫庾樓之集，龍山之陰哉？而或同雲布密，雪飛瓊樹瑶林，一望千里，於斯時也，乘興相羊，騁懷觸咏，豈羨夫剡溪訪戴之游，梁園授簡之賦哉？《爾雅》曰：『山未及上曰翠微。』是閣也，迄乎翠微之間，近巘遥岑，回環拱揖，寒光翠色，亹亹逼人。榜以環翠，信乎盡得其美矣。然予嘗謂懷材抱道之士，養浩自得，極耳目之玩，不足以動其心。居陋室如廟堂，而何取乎登臨之樂？君子之至於斯也，情感於物若是。豈所養之不固哉？嘗考其所以然矣，蓋詩人六義，興居其一，君子九能，升高之賦與焉。夫懷忠畎畝，志在澤民，登覽以娱情，對物而有感。樂山之静，以象吾仁；觀水之動，以象吾志。此固聖門之所取，而又何疑乎？縣當孔道，而斯閣密邇，過客經從，靡不游覽。多歷年所，梁楹朽蠹。玉牒趙彦珧國器以丞攝邑，慨其將圮，庀工重修。敞南檐，闢四壁以面山光；夷阜堆，廣廊廡以便陟降。而環翠之名，始賓其實矣。既訖功，求予文以紀歲月。予謂斯閣之建，百十有六年，而未始有記，兹亦闕典。乃不辭而記之，亦使九牧之人，知吾邑登臨之壯觀也，猗歟偉哉！淳熙中署事丞趙彦珗重修。道光《東陽縣志》卷二三。又見《金華文徵》卷五。

王存之

王存之，歸安（今浙江湖州）人，紹興十二年進士。紹興三十年除知昌國縣事。見《寶慶四明志》卷二〇、雍正《浙江通志》卷二三五。

隆教院重修佛殿記　隆興元年二月二日

孔氏之忠恕，老氏之清浄，釋氏之慈悲，教异心一，未可差殊觀也。心本一心，法無別法，今天下建孔子廟、老子宫、釋氏殿，皆崇奉之。獨吾夫子以元聖素王之道，爲萬世衣冠禮樂之主，雖自天子，親屈萬乘之尊而欽祀之，以示尊師重道。老子宫次之，至於釋氏殿宇，不問通邑大都，雖遐陬僻左，海濱山嶠，皆建以修香火。其取甚廉，其成甚速，其宏麗雄壯，金碧映照，備極工巧甚侈。天下多得而議之，以謂瞿曇本以寂滅爲樂，枯槁爲心，而其裔從而大之，有若帝王之宅，過矣。故韓昌黎力詆而攻之，是識其二五而不知其十也。崇飾殿宇之意，此在吾儒之所常見，而不少思耳。昔召伯聽訟，明於南國，其後人不忍伐甘棠焉。甘棠凡木也，因止召伯憩於其下，至於民之子孫見其木如見召公，思之至也。夫思之既至，欽心乃生，欽心既生，雖雄以土木，繪以丹青，朝夕想像之。如佛在世，爲惡者自悔，爲善者自勉，於財不慳而樂施，則義可以施鄉里，於道願得而精進，則心可以敵生死。是殿之設，豈小補哉？隆教院在縣之東偏，居山狹中，去海甚邇。按昌國之民居山者以耕鑿爲生，瀕海者以漁鹽爲生，其中捕網海物，殘殺甚夥，腥污之氣溢於市井，涎穀之積厚於丘山。又其狃於習氣，動以劫殺爲心，不聞夫子之忠恕，不見老子之清净，不識釋氏之慈悲。今幸邑有學以養儒士，有宫以安道流，此寺又建，寺以教民爲善，使之知有慈悲，則盗賊化爲君子，亦有漸矣。雖然，此特建立之一法耳。昔者佛在靈山，與天帝釋游，至一所，曰此地可以建殿，帝釋即以草一根植其中，曰建殿竟，存之。謂帝釋猶未灑灑，地在何處非佛殿，何地非殿基，佛已多了一問，帝釋又多了一草。隆教老人請以前休末後句示諸山，謹記。隆興元年二月初二日，左儒林郎、知昌國縣事王存之撰。《四明文獻考》第一一八頁，明抄本。又見《四明圖經》卷一〇。

普慈禪院新豐莊開請塗田記　隆興元年三月二日

古之聖人出應人間世，焦心勞思，歷險艱，冒苦辛，開導山川，教之稼穡，俾烝民粒食，萬世永賴，禹稷之功大矣哉！周衰，井田法壞，其民逐什一而不務本，富者連阡陌，貧者無立錐之地，而又四民之中變而爲六。世之詆釋氏者，必曰蠶食於吾農而病之。若其徒有能不憚勞勤，竭力耕墾以食其衆，其亦合聖人之意，可書也已。謹按《禹貢》，揚州北據淮，南距海，厥土爲塗泥，厥田惟下下，厥賦下上上錯，賦輕而稄微。今之所謂鹹田近似矣。明之昌國，介居巨海之中，其民擅漁鹽之利，其地瘠鹵，不宜於耕，故民多貧，民無常産。而又寺宇居十之一，以民之貧，分利之一以歸於釋氏，則愈貧矣。縣内有普慈禪院，依山瞰海，實東晋韶禪師道場，緇徒過海禮寶游陀九峰萬壽必駐錫焉。大觀中請海塗一段，地名富都鄉白泉隩，歲得穀千斛。自後荒蕪不治，以故常住空闕，每有食不足之嘆。一日，有頭陀宗新等七人，開發道心，身任勞役，復治其田，凡歷三年而後成。於是建石碶三間，圩岸二百丈，畚鍤耰鋤之具畢備。歲大無水旱，得穀可以資其衆，與夫無所用心於終日者有間矣。是役也，起於庚辰十月，成於壬午九月。雖然，既耕而食矣，异時衲子雲集，量彼來處，一意辦道以踵其業，豈不休哉！予嘗早暮食時自爲之觀，先觀後食，其言雖鄙，推而廣之，聖人處心不過如此。其祝曰：『一粒入口，百度過手。當念飢者，不敢輕授。』鐘鳴板舉之時，普請衆僧作如是觀，謹記。隆興元年三月三日，左儒林郎、知縣事王存之撰。《四明文獻考》第一一二三頁。又見《四明圖經》卷一〇，光緒《定海廳志》卷二七。

李流謙

李流謙（一一二三——一一七六）字無雙，號澹齋，綿竹（今四川省綿竹）人，良臣子。以文學知名，尤酷嗜詩，盡取唐以來名輩之作，采其句之杰偉者，類而集之，名《詩林摘奇》。以蔭補將仕郎，調成都府靈泉縣尉、雅州教授。虞允文宣撫四川，置之幕下，頗有贊畫。改奉議郎，通判潼川府。淳熙三年卒，年五十四。見《澹齋集》附録《李澹齋行狀》。

重修法明寺記

僞孟帝蜀，有隱者自號醋頭，手携一檠，所至輒呼曰：『不得登，登便倒。』未幾，知祥死，人識其語。嗟乎，五季昏悖，狐孽鼠妖，乘夜嘯舞，而當時狃亂怵逆，視爲尋常。至人惻之，微諷隱言，將已之而不可。今預知明慧普通大師，醋頭是也。師先識知來事不一書，獨其抑僞叛、斥狂僭，有裨於世教，予喜之。漢州雒縣，自唐有寺曰法明，而治新之，或傳自師始。有舍利塔，有磚洞以掩四衆之骨，皆其手迹。歲久，寺頽剥，破殿赤立，世尊塵埃，龍象爲泣。前什邡南陽院住持僧慧覺始服儒衣冠，慨然願祝髮於其地而興起之。初，亦落落不合，去之，數年而歸，卒如其志。盡撤蠹弊，飾像設，若門若廡，若堂室庖廩，凡爲精廬者畢具，名葺之，實無异更造。又築祠，奉醋頭以志其本。市經之爲四大部者龕藏之，戒其徒無輒毁易。環植竹柏數百根，根誦貝葉數過，曰：『將以祝吾君如是之壽，後當無敢斬伐者。』覺囊不貯一錢，而平生喜佛事，故所歷塔廟無蠹榱壞椽，此爲尤盡，弟子純一、純韞實左右之。既成，求予記。予熟知醋頭之异，而不知嘗居是寺，每嘆物之隱于荒昧固難知。覺學道精進，其所證解非鼓三尺如蛙黽者，而恬陋安寂，俗眼白之。以予不知醋頭，則亦未必知覺，姑爲記葺寺本末，使來者有考焉。文淵閣四庫全書本《澹齋集》卷一五。

龍角山福志寺修造記

僕爲邑人將十年矣，而未嘗知有龍角者。一日山之福志院僧義祖持謁入跪而言曰：『山距邑二十餘里，地綴大蓬，蓋古藍若也。頹弊不葺，積有年所。殿寮荒壓，像設翳昧，山神地靈，面目沮慘，緇徒野陋，巢栖穴藏，苟安昕夕。吾師悟詮自惟先業全付，傳次在予，儻不事事恐遂壞，遺羞亡窮，曉夜惴畏，規宜誅責。乃發大誓願，開誘檀施，捐金輸粟，益以己資，空篋倒囊，毛髮不靳，鳩工合材，一大治之。亦既卒事，願丐君文，揭示不朽。』僕初不孰何，義祖唯唯而已。明日以狀來，條言之。蓋院之中佛殿，建於元符四年之丙子。山故饒蟹，群嬉旅游，咀嚙壤土，水隨入之，腐木墊基，殿因以壞。悟詮白發其端，群喙趣和，即日徙高燥地，壘石其址，以屏以捍，本根屹然，堅壯厚實。已乃澡丹堊之漫漶者，更榱棟之罅脱者。創塑十六大阿羅漢于其中，而重飾釋迦、迦葉、阿難之像。既又撤廊西之破屋，因其地爲經閣，而維之以四廡。創始於某年甲子月，積歲累至某年甲子，遂落成。於是院一新矣，形勢鬱盤，氣象萃合，游者改觀，居者移氣。如窶人子忽衣寶衣，乘輕車，從豪奴黠童疾馳於通道大都，神觀舒閑，光彩赫奕。追思向來憔悴饑窘無聊之狀，不復夢見。然猶重慮其傳之不久也，將有後虞，乃自課秘言《金剛》《圓覺》以千萬計，將丐庇於龍天神鬼，期有以覆護而鎮撫之。噫嘻！詮之有功於是院，顧不偉哉！原詮之苦心焦思，不憚謍丐，服勞於己而遺人以安，此固當書。然僕猶不是與也，蓋新舊起廢，亦浮屠氏之所當爲，而又裨以衆施，相以群力，詮若無難者。獨嘉其不苟近利而惟他日之憂，沈思遠計，至乞靈于象教以妥安後之人，則其用心豈偶然者！蓋推而大之，則從上諸聖所以斬絶彼我，普度一切，均是心而已矣。可書之，實不在是邪？爲之記，以表休迹，尚何辭！《澹齋集》卷一五。

重修安國寺記

安國寺，昔號大恩，不知興建歲月，嘉祐八年賜今名。天聖中，爲禪坊，雲頂山僧元釗始居之，六傳復爲律。歲久屋壞，予少時過焉，闃然悄愴，疑有鬼物，輒怖而出。僧道安何氏，五代住持元喆之孫也，慨然願葺之。空十年之蓄，益之檀施，而東林院僧某亦悉力來助，合爲若干錢，於是盡撤蠹大新之。佛故有殿，稍加治焉，自門廡堂室及最後大殿則更建，材粗堅可抵當百十寒暑。我先君起部與邑人繪八菩薩像于殿之壁，士人王砦筆也。殿有轉輪藏，丹碧黯晦，予兄弟出泉濯洗之，而屬道安之徒任其完補其經。役始於紹興歲丁卯，而成於己卯。道安求予記，許之有年矣而未暇，請滋勤。其言曰：『蕞爾刹何記也？然獨唯荒圮，至吾而極，苟不力則禾黍矣，用是蚤夜孜孜，嗇衣撙食，銖毛捃收，亦幸施者和附趣贊乃克濟，豈我能以之哉？或者一念至到有導焉者爾，吾恐後人不知爲之之艱而傲居之，輕漏忽傾，不一引手，則吾志弗嗣，記之期以勸也。』噫嘻，安可謂用力勤而爲慮遠矣。因告之曰：『衰興有定緣，而方來之賢否不可期。賢耶適其興，無記可也；不賢且與衰會，記其能已之乎？』安曰：『是則然矣，而傳後之意，不得不然也。强書之，安知其不由是勉於賢，而是刹之興，將無有終窮乎？』予曰：『可。』遂書之。《澹齋集》卷一六。

祥符寺千佛記

歲在庚午，大中祥符寺傳法院僧法海將造千佛像，乞言于予。嘗告之曰：『我有一佛，真金色相，非丹非素，妙圓明心，非琢非雕，巍巍堂堂。四衆跪繞，盡大千界，舉恒沙數，悉同兹像。衆生流浪，埃蝕垢蒙，對面不覿。吾將表而出之，香檀肖容，金碧借飾，自一至千，羅布森列，能從我者洗目刮瞖，咸得快睹。因像生敬，因敬生悟，各還其家，求見真佛，問與此像，爲同爲别。劫火洞然，請丹霞老師一判此案。』海得吾語，遂書以乞檀施，且自捐巾鉢，罄竭奔走。爲之凡累年，至紹興丁丑，像始成。伎精工專，好相完足，觀者贊嘆。寺舊有普賢閣，恢大杰壯，即龕像置其中，易其榜曰『千佛』，人以爲稱。海請記之，予曰：『向之言尚非記乎？而又何求？』獨師積時營圖之勤，與像成之歲月，則不可不紀，因書以遺之，使歸而刻焉。嗟乎，海用是可與像俱不朽矣。《澹齋集》卷一六。

性空寺畫阿羅漢記

漢州什邡之外戍曰吉陽，寺曰性空，僧曰了悟，嘗合衆施即寺之大殿，命武信李逸爲十六羅漢像。逸真畫史也，有名字於蜀，筆墨絶不凡。其爲此像益工，蓋斥去丹鉛金碧之飾，而獨以冲澹簡古爲勝，奇姿异質，生氣凛然，水石峭潔，草樹静深，燕坐經行，如在天台竹林間也。既成，來觀者燎香頓顙，却立瞻視，失喜而嘔噎，逸亦顧而嘆曰：『吾平生未嘗有也。』久之里人楊宏病瀕死，家人環泣，計莫之出。宏神爽昧昧，忽見阿羅漢像十六見于前，命禱于寺，俄而獲愈。又任師古大疫，醫巫束手，謝不能。夜夢老僧入寺，啜茶於堂上，且以《心經》授之，覺而大汗，病旋脱去。明日至寺謝焉，見降龍尊者，蓋夢中人也。悚然感嘆，由是里人夸誦侈説，争事之唯謹。嗟乎异哉，夫逸之畫畫耳，非阿羅漢之慈力，固無以彰其神，無以致殊驗於二子，然則阿羅漢也、逸也、二子也，其緣之冥契，數之嘿符，蓋所謂啐啄同時者非耶？噫，其自今使聞二子之事者知敬阿羅漢，敬阿羅漢者知敬逸之畫，億萬斯年無有窮已，則悟之爲功可量也哉！因其求記，筆以遺之。

《澹齋集》卷一六。

無爲長老月公塔銘

臨濟之傳至五祖演公，如河出昆侖，放乎中國，沃日蕩空，其浸益大。有大弟子曰圓悟勤，道愈光顯，能師天人。其所證可，皆龍象杰特，若佛性泰、大慧杲〔一〕，固已焯焯表著，而平日執巾盂、操杖錫〔二〕，旦暮乎其側，微言密旨，得于耳目之所染濡，去而聞于時者尚多有之。今無爲山無爲禪院主持僧道月者，蓋其一也。方勤坐昭覺道場，自卿公穹嚴無不折勢貌尊事，而衲子得一容足地，略覘顔色，亦自謂祇林鷲峰，親授記莂。師是時已爲其侍者，則亦固可見矣。師甘氏，漢州德陽人。父槐，老書生，終右修職郎，廣安軍録事參軍。師少有奇志，樂空寂，不喜服儒衣。年十三，依縣之東山龍居院僧自樂祝髮。既授具戒，往見正法明，咨決大事，明器之，與語未契。適圓悟歸自東吴，遂往從焉。其始至也，自以未越户限，已豁然省，圓悟印之，自是以心法相付。未幾，圓悟即世，師卷包南下，盡行諸方，遇名德老衲，皆刮眥相視，曰：『是法窟中來龍種鳳雛也。』師不自厭，更從其掊擊，而其豁然者，卒無以异也。久之西還，挂錫昭覺。太師蕭公振命主保福，地雜賈區煩穢中，師居之如在山林。越五年，謝去，再住長松，未閲朔，會有無爲之招。無爲爲刹望西南，人争得之，席一夕虚，凡青赤之服者輒涎流波道，師獨以太師王公剛中迫出之。予時尉靈泉，得檄日一再，皆督予禮遣之者。時師方領徒丐食旁縣，故逗留不樂去。山中之逆者至，彷徨近境，彌旬無所歸。予譬曉諄數，乃强行。居七年而寺赫然其最，巨麗瑰壯，若客閣、阿羅漢閣尤雄一山。師則曰：『彼豈我事哉！使吾師慧命不斷如系，吾當任斯責，彼豈吾事哉！』乾道三年春得脾疾，七月六日忽索筆書四句偈，端坐而化，壽六十五，臘四十七。荼毗得舍利數十，分其骨一葬冠鰲山下，一葬龍居之受業院。度弟子法然等凡十六人。師儒家子，喜讀書，有俠氣，遇急難勇往不顧，黨類道未振，孳孳掖起之。間出一二偈章，清圓可愛。大丞相魏國張公數貽書獎嘆，且常祝其爲山中留也。性剛不可屈，在保福時，有連墻拓其巢，幾侵寺之半，人謂是額額不可與校，師毅然升堂，鳴鼓數之即去。茶使許公尹攝府事，聞之，亟追還，歸以地，而謫侵者。後數年，邑之吏假牛車于寺，寺厭苦却之，吏恚笞主寺僧，師曰：『彼何罪？逐我可哉！』遂徑去，不復返，帥王公愈高之，故長松、無爲皆公特招。師住山有方略，而禁戒嚴峭，人心服之。丈室所須，皆取諸褚中，一錢不以累常住。夜漏盡三鼓猶履聲跫然，燎香行道未休，故其徒相視亦不敢惰以嬉。自號栗蓬庵主，蓋志其所得云。予於師里人，丁丑秋始識之於保福，師傾蓋相契，往往語以佛法大意。有貴公解《金剛經》，嘗舉而問之，師笑曰：『是鉗鎚不妙，吾恐使人之不能脱然也。』予始試吏，年壯褊心，遇觸輒不堪。師曰：『子有朗徹靈明者，待之有餘矣。』予每愧嘆其言。既葬，法然師行五百里，持甘君鎮所次狀來請銘曰：『師之遺意。』予不敢辭，因按狀并以所親聞見者足之，而爲之銘。銘曰：

闍黎三昧何者是，栗棘全吞不遺滓。堂堂大用誰抵當，水爲逆流山卓峙。住山非住去非去，老木十圍蜩甲蜕。魔强法贏臂相紾，翳途衝衝纇應泚。轉陶家輪幻佛界，有妙莊嚴尚其細。不知其人視其師，演公之孫勤之子。《澹齋集》卷一六。

〔一〕杲：原作『果』，按文意此指大慧禪師釋宗杲，杲嘗問道於昭覺克勤。徑改。

〔二〕錫：原作『屨』，四庫本有注云『一作錫』，按作『錫』於義爲勝，據改。

雅安報恩寺井銘

雅安環報恩，北落皆無水，人飲諸江，病遠汲。長老法輝指寺之庚曰：『是有美泉。』鑿之而信，因甃爲巨井，觱沸澄冽，亢燎自如。於是綆缶係道，遠近給足。郡文學掾廣漢李流謙爲作銘。銘曰：

五大物，功周施。坎心亨，兆其倪。利生人，配重離。環精廬，壞瘠衰。焦釜甗，勤藺胝。坤含珍，龜吐之。鑿鮮原，出澄漪。甃堅深，隳無時。往艱汲，人其咨。取諸鄰，孰不怡。溉濯滌，炰燔炊。求口實，當觀頤。來維新，注益滋。願進德，比于斯。《澹齋集》卷一六。

洪邁

洪邁（一一二三——一二〇二），字景盧，號容齋，饒州鄱陽（今江西鄱陽）人，洪皓之子。紹興十五年中博學宏詞科，授兩浙轉運司幹辦公事，入爲敕令所删定官，遷吏部郎、左司員外郎，進起居舍人。孝宗朝，歷知泉、吉、贛、婺諸州。入朝爲中書舍人兼侍讀，直學士院，預修史事，拜翰林學士。紹熙初，進焕章閣學士，知紹興府。嘉泰初，上章告老，以端明殿學士致仕。嘉泰二年卒，年八十，謚文敏。邁博極群書，文名頗盛，著有《野處類稿》《容齋五筆》《夷堅志》《史記法語》諸書，并編纂《四朝國史》《欽宗實録》《萬首唐人絶句》等。據《宋史》卷三七三本傳。

上天竺講寺碑

華藏世界，毗盧覺海，萬億河沙，諸佛菩薩，均以大慈能仁闡豁悲願爲出世導師，而隨念融攝，從聞思修，使末劫有生，持戴瞻仰，如在其上者，惟觀音大士爲然。自給孤靈山，勝身贍部，兜率、毗盧之宫，補怛、洛伽之谷，無量無垠，魔區鬼窟，未有不靈赫示化，暢宣正機，而放大光明，覺有緣衆，接物利人，因病施藥，直若家至户到者，惟錢塘天竺爲然。故其肇始於道翊師，示夢於錢忠懿，顯祠於咸平，浮像於天聖，易十方於妙臻，還舊貫於元净，塵塵刹刹，久而愈昭。於是有靈感美名之錫，當時寶光示現，浚發兆祥，絢爛隮升，上徹霄漢，湛然虚明，普照四天。知制誥吕夏卿、龍圖閣學士沈文通、寶文閣待制陳軒紀載於前，可覆視也。遭靖康孽火，鞠爲灰燼。蒿目淺智，意其復初爲難。人天護承，否極必泰。大駕南巡，狩臨是邦，紹開中興，寧濟方夏。雖英謨雄烈，士業得以憑藉；然窈冥沕穆，非菩薩焉依？凡請雨謁晴，不嫌於屢，故六七十載，昭事愈飭。傳序三聖，年增歲加，錫鑾和鈴，薦往法駕。捐内帑金幣，俾建經、鐘二樓，會法安僧之堂、羅漢之閣、水陸之宇，視所應爲，次第崇立。孝宗創於西北隅，啓十六觀，賜之玉缶觚彝，珠宫金相，寶冠纓絡，價值數十萬緡，親製贊文，特書兩扁，終之以法輪寶藏。聖安太上亦揭賁雲章。今皇帝又申永作天台教寺之旨，凡禪律賢首，慈恩异宗，毋得窺覦更易，然後學者知所蒙賴。是教也，本於智者建化，以妙爲宗，以如爲體，以法華三昧爲極致，以安養國土爲依歸，以止觀爲修證之要。蕩一切塵，以空爲觀；立一切法，以假而觀；究一切法性，以中而觀。以五時八教判釋如來，一代訓典，訖於無生真諦，超最上乘。教海淵深，義天高遠，業空緣廢，理勝惑亡，等於太虚，無惡不斷。厥令水精之域，圓滿清净。其門庭燁如，其堂殿穹如，其觀閣迥如，其廂廡邃如，群居以智導迷，人知選佛之場矣。先後住持者，曰惟日、曰若訥、曰師覺、曰妙珪，皆擢録教門，實稱僧中龍象。珪遺信求記不置，既書之，而又系偈言。其詞曰：

北山鎮錢塘，三竺分鼎峙。西峰居上頭，氣與下中异。南無觀世音，的以何年至？至今無作相，在此猶在彼。雖自西徂東，而實未嘗動。法門元不二，一一成菩提。應生無住心，了不滯空有。以我清净眼，普鑒阿耨塵。白日當空虚，豈復留纖翳？皇居尺有咫，天近聖澤彌。多羅蓮花臺，不與昔時似。高皇屈萬乘，孝祖親製文。玉觚寶瓶彝，冠珞粲珠琲。價值百千萬，莊嚴不遺力。誰言佛土遥，小叩則小應。炎天六七月，要雨雨隨注。乃至請晴霽，應念便護感。左右十六觀，攝彼散亂心。天台妙教宗，永永傳真諦。蕩蕩水精域，化樂侔天宫。太上及今皇，瞻敬更無極。咨汝白足士，思報君佛恩。善修成法身，一證一切證。譬如航巨海，龍驤駕高檣。無風送吹嘘，難擬徹彼岸。珍寶秘幽谷，虎豹嚴衛守。無人爲我先，可到不可致。菩薩具方便，總持觀十方。爲巍大道場，誓願遍應物。紫金光結聚，若非烟非雲。闡宏慈悲心，爲汝衆生父。念今聖天子，與佛俱有緣。拈花世尊前，咸透第一義。求闡無盡藏，護國并福民。刹那彈指間，聞見悉成佛。惟日暨訥覺，於今妙珪師。稽首大士前，洗我綺語業。《杭州上天竺講寺志》卷九，武林掌故叢編本。又見《西湖志》卷一三，《洪文敏公集》卷七。

陸游

陸游（一一二五——一二〇九），字務觀，越州山陰（今浙江紹興）人。年少能詩文，以蔭補登仕郎。薦送，禮部試均置前列，遭秦檜所嫉，黜之。檜死，始仕建州寧德縣主簿，除敕令所删定官，遷大理司直兼宗正簿。孝宗即位，遷樞密院編修官，召對，賜進士出身。論政事忤旨，出通判建康府，改隆興府、夔州。王炎爲川陝宣撫使，辟爲幹辦公事，陳進取之策。范成大帥蜀，入幕府爲參議官，以文字交，不拘禮法，人譏其頹放，因自號放翁。累遷提舉江西常平、知嚴州。嘉泰間與修孝宗、光宗《兩朝實録》，擢權同修國史，實録院同修撰，兼秘書監。以寶章閣待制致仕，嘉定二年卒，年八十五。陸游才氣超逸，尤長於詩，詩作計萬首。著述有《高宗聖政草》一卷、《南唐書》十五卷、《會稽志》二十卷、《老學庵筆記》十卷、《山陰詩話》一卷、《劍南詩稿》、《續稿》八十七卷、《渭南集》五十卷、《放翁詞》一卷。見《南宋館閣續録》卷七、九，《直齋書録解題》卷五、一一、一八、二〇、二一，《宋史》卷二〇三、二〇四、二〇六、二〇七、二〇八及三九五本傳。

雲門壽聖院記　紹興二十七年十一月

雲門寺自晋唐以來名天下。父老言昔盛時，繚山并溪，樓塔重複，依岩跨壑，金碧飛踴，居之者忘老，寓之者忘歸，游觀者累日乃遍，往往迷不得出，雖寺中人或旬月不相覿也。入寺，稍西石壁峰爲看經院，又西爲藥師院，又西繚而北爲上方。已而少衰，于是看經別爲寺曰顯聖，藥師別爲寺曰雍熙，最後上方亦别曰壽聖，而古雲門寺更曰淳化。一山凡四寺，壽聖最小，不得與三寺班，然山尤勝絶。游山者自淳化，歷顯聖、雍熙，酌煉丹泉，窺筆倉，追想葛稚川、王子敬之遺風，行聽灘聲，而坐蔭木影，徘徊好泉亭上，山水之樂，饜飫極矣。而亭之旁，始得支徑，逶迤如綫，修竹老木，怪藤醜石，交覆而角立，破崖絶澗，奔泉迅流，喊呀而噴薄。方暑，凛然以寒，正晝仰視，不見日景。如此行百餘步，始至壽聖，嶄然孤絶。老僧四五人，引水種蔬，見客不知拱揖，客無所主而去，僧亦竟不知辭謝。好奇者或更以此喜之。今年，予來南，而四五人者相與送予至新溪，且曰：『吾寺舊無記，願得君之文，磨刻崖石。』予异其朴野而能知此也，遂與爲記。然憶爲兒時往來山中，今三十年，屋益古，竹樹益蒼老，而物色益幽奇，予亦有白髮久矣，顧未知予之文辭亦能少加老否？寺得額以治平某年某月，後九十餘年，紹興丁丑歲十一月十七日，吴郡陸某記。國家圖書館藏宋嘉定本《渭南文集》卷一七。又見《名山勝概記》卷一七，《八代文鈔》第三五册，《淵鑒類函》卷二一九。

青州羅漢堂記　隆興二年七月

隆興改元秋九月，某訪故人奕公于青山之下。與奕公別，蓋十有餘年矣，聞某至，曳杖出迎松間，黔瘠腊如殘雪覆頂，相與握手，訪問朋舊，且悲且喜。既至其居，修廊邃屋，曲折皆有意。已而入法堂之東室，忽見淵壑岩竇，飛泉迅流，菩薩阿羅漢，翔游其中，使人如身在峨眉、天台，應接不暇。奕公從旁笑曰：『此吾使工人幻爲之者也。始王君某築是庵于墓左，以資其先人之福，而請吾居焉。王君閉門讀書，未嘗少貶于世，顧于吾獨委曲周盡。吾亦感其意，爲之留而弗去者十年。凡此土木金碧以爲像，設供養之具者，積費千金，王君無絲毫計惜，而吾之心志亦竭于是矣。子爲我記。』嗚呼！某不天，少罹閔凶，今且老矣，而益貧困。每游四方，見人之有親而得致養者，與不幸喪親而葬祭之具可以無憾者，輒悲痛流涕，愴然不知生之爲樂也。聞王君之事，既動予心，又况奕公勤勤之意乎。記其可辭。明年七月一日，甫里陸某記。《渭南文集》卷一七。

黄龍山崇恩禪院三門記　乾道三年正月

自浮屠氏之説盛于天下，其學者尤喜治宮室，窮極侈靡，儒者或病焉。然其成也，無政令期會，惟太平久，公私饒餘，師與弟子四出丐乞，積累歲月而後能舉。其壞也，無衛守誰何，一日寇至，則立爲草莽丘墟。故天下亂則先壞，治則後成。予于是蓋獨有感焉。黄龍山方南公時，學者之盛名天下，而其居亦稱焉。中更夷狄盜賊大亂之後，學者散去，施者弗至，昔之閎壯巨麗者，嘗委地矣。自庚申訖丁亥，二十餘年之間，乃能粲然復興，樓塔殿閣，空翔地踴，鐘魚之聲，聞十餘里，法席之盛，殆庶幾南公時。是非兵革之禍不作，遠方之氓蕃息阜安，得以其公賦私養之餘及于學佛者，則此山且爲虎狼魑魅之所宅矣，而安能若是哉！禪師升公于其寺門之成也，屬予爲記。予謂升公方以身任道，起其法于將墜，門蓋未足言，獨書予所感。使凡至山中者，皆知前日之禍亂嘗如此，而國家之覆燾函育斯民，若是其深，吏勤其官，民力其業，相與思報上之施焉，升公豈不得所願哉！乾道三年正月十四日，左通直郎陸某記。《渭南文集》卷一七。又見乾隆《南昌府志》卷二四，同治《義寧州志》卷三一。

撫州廣壽禪院經藏記　淳熙七年十一月

淳熙己亥冬十二月，予使江西，治在撫州。其東是爲廣壽禪院，每出，輒過焉。僧守璞方爲輪藏。予之始至也，纔屹立十餘柱，其上未瓦，其下未甃，其旁未垣，經未匭櫼，其止山立，其作雷動，神呵龍負，可怖可愕，丹堊金碧，殆無遺功。而守璞儼然燕坐，爲其徒説出世間法，土木梓匠之問，不至丈室，若未嘗有是役者。比明年冬十一月，予被命詣行在所，璞乃礱石乞予爲記，予慨然語之曰：『子弃家爲浮屠氏，祝髪壞衣，徒跣行乞，無冠冕軒車府寺以爲尊也，無官屬胥吏徒隸以爲奉也，無鞭笞刀鋸囹圄桎梏與夫金錢粟帛、爵秩禄位以爲刑且賞也，其舉事宜若甚難。今顧能不動聲氣，于期歲之間，成此奇偉壯麗百年累世之迹。予切怪士大夫操尊權，席利勢，假命令之重，耗府庫之積，而玩歲愒日，事功弗昭，又遺患于後，其視子豈不重可愧哉！』既諾其請，又具載語守璞者，以勵吾黨云。是月十九日，朝請郎、提舉江南西路常平茶鹽公事、賜緋魚袋陸某記。

《渭南文集》卷一八。又見雍正《浙江通志》卷一二五，同治《臨川縣志》卷一一。

圓覺閣記　淳熙十年十一月

淳熙十年某月某日，徑山興慶萬壽禪寺西閣落成。會是歲某月某日，詔賜住持僧寶印御注《圓覺經》，且命某爲之序。于是道俗咸曰：『賜經與閣成同時，宜榜曰圓覺之閣，且刻石以侈盛事。』于是又咸曰：『陸某宜爲記。』寶印以衆言來諭某于山陰大澤中，某蹴然不敢辭。恭惟聖天子以聰明睿智之資，體堯蹈舜，深造道妙，悟一心于萬法之中，既已博極皇墳帝典羲圖魯史之秘，而象胥所傳，木葉旁行，亦莫不究極。以大圓覺爲我世界，悼士之陋，多岐私智，昧乎大同，乃以萬機之餘，親御訓釋。凡十二士之所問，調御之所説，佛陀波羅之所譯，宗密之所注，裴休之所言，皆冰釋縷解于宸筆之下。十日并照，物無遁形，百川東歸，海無异味，如既望月，無有缺減，如大寶鏡，莫不照了。東夷南蠻，西戎北狄，霜露所墜，日月所照，莫不共此大圓覺中。魯之逢掖，楚之黄冠，竺乾之染衣祝髮，平時相與爲矛盾爲冰炭者，亦莫不共在此大圓覺中。不偏不欠，不迷不謬，垂之千萬億世，亦莫不然。而寶印以山林枯槁之士，名徹九重，得以大覺禪師懷璉入侍仁宗皇帝故事，覲清光，承聖問，受好賜，序巨典，又此閣壯麗，首冠一山，費至三十萬錢。其落成也，適當賜經之時，山川動色，神龍踴躍，嗚呼盛哉！方閣之未建也，東偏有千僧閣。紹興中，大慧禪師宗杲，法門之杰，方住山時，衆溢千數，故以是名閣。然自今觀之，雖阿僧祇衆，猶爲有限量也，豈若圓覺之廣大無邊也哉！顧某衰且病，學問廢落，文思局澀，而名山盛事，本末閎闊，非區區筆力所能演述，實以爲愧懼云。淳熙十年十一月十四日，朝奉大夫、主管成都府玉局觀陸某記。《渭南文集》卷一八。又見《咸淳臨安志》卷八三，《經山志》卷七，嘉慶《餘杭縣志》卷一七。

能仁寺捨田記　淳熙十三年五月

淳熙十三年三月乙巳，承節郎河東薛純一詣紹興府，自言生長太平，蒙被德澤，念無益縣官，不勝憓憓報國之心，願以家所有山陰田千一百畝，歲爲米千三百石有奇，入大能仁禪寺，祝兩宫聖壽。安撫使龍圖丘公視牒异之，問所以然。純一曰：『昔漢卜式上書，願輸家財半助邊，且曰：「天子誅匈奴，愚以爲賢者宜死節，有財者而輸之，如此可滅也。」今天子垂拱穆清，北虜讋服，歲時奉貢，純一弗獲傾貲備軍興一日費，故因象教爲兩宫祈年，誠愚戇不識法令，罪死不宥。願言之朝，即伏斧鑕，不敢悔。』于是龍圖公嘉其意，爲上尚書户部。純一乃因寺之住持僧子昕來告予，請撰次本末爲記。予辭謝不可，則語之曰：『子雖列在男爵，曩嘗舉進士，試禮部，繼今能益修其業，以自致于顯榮，則所以報國者，豈若是而已。雖然，是已足以勵風俗，助教化，使貪冒者廉，怠忽者奮，享禄賜而忘報者愧，豈不可書也哉？』田之頃畝賦役，及別以錢權其子本，以待凶歲，則具書于碑陰，俾後有考焉。五月十三日記。《渭南文集》卷一八。

明州阿育王山買田記　淳熙十六年十一月

紹興元年，高皇帝行幸會稽，詔明州阿育王山廣利禪寺上仁宗皇帝賜僧懷璉詩頌親札，念無以鎮名山，慰衆志，乃書『佛頂光明之塔』以賜。又申以手詔，特許買田贍其徒。逾五十年，未能奉詔。佛照禪師德光，以大宗師自靈隱歸老是山，慨然曰：『僧寺毋輒與民質産，令也。今特許勿用令，高皇帝恩厚矣，其可弗承。且昔居靈隱時，壽皇聖帝召入禁闥，顧問佛法，屢賜金錢，其敢爲他費！』乃盡以所賜及大臣長者居士修供之物買田。歲入穀五千石。而遣學者義銛求記于陸某。某方備史官，其紀高皇帝遺事，職也，不敢辭。惟兹四明，表海大邦，自嘉祐、紹興，兩賜宸翰，雲漢之章，下飾萬物。于是山君波神，效珍受職，鼋鼉蛟鰐，弭伏退聽，惡氣毒霧，收斂澄廓，萬里之舶，五方之賈，南金大貝，委積市肆，不可數知，陂防峭堅，年穀登稔。嗚呼盛哉！今德光又廣上賜，蕲兩宫之壽，植天下之福，無疆惟休，時萬時億，刻之金石，于是爲稱。咨爾學者，安食其間，明己大事，傳佛大法，報上大恩，將必有在。不然，不耕而食，既飽而嬉，厲民以自養，豈不甚可愧哉！淳熙十六年十一月二十四日，朝議大夫、尚書禮部郎中、兼實録院檢討官陸某記。《渭南文集》卷一九。

建寧府尊勝院佛殿記　紹熙二年六月

建寧城東永安尊勝禪院，成于唐僖、昭間，壞于建炎之末，稍葺于紹興之庚申，自佛殿始。方是時，院大壞塗地，趣于復立，以慰父老心，故不暇爲支久計。未四十年，遽復頽圮。適懷素者來，爲其長老，乃慨然曰：『殿大役也，舍是弗先，吾則不武。』乃廣其故基北南西東各三尺。意氣所感，助者四集，瑰材珍産，山積雲委。其最巨者，石痕村之杉，修百有三十尺，圍十有五尺，其餘蓋稱是。凡費錢三百萬有奇，而竹木磚甓黝堊之施者，工人役夫之樂助者，不在是數。其成之歲月，淳熙戊申冬十一月庚子也。越四年，紹熙辛亥五月，予友人方君伯謨移書爲懷素求文爲記。予爲之言曰：世多以浮屠人之舉事誚吾士大夫，以爲彼無尺寸之柄，爲其所甚難，而舉輒有成，士大夫受天子爵命，挾刑賞予奪，以臨其吏民，何往不可，而熟視蠹弊，往往憚不敢舉，舉亦輒敗，何耶？予謂不然。懷素之來爲是院，固非有積累明白之效，佛殿方壞，而院四壁立，今日食已，始或謀明日之食。懷素坐裂瓦折桷腐柱頽垣之間，召工人，持矩度，謀增大其舊，計費數百萬，未有一錢儲也。使在士大夫，語未脱口，已得狂名，有心者疑，有言者謗，逐而去之久矣。浮屠人則不然，方且出力爲之先後，爲之輔翼，爲之禦侮，歷十有四年如一日，此其所以巋然有所成就，非獨其才异于人也。以十四年言之，不知相之拜者幾人，免者幾人，將之用者幾人，黜者幾人。禮樂學校，人主所與對越天地，作士善俗，與夫貨財刑獄足用而弼教。藩翰之臣，古所謂侯國者，大抵倏去忽來，吏不勝紀。彼懷素固自若也，則其有成，曷足怪哉？且懷素之爲是院，不獨致力于佛殿，凡所謂堂寢之未備者，廊廡之朽敗者，皆一新之。今老矣，無他徙意。使不死，復十四年，或過十四年，皆未可知也。則是院之葺，又可前知耶？而士大夫凛凛拘拘，擇步而趨，居其位不任其事，護藏蠹蒴，傳以相諉，顧得保禄位，不蹈刑禍，爲善自謀，其知耻者，又不過自引而去爾。天下之事，竟孰任之？嗚呼！是可嘆也已。懷素，三衢人，少從道行禪師游，能得其學。伯謨名士繇，莆陽人。六月甲申，中奉大夫、提舉建寧府武夷山冲佑觀陸某記。《渭南文集》卷一九。又見康熙《建寧府志》卷四三，康熙《建安縣志》卷八。

重修天封寺記　紹熙三年三月

淳熙丙午春，予以新定牧入奏行在所，館于西湖上。日與物外人游，多爲予言净慈有慧明師者，歷抵諸方，如汗血駒，所至蹴踏，萬馬皆空。方是時，知其得法，而不知其能文。後四年，予屏居鏡湖上，明來訪予。談道之餘，縱言及文辭，卓然俊偉，非凡子所及。方是時，知其能文，而不知其有才。明既從予游累日，乃曳杖負笠，入天台山，爲天封主人。是山也，岩嶂嶄絶，爲天台四萬八千丈之冠；林麓幽邃，擅智者十二道場之勝。然地偏道遠，游者既寡，施者益落。明居之彌年，四方問道之士，以天封爲歸。植福樂施者，踵門還至，雖却不可。于是自佛殿經藏，阿羅漢殿，鐘經二樓，雲堂庫院，莫不畢葺。敞爲大門，繚爲高垣，周爲四廡，屹爲二閣，來者以爲天宮化成，非人力所能也。又裒其餘，作二庫，曰資道，曰博利，以供僧及童子紉浣之用。彼庸道人日夜走衢路，丐乞聚畜，蓋未必能辦此。明方爲其徒發明大事因緣，錢帛穀粟之問，不至丈室，而其所立，乃超卓絶人如此，豈非一世奇士哉！予嘗患今世局于觀人，妄謂長于此者必短于彼，工于細者必略于大。自天封觀之，其説豈不淺陋可笑也哉！會明以書來求予文，記其寺之廢興，因告以予説，使并刻之，庶幾覽者有所儆焉。紹熙三年三月三日，中奉大夫、提舉建寧府武夷山冲佑觀、山陰縣開國男、食邑三百户陸某記。《渭南文集》卷一九。

嚴州重修南山報恩光孝寺記　紹熙四年二月

浙江自富春溯而上，過七里瀨桐君山，山益秀，水益清。烏龍山崛起千仞，鱗甲爪鬣，蜿蜒盤踞。嚴州在其下，有山直州之南，與烏龍爲賓主。烏龍以雄偉，南山以秀邃。形勢壯而風氣固，是爲太宗皇帝、高宗皇帝受命賜履之邦。登高四望，則樓觀雉堞，翬騰縈帶，在欝葱佳氣中，兩山對峙，紫翠重複，信天下名城也。南山報恩光孝禪寺，實爲諸刹之冠。質于地志及父老之傳，唐末有僧結廬于山之麓，名廣靈庵。慶曆中，始斥大之爲廣靈寺。紹聖中，易禪林佛印大師希祖實爲第一代，始徙寺于山巔，今寺是也。崇寧中，賜名天寧萬壽。紹興中，易今名。初，郡長者江氏爲塔七級，與寺俱毁于宣和之盜。厥後文則來居而寺復，法琦來助而塔建，及得智廓、仲玘而學者雲集。廓不期年示滅，凡今之營繕崇成者，皆玘也。如來大士有殿，演法會齋有堂，安衆有寮，棲鐘有樓，寢有室，游有亭，浴有泉。又以餘力爲門，爲廡，爲庫，爲垣，爲磴路，爲御侮力士之像。未五六年，百役踵興，無一弗備。郡人童天祐、天錫、方珍出資爲最巨，老僧智貴傾其衣囊助施爲尤難。若夫以宿世願力，來爲外護，取郡之積木以終成之者，太守殿中侍御史泠公世光也。寺之役既成，泠公適有歸志，遂奉祠以去。豈非緣法哉？予亦嘗來爲守，廓及玘皆予所勸請，則于是山不爲無夙昔緣。故玘來求予爲記。予行天下多矣，覽觀山川形勝，考千載之遺迹，未嘗不慨然也。晚至是邦，觀烏龍似赤甲白鹽，南山似錦屏，一水貫其間，紆餘澄澈似渭水，而南山崇塔廣殿，層軒修廊，山光川靄，鐘鳴鯨吼，游者動心，過者駭目，又甚似漢嘉之凌雲，蓋兼天下之异境而有之。騷人墨客，將有徙倚太息援筆而賦之者。予未死，尚庶幾見之。紹熙四年二月庚申記。《渭南文集》卷一九。

法雲寺觀音殿記　慶元五年七月

浙東之郡，會稽爲大。出會稽城西門，循漕渠行八里，有佛刹曰法雲禪寺。寺居錢塘會稽之衝，凡東之士大夫仕于朝與調官者，試于禮部者，莫不由寺而西，餞往迎來，常相屬也。富商大賈，捩舵挂席，夾以大櫓，明珠大貝翠羽瑟瑟之寶，重載而往者，無虚日也。又其地在鏡湖下，灌溉滀泄，最先一邦，富比封君者，家相望也。故多施者，寺易以興。然建炎庚戌胡虜之禍，亦以近官道，首廢于火，一瓦不遺。主僧曰道亨，爲一方所信，度弟子三十二人，慨然自任以興復之事，未成者十七而没。其後有自修者，始爲三門法堂經藏等，予適得《華嚴》《般若》《涅槃》《寶積》數百卷以施之。草創未畢，而修謝去。自是寺以不得人又廢，木剪竹伐，鐘鼓不鳴，白衣攘居之，屠牛牧豕，莫敢孰何。初，先楚公爲尚書左丞，請于朝，以證慈及法雲爲功德院，歲度僧一人，三年間證慈得其二，法雲得其一。故太傅與楚公祠堂肖像具存。予自蜀歸，始言于府，請逐白衣，而命契彝者主之。彝與亨俱東陽人，人固已喜。而彝又有器局才智，居之且二十年，創佛殿及像設，費甚厚，談笑而成。重建三門，翼以兩廡，巍然大刹矣。彝没，予以告府牧尚書葉公，以其弟子道澤繼之。澤少年，志節清苦，言議英發。人皆畏其嚴而服其公。于是予以大屋四楹，施以爲觀音大士殿。雖然，尚未易成也。澤即日走四方謀之。三年，遂建殿。殿之雄麗，冠于一刹。予又施以禪月所畫十六大阿羅漢像龕于兩壁，觀者起敬，施者踵至。自火于庚戌，及今庚申，實七十載，殆若有數然。卒成之者，緊彝與澤父子積勤不懈之力也。予嘗謂事物廢興，數固不可逃，而人謀常參焉。予游四方，凡通都大邑，以至遐陬夷裔，十家之聚必有佛刹，往往歷數百千歲，雖或盛或衰，要皆不廢。而當時朝市城郭，邑里官寺，多已化爲飛埃，鞠爲茂草，過者吊古興懷于狐嘷鬼嘯之區，而佛刹自若也。豈獨因果報應之説，足以動人而出其財力，亦其徒堅忍强毅，不以豐凶難易變其心，子又有孫，孫又有子。必于成而後已。彼之不廢固宜。予因彝與澤之事而有感焉，并載其説。士大夫過而税駕者，讀之其亦有感也夫！慶元五年秋七月庚午記。《渭南文集》卷一九。

會稽縣新建華嚴院記　慶元五年八月

會稽五雲鄉有山曰黄琢。山之麓，原野曠，水泉洌，岡巒抱負，岩嶂森立，而地苐不治者，不知幾何年。或謂古嘗立精舍，以待天衣雲門游僧之至者，有石刻具其事。其後寺廢石亡，獨龜趺猶在，父老類能言之。慶元三年，有信士馬君正卿聞而太息，乃與其弟崧卿，以事親收族之餘貲，買地築屋，擇僧守之。凡僧若士民之道出于此者，皆得就憩。猶以爲未廣也，則爲堂殿門廡，倉庮庖湢，凡僧居之宜有者悉備，而殖産使足以贍足其徒。猶懼其不能久也，告于府牧丞相葛公，以華嚴院額徙置焉，可謂盡矣，而其意猶未已也，曰：『年運而往，或者欺有司而寓其孥，則院廢矣。家世隆替不可常，萬分一有子孫以貧故，規院之產，侵院之事，則僧散矣。』于是因其同學于佛者朝奉郎致仕曾君迅叔遲，來請予文刻之石，庶來者知此院經理之艱勤，則不忍寓其孥，子孫知乃祖乃父志願之堅確，則不忍規其產，侵其事。設若有之，而至于有司，則賢守善令必有以處此。雖至于數百千歲，此院猶不廢也。予報之曰：『僧居之廢興，儒者或謂非吾所當與。是不然。韓退之著書，至欲火其書，廬其居，杜牧之記南亭，盛贊會昌之毁寺，可謂勇矣。然二公者卒亦不能守其說。彼「浮圖突兀三百尺」，退之固喜其成；而老僧挈衲無歸，寺竹殘伐，牧之亦賦而悲之。彼二公非欲納交于釋氏也，顧樂成而惡廢，亦人之常心耳。則君之志，叔遲之請，與予之記之也，皆可以無愧矣。』慶元五年八月甲子，中大夫致仕、山陰縣開國男、食邑三百户陸某撰并書丹。《渭南文集》卷一九。又見雍正《浙江通志》卷二三一。

智者寺興造記　嘉泰三年十月

婺州金華山智者廣福禪寺，浮圖氏所謂梁樓約法師道場，國朝開寶九年，始爲禪寺。自净悟禪師全肯傳三十七代，二百餘年，至慶元之五年，而仲玘實來。方是時，事廢不舉，地茀不糞，棟橈柱腐，垣斷甃缺，若不可復爲者。玘植杖而四顧曰：『智者之爲寺，天造地設者至矣，而人事不能充焉，故浸壞至于此。天其使我興此地歟？』乃諏諸爲地理學者，則其言與玘略合。蓋寺在金華山之麓，峰嶂屹立，林岫間出，日月映蔽，風雲吞吐，而前之形勢無以留之。如王公大人南嚮坐帷幄中，宜其前有列鼎大牲之養，盛禮備樂之奉，賓客進趨，儐相襜翼，將吏武士，執檛孰何，然後爲稱。今乃巍然獨坐，而侍衛者皆奔趨而去，則其威重無乃少損乎？于是始議鑿大池，瀦水于門梁，其上通大路，而增門之址，高于故三之二，异時所謂奔趨而去者，皆肅然就列，恪然執事，則王公大人之尊，于是始全。則其施置建立，號令賞罰，亦何可少訾耶：方議之初，或謂門有大木數十，必盡去乃可興池役，而木所從來久，以是未决。忽一夕大風，木盡拔，若有鬼神相其役者，其亦异矣！玘之來，百役皆作，修廊杰閣，虚堂廣殿，至于栖衆養老之室，庖湢帑庾之所，繚爲垣墻，引爲道路，莫不美于觀而便于事。後雖有能者，無以加焉。玘有道行，爲其徒所宗，而才智器局，又卓然不凡如此，故薦紳多喜道之。予又與有夙昔，且嘗記其嚴州南山興造之盛。故玘今又從予求作智者興造記，而予友人寧遠軍節度使提舉佑神觀姜公邦杰，復以手書助之請。未及屬稿，而邦杰殁，予尤感焉。雖耄，不敢辭也。今兹之役池爲大，故書之特詳。嘉泰三年十月二十九日記。《渭南文集》卷二〇。又見雍正《浙江通志》卷二六一。

上天竺復庵記　開禧元年四月

嘉泰二年，上天竺廣慧法師築退居于寺門橋南，名之曰復庵。後負白雲峰，前直獅子、乳竇二峰，帶以清溪，環以美箭嘉木，凡屋七十餘間。寢有室，講有堂，中則爲殿，以奉西方像設。殿前辟大池，兩序列館，以處四方學者，炊爨湢浴，皆有其所，床敷巾鉢，雲布鱗次。又以爲傳授講習梵唄之勤，宜有游息之地，以休其暇日，則又作園亭流泉，以與學者共之。既成，命其弟子了懷走山陰鏡湖上，從予求文，以記歲月。予告之曰：進而忘退，行而忘居，知趨前而昧于顧後者，士大夫之通患也。故朝廷于士之告歸，每優禮之。而又命有司察其尤不知止者，以勵名節而厚風俗，士猶有不能決然退者。又况物外道人，初不踐是非毁譽之途，名山大衆，以説法爲職業，愈老而愈尊，愈久而人愈歸之，雖一坐數十夏，何不可者？如法師道遇三朝，名蓋萬衲，自紹熙至嘉泰十餘年間，詔書襃録，如日麗天，學者歸仰，如泉赴壑，非有議其後者。而法師慨然爲退居之舉，傾竭橐裝，無所顧惜。雖然，以予觀之，師非獨視天竺之衆，不啻弊屣，加以歲年，功成行著，遂爲西方之歸，則復庵又一弊屣也。死生去來無常，予老甚矣，安知不先在寶池中，俟師之歸，語今日作記事，相與一笑乎？開禧元年三月三日記。《渭南文集》卷二〇。又見咸淳《臨安志》卷八〇，《名山勝概記》卷一三，《西湖志》卷一三，雍正《浙江通志》卷二六一。

湖州常照院記　開禧三年二月

昔在高宗受命中興，全功至德聖神武文昭仁憲孝皇帝龍興河朔，克濟大業，祀宋配天，三十有六年。涵養生齒，其數無量。遺弓故劍，群臣皆當追慕號泣，思所以報在天之靈，至千萬世，無怠無斁。而況山林外臣，以道藝供奉仗内，嘗被异禮厚賜者乎？鎮江府延慶寺僧梵隆，以异材贍學，高操絶藝，自結上知，不由先容，得對内殿。先是，隆師固已結廬于湖州菁山，號無住精舍。一時名上，如葉左丞夢得、葛待制勝仲、汪内翰藻、陳參政與義，皆爲賦詩勒銘，傳于天下矣。至是詔賜庵居于萬松嶺金地山，江濤湖光，映帶几席，壽藤老木，岑蔚夭矯。隆師方力辭，願歸故巢。既至，悦其地，且侈上賜，幡然願留。久之示化，上爲悵然不懌。賜金，歸葬故山。及孝宗皇帝嗣位，又命創常照院于無住故址，以隆師弟子。上首至叶嗣其事，賜田以贍其徒。又命充丁亥丁未本命道場，以祈兩殿之福。高宗皇帝御德壽宫，賜御書『寂而常照，照而常寂』八字，以示名院本指，且賜天申金剛無量壽閣扁榜及紫檀刻佛號如來閣榜，悉御書也。又一再賜萬機暇日所臨晋王羲之帖二十二紙、唐陸柬之《蘭亭詩》一卷及米芾《史略帖》一卷。題團扇二柄，又賜白金助建立。于是院悉崇成，有釋迦、文殊、普賢、十六阿羅漢殿，左則觀音大士道場，右則法輪藏室。食息有堂，鐘經有樓，熏浴炊爨儲積各有其所，犍椎鼓鐘，器亦備足。至于游息臨眺，種蓺疏鑿，莫不極思致區處之妙，而西岩尤爲勝絶曠快之地。叶師以老疾請罷院事，屏居西岩，今皇帝詔從之。且命改院爲禪院，專以仰薦高宗神游。世擇其徒有道行者嗣住持事，而本澄首被是選，實嘉泰四年甲子歲之四月也。叶師乃來告曰：『願有述焉。』某實紹興朝士，歷事四朝，三備史官，名列策府諸儒之右，則與隆師及其子孫，雖道俗迹异，而被遇則同。今叶、澄父子晨香夜燈，梵唄禪定，雖世外枯槁，亦有以伸其圖報萬一之意。某則不然，飽食而安居，日復一日，飾巾待終而已。視叶、澄豈不有愧哉！故遂秉筆而不敢辭，上以紀三朝眷遇山林學道者之盛德，下以識某愧云。開禧三年二月壬子謹記。《渭南文集》卷二一。

法慈懺殿記

東出慶元府五十里曰小溪，有僧舍曰法慈院。院創于唐咸通中，舊號鳳山院，歷五季至宋興，院常不廢。治平二年，始賜今名。雖世以院僧主之，然其徒多出游四方，學經論，問祖師第一義，或終其身不歸。淳熙十四年，老宿及後來者始議作懺殿，而如戒等十輩，願盡力營之。久而不成，十人或死或緣不偶，獨如戒、智玻、行慈、誓不怠廢，必遂其始願，行乞勞苦，積細微以成高大。于是施者墻立，助者麇至，聞者興嘆，見者起敬。木章竹個，山積雲委，伐石于山，陶甓于竈，丹漆黝堊，致于四方。以紹熙壬子三月癸酉始土工，明年八月庚申始匠事，十一月土木皆告成。南北八丈六尺，東西五丈八尺，而棟之高四丈一尺。耽耽奕奕，窮極藝巧。雖慶元多名山巨刹，然懺堂之盛，未有加法慈者。奉釋迦于中，而左則彌勒，右則無量壽，又以天地鬼神之像陪擁四旁。嗚呼，亦盛矣！院僧因餘姚普明院僧則華求予爲記。則華嘗游蜀，予識之于成都，今三十餘年，以故舊不忍拒也，乃爲之書，而刻施者姓名于碑陰云。《渭南文集》卷一一。

靈秘院營造記　嘉定元年五月

出會稽城西門，舟行二十五里，曰柯橋靈秘院。自紹興中，僧海净大師智性築屋設供，以待游僧，名接待院，久而寖成，始徙廢寺故額名之。海净年九十，坐八十三夏而終，以其法孫德恭領院事。恭少嘗學于四方，有器局，迨今二十年，食不過一簞，衣不加一稱，而惟衆事是力。夕思晝營，心揆手畫，施者自至，魔事不作，用能于二十年間，或改作，或增葺，光明偉麗，毫髮無憾，上承先師遺志，下爲子孫基業。閎堂杰閣，房奥廊序，栖鐘之樓，櫝經之堂，館客之次，下至庖厨湢浴，無一不備。爲屋僅百間，自門而出，直視旁覽，道路繩直，而原野砥平。一遠山在前，孤峭奇秀，常有烟雲映帶其傍。卜地者以爲在法百世不廢，且將出名僧。今院才一傳，其興如此，後烏可量哉！院之崇成也，恭來請記曰：『先師之塔，公實與之銘。今院當有記，非公誰宜爲哉？』予報之曰：『子廬于此，凡東之會稽、四明與西入臨安者，風帆日相屬也。彼其得志于仕宦，獲利于商賈者，寧可計耶？有能家世相繼，支久不壞，如若之爲父子者乎？有能容衆聚族，爕和安樂，如若之處兄弟者乎？至于度地築室，以奢麗相誇，斤斧之聲未停，丹堊之飾未乾，而盛衰之變已遽至矣。亦有如若之安居奠處，子傳之孫，孫又傳之子者乎？此無他，彼其初與若异也。雖曰有天數，然人事常參焉。人事不盡，而諉之數，嗚呼，其可哉！』嘉定元年夏五月庚申記。《渭南文集》卷二一。

嘉定府中峰寺記

南山自長安秦中西南馳爲嶓，爲岷。岷東行，紆餘起伏，歷蠻夷中，跨軼且千里，然後秀偉特起爲二峰。摩星辰，蓄雲雨，龍蟠鳳翥，是名峨眉山。遵義、犍爲二郡，實在其下。人鍾其氣，爲秀民杰士，出而仕者固多以功業文章擅名古今。至於厭薄紛華，弃捐衣冠，木食磵飲，自於塵垢聲利之外而不幸爲人知，不能遂其隱操，亦卒至於光顯榮耀者，如別峰禪師是也。嘉慶《四川通志》卷四一。

邛州天慶觀記

予游邛州天慶觀，有希夷詩石刻云『因攀奉縣尹尚書水南小酌，回捨轡，特叩松扃，謁高公，茶話移時，偶書』二十八字。道門弟子圖南上其詩云：『我謂浮雲真是幻，醉來捨轡謁高公。因論元論冥冥理，轉覺塵寰一夢中。』末書『太歲丁酉』，蓋蜀孟昶時，當石晋天福中也。天慶本唐天師觀，詩後有文與可跋，大略云：高公者此都威儀何昌一也，希夷從之學鎖鼻術。予是日迫赴太守宇文衮以約飯，不能盡記，後卒不暇再到，至今以爲恨。嘉慶《四川通志》卷四三。

大邑鶴鳴觀記

予游大邑鶴鳴觀，所謂張天師鶴鳴化。其東北絶頂又有上清宫，壁間有文與可題一絶曰：『天氣陰陰别作寒，夕陽林下動歸鞍。忽聞人報後山雪，更上上清宫上看。』嘉慶《四川通志》卷四三。

泰州報恩光孝禪寺最吉祥殿碑

天下無不可舉之事，亦無不可成之功。始以果，終以不倦，此事之所以舉，而功之所以成也。海陵通川之間，自建炎後爲盗區戰場，中雖息兵，然猶鬼嘯狐嗥于藜莠瓦礫中，自官寺民廬，皆略具爾。未幾，復有紹興辛巳虜禍，前日之略具者，又踐蹂燔燒，滌地而盡。乾道、淳熙以來，中外無事，函養滋息，且以國力興葺之。迨今四十年，而城郭邑屋，尚未能復承平之舊。至于浮圖之廬，又非郡縣所急，或盛或衰，皆在仕者所不問，則其舉事若尤難者。嗚呼！是特不遇浮圖之杰耳。信有之，未見其果難也，泰州報恩光孝禪寺是已。寺始爲天寧萬壽寺，今名蓋用紹興詔書改賜，亦火于辛巳之變。有祖彦師者復葺之，未成而化。中間屢易主者，至紹熙中，今長老德範師應轉運陳公損之之請而至。寺雖粗建，而大役多未之舉。有巨鐘千石，方寺壞于兵時，樓焚，鐘墮扁而不壞。範始至，奮曰：『鐘不壞，寺將興之符也。吾舉事，將自鐘始。』乃建樓百尺以栖鐘。鐘始鑄，歲在乙卯，至是三乙卯矣，而樓成。人咸异之，遂議佛殿，殿之役最大，度費錢數千萬，見者縮頸曰：『使可爲，豈至今日耶？』範曰：『不然。吾當與有緣者力成之，不敢以難故止。』已而有居士劉洪首施錢五百萬，施者不勸而集，積爲四千萬有奇。乃伐木于黄岡，蔽流而下。方役之興，以關征爲懼。常平使者王公寧聞之，曰：『斯殿以資永祐陵在天之福，孰敢議者。吾當任其事。』于是所至皆爲弛禁。殿以崇成，爲重屋八楹，東西百三十六尺，南北九十六尺，高百一十尺，佛菩薩阿羅漢三十有一軀。會王公去，而後使者韓公挺取《華嚴經》語，書殿之顔，曰『最吉祥殿』。範又爲閣六楹，以奉今天子昔在潛邸賜前住持覺深『碧雲』二大字。閣之廣袤雄麗，亦略與殿稱。餘若方丈、寢堂、厨庫、水陸堂兩廡，累數十年不能成者，皆不淹歲而備。最其費，爲緡錢二十萬。在它人若寢食不遑暇，範獨終日從容，倡道以進。其徒一謦咳，一顧視，皆具第一義，學者往往得入。而其師別峰之法，遂盛行于江淮間矣。凡一寺内外，莫不粲然復興，是殿實爲之冠。慶元六年夏四月，範使其書記蜀僧祖興來，求予作碑。予既盡述其始末，且爲之銘，銘曰：

海陵奥區名寰中，長淮大江爲提封。於皇徽祖御飛龍，臣民薦福遐邇同。是邦巍然千柱宫，中有廣殿奉大雄。瑰材蔽江西徂東，波神呵護如雲從。璇題藻井翔虚空，丹碧髹堊無遺工。劫火不能壞鴻鐘，雷震鯨吼聲隆隆。層閣閎奉龍鸞踪，榮光夜起騰長虹。徽祖聖德齊天崇，澤覃草木函昆蟲。咨爾梵衆極嚴恭，熙運共慶千載逢。餘福漸被兼華戎，長佑農扈消兵烽。《渭南文集》卷一六。又見嘉慶《重修揚州府志》卷二九，道光《泰州志》卷三一。

祖山主塔銘

嘉州天王禪院景倫師，有二弟子，孟曰紹覺，仲曰紹祖。倫且老，嘆曰：『孰能問法南方，以大吾門者乎？』于是覺請行，曰：『不可使師有恨。』祖請留，曰：『老人不可以莫養也。』覺南游得法，居蘄州五祖山。而祖左右就養，先意承志，終身不去。倫欲新其廬，祖則雨濡日炙，出入閭巷，累年崇成，郁爲寶坊。倫飲食往來者，祖則高囷大庖，床敷潔温，凡至者如歸焉。皆曰：『倫師可謂有子矣。』祖既老，亦有二弟子，曰海慧、海澄。慧萬里走閩中，求《大藏經》以歸。祖不及待，而澄實送終。其撰次祖行實以求予銘者，慧弟子法琳也。是倫師不獨有子，子又有孫，何其盛哉！世所謂學士大夫，蹈義秉禮，終其身者，或鮮矣。況至四世，閲百年而不失者乎？予于是有感焉。祖姓楊氏，字繼遠，世居龍游，歿以乾道四年十月某甲子，年七十五。葬以五年二月某甲子。銘曰：

峨嵋之麓，鬱鬱方墳。維爾有承，以弋吾文。《渭南文集》卷四〇。又見嘉慶《四川通志》卷四六。

定法師塔銘

淳熙四年，予自梁益還吴，蓋西游九年矣。耆老凋落，朋舊散徙，無與晤語。而少年學問日新，議論鋒出，亦莫與顧，爲之儻怳不樂。一日，有叩户者，攝衣迎之，則所謂惠定法師也。風骨巉巉，如太華之立雲表；議論衮衮，如黄河之行地中。爲予談諸經，辭指精詣，往輒破的，窮日夜不休。予作而曰：『公生肇一輩人，予懼不足以辱公友也。』會予復出仕，又三年，乃還，屏居鏡湖之西，略無十日不過予，霰雪風雨，往往留不去。予方以譴斥退，亦安于不遇，意者相從湖山間以老，而師不幸死矣。其徒來乞銘。師字寧道，姓王氏，世爲紹興山陰人。幼歲，從錢清保安院子堯道人得度，出游四方，從道隆、師會、景崇三師，授《華嚴》義，盡得其説。至超然自得，出入古今、不妄隨，不苟异，三師蓋莫能屈也。衆請住戒珠省院，未幾弃去。時大慧禪師宗杲説法阿育王山，師慨然往造其居，所聞益廣，學者宗之。起住妙相，徙觀音，復還省院，皆蕭然小刹，虀藜飯豆，人不堪其枯槁，然著書不少輟。若《金剛般若經解》《法界觀圖會》《三歸一章》《莊岳論》，已盛行于世，餘在稿者猶數十百篇。以淳熙八年十二月二十四日，焚香説偈示滅，年六十八，僧夏四十八。九年十二月十八日，葬于錢清。得法弟子妙定、了洪、了悦，得度弟子了知、了端、了達。初，師著《金剛解》成，持以示予。語之曰：『昔德山見龍潭，言下悟，盡焚

《金剛疏鈔》，公見大慧而歸，更著此解，與德山孰優？』師笑不答，豈魯之善學柳下惠者歟？銘曰：

木葉旁行，九譯而東，維此雜華，衆經之宗。肇自有唐，世以名家，師如巨舟，極其津涯。著書至死，此亦奚求？承其師傳，以絶爲羞。我徂吊之，遺書滿室，喟然作銘，用愧逢掖。《渭南文集》卷四〇。

良禪師塔銘

禪師處良，字遂翁，會稽山陰劉氏子。紹興五年，甫九歲，以童子得度。十三歲游諸方，僅勝衣笠，路人爲之驚嘆。初爲妙喜禪師宗杲侍者，又從卍庵禪師道顔爲書記。遂翁英邁玉立，游二師間，皆受記莂，餘事能文詞，善筆札，諸方翕稱良書記。然亦以議論覈核，不少假借，不爲諸方所容。妄一比丘，輒得名山壯刹，遂翁獨陸陸衆中。嘗居嘉興法喜院，舉香爲卍庵嗣，蕭然數僧，食纔半菽。再歲，退廬會稽海上。今太常尤公延之守臨海，起遂翁領紫囊，復以縣大夫不樂，弃去。久之，領昆山薦嚴資福寺，遂以疾逝，淳熙十四年六月戊寅也。遺言藏骨廬山智林寺。寺，卍庵與遂翁所同建也。逝之日，手書求銘于予。銘曰：

山栖谷汲，利欲靡及。孰擠使躓，道成謗集。廬阜峨峨，浮屠岌岌。吾識其封，身没名立。

《渭南文集》卷四〇。又見《吴都法乘》卷六中。

高僧猷公塔銘

宋山陰有高僧曰子猷，字修仲，晚自號笑雲老人。宏材博學，高行達識，卓然出一世之表，雖華嚴其宗，而南之天台，北之慈恩，少林之心法，南山之律部，莫不窮探歷討，取其妙以佐吾説。雖浮屠其衣，百家之書，無所不讀。聞名儒賢士，雖在千里之遠，必往交焉。篤行義，勵風操，嚴取與，一得喪，接物簡而峻，不屈于富貴。有以供施及門者，苟禮不足，雖累百金，輒拒不取。嗚呼賢哉！修仲出陳氏，生七歲，從同郡大善寺晏時爲童子。十有二歲，祝髮受具，習《華嚴經論》于廣福院，擇交得其學。又游錢塘，見惠因院師會，博盡所疑，二師皆自以爲弗逌。遂還山陰，説法于城東妙相院。僅二十年，學者常百餘人，修仲厭其近城市，思居山林，乃捨衆遁于梅山。上方學者不肯散去，而院隘不能容，相與言于府，願迎修仲還妙相。于是法席加盛于昔，所著書大行于世，院亦益葺，號爲壯剎。大慧禪師宗杲過而异之，爲留偈壁間。然修仲竟弃去，學者猶不捨，又説法者三。最後住姜山，閱三年，喟然嘆曰：『老矣，將安歸耶？』亟橐書歸梅市，結庵以老，淳熙十六年八月二十有六日，忽命舟遍別平日所往來者，明日晨起説法，遂坐逝，壽六十有九。又三日，火化，得舍利，五色粲然。弟子即庵之西建塔，奉靈骨及舍利以葬。修仲度弟子四人：戒海、戒先、戒明、戒堅。戒先傳家學。而四方之學者，得法出世，又十有七人。隱于衆者，蓋以百數。修仲之道，其傳又可涯哉！戒明來乞銘。銘曰：

予嘗觀古高僧，窮幽闡微，能信踐之，不爲利訹，不爲勢撓，未嘗不與學士大夫同也。考修仲之爲人，可謂有古高僧之風矣。吾予之銘，非獨以厚故人，蓋亦天下之公也。《渭南文集》卷四〇。

別峰禪師塔銘

南山自長安秦中西南馳，爲嶓爲嵔。嵔東行，紆餘起伏，歷蠻夷中，跨軼且千里，然後秀偉特起，爲三峰，摩星辰，蓄雲雨，龍蟠鳳翥，是名峨嵋山。通義、犍爲二郡，實在其下，人鍾其氣，爲秀民杰士。出而仕者，固多以功業文章，擅名古今。至于厭薄紛華，弃捐衣冠，木食澗飲，自放于塵垢聲利之外，而不幸爲人知，不能遂其隱操，亦卒至于光顯榮耀者，如別峰禪師是也。師名寶印，字坦叔，生爲龍游李氏子，世居峨嵋之麓。少而奇警，日誦千言，然不喜在家，乃從德山院清遠道人得度。自成童時，已博通六經及百家之説，至是復從華嚴起信諸名師，窮源探賾，不高出同學不止，論説雲興泉涌。衆請主講席，謝不可。圜悟克勤禪師有嗣法上首安民，號密印禪師，説法于中峰道場，乃挈一笠往從之。一日，密印舉僧問岩頭：『起滅不停時如何？』岩頭叱曰：『是誰起滅！』師豁然大悟。自是室中鋒不可觸，密印恨相得之晚。會圜悟自南歸成都昭覺，乃遣師往省，因隨衆入室。圜悟舉從上諸聖，以何法接人。師舉起拳，圜悟曰：『此是老僧用者。孰爲從上諸聖用者？』師即揮拳。圜悟亦舉拳相交，大笑而罷。圜悟嘆异之曰：『是子他日必類我師。』留昭覺三年，密印猶在中峰，以堂中第一座致師。師辭，密印大怒曰：『我以法得人，人不我傳，尚何以説法爲！』欲弃衆去。衆皇恐，亟趨昭覺，羅拜懇請，圜悟亦助之請，始行。道望日隆，學者争歸之，雖圜悟、密印不能掩也。久之，南游，見潙山佛性泰、福嚴月庵果、疏山草堂清，皆目擊而契。或以第一座留之，師潛遁以免。最後至徑山，見大慧杲。大慧問曰：『上座從何處來？』師曰：『西川來。』大慧曰：『未出劍門關，與汝三十棒了也。』師曰：『不合起動和尚。』時徑山衆千七百，雖耆宿名衲，以得栖笠地爲幸，顧爲師獨掃一室，堂中皆驚。大慧南遷，師亦西歸。始住臨邛鳳皇山，舉香嗣密印。歷住廣漢崇慶、武信東禪、成都龍華、眉山中岩，復還成都，住正法。道既盛行，士大夫亦喜從之游。築都不會庵，松竹幽邃。暇日，名勝畢集，聞師一言，皆自謂意消，稍或間闊，輒相語曰：『吾輩鄙吝萌矣。』其道德服人如此。俄復下硤，抵金陵。應庵華方住蔣山，館師于上方，白留守張公燾，舉以代己。師聞，即日發去。會陳丞相俊卿來爲金陵，以保寧延師，俄徙京口金山，學者傾諸方。金山自兵亂後，雖屢葺，莫能成，至是始復大興，如承平時而有加焉。异時，居此山鮮逾三年者，師獨安坐十五夏。潭帥張公孝祥，嘗延以大溈山。師與張公雅故，念未有以却，而京口之人，自郡守以降，力争之，卒返潭使。魏惠憲王牧四明，虚雪竇來請，師度不可辭，乃入東。凡住四年，樂其山林，有終老之意，而名益重。被敕住徑山，淳熙七年五月也。七月，至行在所，至尊壽皇聖帝降中使，召入禁中。以老病足蹇，賜肩輿于東華門内，賜食于觀堂，引對于選德殿，特賜坐，勞問良渥。師因舉古宿云：『透得見聞覺知，受用見聞覺知，不墮見聞覺知。』上悦曰：『此誰語？』師曰：『祖師皆如此提倡，亦非别人語。』上爲微笑。時秋暑方熾，師再欲起，上再留，使畢其説，乃退。後十餘日，又命開堂于靈隱山，中使賫賜御香，恩禮備至。十年二月，上制《圓覺經注》遣使馳賜，且命作序。師乃築大閣秘奉，以侈上恩。師老，益厭住持事，門人懼其遠游不返，相與築庵于山北，俟其歸。今上在東宫，書『别峰』二大字榜之。十五年冬，奏乞養疾于别峰，得請。明年，上受内禪，取向所賜宸翰，識以御寶，復賜焉。紹熙元年冬十一月，忽往見今住山智策告别。策問行日，師曰：『水到渠成。』歸取幅紙，大書曰：『十二月七日夜鷄鳴時。』如期而化。奉蜕質返寺之法堂，留七日，顔色精明，鬚髮皆長，頂温如沃湯。是月十四日，葬于别峰之西岡。壽八十有二，臘六十有四。得法弟子梵牟、宗性、道奇、智周、慧海、宗璨等，得度弟子智穆、慧崇等百四十有七人。有慧綽者，山陰陸氏子，當以蔭得官，辭之，從師祝髮，又得記莂，遁迹岩岫，終身不出。師既示寂，上爲敕有司，定謚曰慈辯，且名其塔曰智光，庵曰別峰，極方外之寵。師説法數十年，所至，門人集爲語録。晚際遇壽皇，被宸翰，咨詢法要，皆對使者具奏。將化，説偈尤奇偉，已別行于世，此不悉著。三年三月，法孫宗願走山陰鏡湖，屬某銘師之塔。某與師交最久，嘗相約還蜀，結茅青衣喚魚潭上。今雖老病，義不可辭。銘曰：

圜悟再傳，是爲別峰。坐十道場，心法之宗。淵識雄辯，震驚一世，矯乎人中龍也。海口電目，旎期稱道，卓乎澗壑松也。叩而能應，應已能默，渾乎金鐘大鏞也。師之出世，如日在空。升于暘谷不爲生，隱于崦嵫其可以爲終乎？《渭南文集》卷四〇。又見《咸淳臨安志》卷八三，《蜀中廣記》卷八五，嘉慶《峨眉縣志》卷九。

海浄大師塔銘

乾道中，史魏公以故相牧會稽，嚴重簡貴，士大夫非素負才望，莫得登其門。顧每召靈秘院僧智性與語，有大興造，輒以付之。性公時年且七十，亦輒受命不辭。已而事皆井井有條理，邦之人，始服魏公之知人，雖方外道人，任之亦能舉其事如此，又嘆性公之不負所知也。及淳熙末，予還朝，典南宫箋奏，兼領祠部。而會稽守言靈秘院本蘧篨衮丈地，智性以孤身力成之，今爲名刹，請以其徒世守之。報可。予雖會稽人，然自魏公去，不復見性公，乃驚嘆曰：『是道人尚在耶！』又五年，予卧疾鏡湖上，性公法孫德恭來告曰：『公以紹熙三年六月五日示化，將奉遺骨塔于小夾山。』且來請銘。性公本會稽山陰蔡氏子，七歲從廣福院崇教大師慧超祝髮，九歲賜紫方袍，號海净大師，坐八十三夏，住靈秘五十一載，年九十。度弟子七人：覃永、宗慶、宗亮、宗振、宗懋、宗寶、宗一。孫四人：德和、德恭、德興、德椿。曾孫二人：行昭、行聞。銘曰：

龜食筮從，宅此山阿，陵谷有遷，吾銘不磨。《渭南文集》卷四〇。

松源禪師塔銘

松源禪師名崇岳，生于處州龍泉之松源吴氏，故因以自號。自幼時，已卓犖不群，處群兒中，未嘗嬉宕。稍長，聞出世法，慕向之。年二十三，弃家，衣掃塔服，受五戒于天明寺首造靈石妙禪師。繼見大慧杲禪師于徑山，久之，大慧升堂，稱蔣山應庵華公爲人徑捷。師聞之，不待旦而行。既至，入室未契，退愈自奮勵。中夜，自舉狗子無佛性話，豁然有得，即以扣應庵，舉庵世尊有密語，迦葉不覆藏，師云鈍置和尚，應庵厲聲一喝。自是朝夕咨請，應庵大喜，以爲法器，説偈勸使祝髪，棟梁吾道。隆興二年，師始得度于臨安西湖白蓮精舍。自是遍歷江浙諸大老之門，罕當其意，乃浮海入閩，見乾元木庵永禪師。一日辭木庵，欲往黄檗。木庵舉有句無句，如藤倚樹，師云：『裂破。』木庵云：『琅琊道好一堆爛柴藂。』師云：『矢上加尖。』如是應酬數反，木庵云：『老兄下語，老僧不過如此，只是未在。他日拂柄在手，爲人不得，驗人不得。』師云：『爲人者，使博地凡夫一超入聖域，固難矣。驗人者，打向面前過，不待開口，已知渠骨髓，何難之有。』木庵舉手云：『明明向汝道，開口不在舌頭上，後當自知。』逾年，見密庵于衢之西山，隨問即答。密庵微笑曰：『黄楊禪爾。』師切于明道，至忘寢食。密庵移住蔣山、華藏、徑山，皆從之。一日，密庵入室次，問傍僧不是心，不是佛，不是物。師侍側，豁然大悟，乃云：『今日方會木庵道，開口不在舌頭上。』自是機辯縱横，鋒不可觸。木庵又遷靈隱，遂命師爲堂中第一座。旋出世于平江澄照，爲密庵嗣，遷江陰之光孝，無爲之冶父，饒之薦福，明之香山，平江之虎丘，皆天下名山。惟冶父最寂寞，又以火廢，師一臨之，四方名衲踵至，棟宇亦大興，人謂師能使所居山大。慶元丁巳年，適靈隱虚席，僉曰：『安得岳公來乎？』果被旨以畀師，歡聲如潮。居六年，道盛行，得法者衆，法席爲一時冠。而師有栖隱之志，即上章乞罷住持事。上察其誠，許之。退居東庵。俄屬微疾，猶不少廢倡道，忽垂一則語以驗學者曰：『有力量人，爲甚麽擡脚不起，開口不在舌頭上？』又貽書嗣法香山光睦、雲居善開，傳以大法。因書偈曰：『來無所來，去無所去。瞥轉玄關，佛祖罔措。』跏趺而寂，實嘉泰二年八月四日也。得年七十有一，坐夏四十，奉全身塔于北高峰之原。塔成之四年，香山遣其侍者道孚以銘屬某。某方謝事居鏡湖上，年過八十，病卧一榻，得書，不覺起立曰：『亡友臨川李德遠浩實聞道于應庵，蓋與密庵同參。李德遠每與某談參問悟入時機緣言句，率常達旦。今讀師語，峻峭崷崒，下臨雲雨，如立千仞之華山。蹴天駕空，駭心眩目，如錢塘海門之濤；虎豹股栗，屋瓦震動，如漢軍昆陽之戰。追思德遠所言，然後知師真臨濟正宗，應庵、密庵之真子孫也。』銘曰：

臨濟一宗，先佛正傳。應庵父子，以一口吞。金圈栗蓬，晚授松源。松源初心，論劫參禪。于一笑中，疾雷破山，坐八道場，衆如濤瀾。金鏃脱手，碎首裂肝。彼昏何智，萬里鐵關。後十大劫，摧山湮川。法力所持，此塔巋然。《渭南文集》卷四〇。又見《吴都法乘》卷五上之下，《增修雲林寺志》卷五。

退谷雲禪師塔銘

佛照禪師有嗣子曰净慈報恩光孝退谷禪師，名義雲，生于福州閩清黄氏，世爲士。禪師幼入家塾，成童入鄉校，穎异有聲。既冠，游國學，因讀《論語》《中庸》，有所悟入。後聞龜峰山堂淳禪師説法，遂自斷出家，從山堂祝髪。遍游江湖，至吴，見鐵庵一大禪，爲侍者。一日室中聞國師三唤侍者話，師亟舉手掩其口，又問曰：『侍者三應，又作麽生？』師拂袖徑出，鐵庵大喜。時佛照倡道靈隱，師往依之。及佛照移育王，師從其行，歷十年，爲堂中第一座。佛照聞其説法，嘆曰：『此子提倡，宛如雪堂行和尚，吾鉢袋有所付矣。』遂出住香山。居五年，徙台州光孝，又徙鎮江甘露，會平江虎丘、萬壽皆欲延師，師聞萬壽頗廢，即欣然就之。淮南轉運使虞公儔，又以長蘆來招。師與虞公有雅故，又從之。會育王虚席，朝命師補其處。是佛照方居東庵，父子日相從，發明臨濟正宗，學者雲集。會有魔事，師即捨衆退居香山，蓋將終焉。而朝命又起師説法浄慈，恩光赫奕，都邑聳動。一日，領衆持鉢畿邑，是夕，寺灾無遺宇，比師歸，獨三門巋然在瓦礫中，師不動容曰：『成壞相尋，亦豈有常。今日之壞，安知不爲四衆作福之地哉？』天子聞之，出内庫金以賜。自重臣貴戚以下，傾橐輦金，惟恐居後。未期年，廣殿邃廡，崇閎杰閣，蓋愈于前日矣。于是上爲親御翰墨，書『慧日閣』三大字賜之。開禧二年五月師示微疾，六月朔旦辛亥，作偈别衆曰：『意烏猝嗟，萬人氣索。佛法向上，何曾踏着，臨行業識茫茫，一任諸方卜度。』遂寂。後九日，弟子處約等奉全身塔于寺之東北隅，世壽五十八，僧夏三十五，住山十九載，度弟子四十有畸。學者集師語爲《七會録》行于世。師初欲以復佛殿屬予記之，未及而弃世。于是處約等以西堂可宣禪師之狀來求予銘。適予老疾，弗克就，宣公又以書來固請，而師之侍僧處訥者，留逾年不肯去，辭指懇款。予爲之嘆曰：『師之在育王也，將新僧堂，而陰陽家以爲法所禁，將不利于主人，師奮不顧，排衆説，力爲之。堂成而魔果作，遂去。陰陽家之説，使人拘而多畏，然其法本出流俗，不待師之明，知其妄决也。雖或適中，終爲不足信也。』又師在净慈，遭火患，滌地皆盡，度非金錢累億萬，且假以歲月，必不能成，師談笑盡復舊觀。議者或以爲師之才用絶人，見于此者，則亦陋矣。此事若澄觀輩，則可稱大善知識，直游戲爾。師所以獨立一世者，豈直以此哉！師示衆有曰：『鳥道孤危，玄關妙密，在曹洞宗旨亦奇矣，若較臨濟，直是天地懸隔。』此足以知師能繼圜悟、妙喜、佛照之大作用者，自有所在也。銘曰：

猗歟雲公，自儒衣奮。爲東庵子，無示無問。上距圜悟，四世而近。龍象蹴踏，獅子奮迅。或造其室，目不容瞬。丹碧南山，蓋其游刃。于談笑頃，變化煨燼。以此論師，其殆未盡。譬如觀海，測以尺寸。我銘不磨，百世其信。《渭南文集》卷四〇。又見《吴都法乘》卷五上之下，《敕建净慈寺志》卷五。

竇思永

竇思永，隆興二年爲左迪功郎、衢州州學教授。

慶善寺銅僧伽瑞像記　隆興二年九月

釋氏流入中國千有餘年，始于永平，廢于會昌，僅存于鹽官安禪師。初，宣宗逃難出奔，落髮爲比邱，遍參諸方，獨器許于鹽官和尚。大中之初，立浮圖，興蘭若，且命爲窣堵波于齊豐寺以奉師真身舍利，佛中僨而振，鹽官有力焉。惟鹽官得無勝幢于江西，授虚空鼓于關南，越三百年而後有慶善惟尚，尚得法于英普照，勘辯于新黄龍，證明于張無垢。尚之死，不得其傳焉。竊嘗疑之。鹽官心法之妙，不傳之齊豐，而傳之慶善，尚復舍慶善，而居雪峰光明庵。慶善僅能爲粥飯道場，其徒未聞于叢林嶄然見頭角者，豈禪律互分，根器亦异，如圓枘方鑿邪？抑機緣在人，去留無心，如浮雲太虚邪？抑其間有大奇特事，埋光鏟彩，後世不能發明，時節因緣，若有所待邪？隆興改元之明年夏五月，慶善住持僧慧月奉賢大夫之命來請曰：『慶善舊名觀海，梁天監中，邑人宏靈度之故居也。先是，井中有光煜然，三日不息，獲銅僧伽，遂爲浮圖氏之宫，距今八百年。僧伽之像，模制奇古，雨暘祈請，昭晰響答，邑人事之惟謹。建中靖國初，吾徒傳失本真，增飾爲普照張僧伽，訛謬特甚，我將刮垢磨光，以求黄面老子本來面目，以爲何如？』思永曰：『惟此所謂大奇特事，後世不能發明，時節因緣，有待于子也。』于是剔抉磨治，現紫金容，獲五色舍利，四衆駭矚，瞻仰尊顔，嘆未曾有。慧月請記其事，客有謂思永者曰：『色相音聲而見如來，是邪道也，子謂今果是而昨非邪？』思永曰：『不然，客不聞犀牛扇子之説乎？侍者不對，具一隻眼，鹽官拈出，落第二義。犀牛如虚空，未嘗有無，扇子如天地山河，未嘗成壞。木人花鳥，初無定體，黄金瓦礫，亦無定色，如來應以比邱即現，比邱僧伽何心哉。雖然僧伽放大光明，于斯示現，亦以一大事因緣，故而辱在泥塗，垂百年矣。使僧伽無知則已，僧伽而有知，而今而後，以當時之願力續無知燈，以當時之信心受無盡施，使其徒建大法輪如息華，成大法會如德鄰，戒體如則圓，行業如了宣，又有如惟尚者承嗣鹽官于數百載之上，以無忘僧伽屬付之本心，今是昨非，且置是事。』客曰：『然。』隆興二年九月甲午日，左迪功郎、新差充衢州州學教授竇思永記。《海昌備志》卷一二。又見乾隆《海寧州志》卷六。

曾逮

曾逮，字仲躬，河南府（今河南洛陽）人。幾次子。隆興二年爲太常丞，後以右朝奉郎知温州。乾道九年爲户部員外郎、淮東總領。同年八月除直顯謨閣知荆州。淳熙三年，知寧國府，除集英殿修撰。五年，守湖州。六年，以朝奉大夫、集英殿修撰守潤州。十年，遷户部侍郎，同年八月轉刑部侍郎。終敷文閣待制。學者稱習庵先生。有《習庵集》。見《宋會要輯稿》職官一五之二六、食貨五一之一一，《宋史》卷三八二《曾幾傳》，《宋元學案補遺》卷二九，《宋詩紀事》卷四八，《全宋詞》。

詔復能仁寺記

乾道七年，臣逮被命守永嘉郡，道雁蕩山，見六梵宫號能仁，時思薦福者。高甍巨穩，包源亘壑，若可容數千人。入其門，殿閣岌岌，如將壓焉。堂下草深尺許，突無炊烟，浮屠纔六七人，皆尪羸瞶躄。聞新太守至，扶曳出户。臣愕眙久之，問寺所以廢狀。六七人前曰：『寺故名能仁，山川紺宇之勝，甲于雁蕩。當其盛時，至日食千人。壽聖明慈太上皇后母弟太寧郡王請以爲奉先之地，加賜今名，然未嘗身至寺也。豪僮黠隸之往來者，幸其主之遠，憑藉聲勢，并緣爲奸，伐木於山，取禾於廩，惟意所欲。浮屠相率而去之，其不去者非老則病，由是十五六年之間，寺日以毁，衆日以散，某輩且死，遂無復人矣。』臣聞其言而悲之，將有請於朝，顧念便殿臨遣之意，專以救荒爲職，他未敢先也。事纔兩月，詔以太上皇后命，除時思薦福之名，復爲能仁。詔下之日，一郡老稚歡呼抃蹈，若人人受上賜者。夫以元舅之尊，專一蘭若，雖僮奴横恣如前所陳，其事至微眇也。永嘉崎嶇山海間，去帝所千里而遠，蕞爾浮屠氏之病，何繇而聞於上乎？聞于上固難矣，何繇而聞于太上者乎？何繇而聞于太上之中宫乎？幸而可聞，察不察，未可知。漢孝武皇帝母王后終不知其弟武安侯之短，猥曰：『人皆藉吾弟。』此人情之常也。今乃發德音，述慈訓，卓然出于古今常情之外，非堯舜之道，姜任之德，能如是乎？天下之利病，生民之休戚，若遠若近，若大若小，其有不聞者乎？此寺之所以病，非一歲也，浮屠未嘗敢訴，官吏未嘗敢言，是何也？成事必不易也，小事必不省也，事關貴戚必不行也。不惟不行，且得罪。明詔既下，則皆相視思服。然則，天下事有未嘗訴、未嘗言而曰吾不敢者，非愚則誣，皆聖世之罪人也。浮屠從瑾，永嘉學佛者之所推，能仁既復，臣即以從瑾主之。未數月，緇毳四集，塔廟一新，請以詔旨刻諸石。臣因紀其事以彰德意之美，以志官吏之愧，以示後人俾之勿忘。永樂《樂清縣志》卷五。又見乾隆《廣雁蕩山志》卷三，民國《樂清縣志》卷一五。

黄希

黄希，字夢得，撫州宜黄（今江西宜黄）人。登乾道二年進士第，嘗官永新令。著《補注杜詩》，搜剔隱微，多前人所未發。子鶴續成之，今存。見《萬姓統譜》卷四七，雍正《江西通志》卷五〇。

白土寺普惠大師碑記　隆興二年

隆興元年冬十有一月己丑，江南西路轉運副使臣安行言：「去年夏六月不雨，至于秋八月，苗且盡死。州縣懼無以應貢賦，分告秩祀，各即其封撫之。宜黄白土山有唐异僧所宅，其身猶在。方有請焉，霈澤周被。實惟陛下堯父舜子，格于皇天，龍神效職，不失時宜。知州事臣孝祥與所部邑令僚吏，與其民之士者農者，願因以狀聞，庶幾得大謚，永著終古。『臣伏以出雲爲雨，山川攸司，顧取必于昔人解蜕之質，如責券探囊，無不如意，則决非偶然者。且今罔有所馮附，而上州下鄉，家以爲祀，不謂久而怠，爲之請命，詎可却哉？』臣謹昧死請。」制曰：「可。其賜普惠大師。」越明年夏四月，大水，雨晝夜不止，且及縣治。其先縣官有和糴所儲峙數萬斛，吏民周章，於是命書至自行在所，亟禱之，乃霽。將告於其祠，萬人咸會，聲容隱訇，若聞鬼神。是歲無枯旱愁霖，穀果胥熟。其民始相與謀，不可不文其實。希謹按：所傳聞唐武宗復僧爲民，大師在籍中。初不知所從來，舍富人婁遜家。問其名居，不答，問曰：『吾頗憶由饒州抵此耳。』人謂饒公，尊之也。夷居絶俗，若無意於世。出則決渠荷鍤，以溉治人之田。或宿留白土山，山之湫云有龍，必并行終日，人叵測其爲。久之，廬溪上，亦無所爲异者。它日，有叩之，乃坐亡。鄉人推墮流水中，詰朝必溯至故處。上常雲氣蓋，三日如此。夜見夢于遜而告曰：『而不以我歸之山中耶？』衆遂祠而奉之，水旱疾疫，禱之輒應。其遠者以瓶罌乞水歸，亦應。熙寧二年，黄梅令楊杰宿山中，夢西序有僧與之語，甚异。遲明，以物色訪之，塑像惟肖。楊當時名士也，嘗識之，宜不妄。竊嘗論會昌之籍人〔一〕，其人至二十六萬有五千。無幾何，大復佛寺，其人未遽老且死。而招賢通之徒，高蹈遠遁，已莫知在亡；其不復祝升〔二〕，卒老於白衣，又有如龜山真人者。繇大中至乾寧四五十年，于傳録可考，其爲會昌舊人纔十數，餘子碌碌，與草木共腐，良可慨嘆！惟大師，其鄉里則僧伽之何國，其族氏則聖安之亡姓。其不自爲表暴，則不翅普化萬回之狂顛，且無一語落在人間。其死矣而不忘，則又如龜山、洋山、洪山，以永歸於人，一何异哉！宋作神主，列聖所以寵佛氏甚至。大中祥符間，或五六日，錫命者再，皆异代之僧也。兹莫能揭其號，豈無以告於朝，抑有所待歟？皇帝受禪，曾未再期，以三百年潛晦之惠發揚於一日，因一方之所願，欲播告於天下。於此見人之有辭，則罔不聞；其聞也，雖幽而不忽。嗚呼休哉！敢銘刻於石。其詞曰：

至人之身等虚空，人亦無能名其功。此所應者來何從？蓋自小白華山中。惟昔不見法雲公，今曷以聞天九重。帝之下聽罔不聰，有以及人者必封。謳宴父老歌兒童，但識嘉穀年屢豐，不知帝渥新且濃，則以此銘詔亡窮。里人黄希記。同治《宜黄縣志》卷四五之二，同治十年刻本。

〔一〕會昌：原作『會稽』。按此指唐武宗會昌滅佛之事，與會稽無涉，『稽』乃『昌』之誤。《新唐書》卷五二《食貨志》二『武宗即位，廢浮圖法，……籍僧尼爲民二十六萬五千人。』是也。

〔二〕『升』字疑誤，此蓋謂祝髮，然不知爲何字之誤。

周必正

周必正（一一二五——一二〇五），字子中，號乘成，吉州廬陵（今江西吉安市）人，必大從兄。以祖遺澤補將仕郎，易迪功郎，監潭州南岳廟，調袁州司户參軍。孝宗召對便殿，改宣教郎、知建昌軍南豐縣。秩滿，除主管官告院，進軍器監丞。淳熙間引親嫌出知舒州，徙贛州，樂爲善政。擢提舉江東常平茶鹽公事，上章告老致仕。開禧元年十一月卒，享年八十一。有文集三十卷。見《渭南文集》卷八一、《監丞周公墓志銘》。

高麗寺劄付碑陰記

國家累聖相承，專用仁厚。凡可以教民□□□□者，必發揚□顯之。雖净居老子之説，有所不廢。臨安府南山慧因教院始□禪□。元豐八年，有法師净源講學戒行，名聞外國。高麗嘗遣僧□義天航海，請授經旨。神宗皇帝可其奏。既歸，以□□國王以其母命金書《華嚴經》，乞置之源師所居，以報國恩。于是其徒乞改慧因爲十方教院，得旨許之，而賢首之教大□□□靖國元年，高麗遣使賀徽宗登寶位〔一〕，附白金千□□兩，請造華嚴□□佛□□□□□□□行主之，歲與剃度，朝廷又許之。而寺宇□□，聖上龍興，主僧惠高累□宣對，乞追述前朝之意，永免官司指占。上亦許之，而□聽益孚。淳熙七年，住持講師清素以名行被選，講席興盛。凡稽首受教於坐下者，日數百人，遷善遠罪者日益衆。於是，清素願以所得聖旨刊之于石，求文以記歲月，□爲之序。累聖化民之意，無所不用其至，以告于後。五月日，通直郎、軍器監丞周必正謹書。《兩浙金石志》卷一〇。

〔一〕賀：原闕，據文意補。

史漸

史漸，字鴻漸，眉州（治今四川眉山）人，紹興中進士，以經術教授鄉里，嘉泰中充成都府學教授。

涌泉寺碑　嘉泰四年

昔周秦之際，有二隱君子，曰涪翁，曰河上丈人，皆□世絶俗者也。河上丈人□□□傳爲黄公，曹相國師之，以清净相齊而齊治，佐漢而漢治。□涪翁之□無所傳，世稱爲左綿人。循南山之下，古木參天，居民數十家，以捕魚爲生。今猶曰漁父村者，尚涪翁遺迹也。涪翁雖弗稱於世，而在綿□□者流，眂他邦爲獨盛。豈非清净無爲，猶黄帝老子之教，而孤高峻潔，亦涪翁風聲氣習，千載不泯邪？嗚呼，古之至人，固必天地同其久，日月齊其明，與造化俱，與一氣游者，不可□□是理也。余嘗仕古涪，訪十境之勝，熟其風土人物。距巴西四十里，鎮以袁村名。鎮之西高阜隆然突出，培塿之上有觀，顔以『涌泉』。紺瓦朱宫，像設嚴甚。中有三清玉皇大殿，旁列東岳北帝祠，周以齋廳廊廡，香火鼓鐘，□真人仙翁之所居。余嘗以職事至焉，其徒十許人，□矩□□雍化淵者尤明爽，與談名理，衮衮可聽。後七年，化淵訪余石室，且曰：『觀興三百年，未有記載，願丐以文，伐石垂諸無窮。』余嘆息曰：『道一氣而教分爲三，教行於世，雖有异尚，而無异心。王通氏之祖嘗作《洪範九疇□》，舉三家之説而一之，惜乎無傳。惟我□□□帝□□《三教論》，以□隆明。道士何授？』且曰：『圓覺清虚誠明之妙，惟□人爲能同之。於戲，非大聖人，具大見識，超出萬世之表，孰能□□□□□□□河上丈人尚存於天地間，竊意其□俯仰下風矣。』顧今遺教所以流行，祠牒披戴之衆，琳宫真館，金碧熒煌者，□□□正正分派住古井、升仙。慶後又分派住龍□、温泉二觀，皆涌泉出也。始觀未建，俗呼爲何師觀，以玄悟得名。在□□朝賜今□。自慶以下爲四房，皆乾道以後新法，□牒披載，則又孝宗之賜也。故特舉阜陵《三教》聖製，以表見觀之所以盛，庶幾無忘所自云。嘉泰四年歲次甲子九月庚申朔二十三日甲申剛吉之□，從政郎、宜差充成都府府學教授史漸謹□。從政郎、宜差知綿州巴西縣主管□□公□公孫繼之書蓋，迪功郎、宜就差綿州司户參軍席震炎書丹。《金石苑》卷六。又見《宋代蜀文輯存》卷六二。

榮薿

榮薿，薿一作嶷，濟州任城（今山東濟寧）人，諲孫，寓真州。紹興中以右朝請大夫知常州、知襄陽府。二十六年，除直秘閣知杭州。尋權户部侍郎，兼提領諸路鑄錢司。見《乾道臨安志》卷三，《咸淳臨安志》卷四七，《宋會要輯稿》職官四三之一五二，《建炎以來繫年要録》卷四，《宋史》卷一二五《禮志》二八。

隋州大洪山第六代住持慧照禪師塔銘〔一〕

芙蓉道楷禪師有三賢孫，近年以道鳴於世者，曰慶預、曰清了、曰正覺。二公游方時，預已坐漢東兩大刹，厥聲籍甚。既而鼎立東南，問望迭勝。如磨醯□羅王，眼眼明徹，由是天下之慕空術者翕然，益知佛氏之有人，洞山之有源，芙蓉之有孫，預實首倡之也。曩余識芙蓉於京師，晚得二公於江浙，猶以未面預公爲恨。今公之子大洪居寧老乃狀其行，來乞銘，老懶顧皇暇乎？此雖然有一，又烏可以已？余聞預居隨之大洪也，當群盗擾攘間，群盗環山如林，預恬不爲意，日據繩床，頤指閑暇，外飭其役之强毅者固守圉，以折豺虎之衝，内帥其徒之静專者謹禪誦，以覬國威之立。若是者凡幾年，卒與山巋然不拔，所活何翅萬人。士大夫之家賴以生者，猶七八百數。雖艱難中所設施，舉中禮法，往往迄今頗能道之者。然則，預豈惟有補於佛氏者耶？故余勉爲之書。寧之言曰：『師，胡姓也，世居郢之京山。生十有四年，依楷祖家於大陽；又十年，遂□楷落髮，子受具戒。久之，楷器其所證，遣佐丹霞德淳禪師。淳道熟而世疏，得師爲重。政和三年，草寇李高者竊發於鄧之鄙，寺之運糧丁數十輩，偶爲賊所掩，盡奪其糧以去；已而賊得吏，因視布囊有丹霞字者，謂賊所從來，將網而坐之，主事僧俱駭竄，莫敢睨。師時主藏事，獨惻然憫其無辜，以謂不已此□若殆且廢，或玷吾釋氏，乃越而代之，請以身訊。陒於囹圄者逾半年，事竟辨白，識者高其行。南陽之民，至有以「預羅漢」命之者。夫豈其平日荷法之心，微已兆於是與？後淳遷大洪，復以師從，仍總院事。七年水南，興國虛席，隨守命師主之，聞於朝，賜「慧照大師」之號。開堂，謂衆曰：「昔芙蓉老人處知其名得其地，丹霞師兄處忘其名失其地。既然血脉是同，豈可枝柯背异？」遂爲淳嗣法子。宣和三年，徙於大洪，居一紀餘猶一日，凡兩告去，皆弗克及，歸則一再有圓光之瑞，咸疑慈忍所忻相云，而師未始异也。紹興癸丑秋，乃遂引去，下廬阜，入七閩，閉關於雪峰之西室。閩帥大參張公□稔其名，以府城之乾元延致之。居亡幾，移住雪峰崇聖。雪峰古稱海内甲刹，時真歇了公□廣大緣法鼓之適謝事，而師繼至，獨静重，自持其盛，不減前日，叢林尤以爲難云。十年夏，忽示微疾，因索筆書偈曰：「末後一句□難名，轉步回頭十萬程。除却我家諸的子，更誰敢向裏頭行？」俄顧謝大衆，遂吉祥而逝，實六月二十二日也。後七日，荼毗得舍利五色，莫知其幾。瘞骨于雪峰大洪之兩塔。俗壽六十有三，僧臘三十有八。住山凡四處，説法凡二十三年，凡得度若惠雨者四百五十餘人，得法若鵝湖子亨者二十餘人；其餘隨根器而悟解者散在四方，蓋未可以名數計也。此其幻住之大略爾。若夫生世之穎异，學佛之精到，奉身之簡約，董衆之篤勤，語録播傳，搢紳之歸重，玆不敢喋焉以請，是猶加金以黄助蘭以香者也。居寧得幸於公之久，矧公知芙蓉者，雖先師之不遇，寧之遇，猶先師之遇也。公其銘之。』銘曰：

道本一源，孰坎孰淵？徹其源者，一滴百川。猗嗟末流，鼓波自渾。不心其心，徒言於言。偉矣慧照，樂于晨昏。履危坦若，其道乃尊。惟肅惟通，惟誠惟惇。芙蓉之子，芙蓉之孫。千衆拱環，無位而位。功而不居，示以游戲。閩漢渺綿，星河一天。慧照斯在，宛其儼然。維彼靈峰，誰再造汝？□□此銘，無替千古。

紹興二十三年七月一日，左朝請郎、權發遣隨州軍州、主管學事兼管内勸農營田事、借紫金魚袋田孝孫立石。民國《湖北通志》卷九二，民國十年刻本。

〔一〕題下原署：『右朝請大夫、知襄陽軍府、主管學事兼管内勸農營田事、兼主管東西南路安撫司公事、馬步軍都總管榮嶷撰，右朝請大夫、知復州軍州、主管學事兼管内勸農營田事、賜紫金魚袋吴説書，左朝奉大夫、西京路轉運判官兼提刑、提舉常平茶鹽等公事提舉事魏安行題額。紹興二十三年。』

祝禹圭

祝禹圭，字汝玉，衢州（治今浙江衢州）人。乾道二年進士。七年，爲全州州學教授，淳熙十三年知休寧。嘗注《東西銘解》。見《淳熙薦士録》，《湘山事狀全集》卷九，弘治《徽州府志》卷四，雍正《浙江通志》卷一二五。

湘山法堂記

余乾道四年來湘源，有僧謁於塗，稱傳法師曰道𡍼，問其居則曰湘山，問其山則曰無量壽師道場。至則訪焉，見其浮圖峨峨，宫廟耽耽，士女屬屬，敬嚮祈禮，鐘磬之響不絶，且以爲全之境無水火旱，數有内外寇變不爲害，皆師之靈。民亦至愚，至合辭無間，然則亦似不可欺。寺爲州之報恩光孝，賜田不及十七，其徒數十，役者倍之，以此乞食不乏。肆法之堂久廢，全人亦相與度工合財，築而營之。凡用錢二百五十萬有奇，始於五年八月戊子，迄六年十一月庚寅而堂成。其觀益壯，全人亦相與歆悦稱贊，而來乞書其事，使歲月有考。蓋謀之者道瑩，作之者法昇，合財者王誠、李守崇以下凡一千二百一十有二人。辛卯州學教授信安祝禹圭爲之書。《湘山事狀全集》卷九。

尤袤

尤袤（一一二七——一一九四），字延之，號梁溪居士，又號遂初居士，常州無錫（今江蘇無錫）人。紹興十八年進士，歷官泰興令、江陰教授，召爲將作監簿，除秘書丞，遷著作郎。淳熙初出知台州，提舉淮東，江東，遷江西漕兼知隆興府，除吏部郎官，遷太常少卿，權禮部侍郎兼直舍人院，奉祠。紹熙元年起知婺州，改太平州，召除給事中，擢禮部尚書，以疾乞致仕。紹熙五年卒，年六十八。有《遂初小藁》六十卷、《内外制》三十卷，均佚。今存《梁溪遺稿》二卷、《遂初堂書目》一卷。見《宋史》卷三八九本傳，《紹興十八年同年小録》。

報恩光孝寺僧堂記　淳熙六年

淳熙三年秋九月，故參政觀文錢公施其私財於台州報恩光孝禪寺，復建僧堂。明年九月十二日經始，後十五日而公薨，又明年六月二日堂成。中爲大屋七間，高七尋，其廣四十有二尺，其深十尋。前列修廊，後布廣廡。其楹高與廣皆如其堂之數，而崇深殺之。貫三挾廊，爲二井匽。凡爲屋之楹，大小二十有四。規模雄壯，悉倍於舊。公之孫承議郎、前知處州軍州事象祖題其榜曰『選佛』，合道俗以落之。又明年，長老惟禋命其徒了性持書求文於錫山尤袤〔一〕，而記之曰：天台爲邦，仙聖所游。佛法之盛，冠于東州。有大叢林，舊名景德。衆妙莊嚴，近在城域。政和之初，賜額天寧。紹興之間，始易今名。是爲祐陵，邀福之地。列屋千楹，有衆萬指。乾道癸巳，鬱攸扇災。紺壁穹堂〔二〕，化爲飛灰。時大比丘，德光長老。立志堅忍，誓必再造。乃泛扁舟，浮海而南。持鉢于泉，半載乃還。憔悴辛勤，寸累銖積。乃建衆寮，乃營丈室。規創後壁，架虛鑿空。商工度材，施者景從。惟光之名，進于帝聽。有詔自天，命主靈隱。袤時假守，睹是勝因。求繼光後，實難其人。萬口一詞，曰有權可。乃屈致之，權不拒我。於煨燼中，啓大法筵。遠近皈依，輻輳駢闐。寶殿迄成，材從空墮。權未嘗爲，不起于坐。有大檀施，觀文公錢。與是比丘，有大因緣。私自念言，安聚衲子。以有伽藍，爲一大事。尊師所在，龍象駿奔。四方學徒，其來如雲。而此僧堂，獨未建立。起寺之廢，莫此爲急。我當布施，爲衆生先。捐三百萬，於指顧間。公之視財，如視壤土。我無所施，隨取而予。權之受施，如谷遇風。我無所受，有來則容。權謂其徒，監寺了性：『汝敏而勤，命總其政。』性亦受令，奔走後先。陶瓦成山，伐木蔽川。權來權藏，四衆嗟惜。予邀惟禋，嗣其法席。禋之始來，衆曰艱哉。禋來一年，衆志允諧。巧者獻伎，壯者出力。涓日亢徒，并舉百役。乃立斯堂，其大七楹。高廣深邃，寒溫暑清。前榮後廡，兩倍其數。寢食有位，宴息有所。偉哉斯堂，肇自錢公。不逮其成，而公已終。惟公有孫，銜訓嗣事。爰飾几榻，至于塗塈。齋鼓粥魚，隱隱隆隆。攝齊升堂，肅肅雍雍。舊觀復還，百廢具舉。如聵得聽，若瞽而睹。數有成壞，時有廢興。法力願力，爲無不成。惟三比丘，與二居士。往昔靈山，并受佛記。作此勝事，刹那頃中。化瓦礫場，爲梵帝宫。咨汝大衆，享此安逸。云何修行，報此恩德。當念作者，法力宏深。勇猛精進，無起退心。當念施者，願力堅重。量彼來處，無妄受用。惟上祖師，穴處岩居。今汝不然，夏屋渠渠。惟上祖師，行乞取足。今汝不然，飽飯果腹。廣席連床，窗户明虚。心境洞然，萬法一如。卧具巾單，隨用無乏。困歇饑餐，莫非妙法。汝若一念，證常寂光。華嚴境界，即是此堂。汝若不斷，五欲三毒。當知此堂，即是地獄。巾山崇崇，與堂無窮。我爲斯文，相其鼓鐘。錫山尤氏叢刊集本《梁溪遺稿》文鈔。又見《嘉定赤城志》卷二七，民國《臨海縣志》卷三五。

〔一〕文：原作『之』，據《赤城志》改。

〔二〕紺：原作『佛』，據右引改。

輪藏記　淳熙八年

祇園禪院在唐初曰寶林寺，以舊碑考之，蓋預章王陳叔英所建。貞觀中易名長山，本朝治平二年賜今額。曩以甲乙住持，紹興甲寅，僧曉珂更律爲禪，凡所以安衆作佛事者次第葺，獨經藏未具。自珂而下，十五代至惟信，信志願勇决，乃度地於法堂之西廡，募邑檀施。有譚政通者施錢百萬爲倡，僧振源以五十萬繼之。於是遠近響應，施者雲集。以乾道癸巳度材，以淳熙甲午庀工，閲三歲而藏成。遣人持金幣募經於福州，外置其上。未幾而信卒，瓦甓之工，丹雘之飾猶未就。丁酉冬，僧祖登來嗣其席，益募衆緣緒成之。其制函受帙，室受函。經之帙五千四十有八，而爲函已有八十有四。大木中立，衆材輻輳。室則環附如綱目，如弈局。陰爲機關，激輪運轉，其崇二十有五尺，其周八面尋有五寸，上爲毗盧遮那，宫殿樓閣充滿虚空境界中，爲善財參五十三善知識，因地下爲八大龍神舒爪運肘之勢，其外覆以大殿，廣容其藏。琢刻精巧，藻繪嚴飾，丹堊輝映，過而禮者，動心駭目，以爲三昧力所變幻也。計其費至一千萬以上，自癸巳迄庚子，閲七寒暑乃成。非用力之勤，立志之堅，安能建立振起如是其偉哉！余行部至都昌，嘗憩於寺，始識登。登乞余文以記始末，乃爲隨喜而説偈言：

如來得道超人天，妙處不以文字傳。憫諸衆生墮迷頑，流浪生死無由還。方便圓覺開冥昏，如熱得濯渴飲泉。爾時大會孤獨園，天魔惡叉鬼與仙，長跪合爪祈一言，妙音演秘澎海翻。歡喜信受敢弗虔，東人震旦知幾年。重繙累譯義乃宣，展轉傳受文益繁。後來卷帙逾五千，紛亂錯雜不可删。廣抄疏義尋真源，蠅觸窗紙何由穿。或欲悟入離聲聞，以手提影無控摶。操戈相攻律與禪，豈知妙本同一關。皮膚剥落見本源，猶得魚兔忘蹄筌。爰有長者衆中尊，於末法中度有緣。合成一藏羅寶函，如大海聚金玉淵。取者厭足願者圓，法輪光轉經亦然。一彈指傾遍大千，種種妙義悉現前。寶林其刹今福田，道人爲衆願力堅。欲作大事張空拳，幻成殿閣丹碧鮮。牙籤錦帶聯巨編，塗金間髹妙莊嚴。諸善知識參後先，幢幡寶鐸相繞環。機發於踵樞貫巔，八龍扶護形蜿蜒。日月出没天左旋，鬼工神機驚庸凡。遠近來施不吝慳，動以億萬縻金錢。成此勝事顧眄間，此豈智巧能更旃。佛力廣大周無邊，我願衆生培善根。證此寶藏秘密篇，一超直入三昧門。成就功德無唐捐，洹河沙劫離垢纏。

淳熙八年正月，尤袤記。《梁溪遺稿》文鈔補編。

定業院新鑄銅鐘記

臨海之義誠白岩山定業院，乃近故參知政事、資政殿大學士襄陽王敏肅公墓側之精藍也。建於唐光啓二年，其鐘鑄於乾寧四載，歲久鐘壞。今主僧景猷與其徒景宗等募緣鳩工，將新之。按舊鐘具列台州刺史司空杜雄等名銜，殆今三百有餘年矣。將改鑄之月，敏肅公之仲子通直郎、主管建昌軍仙都觀銖來請曰：『鐘舊有州主姓氏，今不可以無述。』因求記焉。《梁溪遺稿》文鈔補編。

彭椿年

彭椿年，字大老，台州黄岩（今浙江黄岩）人，龜年弟。紹興二十七年進士，歷國子監主簿，編修官，提舉福建市舶，擢知處州。遷太常丞、吏部郎中、國子司業。除直龍圖閣、江東轉運副使，終右文殿修撰。見《嘉定赤城志》卷三三。

黄岩興善寺記　淳熙三年十月

黄岩縣東南三里，有山曰九峰，林木邃茂，岩壑環峙。蓋自韶國師度土奠基，而澄觀老啓宇聚徒，是爲興善院焉。二百餘年，徒弟住持以奉香火。至宣和間，魔寇搶攘，焚蕩一空。既而草創，訖無成就。紹興之初，始更爲禪。不五年間，三易主僧，莫能起廢。士俗慼焉，遂請於郡，去禪歸律，復命講人主之，自此稍稍歸鄉。紹興戊寅之春，法席既虚，講人文异退食□興，歸於故里，律行精謹，教觀通明，嗣承天□□證悟之學，邦人素所欽信。於是檀越車軫與邑民咸曰可爲興善得人矣，乃疏名請於郡侯沈公，公從其請。文异道心既堅，緣力允契，遠近鄉慕，事功響合，乃捐己得施利，仍率衆力首架溪梁，覆以亭宇，清流下瞰，林巒倒景，而氣象已宏矣。至於三門兩廡，雲堂塔院，轉輪之藏，香積之風，咸建而新之。惟釋迦殿工力未就，會紹興壬午之秋，震風拔木，咸施巨材，不二年而輪奂燦然。又得同衣惠深傾衣鉢募有緣，嚴飾佛像，悉已具備。淳熙改元，春事告興，雨澤愆期。邑大夫孫公默禱觀音，即有感格，乃謂其民曰：『臨安有上竺，紹興有圓通，丹丘有白塔，皆菩薩顯應之地。黄岩雖大邑，未聞有之。惟興善溪山明秀，可建道場。』乃審天竺梵相而造飭之，命文异建殿以更奉之，而興善遂永千古。而文异二十年住山勞績，不虚捐矣。宋淳熙三年十月六日。光緒《黄岩縣志》卷三七，光緒三年刻本。

周必大

周必大（一一二六——一二〇四），字子充，初字弘道，自號平園老叟，吉州廬陵（今江西吉安）人。紹興二十七年進士及第，授徽州司户參軍。二十七年中博學宏詞科，授建康府學教授。孝宗即位，除起居郎，遷權中書舍人。權給事中，繳駁不避權幸。淳熙五年，除禮部尚書兼翰林學士。七年，除參知政事。九年，除知樞密院事。十四年，拜右丞相。十六年，進左丞相，封益國公。紹熙二年，除觀文殿學士，判潭州。慶元元年，以少傅致仕。嘉泰四年卒，年七十九。贈太師，賜謚文忠。著有《周益國文忠公集》二百卷（存）。見周綸《周益國文忠公年譜》。

新復報恩善生院記

廬陵郡西南六十里，古有報恩善生精舍，其廢已久。政和中，寶嚴院僧永韶始命其徒宗式乞故額而興復之。人皆曰是不可爲也，宗式曰：『我必成之。』顧舊基瀕溪，將爲水壞，宣和辛丑别卜大岡之趾遷焉，其地蓋永韶族父劉臻業也。既得之，則悉力營度，一年而室成，二年而法堂立，前謂不可爲者稍信服矣。而宗式之父朱孝安又能捐其家貲創佛殿像設爲之倡，由是財施雲集，工徒日盛。爲堂以居僧，闢廳以栖客，庖湢廊廡，外暨三門，無一不備。初，寶積院有南唐保大十一年所鑄鐘，於文爲善生舊物，宗式亟易以歸。已而紫芝十八莖産於雲堂，僧俗歡躍贊嘆，咸謂復古之祥，積勤之感，於兹見矣。宗式益自奮勵，即其東偏起大輪藏，實以經卷，覆以厦屋，鐘鼓梵唄，晝夜不絶，遂爲一鄉之名刹。隆興甲申，予自龍頭過吉祥，歷上邳而至於兹，望其山林如百年之積累，視其棟宇有二浙之氣象，爲留連竟日。宗式知予之樂之也，力以院記爲請，予雖心許，未暇作也。今年復來告曰：『自我開此山，於今五十有四年，憊心疲精，殫財費工，固所未論，其如魔事種種，備嘗艱苦，年垂八十，始迄功緒。記如未刻，死且不瞑，公烏得無情哉？』予曰：『昔人論爲政之蠹，釋老常居其一。今竭中人數十家之産而成爾數十人之居，爲吾儒者方且膺之，又何記焉？』宗式曰：『不然，古用普度之制，閑民無常職，多寓名於帳籍，幸國大慶，例得黄其冠，緇其衣，動以千萬計，而試經若恩澤不與焉，故丁壯日耗，害一也。寺觀占田無藝，富則千蹊百轍，規免徭役，故民産又耗，害二也。今固异此，輸金於官乃度以牒，其利一。常産圭黍不可增，而州縣科調時仰給焉，其利二。去二害、得二利，果可同日而語哉？觀昔之佛廟道宫相望於通都大邑、名山勝境之間，吾徒亦温飽衣食，在處充滿，何其盛也！數十年來，不燼於兵火則摧於風雨，至有空其廬弗居者，豈二氏之教始隆而終替哉？勢使然爾。於斯時也，有能不藉公家之力，不强貧窶之民，易草莽之墟爲金碧之坊，使已墜者興，已壞者成，亦可以爲難矣。君子成人之美，當在所取乎，抑在所絶乎？』予嘉其力勞而辭直，故爲録其始末，使歸而刻之石。淳熙元年，歲次甲午，十二月二十一日，青原野夫周某記。清道光二十八年歐陽棨瀛塘别墅刊，咸豐元年續刊《廬陵周益國文忠集》《本省齋文稿》（簡稱《省齋文稿》）卷四〇。

廬山圓通寺佛殿記　四月十五日

宫室取諸大壯，貴賤可以通稱，特崇卑廣狹有别耳。秦孝公於强盛時大築冀闕，由是『天子殿中』初見《商子·定分篇》；『臣侍殿上，兵陳殿下』，復載《史記·荆軻傳》，大抵秦制也。至始皇并天下，殿屋相屬，又作甘泉前殿，前後殿之名始立〔一〕。西漢黄霸丞相府計吏上殿，東漢司徒府有大會殿，蓋車駕或臨幸會議於此而有殿名，非專指屋之高嚴也。若王根、董賢，則史氏明言其僭矣。《華嚴經》云：世尊於普光明殿，坐獅子座。其他摩尼、莊嚴等名甚多〔二〕，蓋胡僧入中國，知以宫殿爲貴，故譯經者方易其名〔三〕，殆非竺書本語。雖曰上擬皇居，然法不禁也。江州廬山之陽，石耳峰之下，當國朝乾德、開寶間，江南李後主及昭惠周后創觀音圓通道場以奉瑞像，命道濟禪師緣德主之。今號崇勝禪寺，東坡蘇公嘗留詩額〔四〕，最爲名刹。乾道丁亥，予嘗至焉。中經兵厄，惟青石架梁導溪水遍給僧舍，凡二百五十丈，儼然如故，餘非舊物矣。正殿初奉觀音，後改塑釋迦、文殊，而環以二十五圓通。紹熙壬子秋，長老師序自開先移住此山，明年十二月癸丑，回禄爲灾，焚蕩無孑遺。序辛苦經營，閲二年浸還舊觀〔五〕，殿猶未備。郡人劉必達以母田氏命施錢百萬，造殿五間，起慶元丙辰，迄丁巳冬落成，宏麗堅壯，實與寺稱，而像設未備。戊午歲，廬帥高司農夔唱之，楚城潘汝綱、筠州延福院僧宗禧及好事者争和之。於是置釋迦、文殊、普賢像於前，十八羅漢分列左右，塑觀音像於後，而圓通諸菩薩環之。庚申春畢工，遠來求記。予既推原名殿之由，知佛之尊，又諗序曰：壞於劫火，存乎定數，成以願力，則繫人焉。師之始至，適遭厄會，不憚艱勤，竟成勝事，非願力耶？昔天竺僧耆域至洛陽，望見晋宫闕，曰：『大略似忉利天，但彼道力所成，此衆生浄業之力。』師其勉率爾衆，期於見性。雖復山河變滅，而不壞者固存，此之謂道力，土木云乎哉？清道光二十八年歐陽棨瀛塘别墅刊《盧陸周益國文忠集》本《平園續稿》（簡稱《平園續稿》）卷四〇。

〔一〕前：原作『然』，據文淵閣四庫全書本（簡稱『四庫本』）改。

〔二〕等：原作『寺』，據傅增湘校勘本（簡稱『傅校本』）改。

〔三〕方：右引作『亦』。
〔四〕額：四庫本作『頌』。
〔五〕閲：原作『開寶』，據四庫本改。

汀州定光庵記　嘉泰三年十月

佛以慧日照三千大千世界，顧豈滯於一方？然日出暘谷，浴於咸池，拂於扶桑，躔度必有所舍，其明難與他等，此定光庵所由興也。按臨汀州治子城内東北隅有卧龍山，實本朝定光圓應普通慈濟大師真身所栖之地，凈戒慈蔭靈感威濟大師附焉，殆猶日之躔度與？按定光泉州人，姓鄭，名自嚴。年十七爲僧，以乾德二年駐錫武平縣之南安岩，禳凶産祥，鄉人信服，共創精舍，賜額『均慶』。淳化二年，距岩十里别立草庵居之。景德初，又遷南康郡之盤古山。祥符四年，汀守趙遂良機緣相契，即州宅創後庵，延師往來，至八年終於舊岩。先有寧化僧慧寬，姓葉氏，能馴暴虎，號伏虎大師，居州東五十里，庵號普護。建隆二年將入寂，定光往視之，云：『後二百年當與兄同處一庵。』至元祐中，守曾孝總始增葺後庵，正名定光。淳熙二年，守吕翼之遂迎定光真身於南安岩而爲之主，又迎伏虎真身於廣福院而爲之賓，二百年之讖果驗。自是州無水旱疾疫，號爲樂土。南安舊岩屢乞師還，守不能遏，百夫肩輿，屹然弗動，老稚悲泣而退。慶元二年，郡守陳君曄增創拜亭及應夢堂。嘉泰二年，其季映復守兹土，每集僚吏致敬，患其狹隘，乃裒施利錢二千餘緡，以明年三月十七日鳩工，爲正殿三間，博四丈二尺，深亦如之；寢殿三間，博三丈，深居其半；應夢堂三間，廊廡等總十有八間，官無一毫之費。逮六月訖工，謂予姻且舊，來求記文。予惟二君皆以才能爲二千石，政成俱擢廣東提點刑獄而去，孜孜舊治，凡可徼福加惠於汀民者無所不用其至。予故樂爲之書，以代邦人大小馮君之歌。若夫推崇之典，靈异之迹，圖牒載之，前輩書之，兹不復云。

《平園續稿》卷四〇。

恩褒覺報禪寺鐘銘　慶元四年正月十八日

金本無聲，範鐘乃鳴。聲雖在鐘，幽空則宏。粤若斯器，出虚以成。朝擊暮撞，警昏發真。上通諸天，下徹九京。從聞思修，覺我先靈。《平園續稿》卷四。

贛州寧都縣慶雲爾禪師塔銘〔一〕

予聞學佛者或於片言啐啄相應，或終其身針芥弗投。雖曰根器有利鈍，亦繫其功用如何爾。今夫宿植利根，固易爲力，其如學之弗固，得之弗深，譬如銛錐畫沙，旋開旋合，大善知識每以爲戒。鈍者不然，如椎鑽石，用力雖勞，會至大徹。由是言之，人而力學，道無不至。儒與釋异，兹理一也。始予僑居贛州，識梵山長老文爾，嘉其樸茂勤恪類有道者，因問悟入之由。師爲予言：『我年十一辭親出家，十六爲僧，十七受戒。纔過來夏即游諸方，惟兹事未竟，忘寢與食。瘡痏遍體，抱膝危坐，每聞五更鐘聲輒駭汗曰：「又過一日矣！」勤苦如此，鈍不見性。自從出世，更覺志分。若問悟入，實無以對。』予嘆曰：『近世升座秉拂，號天人師，自謂不能，千百無一。師非得道，肯云爾耶！』時人雖賢之，顧非巨眼不能測其淺深也。厥後，師往報恩，會妙喜杲公、無垢張公同時北歸，士大夫日往參請。師初無言説，杲獨謂無垢曰：『是人所得，端實不可忽也。』予聞斯語，然後知以鈍爲利者，師果有焉。自是益思與之游，而宦牒推移，會合之日殊少。去冬，師有過予意，方報以書而師没矣。其徒遠來乞銘，且曰：『吾師之志也。』追念疇昔，敢不諾諸？師福州長溪李氏子，受業於本縣之西禪。紹興初至潭州，道悟參月庵杲公，尋究精專，遂相契合，命爲侍者。久之來廬陵，爲衆迫請，住吉水龍濟山清涼禪院，徙興國之梵山、寧都之桃林。二十一年，郡守李子揚初至，嚴峭寡與，以報恩望剎，廉泉在焉，棟宇久隳，法席不振，自擇師主之。贛民貲少嗇施，師接以誠慤，咸竭其力，堂廡像設，次第一新，叢林成矣。會齊述嬰城叛，緇素宵潰。師曰：『我去，寺必墟。』止不動。閲百二十日，賊屢欲縱火加害，師隨機解免，舍匿士庶千計，亦賴以全。居十年，引疾求去，遂移錫慶雲，地僻而用足。异時主者自殖而已，師至則改造三門，規創殿宇，理事兼舉，老而彌堅。嘗與門人行西圃，指尋丈曰：『此可營塔待我。』門人從之。未幾，果坐亡，實乾道二年十二月十五日。後八日荼毗，又六日龕焉。報齡六十四，坐四十七夏。度弟子六人：善修、祖機、祖賢、祖信、祖元、祖光。嗣法五人：住寧都平山彦琛、福聖道凝、東山虚静龍南、東山法佾、雩都羅田岩義英。銘曰：

大士因緣，初無二塗。夫人根器，乃有萬殊。介者似正，其弊也拘。辨者似通，其弊也疏。彼上人者，异於斯乎？其艱其勤，而實不迂。其退其默，而實不愚。遍參力踐，有終有初。雖則云然，此皆其膚。畢竟何心，茫茫太虚。我以語言，拾其遺餘。師豈是須？尚慰爾徒。《省齋文稿》卷四〇。

〔一〕師：原缺，據目録及四庫本補。

訥庵塔銘

紹興中，通慧禪師法席雄盛，名聞江湖間。其大弟子往往分化他郡，至其所甚愛重許爲法器者不過數人，太平訥公其一也。師諱惟訥，福州閩清縣葛氏子。幼不茹葷，家爲宦族而不慕榮利。年十七，懇求出家，父母許之。乃師事仁王寺守能師，爲之落髮。二十一懇辭游方，初謁雪峰真歇禪師，咨叩不倦。因隨衆入山，失其衣鞲，既而得於領中，欣然覺悟，遂欲遍參禪林之有聲者，以圓宿智。所向皆不契，隨即捨去，最後依通慧於圓通，聞萬法歸一之義，凝滯頓除，通慧奇之。時圓通爲大盜所焚，通慧將一新之。師左右協贊，厥功爲多。及通慧移大潙山，師與俱行，其機辨日以通達，遂分坐説法，而通慧獨以爲法器之尤者。衆譽既洽，於是初住衡州之雲陽禪院，自號訥庵。未幾，移吉州龍須山之感慈。及其退居，始與予兄弟游。考其言行，蓋夷粹端靖人也。後住廬山之栖賢及圓通，老而思歸，乃赴九座山太平之請，居之七年。至乾道癸巳時，師年七十有一矣，十一月偶屬微疾，因沐浴更衣，告行於常所往來，端坐説偈而逝。爲僧五十四年，度弟子七十三人，嗣法住山者今十餘人。衆以師遺骨葬於九座之西，且來乞銘。惟師禪學精深，德量寬廓，其誘接後來不爲崖异，而俊辯莫能屈，故禪衲歸之，又與予相識惟舊，因爲之銘。銘曰：

道大如天，仁智自分。禪宗末流，跬步异門。狹者縶拘，佚者放紛。小智自私，本原益淪。嗟維訥庵，傳道粹淳。明以晦將，辯以訥存。以通示人，以戒律身。順緣而歸，忽焉浮雲。終始若此，吾寧復云！《省齋文稿》卷四〇。

寒岩升禪師塔銘　淳熙五年

自唐以來禪學日盛，才智之士往往出乎其間。迹夫捨父母之養，割妻子之愛，無名利爵禄之念，日夜求所謂苦空寂滅之樂於山巔水涯人迹罕至之處，斯亦難矣，宜其聰明識道理，胸中無滯礙，而士大夫樂從之游也。故人山陰陸務觀儒釋并通，於世少許可，獨與僧道升游，敬愛之如師友。予固知升不凡，而恨未之識。淳熙丙申升既没，其得法弟子本高、本妙聯務觀平日往來詩書爲大軸，且以同郡人鄭德輿行狀及師語録來屬予銘其塔。予未嘗學佛，懵不知語録爲何等語也。二士徒以務觀之故，相守經年不去。予愧其勤，乃爲次第其説。師建寧府建安縣人，姓吴，母游氏。初生，有肉如環在其左乳，人皆异之。年十四，依本府龍居寺出家，肉環隨隱。天資聰慧，十九爲僧即有游方之志，以父早世，未忍捨母。母没，遂之長樂，會圓悟高弟佛智禪師端裕演法於西禪，入其室，言下頓悟，自是機鋒迅發，人莫能當。佛智移杭之靈隱，師爲首座。佛智歸，師亦還鄉。初，德輿結庵於大王峰之下，名曰寒岩，與師有世外約，至是居焉。未幾，泉守以延福請師出世，學者雲集。會行計口法，拂衣還寒岩，閉門却掃，日中一食，不復事事，作《懶散歌》以見志。李敦老帥閩，問諸山佛智嗣子之杰出者，雪峰慧忠以師對，遂住支提山，又從泉守鄧成材承天之請。鄧帥豫章，以師志在山林，移住黄龍。後帥未知公，公欲去，適潭帥張安國以石霜來招，師兩謝焉。行次西山，而沈持要自漕遷帥，閲師退院牒，即命僧徒挽留，以溈潭處之。寺新被焚，師來，施予輻凑，一時棟宇焕然，以年高懇還建安。俄史丞相帥福，命師主鼓山，嘗謂人曰：『叢林荒寒，人物委靡，此事將如馬鞭節漸尖去矣。』益以佛法自任。結夏後一日，忽問侍僧：『今日何日？』僧曰：『十六日。』師曰：『非也，是何日辰？』僧曰：『辛卯。』師即集衆，索紙書偈，擲筆而化，神色如生。後三日，葬金身於寺南香爐峰，壽七十九，僧臘六十。凡六住大刹，所至五年，本高類其説法偈頌語要行於世，讀者當自得之。銘曰：

古之英材，一出儒術。降及後世，或隱於釋。惟寒岩師，所立瑰奇。有辨其才，有勇其爲。生也何心？雲族雨潤。逝也何往？雲散天净。我不識師，亦未學禪。姑妄言之，然乎不然？《省齋文稿》卷四〇。

靈隱佛海禪師遠公塔銘　淳熙五年

師姓彭氏，名慧遠，眉山人。先世業儒，父寧，母宋氏。師年十三，因其兄從釋氏，問曰：『欲何爲乎？』兄曰：『求解脱耳。』師曰：『然則我亦可爲也，願與兄偕。』父母許之。事藥師院僧宗辯，間質所疑，辯察其异，語之曰：『吾不用你侍奉也，其往參叢林，度有成而歸，吾猶未老也。』即祝髮走成都，習經論學於大慈寺。留四年，乃游諸方，叩請甚衆。復還峨嵋靈岩寺，依黄龍南公之孫徽禪師。兩歲，若有所悟，徽可之，翼日即告行，同志挽留不聽，曰：『師以爲可，而吾終未釋然也。』聞圜悟勤禪師住成都昭覺〔一〕，造焉。一日，圜悟普説，師豁然有得，仆於衆中，衆掖起之，乃曰：『吾夢覺矣。』至暮，與圜悟問答無滯。圜悟大喜，以偈贈師，有『奮鐵舌，轉關捩』之語，衆目爲『鐵舌遠』，自此機鋒峻發，率常屈其上首。紹興乙卯春，眉守延居象耳山，不赴。是歲，圜悟去世，嘆曰：『哲人云亡，繼之者誰乎？』乃扁舟下峽。初抵淮南，住龍蟠山壽聖寺，一年遷瑯琊山之開化，又移婺之普濟。侍郎蘇伯克一代耆德，日與師談論。俄徙衢之定業，時妙喜杲公謫梅州，有傳師偈頌往者，妙喜駭曰：『老師暮年有子如此耶〔二〕？』因以書寄法衣。逮其歸，相遇甚歡，妙喜極口稱譽之，自是人益歸重。俄徙光孝，閲十年，安定郡王趙表之、侍郎曾天猷俱爲世外交。後過南岳，住南臺，有龍玉璉、方廣行皆月庵高弟，道行湖湘，竊相謂曰：『此間壁立萬仞，遠將何所置足乎？』及聞其議論超詣，始大嘆服。璉率其屬環拜曰：『此膝不屈於人久矣。』未幾過天台，歷住護國、國清、鴻福三寺。乾道丁亥，沈尚書德和守平江，以虎丘比不得人，力邀師。至則接物無倦，户外屨滿，緇素悦服，名達闕下。五年，有詔住高亭山崇先寺。六年遂開堂於靈隱，賜號佛海禪師。惟聖上神曜得道，虚心應物，屢召師入内相與問答，而其道益尊。明年夏，有日本僧覺阿通天台教乘，頗工書，能道諸國語。初來謁師，氣甚鋭，師徐以禪宗曉之。覺阿留三年，作《投機五頌》而去。他日，因海商附其國園城寺主者覺忠詩書來謝，其爲遠人所敬如此。淳熙二年閏九月旦，師上堂説偈，言數十句，末云：『相唤相呼歸去來，上元定是正月半。』都下喧傳而疑之。師有弟曉林亦出家，且得法於師，方住國清，至是招以來，若有所屬。明年感微疾，果以上元安坐而化，龕留十日，顔色不變。是月二十五日葬烏峰之塔，壽七十四，僧臘五十九，後事實林主之。傳其道又有了宣、齊己、了乘、師玉、元靖、紹鴻、如本、尼法真，皆住大刹云。某始識師於虎丘，晚乃見之靈隱，愛其辯而有宗，峻而能通，故樂與之語。師既葬，而林數以銘爲請，且曰：『吾師遺言也。』久之，乃爲銘曰：

禪有頓門，無言爲宗。世或待喻，假言以通。惟其善鳴，譬之雷風。言而非言，以開群聾。猗與遠師，心傳大雄。如應響谷，如待問鐘。既得其承，龍象影從。明詔再錫，又彰其逢。發明正宗，摧折妄庸。法席屢遷，道契九重。於古有光，爲譽益崇。順緣而歸，自昔所同。明月攝影，浮雲無踪。我爲銘詩，刻畫太空。如彼戲論，記其初終。《省齋文稿》卷四〇。

又見《西湖志》卷二六。

〔一〕圜：原作『闤』，原校云『張本作圜，下并同』。按作『圜』是，『圜悟勤禪師』即禪宗名僧克勤，高宗賜號圜悟大師，『圜』與『圓』同。據改。下同。昭：原作『照』，據傅校本改。

〔二〕耶：原作『也』，據右引改。

圜鑒塔銘

法不孤起，道不虚行。續佛慧命，必有其人。其人謂誰，佛照禪師是已。師諱德光，姓彭氏，臨江軍新喻縣人。曾祖崇善，祖堯訓，父術，皆樂施，喜釋氏，嘗籍鄉里貧户，計口給錢。宣和辛丑歲，母袁氏夢异僧入室，有孕生師，骨相奇异，伏犀貫腦。袁州木平山有妙應大師伯華者，善相，謂此子他時空門梁棟也。初入小學，讀書十行俱下。父母繼亡，依伯父循以居。一日，延僧追修，師視佛書若素習然。紹興辛酉〔一〕，大慧禪師宗杲南遷過邑〔二〕，師年二十一，望見曰：『此古佛也，吾安得事之？』自是有意出家。後二年，入光化禪院，受業於足庵普吉，研究宗旨，日以精進。吉還閩，命從月庵善果於東禪，服勤三年。是時，妙湛、佛心、圓覺、乾元、越山諸禪刹名僧相望，師一一咨叩。聞江西百丈道震嚴泠，寶峰擇明峭拔，俱入其室。一日，見饒州天台寧應庵曇華《送化主頌》，嘆曰：『此真臨濟種草。』亟往依之。雖箭鋒相直，然礙膺未決。復從果老於潙山。果入寂，還江西，謁典牛天游於雲岩，見萬庵道顏於圓通。會曇華移廬山之東林，婺之雙林，師皆從之。丙子歲，聞大慧住四明阿育王山，喜曰：『緣法在兹矣！』已而果大徹，慧示以贊，略曰：『有德必有光，其光無間隔。名實要相稱，非青黄赤白。』慧歸徑山明月堂，師奉事益虔。遇其説法，坐下争執筆抄録，師一歷耳根〔三〕，終身不忘，有問輒舉，其慧解蓋天資也。慧入塔，分坐仰山。乾道丁亥，台守李侍郎浩延住鴻福。閱五年，徙光孝〔四〕，郡城大火，寺亦焚蕩。師念灾餘財施必艱，航海過泉州，人競喜捨，厚載而歸，殿宇一新。師自號拙庵，曰：『吾平生多得拙力。』孝宗皇帝雅聞其名，淳熙三年春，詔開堂靈隱寺，遣中使賜香。是冬召入觀堂〔五〕，留五晝夜，數問佛法大旨。師敷奏直截，上大悦，賜福照禪師之號，贈以御頌。明年再對，進《宗門直指》。以都下勞應接，丐閑山林。七年夏，上用仁宗待大覺禪師懷璉故事，亦以育王處之。逮移御重華，趣令入覲，漏下十刻乃退。紹熙四年，改住徑山，師力辭。孝宗曰：『欲時相見耳。』慶元元年，許還育王，歸老東庵，盡鬻錫賚物，直數萬緡，置田，歲增穀五千斛，助常住費。詳見陸待制《游記》中。師嘗曰：『佛經有《大報恩》七篇，謂釋子嘗由孝以極其業。』乃即水陸堂東偏設位，歲時祀其祖禰云。嘉泰三年仲春，忽語云：『吾將行矣。』三月十七日，手寫遺表及貽書常所厚者。二十日晨興，集衆叙別，斂衣收足，説偈而逝。三日入龕，容貌如生。造塔全身於東庵之後，請謚於朝，敕特賜普慧宗覺大禪師，塔名圜鑒。僧臘六十夏。嗣法者遍滿四方，得度者一百二十餘人，名公貴卿多從師游，海東國人往往望風歸敬。初璉六十歲，自汴京來育王，壽八十三，師始終適同，兹其异也。八月，侍者正玶持遺書來，謂『先師與公幸接鄉鄰，同受阜陵异知』，以塔銘見屬。其行實則同里兵部章侍郎穎爲之。予聞時節因緣，鐵芥啐啄，從上諸聖不能强爲，喻筏刻劍，徒增我慢。又况對御法語世已流布，得道源流、接物機要叢林門弟各存語録，姑叙住世大略如此。銘曰：

我聞萬生，各具天性〔六〕。人有未見，見或未盡。偉哉光公，宿習戒定。頓入悟門，遂傳心印。福慧兩足，行解兼進。巍巍孝宗，見聖由聖。與師晤言，謂發深省。晚歸東庵，不倦接引。八十三年，報緣已竟。勿云鏡明，昔現今隱。一物本無，何用照映。勿云谷虚，有叩誰應？十方皆空，何論銷殞？摘葉拈花，繫風捕影。持問塔中，解顔微哂。《平園續稿》卷四〇。

又見《佛法金湯篇》（續藏經第二編第二一套第五册），《增修雲林寺志》卷五，《阿育王山志》卷一一。

〔一〕紹興：原作『紹熙』，據四庫本改。

〔二〕杲：原作『果』，據傳校本改。

〔三〕根：原缺，據右引補。

〔四〕光孝，原倒，據右引乙正。

〔五〕召：原無，據四庫本補。

〔六〕天：傅校本作『佛』，四庫本作『物』。

楊萬里

楊萬里（一一二七——一二〇六），字廷秀，號誠齋，吉州吉水（今江西吉水）人。中紹興二十四年進士第，爲贛州司户，調永州零陵丞，知隆興府奉新縣。時相交薦之，召爲國子博士。遷太常博士，尋升丞兼吏部侍右郎官，轉將作少監。出知漳州，改常州。尋提舉廣東常平茶鹽，就除提點刑獄，以憂去。免喪，召爲尚左郎官，孝宗親擢爲東宫侍讀。累遷左司郎中，秘書少監，以直秘閣出知筠州。光宗即位，召爲秘書監，兼實録院檢討官。出爲江東運副，忤宰相意，改知贛州，不赴，遂乞祠。除秘閣修撰，提舉萬壽宫，自是不復出。寧宗時進寶文閣待制致仕。開禧二年卒，年八十（《宋史》本傳作「八十三」，誤），謚文節。萬里早年受學于張浚，工詩，爲南宋四大家之一。著有《易傳》二十卷（存）、《誠齋集》一百三十三卷（存）等。見《宋史》卷四三三本傳，清鄒樹榮編《楊文節公年譜》。

石泉寺經藏記

下泳蕭民望甚賢而喜士，尤嗜蓄書，發粟散廩而饗飱六經，捐金抵璧而珠玉百氏。每鬻書者持一書至，必倍其估以取之，不可則三之，又不可則五之，必取乃已。蓄之多而不饜，老而不衰也，以故其子弟皆好學。不惟其子弟，其鄉人皆好學。士之自安福而南者走百里必曰：『我將見民望。』自永新而北者走百里亦曰：『我將見民望。』予少之時，嘗從先君至其家，每念之則前清溪，後平林，修竹在左，古松在右，尚了了予目中也。今年友人彭仲莊來，民望寄聲於予，且曰：『我舊嗜蓄儒書，今頗嗜蓄佛書，新作一經藏於石泉寺以貯之，將與學佛者共之。子其爲我記焉。』予不知佛書，且不解福田利益事也，所知者儒書爾。夫道性之而聖，聲之而書，書乎讀，聖乎悟，則書爲我，我爲書矣。不然，庋之而置散焉，書則書矣，我何與哉！今民望之蓄佛書以待釋子，釋子曰：『我之輪一周，則我之誦一周矣。』果有是事者，异也。無之而言焉者，窾也。誦不以口而以輪者，惰也。蓄不以心而以藏者，弃也。民望其爲我問之。年月日，楊某記。四部叢刊影宋抄本《誠齋集》（簡稱《誠齋集》）卷七二。

長慶寺十八羅漢記

大櫟長慶寺在廬陵郡城之北四十里而遥，右背碧岑，前左紺溪，水木幽茂，望之蔚然也。舊有十八羅漢像，蓋拙工爲之，儀觀俗下，神氣昏頓，類道傍叢祠中捧土揭木之爲者，豈有世外岩下之姿，遺物出塵之意哉！里中之士有羅長吉者，顧瞻不怡，捐重幣，聘良工改作之〔一〕。經佑者四人，淵默者四人，衲紉者一人，杖植者二人。或揮麈欲談〔二〕，或長眉曳地，或佛齒在手，或清水挈瓶。玩爐香者其意遠，擾龍虎者其色暇。所謂世外岩下之姿、遺物出塵之意，其庶幾不遠。吾聞是十八人者，西方之悍人也。其未見佛也，若吾子路之未見夫子也。由今視之，所就乃爾，然則人果可以無學乎？由之瑟固非彼所操也，然爲彼而不爲此者，所見者异人也。使之彼乎出，此乎入，庸知其不由斂？以寂廢動，以躬廢物，視其貌肖其學也，施之於世則濩落矣。然是十八人者，漠然無牽，超然無麗，世味不能誘其衷，人憂不能寇其崖，而况車服可得而維，刀鋸可得而加也哉！長吉名惠迪，其二弟蚤世，而諸孤不孤者，有長吉之賢字而焘之也。樂善而喜士，里中莫吾長吉之似者。

《誠齋集》卷七二。

〔一〕聘：原作『聘』，據影印文淵閣四庫全書本（簡稱『四庫本』）改。

〔二〕麈：原作『塵』，據四庫本改。

興崇院經藏記

安福縣南出爲十里者七地曰鄔村〔一〕，有寺巋然者，興崇院也。作於治平丙午，至宣和甲辰而火，釋守通者再作之。至建炎庚戌又火，釋延贇與惠崇者又作之。殿堂有嚴，庖湢畢葺，至今其徒得以安安而居、繼繼而不絕者，二釋力也。釋海璇今居之，璇良於醫，得錢無所可用，獨用之於其師之教所宜爲者。宮廬之欹傾〔二〕，佛像之漫漶，既葺既考，既祓既藻，則與其徒蘊賢、蘊淮計曰：『有寺百年而無經一卷，非不耒而農，不書而士乎？蔬其腹，衲其軀焉而已矣。吾徒藉弟令自窳自懵，靡覗靡忸，其若後之敏慧秀辯求心問性者何？』於是傾橐之贏，勸里之俠，得錢若干。蘊賢乃杖竹屨草，風飪露寐，走二千里，至福唐，市經于開元寺以歸，爲卷者五千四十有八，爲匭者數十百。承以耦輪，幬以崇殿，金碧煒燁，丹漆可鑒，龍光神威，森然欲動，鼓舞氓庶〔三〕，罔不尊禮，教所應有，彪列明備。璇因人士劉宗芝及吾外弟周世通來求予文，以紀其成。予曰：彼於其師之經所謂五千四十八卷者，匭之矣，能如士之於書皆誦之否？能誦之矣，抑能如士之於書皆通之否？世通曰：『釋之不如士，固也。抑不寧唯是，釋能以無經爲怍，固不如士之以書而入官，以官而捐書。釋能傾貲以市經，固不如士之以身而殉貨，以貨而殉色。釋能辛勤千里而求經，固不如士之重研以附炎，奔命以死權。』予無以詰，因并書其語。蓋殿成於淳熙戊戌之冬，輪藏成於己亥之春。貲出於璇，力出於賢與淮云。是歲十月三日某記。《誠齋集》卷七二。又見《永樂大典》卷一三四五三。

〔一〕此句疑有訛誤。

〔二〕敧：原作『歌』，據四庫本改。

〔三〕庶：原脱，據四庫本補。

永新重建寶峰寺記

安福之南垂，永新之北際，介乎其間，有山孤秀，其高五千尺，其袤數十里。遠而望之，儼乎如王公大人弁冕端委，秉珪佩玉，坐于廟堂之上，使人一見而敬心生焉。迫而視之，澹乎若岩岳幽人被薜荔，帶女蘿，餐菊爲糧，紉蘭爲佩，呼吸日月，挼挲雲烟，使人一見而塵心息焉。故老相傳，其名曰萬寶峰云。距山不遠，有浮屠氏之宫曰寶峰寺，飲山之翠，納山之光，領山之要，里之人樂游焉。而樂之尤者，槎江居士朱君諱戩也。始游而愛其幽邃，昕而來，夕而返，超然有會於心，久而忘歸。既而惜其棟宇之壞隤漫漶，欲葺而新之，蓋心許而未之言也。一夕夢至某所，若道家所謂小有天者。其地瑶玉，其厦金鋈，其浸芙蕖，其林多羅，其禽頻伽，其牧猿猊，其人偏袒右肩，其服珠琲孔翠，往往或跨龍鳳以爲駟，或坐菡萏以爲床，駕雲騰空，超忽變化。須臾，山川草木，异彩炳焕，皆若金色，光奪人目。霍然驚起，因悟曰：『兹非予之心許而未言者耶？』則倒橐召匠〔一〕，劚山取材，爲殿爲堂，爲寢爲廊，爲門爲墻，爲圃爲像。樸斫堅好，雕飾備具，金碧有爛，鼓鍾其鏜。市腴田以業其生，買度牒以世其徒，遂爲衆山佛宮之冠。至其子良肱繼再葺焉，近歲戊午燼於欝攸。其孫知微、知廣復一新之焉，於是壤之蕪者薙，基之窪者夷，級之缺者甃，宇之燎者立，像之亡者補，尺榱寸甓，舉非其舊。其舊惟數古佛及政和間一大鍾而止耳。里人縱觀，耋者喜其復，稚者駭其麗，遠者賀其新。寺始葺于紹興之甲子，再葺于紹熙之庚戌，一新于慶元己未之仲冬。後先之費，爲錢各百萬云。既成，知微介予倩劉億來謁予記之〔二〕。予喟曰：天下事患莫之倡，倡之矣，患莫之繼。然士大夫之家而祖而父倡以忠孝，繼以背誕；倡以術業，繼以荒嬉。是亦繼也，有能如知微弟兄之繼其父祖之志者乎無也？抑請大之。其明年四月十一日，通議大夫、寶文閣待制致仕楊萬里記并書。《誠齋集》卷七六。

〔一〕倒：原作『側』，據四庫本改。

〔二〕倩：原作『債』，據右引書改。

李大正

李大正，字正之，建寧府建安（今福建建甌）人。乾道中歷遂昌尉、會稽令。淳熙中知南安軍。八年末，除江淮、荆浙、福建、廣南路提點坑冶鑄錢公事。遷利州路提刑，都大主管四川茶馬。見《宋會要輯稿》職官四三之一六七、食貨一四之四三、兵二三之一九，雍正《江西通志》卷六五，雍正《浙江通志》卷一五七。

寶界寺景賢堂記

南安郡治與倅鄰。予初過胡君藻元質，坐延松堂，堂之額爲石曼卿書，其東楹刻數語，則張公子韶識其就明雙趺也。胡君逆余，笑曰：『無乃求其趺乎？是題在寶界寺中，前别駕恐久而壞，刳而置此也。』余亦笑曰：『筆迹之壞，孰與趺迹？』後數日訪於寺，則趺迹已失之矣。嘆息未既，有進者曰：『茲非獨張無垢居也。紹聖間元城劉公器之、崇寧間釣臺江公民表皆以危言勁節，接武於是廬。劉之經偈刻石、江之記輪藏，與夫遺像具在也。』亟取觀之，儼然如見其人。欲少憩，則老屋頹朽，嘘風隙日。乃即其堂之基而易其土，大廓前檐以爲明，拓北厦以爲深。告成，揭畫像其中，榜曰『景賢』云。同治《南安府志》卷二〇，同治七年刻本。

李　洪

李洪（一一二九——？），字可大，一字子大，揚州（治今江蘇揚州）人，正民子。乾道初，監管行在左藏西庫。歷知藤、温州。慶元五年提舉浙東，除本路提刑。著有《芸庵類稿》《李氏花萼集》。見陳貴謙《芸庵類稿序》，《宋詩紀事補遺》卷六一及所撰《福嚴禪院記》等文。

鹽官縣南福嚴禪院記

杭之屬邑曰鹽官，民淳號易治，風俗簡樸，尊儒而崇釋。邑東南瀕海，斥鹵漁鹽之鄉皆逐末業牢盆之利，歲成視西三鄉爲豐歉。農夫深耕，利于早熟，蠶婦織紝，以勤女紅。樂歲家給人足，斥其贏奉佛惟謹，故民居與僧坊櫛比，鐘唄之聲相聞，隆樓杰閣，錯立鼎峙，飽食豐衣，緇褐塞路，不耕蠶而仰給于民者，不知其幾千指也。尼居有三，曰福嚴禪院，直邑南隅。紹興乙亥歲冬，予譏征是邑，暇日過其門，敗屋數楹，像古器刓，門堵頽闕，蓬艾蕭然，如蹈無人之境。今十稔矣，而住持凈歡以修院記屬予。竊甚异之，乃夷考其因革之繇。先是院圮壞不治，紹興甲寅歲，其徒希照募衆重修佛殿，壞飾瑞相，始作鐘樓。隆興改元，惠勤載捐衣鉢，重新之，乃立三門兩廡，甓甃階級，周以垣墻。今齒逾八帙，薰修不倦。净歡繼踵院席，歲將終星。祖孫三葉，協力蕆事，凡鐘磬鐃鼓、爐香龕燈、華幡道具，皆革故而鼎新之。邑人父老，咸加信嚮，其事可書。按是院立于南齊高帝建元四年，尼曰僧猛，捨宅爲寺，號曰齊明。猛姓岑氏，南陽人，徙鹽官五世矣。曾祖率，晋餘杭令，事載《高尼傳》。而《元和姓纂》云岑本南陽漢舞陽侯彭之後，軻爲吴鄱陽太守，徙鹽官，亦與此合。至五代漢乾祐中，改護國報恩院，今曰福嚴者，本朝大中祥符元年敕所賜也。薦罹兵革，前志不存，姑載其大略。噫！是邑僻在海隅，象教之盛，僧有禪門，尼有猛師，今其學者代不乏人。方朝廷既闢度，异時必有若總持發明心要，接物利人，於此伽藍闡揚宗旨，豈但營造土木之功可紀哉？予知歡之志實在於此，故并書之，以勵來者。乾道三年歲在丙戌十月十日，右宣義郎、監管行在左藏西庫李洪記〔一〕。《芸庵類稿》卷六。又見《海昌備志》卷一二，民國《海寧州志稿》卷一九。

〔一〕「右宣」至「李洪記」：原無，據民國《海寧州志稿》補。

隆恩庵記

吴興郡南群山輻輳，截然當苕溪之衝者，衡山也。苕水出天目而來，循山始東，又北匯霅水，貫于城中，入于具區。衡山春秋時嘗爲楚越之交，圖志可考。山之陽有隆恩庵者，姑胥鄭繼先所作也。繼先既葬其先大夫于兹山有年矣，又築屋于墓道，命瞿曇氏修香火之奉，問名于予，曰願有述焉。予告之曰，君子之思報其親，寧有既乎？春雨秋霜則有怵惕之感，松聲滿谷而增風木之悲。惟先大夫以諸生起家，力取科第，分教朱邸，貳郡苕溪，駸駸向用矣。年逾耳順，致其事而歸。頃倅是邦，時繼先方垂髫，執經膝下。予每過，先大夫必笑譚終日。逮予丁外艱，蓬首墨衰，卜窆山谷，往來尤稔。先大夫遇我厚，調護襄事，無毫髪不盡，于死生之際，高義凛然。先大夫既謝事，距今六閏，宰木拱矣。予來都城，繼先頻歲相過，頎然開爽，能自奮厲，與諸生角藝銓闈。與之語，纚纚可聽，益嘆先大夫之有子也。昔吾夫子既合葬于防，曰古者墓而不墳，蓋始立封崇之制。矧今墳庵之設，自公侯達于庶人，咸遵西方之教，實資梵福。雖未必合于禮經，然聖人復生亦不可廢也。于是稽戴《記》三年問之義，于父母加隆其恩之説，榜曰『隆恩』。且以告繼先，當率禮經以克承先訓。後嗣之賢者能致其敬，竭力從事，以報其親，不敢盡廢，不亦可乎！繼先名紹孫，予之表弟云。乾道四年五月晦記。《芸庵類稿》卷六。

釋寶曇

寶曇（一一二九——一一九七），字少雲，俗姓許，嘉州龍游（今四川樂山）人。少依本郡德山院僧出家，後歷訪名師，從宗杲得法。以學業爲丞相史浩所重，舉以住四明仗錫山。後隱居鄞之東湖洲，繞室植橘萬株，因號橘洲老人。慶元三年卒，年六十九。著有《大光明藏》三卷（存）、《橘洲文集》十卷（存）等。見《叢林盛事》卷下，自撰《龕銘》等。

四明章聖如來像記

吾心即佛心也。佛心一，故雖千萬億佛相好則同，而人有以紫金光聚目之，特其粗也。視得佛心者，惟大菩薩爲然。聲聞則能脱略生死，出入變化，不測其於佛心則有間矣。故美惡豐悴，略與人同。左丘明謂人心之不同猶其面焉，亦是理也。吾佛則智慧海也，功德山也，摩頂至踵，皆光明所流出，故有天人駿奔，龍鬼禦侮，其道則不可得而名言也。後世學者神而明之，思見其師而不可得，故嚴其像以事之，如吾廬之有祖考焉，非爲徼福也。世人之具佛心者，皆不言而化，不約而成。或謂匹夫匹婦不難於簣鼓橐籥之，至疾痛死生有不容僞者，奚爲呼佛而呼父母也。佛猶穀稼也，井泉也，凡天地所生，血氣所使，鮮莫不飲食也。有以飲食爲傷生害人者，非愚則狂而已，吾尚何言？章聖古道場，有唐開寶中，嘗命天台韶國師之子慶光主之。光即曹溪十一世孫，叢社之興已基於此。至國朝乾道丙戌，仍復革律爲禪。其間興廢相尋，父子相襲，蓋不數也。獨數十方住持，自從本以還，其次法平，其次智玻，又其次法瑄，今爲四世矣。後先所立，皆百丈成法，重以土木堅好，可支數世。皇子魏王臨鎮此邦之日，爲聞禮部，异時佛魔反覆之論，至是屹然如山，故祠以祝之。瑄能忍，可安輯其徒，可謂至矣。院舊有殿，守約所建，法輪當中，智玻易之，法瑄像之。有修職郎小溪朱昌旦捐金於我，合塑釋迦文佛、文殊、普賢、飲光、慶喜及二天像，凡七軀，靚妙端嚴，無异祇園説法時也。童溪信士崔子賢舉家瞻仰，嘆未曾有，投誠繪像者半。復自踴躍，顧謂定光二比丘法目、行洒者曰：『靈山一席，非我與子而誰？』目、洒然之，繪像亦二，餘天即我所成也。噫！像設之來尚矣。自大迦葉嘗於過去佛世修補蓮華座佛像，塗以金，世世身金色光，謂之金色頭陁，拈花破顔即此老也。瑄嗣其法者，法固如是，而事亦當然。世衰道微，人益偷薄，日去聖賢遠甚，曾不知舜人也，佛亦人也，非有四目八臂以驚世取譽。舜可爲佛，而獨佛不可爲舜哉！古之人心同道同而教不同，其要不過使人遷善遠罪，自是而至於佛，猶一屈信之間，佛者識之，舜則有家法也。瑄以佛事之盛求記於予，予方愍此寂寥，故不得而默。淳熙十五年仲冬初吉，橘洲寶曇記。禪門逸書初編本《橘洲文集》卷五。

台州白塔寺三目觀音記

三目觀音者，即楞嚴八萬四千清浄寶目之所宗也。大士從聞思修入三摩地，聞即聞自心也，思即思所聞也。聞盡思復，無虚空，無實際，唯吾一觀世音。此觀世音與未見先佛時後觀世音特無有异，謂之如幻三昧，以如幻智作如幻事。上至諸佛，下及衆生，雖木异山靈，蠢蠕肖翹，應以此身得度者，悉現其身而度脱之。此保壽所刻觀世音，即菩薩自謂聞熏聞修、無作妙力之明驗也。國朝天聖中，有木浮於海，隨波上下，遇客舟傾險，則往往近人，人或憑依，遂脱鯨魚之腹。如是累歲，不以爲异。一旦逆潮而上，泊院之址，病涉者輒航以濟流而復還。沙門惟諒既濟异之，莫知果何木也，舉而曝諸祠下，若雲蒸霧滃，邦人聚觀，仿佛似人而服冠髻者。是夕有光如月，燭院之浮圖，諒知其不凡，炷香乞靈，祈爲菩薩像。匠石傍睨，若有相之，心與手忘，斧斤一施，衆相具足，秋豪無取於它木，最爲吉祥。諒集沙門而落之。屬方凝睇中，菩薩廣顙間裂開一目，如梵書伊字，不并不别，不衡不從，加以纖長，端如世青蓮華，靖妙莊嚴，不可名狀。寰海内外，聞者來賀。自是三目觀世音像，夷夏具瞻，水旱歲時，有叩輒應，雖鐘聲谷響不足以喻。宣和二年冬，睦州寇方臘嘯聚山谷，群行犯城邑，所在備禦。賊用人於鬼，血以釁鼓，虐焰熾然。朝議大夫李公通守是邦，聞三目觀音靈感著明，即與太守趙公命像設於堂，合郡僧誦密語致禱，呻吟動天地，頓首不置，祈爲斯民福。明年春，賊圍城，城中危急甚，若蹈水火，斯須不可活。公危坐誦菩薩，一出入息，不知幾何聲。時有小吏朱棠屬公隸，夜夢一媪貧窶至骨，臂一籃以詣公堂，馮倚而呼棠曰：『公安在？』棠曰：『方保障後山。』媪曰：『爲我語公，無恐，浹日賊當潰去。』棠覺，以告公。公喜曰：『此菩薩告我也。』援兵未及至而賊無故奔潰，果如媪言。夏四月，賊再臨城，公於菩薩益拳拳，不復賊慮，城得以全。朝廷以公有顔平原之功而無顔平原之禍，即命公直秘閣，賜紫金魚袋，就以軍州事付之。丹丘之民視公爲父母，至今祠之。於戲！公之心即菩薩之心也。嘗謂一人之身，具兩臂兩目，已不勝其用，施之三四則必爲己憂，況八萬四千，不翅毛髮之多，其爲顛倒脱略明矣。余蓋以是權衡成佛之本不越此刹那間，此一刹那即菩薩證極聞思修慧之時也。三慧圓極，三德圓成，三苦斷除，亦菩薩三目頓開之意也。經不云乎：『非唯觀世音，我亦從中證。』豈公之謂歟！後七十有二年，公之曾孫通直郎直柔來倅是州，適繼公職，寺僧有以舊記未刊來白公者，文字舛陋，唯顛末尚存。公愴然，復命記之，亦大士與先秘閣公之意也。年月日，橘洲老僧記。《橘洲文集》卷五。

雲龍院記

祠諸水濱，利病與水相關也。凡飲食必祭，鐘鼓必禱，皆斯民之爲也。民方耕耨於水，水實司其命。東海之側，魚龍噀毒成霧，其鹹著人，其水不可用，用輒生物槁死，故嘗用之於湖，湖大以豐，七鄉之田仰足於是。是故湖有堰，堰有港，港行如篆，如絡脉，如蛇穿龜見於江之腹背。遇與江會，則碶以縱水，以免夏秋淫潦漲怒之虞，以閑晝夜官潮奔突之患，是不可一日無碶也。碶有屋，自熙寧邑簿黄君宇始；屋有僧，自黄君所命守賢始。賢事佛如律，施人多歸之，廣其屋爲若干楹，以妥龍之靈，以臻集其徒侶，水旱有禱，禱輒立應，民實繫之。建炎兵亂浙淵，公私掃地赤立，而此巋然，在虐焰一夕而火，豈非數歟！祖文師者手拾瓦礫，縛數椽於獱獺狐鼠之場，屋山危如，可憐也。有中益道光者，銖積寸累，僅成寶坊。光没，以授其門人，推次蟬聯，謂之甲乙了達是也。達佩其師之囑，惴惴焉惟恐不得一扁伽藍爲深恨。太傅大丞相魏國史公載立諸朝，達抱文書叩公以請。公曰此新令也，不許。達請堅甚，公哀其誠，爲索臨安，得雲龍廢佛祠以額畀之，故莸隸碶寮，今爲雲龍新刹。刹宜有記，達聞予在公之緑野，丐書其事，以侈公賜。余聞事之在天下也，默與道相終始，視一世無有特起之事也。事有本末，有小大，古之君子一執其本，如藝尺寸之木於千仞之丘，植根既深，得地亦固，風雨霜露，傲睨凌轢，吾親見其不拔矣，知後日之百圍千尺，勢所當然。若區區日計其有餘，月憂其不足，則吾未見其末也，本將如之何？昔人湖以溉田，碶以防海，固操其本矣，而賢又屋以爲刹，子又傳孫，事雖不同，有能憂國如家如賢，與昔人均此心也。達傳天台教，嗣前白蓮戒應師，演説有源。檀越徐氏施膏腴二十畝，爲兹山有田之始，皆一時勝事，故爲之書。年月日，竹院老衲記。《橘洲文集》卷五。

洞山置田記

言田其佛之末世歟！佛大聖人，顧方食時，即與其徒人持一盂詣舍衛大城，饜飽而歸，趺坐宴如也。佛滅度已，比丘猶有過午不食得道者，亦稱是數世之後，道人始有厭聽鐘鼓之患矣。雖然，法固顛仆，而世亦如之，异時以黄金爲泥塗、視大貝明珠爲瓦礫者，豈復有也！諺曰：『河滿則井盈，河竭矣，井烏有哉？』吾之田亦豈得已也。洞山古刹，昔嘗飯千指而不煩一犁，得非以緇爲田、以施爲雨乎？歲時變遷，主者勤動，曾莫支一歲之食。有先住持正昇者，築并湖之田一十畝；智朋者，捌净土院，亦售田若干。惠球用力甚勤，一豪之施亦等心受之，不爲薄厚欣戚意。勸人禮拜，什伯爲伍，人輟數十錢與之。遇施之豐，不過木一章、薪一輿，貿易爲田之助。大丞相魏國史公揮金成就，後先所置幾一頃。於戲，亦可謂盛矣！住山思覺道俗緣勝，内外無异詞，師資同出魏公之門，球固德之，而覺亦賴球也。譬若一人之身，肘股相衛，奚事而不濟哉？若夫岩栖林壑之幽，土深而泉冽，則有昔人之勝游在，余不得而記之，以俟來者。年月日，竹院老衲記。《橘洲文集》卷五。

雪竇普門莊記

斷崖飛瀑，江浙皆有之。列禦寇之書載呂梁懸水三千仞，是宋、魯之郊未嘗無此偉觀也。唯兹山得以名天下，豈非其人哉！故吾雲門三世孫明覺顯公碩大光明，是能與山爲不磨也。山古龍象宅，竟明覺之世，世嘗有人，四方雲奔不下二千指，僕僕走檀施以足農夫之耕，僅可支一歲，執事者其危如幕燕。比丘蘊信奮然矜之，嘗撫其床以語人曰：『孰勤勞是？孰宴安是？』已而摩其喙曰：『所不能飽者有如吭。』即起，行海濱，規塗泥以爲田，竟終不免蛟龍之怒，玩歲愒日，至老無成功。邅迴餘年，一至江介，有褚君者越之餘姚人也，聞比丘自山中來，延至入户。客未及語，而主人之田已心許之。夜分更僕，論齊年之交。且日與之行田，人牛屋廬舟楫耒耜無不畢具。歸袖未釋，而公私券疏鼎來。比丘蓋張本於斯，馳驅十年，止明越東西州而化事畢奏，爲田五百畝，斛米如之。爲屋一區，小大二十楹，倉廩出納在是，凡器用一切堅好。中塑補陀大士，爲善才咨參像，結歲晚香火之盟，實住持雪庵瑾公勸發之，足庵鑒公捐法施振成之，雪林彦公克終之，太師魏國史公本末護持之。於戲，盛哉！嘗論古今人事之不同，物亦异態，雖山川草木亦有時而盡，至於雪霜風雨，一歲之休戚，往往變故不常，而人執古以御今，是猶按圖而索馬也。佛者依人而住，彼固不足，我烏得有餘？以時考之，則擊壤之歌當與頌聲并作，而吾老矣，恨不復見。今信公飢不暇食，困不暇車，如水火之求，昏莫扣人之門户，可謂難矣。今幸其成如此，是誠學道者成佛之基，余壯其規模，嘉其志力，嘆其時之一遇，遂供兹山無盡之求。雖然，山可夷而川可迴，而吾心不可侮。吾心即佛祖天地之心也，以是臨之，雖更千萬人，閲數百世，不可得而易也，其可廢諸！信以余知其心，故屬余爲記。紹熙二年重陽日，橘洲老衲寶曇記。《橘洲文集》卷五。

惠安院復十方禪院記

禪、律均爲佛者，而肝膽楚越，何如家世中微，爲法檀度之人，其道不能昭徹，至有僥幸一遇以欺世盜名者，如人元氣不勝而客邪得以憑陵。彼蟻聚蜂匾，蓽門圭竇，是不如律者所舍，天將假手於我而使奮除之，如踐豺狼之群，必爲所噬，顧吾禦之之術何如耳。惠安爲古禪苑，中更甲乙，人自齮齕於其間。故郡侯吏部岳公爲聞諸朝，復還舊物，待制紫微陳公力與振存之。其徒纍纍，猶有患失之舉。今太守殿撰高公大卿洞視其原，誅其尤無良者，故浮議怙然以定。自是如砥柱，無復動摇矣。噫！天下皆佛刹也，惟古今名勝地，禪者得以尸之。若其鞭笞象龍，麾叱佛祖，吾置而不論。至於鬼神呵護之所，蛇豕屈蟠之域，出靈水怪草木附麗之地，皆能受約束，嚴規誨，役身以相從，退舍以相避，唯恐其後，彼何修而得之？如仰山化二龍之居，珪師授岳神之戒，載之傳記，接之耳目，可考而不誣也。今惠安據湖山之右，宫室園觀皆具體而微，犍稚鼓鐘，一新於前日。住持性公從吾先大慧游久矣，遍見方外老宿，晚嗣别峰印公，昔與余同門，今猶子也。適當籍籍紛紛之日，不動聲氣，能致王公大人，爲金城湯池，余將見其侈大吾宗，不獨一惠安也。性公名宗性，蜀之遂寧人，住山今三年，求余文識之，以示來者。若夫㭊院顛末，叢林成規，請自今始。紹熙三年七月休夏日，橘洲老衲寶曇記。《橘洲文集》卷五。

寶雲院利益長生庫記

祖師自鷄林來，自訪螺溪，盡得天台之道。復欲杭海，太守錢公固留之。使者顧公，亦舍其室，爲師傳道授業之所，故法智、慈雲二大士從是出焉。今寶雲之居，邦人目爲通師翁道場是也。其間廢興相襲，不得而詳。住持瑩公坐席未温，首斂巾盂，以估於衆，得錢一百萬，内外道俗又得錢百萬，太師魏國史公捐國太夫人簪珥以施之，合爲利益長生庫，以備歲時土木鐘鼓無窮之須。後五年，建大講堂，半取其贏，以助工役，實其志也。瑩公性淳直，而御衆以寬。寶雲初歸，有侈心者，輒起重輕之議，至有僧吏恃權以撓之。權虎而寇，傍人爲震栗，而瑩自若也。太師魏公實知之。至是則人皆悦服。余聞先佛捐軀以求道，無一芥子許地空無佛身。至空劫積塵之初，所謂草樹岩崖成道利生之所率先成就，此豈智術所能致哉？今寶雲廬焰之餘才一甲子，則氣象復還舊觀，此瑩之心與昔人願轂俱馳而不忘也。後世因循苟且之事，瑩耻而不爲，如石之堅，如地之載。其所植立如此，故余不得不書。瑩嗣東堂元慧師。瑩公名宗瑩云。紹熙三年七月旦日〔一〕，橘洲老衲寶曇記〔二〕。《橘洲文集》卷五。又見《寶雲振祖集》。

〔一〕本句原作『年月日』，據《寶雲振祖集》改。

〔二〕寶曇：原無，據右引補。

大悲閣記

大士因心而有聞，其始亡心也。因聞而洞證，其次遺聞也；因證而成正覺，然後忘證也。遺與忘一也，如見與色忘，聞與聲忘，身與覺忘，意與知忘，均是忘也，而眼得之。國土山河，草芥人畜，一目俱了，無此色，無它色，如臨鏡中，如見面像，如千日并照，無色而不燭也，耳得之。水鳥樹林，竽磬琴瑟，一應俱了，無一響，無餘響，如入空谷，如擊鍾虡，如萬竅皆作，無響而不應也，身得之。衣被濯磨，冠屨服乘，一體俱了，無是觸，無非觸，如薰衆香，如食好蜜，如卧衆寶窟，無觸而不應也，意得之。天人梵魔，心意事業，一念俱了，無一法，無多法，如隨色摩尼，如海印三昧，如暗室無盡燈，無法而不見也，是忘也，雖見聞覺知亦莫知其然也。世人足適忘屨，腰適忘帶，彼猶有所適也。見聞覺知不能學波羅密，亦不能學佛功德，而猶成此不思議事，况真不思議清净圓明者哉！故能一身現無量身，無量身復現一身，凡諸菩薩所能我悉能，是其中一首三首乃至八萬四千爍迦羅首，二臂四臂乃至八萬四千母陀羅臂，二目三目乃至八萬四千清净寶目，其數與衆生業等，塵勞等，亦與菩薩行等，總持等。心數無量，而大士首、目與臂亦復無量，在昔佛海、菩薩海所未曾有也。方其用時，則心與臂忘，臂與目忘，目與手忘。千臂執持，無异兩臂之習；千目照曜，無异兩目之鑒；千首屹立，無异一首之獨。此首殊特，如敷百千優曇鉢花；此臂光明，如焕百千閻浮檀聚；此目精瑩，如現百千帝青寶海。自此以往，心計路絶，言語道斷，唯佛與佛乃能知之。然吾嘗目視一身所有髮毛，其數適有八萬四千，不衡不從，不壞不雜，亦各有道耳。彼固不自用也，而吾用之與無用同。大而至於眼鼻舌身，其拙於轉圓，左右前後未嘗不得一而忘一也。大抵地水火風之合，其間已有能有不能。以衆生之身，而况菩薩之身，不啻秦人之視越人之肥瘠，亦有間矣。忠州報恩光孝禪寺舊有杰閣，中安千手眼大悲像。長老可真來主寺事，屬余西歸過之，可真炷香言曰：『真無涓埃之力於閣，視大士有愧，公爲我略言莊嚴幻事，直叙大悲變現本末，以開惑者之聽，以慰邦人之心，則真之功不在土木下。』余欣然爲記之，後説偈云：

稽首清净心，譬如净蒲月。一身千手眼，一月千水同。方心與手忘，一臂各千目。一月大千界，此月所不如。河海泉池中，見月百千萬。月不離本處，千月同現前。一身一月真，千臂千目是。月不可思議，首目亦復然。隨諸衆生心，應用日千變。所遇無不執，所執無弃捐。一手千萬殊，千手一無异。亦不離是手，拔濟諸衆生。衆生世界空，佛刹海亦盡。比千億手眼，如兩臂目初。一身亦無身，無心亦如是。如是亦不立，方名觀世音。稽首觀世音，第一義如是。《橘洲文集》卷五。

净土院記

净土院成之明年，有比丘致其主檀越之詞曰：『先兄彦成與二弟彦才、彦昌追念先君之恩未報，聞西方佛有净土之説，九原可作，即弃其貲累巨萬，建大招提。復從仙林妙空法師齡公爲請於官，得廢額，以净土名，實先君之心，先君真不亡也。後十有一年而先君殁，吾母在堂，以齋戒自居。一旦弃諸孤，合葬先君之墓，是考姓同爲净土之歸也。凡鼓鐘土木之備，二弟克成之。施田五百畝，爲苾芻僧飯。願求文以識其事。」余曰：「諾」。吾聞孝子之事親也，有所謂志養，亟欲其親聞道故也。人而不聞道，雖生奚益而死無以歸，如草木之在人，幸蒙培植之，不幸而爲薪樵者衆矣。世故可憫，而况事親乎？方孝子有聞道也，在其親遲莫之日，任重道遠，烏得而見之，必求升濟之方，庶幾無憾，豈不難哉！佛大聖人，猶不免於三月升天，爲母説法，慈氏亦從父母之國授道而歸。先聖有立身揚名以顯父母，皆是理也。故吾回向净土之旨，以孝敬爲心。初，柳子亦曰佛書有大報恩七篇，其爲心與《孝經》合，由是而知净土不遠也。即二三子之心以求之，吾親在焉，而三聖人未嘗不在也。三聖人在，則山河、大地、昆蟲、草木不離此土，皆能演説苦空無常無量妙義，如師子王哮吼，如海潮雲音，如帝網珠，涉入無盡，此吾所以報親之意。先君王氏，名元政。先妣徐氏。三子，即彦成、彦才、彦昌。開山住持號智覺師求記於余者，法權也。余即橘洲老衲寶曇，特書以示其家世之子孫云。《橘洲文集》卷六。

流止庵記

素師記欽師曰：「乘流而行，遇徑即止。」覺禪摘其語，以「流止」名庵，屬予記之。予曰：

『古人自知甚明，子以知人如衡石，誠懸而著蔡誠陳也〔一〕。授受之際，將心相示，心既昭徹，身亦俱融，孤雲行藏，端若目擊。大醫有云：「身心一如，身外無餘。」則乘流遇徑之辭蓋發於是。自少室懸記以迄于今，後世聞道蓋疏，師弟子者有愧深知彼已之論。覺禪訪道吴楚，栖遲霅徑蓋十年。晚來都城，視車轂如流，即吾心而止，類古有力者，謂之無聞可乎？方將侈大其居，不蓄莖虀，不儲粒粟，使幢幢往來，饜飽而去，則吾流止之義豈不壯哉！』《橘洲文集》卷一〇。

〔一〕著：疑當作『著』。

自庵記

有道人頎然，廣顙豐下，訪予北山之陰，予心恍然，曰：『此三十年江海龍象，胡爲而至此！』問之，知其自雪庵法窟中來耳。其言則曰：『古以庵名，識其得也，故人得以宗之。後世不師其心而師其迹，非吾所謂善學。小子不敏，有以「自庵」目之，詞不能。皤然改曰，是識吾學也，願授一言而佩之。』予曰：『子思不云乎，「自誠明謂之性，自明誠謂之教」，此孔子之自也。肇公曰：「會萬物爲自己者，其惟聖人乎。」此教乘之自也。三語如倒食蔗，蔗非不甘也，然嗜蔗皆兒曹，惟大人者則能甘苦俱忘。當如鰲山雪中最後垂示，然後操尺棰以禦大敵，非過也。其言曰，唱教一一須從自己胸襟流出，蓋天蓋地始得。自庵之義，於此終焉。』道人名無爲，世爲京華人。年月日，橘洲記。《橘洲文集》卷一〇。

涪城祇陀院種松記

祇陀繼徽住山之明年，手種松三千本。山巔水涯，道轉石缺，與夫陰崖暘谷，荆榛狐兔之聚，無不徧滿。初若鎮細〔一〕，與草木黄殞，不自知其歲寒也。至是則青青如稻畦，風露之朝，香氣襲人。自今龍蛇百圍，蓋可坐而致也。徽涕泪語予曰：『吾先子脱屣世故，業浄方於此手築大士之室與今尊者岩，皆躬畚鍤焉。嘗自誓佛前曰：「某之子舍家而南矣，願即聞道於善知識，歸以度吾身。」不幸徽未及還，而先子墓道之木拱矣。徽不肖，器甚下。晚自湖南、江西法窟中來，既涉浙湍，以不見大惠老人爲深憾。猶幸見其二三子，徽亦知之矣。又不幸不得以所聞報吾親，獨賫恨於無窮。徽何人，敢言住山？種松即吾事也，與西山東嶺事例特异。子吾季父行也，爲我記之。』予曰然，即識其言以爲《種松記》。《橘洲文集》卷一〇。

〔一〕鎮：疑當作『瑣』。

仗錫山佛記

徑雪豆而西四十五里，皆層巒叠嶂，顛崖悍石。行人被榛莽，踏沮洳，踐蛇虺，登危陟險，始即山之趾焉。山斷溪横，北岸林光溢目而爲秀發，得非山靈以艱難險阻爲下方陳迹，一掃而刮絶之邪！不然，何齊魯一變，其速如是？涉橋而北，一亭巋然，大書『仗錫山』而扁之，然後知其爲兹山發軔之始。自亭而上歷十八折，杉松薈翳，如在青羅步障中行。至二十里雲，一池靚深，出墻陰才數十步武耳。入門一殿，横放有寶蓮華師子座像，如紫金山屹然當中，即吾善逝盧舍那，所謂種種光明遍照是也。是花千葉，一葉一釋迦，是一釋迦復化千百億釋迦，光明重重，涉入無盡。一花既爾，衆花亦然；一佛既爾，多佛亦然；此方既爾，它方亦然。此吾心地法門，若佛若魔，若情若無情，若闡提若信必，晝夜宣揚，如我無异，不待廣長舌相然後爲説也。故我以一毛頭智，量法界空。此空於一毛頭非合非離，非大非小，空無自性，而智在其中。唯文殊、普賢、飲光、阿難，左右後前，實聞斯語，若梵王帝釋，未易立談也。凡此尊像，皆比丘藴信發心爲之，經營十年，睥睨匠氏，福德相好，滿慰心期。然以無盡燈明，不能與常光一尋相爲表裏，行卜陂平地，坡陀衍迤，有若華山桃林之墟，即墾而爲田。考室一區，命一人主之，且耕且耘，所入之禾悉辦一歲膏油之費。於是夜天星象，内外粲然。兹山可磨，則信之功亦可磨也。余嘗備汛掃，信有力於余。後八年，余有親憂，萬里西歸，信亦從是去矣。於戲！百里奚虞人也，虞不能用，意其去父母之國，必遲遲其行。秦繆公用之，一日而霸。士之遇不遇，蓋繫邦家之幸之不幸也，可不念哉！今住山怡雲平公後一代於余，當握手時，未嘗不道此爲深恨。信今老矣，於雪豆尤有深功，以此記屬余，固其宿昔之願。余重感概，故爲書之。信，奉化人，姓某氏，得業於天王禪院。行峻潔，而其心泊然。身無完衣，嗜佛事如嗜昌歜羊棗，人莫知其然也。既耄而志不凋落，蓋可尚云。《橘洲文集》卷一〇。

仗錫山無盡燈記

院故有殿二：一居千葉盧舍那，飲光、慶喜侍，文殊、普賢、釋梵二天左右之，此新像設也；一置大寶藏，運轉五千餘卷之書，神龍糾纏，鬼物森護。行道之所容半千足，圍繞二殿，言言可知也。祖堂一，此余徙置殿西廡者〔二〕；僧堂一，此余住山新創者。内外跏趺坐千五百指，寬深亢爽，不撓道意。燕客湢浴與栖老病之堂四，執事及燕退之房二。共爲燈若干碗，無盡燈四，粲如夜天星宿，盛哉燈明也！舊以知藏、知殿、知浴僧終歲行乞于外，猶苦不足，嘗命之爲艱。監院僧藴信一朝奮然，不詢于友朋，不謀於蓍龜，獨與一筇潛行山谷，視地之可稼者。去院十里，次今陂平，萬峰屏開，一坡如馬盤回欲下而溪飲者。草木新霽，如既渥之髮；土膏如酥，得之若天成。即從人貸四十萬錢，裹糧百里外，縛茅茨，具畚鍤，築塘五，爲田若干畝。經始於乾道戊子，畢工於癸巳。所種之秫，先易麻廿斛以出油外，餘以供田事。視歲豐凶，取其羨以歸常住，永以爲則。此信之心與才力一見於此也。佛之法遍天下，猶一氣之在天地也。其宫廬與其人亦遍天下，猶一氣之萌動而芽蘖華實隨所感然也。通都大邑，佳林勝踐，賢聖出没、龍虎變化之地，使果爲材智者用之，如王良造父御六轡而馳九達之塗，一日千里不難也。苟無無人之地〔二〕，用之而後爲難，故信能用之，實五廬之通材也。信不爲人用久矣，而用之於佛，用之於田，兹善用材者。前所謂佛菩薩一出信之手，侍御王公爲記之。余來兹閲三暑寒，信實佐余，始終甘苦，與余同之。信有功也，余得以書之，以詔於將來，使學道之人如信之無一日虚弃之功，又有實證，豈復見今日叔世之患也！切有感云。《橘洲文集》卷一〇。

〔一〕徙：原作『徒』，據文意改。

〔二〕無無：疑衍一『無』字。

龕銘

余幼學道，若涉大海而無津涯。中遇司南之車，知所趨向。晚觸洄洑，逆折萬變，然後一登休歇之場，吾大惠先師之力也。幼始知學〔一〕，從先生授五經，習爲章句。自少多病，父母許以出家，遂投本郡德山院僧某爲師。師賢而能教其徒，俾從一時經論老師游，聽《楞嚴》《圓覺》《起信》。越五歲，舍去，依成都昭覺徹庵、白水六庵。挈包南來，從先大惠於育王徑山。晚見東林卍庵、蔣山應庵，辛苦艱難，始畢平生之願。世緣未盡，被人推出，以長老名。初領四明仗錫山，晚爲葬親而歸，住無爲禪刹。憂患一世間，游戲翰墨海，人便謂其以文詞鳴，是未知我者。今年六十九矣，示疾而化。嗚呼！人孰不死，死而不亡者，聖賢也。學佛而至如來大寂滅海，學聖人而至夢奠兩楹之秋，是真不負所學矣。夫生死也，夢幻也，世人以爲虚妄不實。殊不知此吾大寂滅不動不變第一義諦心，祖師以爲面目見在，余嘗於《傳燈七佛偈》下略發明之。余即寶曇，字少雲，俗許氏，蜀之嘉定府龍游符文人。没於慶元三年四月二十六日。臨行不能饒舌，終之以言，曰放下便穩。《橘洲文集》卷一〇。

〔一〕幼：原作「幻」，據文意改。下同。

雪林彦和尚塔銘

積翠之道，至晦堂益尊。晦堂一傳而爲靈源、死心。死心峻如雷霆，靈源蓋端重簡嚴者也。以是而爲法授受，四世而至雪林彦公。公見慈航，慈航見無示，無示見長靈，長靈見靈源，是爲黄龍六世孫也。公未生之夕，其母夢有子跨白馬而西，黎明生公。公少异於群兒，而質警敏，從鄉先生誦六藝，終篇即乞身於父母，投郡開元泗洲爲比丘。時真歇領千七百衲子於雪峰，公造其席。未幾出嶺，首謁佛智於四明山中。聞慈航少年精神折衝於二老，徑往從之。自投機以還，二十年與之俱，盡慈航而後已。繇五峰出世，閲十五暑寒，有力者屢挽之，公坐不動。一旦爲廣惠而出，嗣秀王聞其風，以仁祠致之。哀慈航爲古人，歸守其塔幾年。再住廣惠，至雪竇終焉。公磊落人，天資夙與道合。余嘗執其手與之登高臨深，雖千仞之淵，無極之崖，婆娑其間，不見其顛隮悸栗之狀。識度深遠，不妄與人交，交則示人以肺肝。精通内外書，出語奇峭，亦不以介意。唯衲子不堪其淡泊，望望然去之。公談笑自如，嘗謂余曰：『我豈以佛祖爲奇貨而求售於今人也！』示疾之日，其徒以醫藥進，輒舉手麾去，頹然如坐深定中。公泉南人，俗姓施，名僧彦，壽七十有一，臘五十有七。圓寂於紹興壬子八月二十日，後七日全身葬于東塔。余，公友也，銘其塔，爲其銘曰：

右明覺之室，左雪林之藏，人天敬之其敢忘！《橘洲文集》卷七。

釋清哲

清哲，號朴庵，乾道間爲延慶寺首座，見《樂邦文類》卷三。

延慶重修净土院記　乾道五年

真常寂光，本來明妙，忽然念起，受此飄零。大覺聖人欲令返其妄而復乎本，設權巧而漸誘。是故釋迦現穢土俾其厭，彌陀現净土俾其忻，或忻樂而修净行，必生彼國。彼則境界勝妙，而皆助發真常。所以聽風柯而正念成，升寶樓而三昧顯，不假方便，自然得道。是故净土法門，亦還源之徑策也。然廣净土之道者，唯廬山遠公同奇節逸群之賢，結蓮社於爐峰之下，修念佛三昧，期生净刹，由是後世皆宗尚之。至乎南岳禪師始居大蘇山，傳龍樹一性之宗，别置禪室，示人修證。故天台智者初到此山，授與普賢道場，修法華三昧，因而發大總持，入佛境界。自後四方咸取則焉，有以見古人垂範雖异，歸元一也。聖宋元符間，比丘介然續古規模，立佛化事，於延慶西隅空閑寂寞之濱，建大寶閣。環爲十有六室，依經以十六觀名之。朱欄屈曲，碧沼澄明，狀樂邦清净之境也；

像刻栴檀，池栽菡萏，繼廬山蓮社之風也；懺室精嚴，禪堂深寂，遵大蘇道場之制也。唯守志奉道者居焉。晨香夕燈，無生佛事，澄神内照，豁然明悟於自心寂光之境者多矣。此爲四明勝絶之地，但歲月浸遠，棟宇墮損，修三昧者無以自安。紹興丁丑，有比丘清潤嗟勝境之將頽，念欲發硎斯事，自視力弱，難以動人，遂以此事白住持覺雲法師。師曰：『事貴在誠，儻真誠一發，尚能闢感諸佛，何檀信而不能動耶！况汝已能創建妙觸宣明之室，使人咸悟水因成佛子住，此得非誠之所致乎？』清潤一聞斯語，拳拳服膺。遂出于檀信，翕然從之，或捨楩楠之材、會稽之箭，使梁棟有欹斜者正之，椽篢有蠹朽者新之。翻碧瓦，整建瓴，無致乎上漏下濕；而四圍周之以句欄遮暘，户牖窗几。甃砌階除，丹青寶閣。邊河之岸，峻築高墻。俾静室觀理之人，而不知有市鄽之喧、紅塵之涴。則一新輪奂，宛同大厦初成之日，足可以進簾月，焚柏香。居者妙行不休，施者植福無盡，庶幾東林之風，南岳之道，不遠而復者，功由此也。經營四載，而能事畢矣。用錢三千貫，刊銜二千名。使此方人不跬步而目擊十萬億刹之外。風吟寶葉，波動金渠，湛然如玉井磨秋，便覺已到故國，頓忘客塵，爰翅逃虚空者遽聞足音，豈不快哉！令一切人因此發軫即觀，安養依正，皆由此境之所引發而躍如也。較其增修之功，而莫大焉。時乾道五年南至日，比丘清哲書。《樂邦文類》卷三。

釋道琞

道琞，號此庵，乾道間住湘山報恩光孝禪寺。

免湘山報恩光孝禪寺二税碑記　乾道五年四月

山門昨蒙本縣準使府備準轉運衙依降聖旨，蠲免二税，已給到公據，其利博哉！深慮久而湮没，今命匠鑱石山間，永傳不朽者。乾道己丑四月八日，住山此庵道琞謹書。《湘山事狀全集》卷一〇。

妙明塔記　乾道八年十二月

都運直閣大居士斧節來清湘，首造妙明塔，盥手焚香，敬祖師無量壽，主人已獲五色舍利十，光彩燦然。苟非大居士誠心，安能得之！道琞與一衆合掌加額，歡喜踴躍，得未曾有。請揮筆以紀其實，謹鑱諸石，爲山中一段殊勝因緣，俾來觀者如大居士與祖佛同體而無間焉。時乾道壬辰季冬十有四日，此庵道𡌫謹書。嘉慶《廣西通志》卷二四〇。

蘇諤

蘇諤，字伯昌，眉山（今四川眉山）人，蘇轍曾孫。家於婺州。以祖恩初任浙東帥屬，知台州仙居縣，江西運司幹辦主管文字，歷知柳州、邵州、韶州。除寧國司馬。淳熙元年改明州司馬。召除工部郎中，改兵部，以直顯謨閣爲湖南運副。淳熙七年由明州長史除大理少卿，太府卿。又任江東運副、江西提刑。後奉祠，卒。有《拙齋集》。見《宋會要輯稿》職官四八之二、四八之三，《敬鄉録》卷七。

净土禪寺新塑羅漢記　乾道六年

乾道庚寅，婺州城西净土禪寺新塑十八大阿羅漢像，偉岸奇古，神彩瞭然。士女大會，香雲蟠結，擎跪贊嘆，謂殊勝事，獨未曾有。贊嘆既已，有問於衆：『是諸尊者或在中土，或在异域，山椒水岩窮絶之境，辛苦學道，成此果位。天人恭敬，龍鬼贊慕，鳥獸降伏，奉寶布金，摘花獻果，皆得證發無上善心。今我所睹諸相，特以人力斫木爲體，水土成塗，體具膚全，加被五采。或現禪定，偏袒趺坐；或現炷香，支頤默然；或擎盂水，與大龍王同清凉趣；或伏猛虎，使自消滅，狼戾怖畏。工以巧心，幻出諸相，而我何爲一瞻敬禮，便當獲福無量無數？況復瓣香能爲感通數千萬里，於刹那頃煮茗浮花，神燈飛空。如此顛倒，無有是處。』有答於衆：『是善男子，心目内外，妄作分别。今我與汝心從何來？姓字甲乙，更相稱謂。自從無始逮於今世，不知幾身復幾姓字。建立宫宇，撞鐘布座，妓樂歌舞，作大快樂。如彼昆蟲螻蟻子等，見如是事，眩惑狂走，謂大奇异，謂大神怪。今汝所説，亦復如是。耳目可接，汝信不疑；所不可接，便謂顛倒。瀕海有山，其名天台，石橋梯空，方丈在焉，下臨無地。仰觀古木，彼所見相，種種奇特，不可名狀。於信向人不作斯事，於闤提惑徧示顯海。是諸尊者有大願力，堅固如金剛，應化如鍾谷，法身圓對，規矩直立。彼空中燈，是汝心燈；彼甌中花，是汝心花。心無有二，法亦如是，以心感心，本來一故，云何區别肉身、土偶！惟心惟法，遍滿虚空，墻壁瓦礫，皆具佛道。』聞者再拜，慚愧失辭，答者一笑，退入於衆。長老真惠大師請記歲月，眉山蘇謂以所聞者識之於石。眉山蘇謂午日書。《敬鄉録》卷七。又見《金華文徵》卷五。

昌永

昌永，紹興末任鄂州教授。隆興元年監太平惠民和劑局，二年爲太學正。乾道中爲左宣教郎、太常丞。見《宋會要輯稿》職官五九之二二、選舉二〇之一七及所撰《石龍庵記》。

石龍庵記　乾道七年十月

江左佳山水，惟宣爲最。諸邑獨春穀處平土，四顧曠然。其南逾十五里有山曰峨嶺，又西南六七里有山曰石龍。二山對峙，而石龍林壑深秀，峰巒峻拔，在峨嶺之右。以其不當道，故人罕識者。南陽鄧君道先之居，蓋介乎兩山之間者也。於乾道六祀，君既營其夫人章氏之墓於石龍，明年遂鳩工命材，爲庵於其側，使僧守之，所以奉香火，嚴祀事也。榜曰『石龍』，因山以爲名也。庵之制，其廣不過十數楹，其容不過十數僧，乃有堂以貯佛像，有閣以藏佛書，有室以處僧徒，以至賓客之位，游從之所，門庭瀟然，厨傳灑然，故人之至者，皆以爲得所。若夫奏高山流水之音，而寓之於琴心；推專心致志之意，而托之於棋局；茶甌晝深，以戰睡魔；詩句夜工，而泣山靈，蓋庵中之事業殆不過此。不則掩門深念，掃地燒香，凝神静思，消遣世慮。酌二川之渌可咽可漱，采群山之美以茹以食，則其爲樂可勝計哉！然鄧君之意，猶以謂食不足則人不留，又遺之百畝之田以食其僧；田不墾則穀不收，又遺之二牛以治其田。蓋其爲此庵計甚遠。又曰：『吾懼夫异世之後，懦弱者不能嗣而葺之，以至頽圮；强梁者或至攘而奪之，以爲己資。有一於此，吾皆誓之以非吾子孫，且蒙以不孝之名。』其爲此庵之慮甚深。君家累千金，三子皆官，諸孫詵詵，嚮於文學，知禮義之方已，寧復有是哉？蓋先事而慮，有不得不然耳。夫慮之深者其謀必長，謀之長者其傳必久，吾見斯庵之與鄧氏相爲終始而垂不朽矣。庵既成，君貽書囑余記之，於是乎書。時皇宋乾道辛卯歲孟冬上浣也。左宣教郎、前守太常丞昌永記并書。民國《安徽通志稿·金石古物考》四。

釋居静

居静，乾道間住嘉州夾江（今四川夾江）毗盧禪院。

毗盧禪院刻捨田施主忌晨記　乾道八年八月

夾江毗盧自唐中和間興建，至今僅三百年，日逐吃用，而捨田施主諱日不知，吃用之際，有所未安。八月一日，祝聖罷，聲鐘集衆，就中佛大殿拈香作誓，以佛是憑，以五姓氏作五籌，置於佛前，以所探月日加于五姓氏之下，是所謂捨田施主：曰郭嘗，得六月四日；曰文禮，得正月三日；曰任贊順，得四月八日；曰朱□濟，得十一月二十九日；知縣事，改律爲禪。曰文林郎馬希淵，得八月七日。各以其日爲遠諱，山門辦齋襯表宣，使居處吃用，貴知其本。於是刻記於石，以貽將來。其爲遠諱□□所捨田相終始，後來者無致或墜。乾道八年八月十五日，住山居静謹記。《國家圖書館藏中國歷代石刻拓本匯編》第四十三册。

張孝祥

張孝祥（一一三二——一一七〇），字安國，號于湖居士，歷陽烏江（今安徽和縣）人。以第一人登紹興二十四年進士第，上書乞昭雪岳飛，爲權相秦檜所忌。次年檜死，授秘書省正字，歷遷禮部員外郎、起居舍人，權中書舍人。出知撫州、平江府，入爲中書舍人，領建康府留守。復出知静江府、潭州、荆南府，爲荆湖北路安撫使，所至有政聲。乾道五年以疾卒，年僅三十九。孝祥善詩文翰墨，尤工於詞，在宋代詞人中占有重要地位。著有《于湖集》。事見王質《于湖集序》（《雪山集》卷五），《宣城張氏信譜傳》（《于湖集》附録），《宋史》卷三八九有傳。

永寧寺鐘銘

謂聲非鐘，謂鐘非聲，離是二想，此鐘常鳴。聲無盡藏，鐘亦不壞，如雷如霆，震此嶺海。四部叢刊本《于湖居士文集》卷一五。

婁機

婁機（一一三三——一二一一），字彦發，嘉興（今浙江嘉興）人。乾道二年進士，授鹽官尉，累遷通判饒州。入朝歷宗正寺主簿、太常博士、秘書郎，兼資善堂小學教授。遷太常丞，秘書省著作郎。擢監察御史。遷右正言兼侍講，進太常少卿兼權中書舍人。以言不合去。韓侂胄誅，召爲吏部侍郎兼太子左庶子、太子詹事。遷禮部尚書兼給事中。嘉定元年八月擢同知樞密院事兼太子賓客，尋進參知政事。以資政殿學士奉祠。四年卒，年七十九。見《攻愧集》卷九七《婁公神道碑》，《宋史》卷四一〇本傳。

東塔置田度僧記　嘉泰四年

吾鄉州近城有教院曰賢首，住持僧曰清雅。既久傾圮，風披雨沐，僅支數椽。雅不堪陋，捐施金一新之，寶殿雕楹，綉楣鏤棨，次舍甲乙，步欄周流，叢林規模，色色差備，艱勤經始至矣。又念歲入無銖粒寸産，僧供不贍，苦行相與精進佛事，不祝髮受戒，以繁其徒，祖印不傳，無以善後。於是置常住田，置度僧局。吾鄉州人往來習聞其概，不知孰何？一旦書來乞記，反覆顛末，信其言尤詳，曰：『清雅入院，更十有八夏，極力苦心辦緣爲鐘魚，主省帖。舊以嫡枝差次住持，不容异派旁睨。雖吾祖師浮雲太空，受十方施，無所執著，吾法就非所計，第院故貧陋，僅僅苟全，非如名山大禪林，施厚力豐，可易置如傳舍。院事一失主盟，焚修不虔，葺漏不補，私所有以自膏潤，輕去迭來，則日就淪落。故往年尚書郎王史君慨念之，復理前語，丁寧申曉，刻之堅珉，以爲表經。先是，有持僧牒一道，不着姓氏，欲以佐工役費。清雅不敢私，轉以累吾徒，則施浹院，固貧自若。因出意合千人各持緡錢千，焚香探籌以取之，以其爲求田根蘖。或相繼出力助施，得租糧以斛計者幾四百，就以先所有鮑氏諸家田米歲二百餘斛，歸度僧局，藉净人氏名鱗，以高下持帖爲據。知事僧掌之，給先出局者，披度禮本院爲師。有贏金勿擅支與以濟私用。不幸有卞殁，則以次繼承，取米十斛爲送終費。院間有儉凶，或公私百費，弗得造爲名色耗用，現隱不償。設有是，許持據與所刊碑，鳴之有司以請。凡度僧局之贏金，儲以增田，足十年，則盡歸公，以給僧供，惟所用此。清雅所爲規式，示山門，俾遵守者如此。幸爲清雅書之。』機憮然曰：自金仙氏入中土，老氏與吾儒之教鼎。時吾儒常貶釋氏，謂其馮虛恍洋，無所考證，引繩批根，麾使不得。近吾於中常持衡焉。世變日久，澆詭日滋，吾聖人語不及怪，不以爲异示人，而後釋氏禍福之説行，蓋爲權以濟經之所不及，指异而歸同，要使人遷善遠罪而已，見不必偏。况人居天地間，孰不善生惡死？釋氏獨以寂滅爲樂，覺觀湛然，不種愛根，不淪欲海，其事爲甚難。世人重財纖嗇，倍力爲巧，市賈則争分銖，飢丐在側，靳一錢不與。而精舍山立棋置，備極莊嚴，朱碧煥爛，率借資於人，以廣費傾郡邑，有餘貲者，不命而獻力，不祈而薦貨，輪運輻集，色無留難，其致此必有道。彼釋氏納輕，皆其徒致之，無一切世間苦樂愛欲，締歡喜緣，宜無毫髮固吝心。而或者蝸旋繭裹，用財自衡，一鉢一衣之儲植，豐矜隆甚，至割衆施利以肥己，是謂無達識者。清雅刻以大慧自奮，孤立一意，視所居院如世之欲持其家者，務使經久悠遠，囊橐無遺餘，不顧也。豈爲釋者難之，世蓋亦鮮矣。機與雅相習知，自官中都，譽言日聞，每傾駭浮慕，恨不即聳瞻磬折，龕僧燈一，道故舊爲笑樂，因其有請，於是乎書。歲次甲子仲夏初吉，中奉大夫、行秘書省著作郎、兼資善堂小學教授、兼權駕部郎官婁機記。《至元嘉禾志》卷二二，影印文淵閣四庫全書本。又見《嘉禾金石志》卷二三，光緒《嘉興府志》卷一八。

興聖禪院記　嘉定二年

嘉定元年九月，權發遣嘉興府事臣希道言：『臣所領郡治嘉興縣，縣丞之廳正寢東室，實惟孝宗皇帝慶毓之地，七紀于今，丞轉相授，與常官舍等，無以稱神扈人仰之意。臣至之日，始徙丞居，即加泛掃，繚以周欞，崇護之禮，懼未宏也。粤庠生序徒，閭井耋老麇至，謁曰：「往年秀以列州，得名爲府。近者士不繇貢，群試春官。亦惟毓聖之地，樞電所届，昭示渥恩，而龍戲之館，赤照之宫，獨後表章，豈非闕歟？」臣希道竊伏思念，忘寢與食，爰即故府，是諏是稽。恭惟藝祖皇帝、太宗皇帝赫靈誕聖，于汴于洛，後即其地，咸建佛刹，曰應天，曰啓聖。英宗皇帝繇齊州防禦入繼大統，州升節鎮，是曰興德，潛邸爲寺，亦沿厥名。載在策書，可援爲比。臣希道猥玷屬籍系，爲秀安僖王曾長孫，臣祖嗣王臣伯圭嘗欲建請，未及聞上，纘成先志，責當在臣。况復際遇，叨守是邦，今而不言，死有餘罪。願即丞廳改創佛寺，且以臣疏下之中臺，討論舊章，賁以名額，仍升軍號，得偶齊鎮，上以慰孝宗在天之靈，下以表臣民推尊之敬，抑爲薄海生聚，祈貺請福。臣希道謹昧死以聞。』十月甲午詔禮部太常寺擬定，禮部尚書臣時、侍郎臣奕、太常少卿臣禮奏：『嘉興府擬升爲嘉興軍，嘉興縣丞廳宇擬更爲興聖禪院。』十二月戊辰制曰可。秀人聞命，歡聲如雷，郡以制書從事，榜揭軍名。乃遂庀役，撤廳創寺，斤工墨師，勸力子來。明年十月寺告成，重扉伉壯，兩廡深靚，左右複屋，栖鐘若經。中儼神御，前殿後閣，列肖諸佛菩薩。丈室以居上首，閎堂以容緇徒。齋寮庖庾，凡叢林規模，靡一不具。爲屋大小二百餘間，輪奐神麗，爲諸刹甲。圜覩和會，拜跪瞻依，謂宜有紀，昭示無極。臣機俟罪政府，與聞奏請，詔報本末，禾興又鄉郡也，僉諧授簡，不得而辭。乃拜手稽首，言曰：惟聖篤生，膺圖授籙，天實啓之，儲祥孕靈，地實成之。渾淪冲漠，妙于天者，難以智窺。扶輿鬱積，發於地者，可以誠考。瑶光感顓，昴宿標禹，傳雖不誣，驗之無朕。至若舜之諸馮，文之岐周，輿圖昭然，千古在目。臣子之于君父也，坐見于墻，食見于羹，精誠所存，隨寓而著。過虚位必趨，遭乘車必下，因物起敬，儼如參前。而况地靈所鍾，聖迹所肇，委置堙汨，弗虔弗蠲，人謂斯何！皇上昭兹繩武，遹追來孝，宵衣菲食，必勤必儉，立政官人，克明克謹。設施注措，動法孝皇。至于恢顯之章，尊崇之典，事事物物，極其豐備。矧三朝成憲，炳然如丹，宜乎覽郡守臣之奏，詔亟俞之，惟恐後也。若夫建明之宜，奉行之恪，經始之審，潰成之速，費不害公，役不加民，則臣希道之績。視公于奚，斯爲罔愧。臣亦既叙次其事，俾鑱諸石，復拜手稽首，爲之銘曰：

於赫孝宗，紹隆中興。武藏不殺，文緯丕平。作其即位，二十七載。德參兩儀，仁昌四海。在厥初生，于胥斯原。禦溪之水，檇李之城。昔在光武，濟陽載育。嘉禾九穗，歲應大熟。昔在高皇，沛惟帝鄉。萬歲之後，魂魄不忘。惟我烈祖，發祥齊孅。郡名昭符，婁協嘉瑞。對越在天，神無不之。乃眷于秀，永言懷思。詔作梵宫，榜曰興聖。遹駿三朝，駕方軌并。宏址穹隆，高棡飛棘。揭虔妥靈，來燕來翼。像衛嚴飭，丹雘華新。徼福登仙，敷錫庶民。禦溪淵淵，檇李業業，夾輔慶基，昌于來葉。檇李業業，禦溪淵淵，匹休宗祊，何千萬年。

通奉大夫、參知政事兼太子賓客、權提舉國史院實録院、權提舉編修國朝會要、同提舉編修敕令、嘉興郡開國侯、食邑一千七百户、食實封三百户、臣婁機撰。《至元嘉禾志》卷一八。又見《嘉禾金石志》卷一八，萬曆《秀水縣志》卷九。

蒲舜舉

蒲舜舉，孝宗乾道中在世。

廣化寺記　乾道九年八月

西康人勤生而嗇施，蓋其地磽腴皆可耕，綵身穀腹之外，蜜紙枲漆，竹箭材章，旁贍内郡，農桑既盡其力，而發貯鬻材，趨時射利，人弃我取，人取我予者，子孫皆修業而息之，廩藏赤仄，至累世不發，惟冠昏喪葬許用之。地既饒而習俗如是，雖欲矯揉磨淬，使之急病遜夷，施一錢以濟貧賑乏，且不可得，而況奉佛老者乎！雖然，民知敦本，是亦可嘉也。廣化寺在封泉，距治城二十里，於元豐四年高氏務成削地捐財以建，門闌雄深，殿廡耽耽，齋庖庫庾，鐘鼓魚螺，無不畢具，而高氏之貲中衰。人皆言曰：『高氏未奉佛也，富且強；既奉佛也，田且荒。佛之因果豈可信耶！』未幾，務成之侄常擢建炎四年進士第，仕至奉議郎，鄉人始大感悟，知責報於天，固不爽也。寺始於元豐，至隆興初猶未賜額。遇中原亂離，涇僧宗奭懷賜書避亂來此，遂請於太守梅公，願以廣化之額補亡。自是高氏之孫德愈念前功，仍像設諸佛以增廣之，巍巍輪輪，宏敞煥麗。一日，德來請曰：『吾祖於是寺念之深矣，而八十七年之後始有名稱，若有數焉。願托令辭，昭示來世！』顧予非佞佛，姑爲本其土風，申其可言者寵嘉之，使刻示邦人，其有激也。乾道九年中秋日。光緒《甘肅新通志》卷九二，宣統元年刻本。又見《隴右金石録》卷四，乾隆《成縣新志》卷四。

釋祖華

祖華，乾道間臨桂縣（今廣西桂林）福緣寺僧。

福緣寺修寺記　乾道九年

桂城西之群山，秀屬於離，美之於辛，平田陸水、澗間草圃中，獨卓一峰，號曰中隱岩之佛子。谷穿户牖，岩壑幽奇，其最上者，内有靈踪石像，歲歷彌遠，莫測所淵。采樵放牧之童，每遇雨暘盛，而遂栖岩竇，以避不虞。忽睹此像，頗有神异，傳於鄉民，凑其觀瞻。轉有顯瑞，漸插茅蘆，引爲庵室，延僧居之，香火繁茂。自後年間旱澇，疫疾所生，禱叩者無不通感。稼苗既穟，灾病釋除，憂危者樂業營家，恐怖者安然坐食。時當紹興，歲在乙丑，坊隅衆信會于里邑，不己榮辱，幼稚之人凑於是岩，議營佛刹，以賢至愚，聞斯盛事，無不加額，忻然維持。頃仰積施，遂敦請府下永寧寺僧祖華以董其事，接爲香火，焚修住持。度材鳩工，不日而成。精舍嚴備，雖去城十里之餘，而路嶮人稀，奈車馬不倦，數百步而常習耳。以癸酉秋府判狀元汪公正字見其希，有以撥廢福緣名額。於是□作崇奉，新興精宇。甲戌春，經略户部吕公出郊，睹于聖概靈异，施俸金建三門齋廳。乾道丁亥，大帥紫微張公舍人創山亭於岩右。庚寅初，經略徽猷張公植壽松五百餘本，以蔭柴居。當年秋末間，僧祖華見其殿宇敝陋，岩室上下不能相應，與道者唐法超募緣十方，重建佛殿，嚴飾聖像，壁繪真如，丹青臒落，欂楝華麗，鴛瓦交輝。設味表揚，以彰于後，謹鑱石聊叙歲焉。時大宋乾道九年癸巳歲上元日，住山修造建寺沙門祖華記。化錢建殿道者唐法超，本坊建寺檀越李昶、周義、李祐、李學、李京、唐廣、秦覺、黄誼、徐士德，建殿都勸首周順、龔志誠，前住山勸緣修造克擇、沙門義觀，西峰禪院住持海印大師賜紫日澄撰，行者惠通書，朱十八刊字。《桂林石刻》上。又見《粤西金石略》卷八，嘉慶《廣東通志》卷二二二，嘉慶《臨桂縣志》卷五。

羅頌

羅頌（？——一一九一），字端規，徽州歙縣（今安徽歙縣）人，汝楫子，願兄。紹興二十年以任子恩，補承務郎，注臨安府餘杭縣浣坎鎮，改潭州南岳廟。丁考妣憂，除喪，監鎮江府排岸，擢監行在左藏東庫。未上省罷，差湖北司主管機宜文字，歷行在檢點膳軍酒庫所幹辦公事、通判鎮江府、知郢州。紹熙二年卒于任，積官朝奉大夫。有《涓庵集》。見羅願《郢州太守墓志》（《羅鄂州小集》附）。

古岩經藏記　淳熙十年十一月

古岩，知名寺也，予少而游焉，愛其僧房在石下有坡陀嵌空之狀，已而上經閣，函列整整，可以手探而意取。念方外之士，肯以其餘閑徜徉於此，因盡閱其經，蓋亦足樂。其後聞欲更爲藏，予私以爲是得已而不已者。淳熙十年冬，住持慈悦遣守如來告曰：『經閣起于紹興中，惟經實營之。閣久而益壞，慈悦與慈妙、守暉等，乞錢爲藏於東偏。方汝霖、汝再首助之，以迄于成。且閣之於尊經有所未至也，今既大爲之，輪衍八面以爲十，置函其間，上爲蓮華、千葉、毗盧居之，五十二大士，縹緲于孤雲之上。當其機緘一動，果若山君海王擁而挾之以趨經，不既嚴矣乎！敢請記。』予於是知其有爲而爲之也。嘗聞佛之視斯人如慈母之於子，丁寧訓敕，惟恐其未喻。而意之所歸，則有卓然而至當者。故其書遍於天下，而方以爲無法之可說。自佛既滅，其徒相與誦而講之，不勝其浩博，而即心之義始出。理事之相資，空有之相宣，語默之相救，凡所以明此非真有，所謂教外之傳也。迨分而爲南北之宗，又散而爲五家之派，號爲參禪者，皆患言之障道，而思造於忘言之域。故顓任諸方語以爲直截之要，其立意則善，然其取舍決擇或至流而爲戲論。大凡方便悟解，則佛之說與其祖與師之説，初不害其忘言。如或不然，則二者均之爲有言，宜异乎此而泥乎彼，猶未免於有言也。以言而求忘言，去道亦遠矣。蓋昔嘗有難佛者，一示之以良久而迷雲頓開，佛於是乎有鞭影之喻。然則施於棒喝，實祖其故智也。觀其書者，亦必有道矣。如上人既嘗游四方，宜必有所聞，而猶以雕鏤塗飾、旋斡震眩爲足以尊經，又以予之文爲足以表其尊經之指而請焉，何謂？予玩華而忘實，故晚未聞道。方願悔前所爲，抱周孔之書而熟味之，以究夫性命之極。萬一有所自得，而後考佛之書，取其與吾儒合者，明著焉以授之，庶乎其有補。恐其不能待也，姑述舊聞。十一月朔日羅頌記。粵雅堂叢書本《羅鄂州遺文》。又見《滠川足徵録》。

江祈院記

浮屠氏之道，即吾儒所謂一以貫之者。後世既判爲禪、律，而僧之所居亦隨以别。大抵恢一堂，華一藏，峻一塔，輒能因人以暴著其事，四方亦喜於傳誦之者，必其寺之屬於禪者也。而律則不然。雖焚修之甚嚴，輪奂之甚備，往往文獻闕焉，殆不可考。豈惟常情重禪而輕律，其人亦自生退屈，不敢與禪爲比。是使處於禪者日益肆，處於律者日益偷，豈其義本然哉？吾郡江祈院起於楊氏順義二年，國朝因之，宣和間火於睦寇。行滿稍爲方丈法堂以居，繼又新其廊廡。滿亡于紹興丙辰，今净悟師實佐净慧主院事。慧清修梵行，安於簡，净悟能强力濟之。蓋自丙辰後三年，得檀者洪羽成、龔覺澄等而殿成。又四年，得净本而三門成。又十有四年，得元圭及鮑氏女而鐘與樓成。於是悟始代慧，慨然思以律自顯。既得銘於將作丞汪公，因請爲院作記，未及爲而公即世。悟之齒益高，其欲得記亦愈甚。公弟秘書丞許卒兄之志，乾道庚寅冬方具藁，又不克。某至〔一〕，其孤澄持悟之所述，泣以授某曰：『先君有治命，當以記屬公，不可以辭。』即遂取而收之，然私以謂悟其少壯時不憚勤勞，以能有此棟宇。方欲假大君子之文以爲光寵，蓋始終於兩公之門者不知幾年，而竟得陸陸如某者爲之，事之不可料如此！矧尋尺之石亦有時而泐，則所恃以不朽者其微哉！誠使今之士大夫能如悟之用心，内信所挾，不以法俗分别爲輕重，卓然有所立於世，則凡能言之士，雖不蹇裳以求之，孰不樂爲書者？其視悟用工之勞佚，得名之久近，不可同日道也。故因以廣之，以爲吾黨之勸云。《羅郢州遺文》。

〔一〕至：原作『堂』，據文淵閣四庫全書本（簡稱『四庫本』）改。

張淵

張淵，字叔潛，福州長樂（今福建長樂）人。隆興元年第進士。乾道六年除秘書郎，改校書郎兼慶王府直講。出知數州。淳熙九年知隨州，又嘗知興化軍。見《南宋館閣録》卷七，《宋中興東宫官僚題名》，及所撰《興化軍到任謝表》《明悟大師塔銘》。

大洪山崇寧保壽禪院第十一代住持傳法覺照慧空佛智明悟大師塔銘〔一〕　淳熙九年八月

夫野人之居于深山，所與游嘯而燕息者，草木之臭味，麋鹿之資性，適其所自適而已。其於身後榮名，與王公大人借勢以爲光寵，不惟地偏事左，非其所便利，而其世故緣法，不相關涉，莫或夢想及之也。大洪山崇寧保壽禪院第十一代住持傳法沙門慶顯，蜀之廣安□，族姓王氏，雖本儒家子，幼不爲聲利起念，因誦《十二時歌》，至『未了之人聽一言，只這而今誰動□』，豁有深省，出家從長老惟益學，以鈔疏□非究竟，惟益令參『大死却活』之句。既打住，鋭然發憤，參叩什方。嘗詣泰佛性，佛性蓋熟視之，令參堂。未幾佛性圓寂，徙詣果月庵，詰以『一雙鴻雁泊地高飛，兩隻鴛鴦池邊獨立』。凡二年，針芥不相投。值月庵赴怡山招禮師，乃詣天童見宏智覺禪師，一見心服，然當機不發。閲三年，辭去。宏智指示云：『子見吾叔浄嚴，遂當爲子重師。』奉教徑趨大洪。始至，浄嚴問云：『今夏離什麽處？』師云：『天童。』浄嚴云：『曾見水磨否？』師云：『見。』浄嚴云：『左轉邪？右轉邪？』師云：『阿轆轆地。』浄嚴云：『活頭漢。』師云：『非但某甲，佛祖亦然。』一日，隨衆入室，浄嚴問仰世界即是覆世界，覆世界即是仰世界，汝作麽生會？舉未竟，師於言下大悟，因轉一匝去。浄嚴把住云：『弄精魂作麽？』師云：『波斯入大唐。』浄嚴云：『汝可歇去。』師首肯。自此日就月將，作用綿密。又三年，賢洞山補處，浄嚴遺師□贊，臨歧付囑曰：『汝善護持，他日孤峰絶頂，建大法幢，亢吾宗矣。』夫浄嚴，人天導師，許可如《春秋》直筆。師游歷諸方，不爲苟且，直得大死更活，一旦同時啐啄，如風雲感會。嗣浄嚴法□住大洪山，京西帥漕、漢東守倅共論薦之，朝廷下省帖，照應舉請，蓋自師始也。師壞色以爲衣，糲粱以爲食，空苦寂滅，□□其學，力於曹洞宗，自明一色邊事。夫既死灰其心，槁朽其形，以法語爲夢語，道號爲牧蛇，其於世泊然無所起，其於塵欲淡然無所嗜，視榮名貴勢，何有於我者！夫孰肯措心積慮，拼援傅會，僥一日之幸，求快其志爲哉！然而縉紳名流參叩，以求開發，聞望日隆，檀信日盛。獨坐洪峰孤絶之頂，方來雲衲輻輳鱗集，法幢果大克建。蒙恩頒降『覺照慧空佛智明悟』大師，凡八字。由是牧蛇之聲遍滿江湖，轉轉聞上，表其真實義諦。夫既光明盛大矣，東宫爲之親灑翰墨，作『牧蛇庵』三大字，以標榜叢林。此蓋前輩衲僧遭逢當世，得未曾有也。山中徒弟揭之塔庵牧蛇旨要，四方知歸焉。目其説曰：三界虚僞，惟是一心，離心則無一切境界相狀。太虚本無相狀，萬象豈有根源？奈何末世衆生感失正念，俱受輪轉，蓋由三毒蛇之所噬嚙，五藴相之所奔馳，墮聲色中，逐流忘返多矣。且牧蛇之意，其義謂何？以眼耳鼻舌身爲蛇邪？以心意識爲蛇邪？以髮毛爪齒爲蛇邪？以森羅萬象爲蛇邪？若以眼耳鼻舌身爲蛇者，則色聲香味觸如幻化，如影象，如空中花，如芭蕉□。若以心意識爲蛇者，則心如工伎兒，意如和伎者，五識爲伴侣，妄想所成，大圓鏡中無如是事。若以髮毛爪齒爲蛇者，則四大之聚沫，如鏡□之微塵，動静去來，風□□轉。若以森羅萬象爲蛇者，則清净本然，云何忽生山河大地？如是觀之，身心一如身外無餘，來無所從，去無所至，其中間誰是牧者？是固牧蛇老人所以爲人垂示云爾。人之入乎其中，發真□源，知所自牧。所謂雪裏蘆花，無塵無對；山林朝市，誰往誰返？儻來之利名，彼將何自入也？一時名公卿，有若丞相虞公、郎中陶公、殿撰陳公、左司丁公，皆當路主司者，一見而忘勢交之，出口薦之。其在山中，天龍鬼神，佐佑靈濟，而出雲雨、見怪物者，□師稱贊，咸增爵秩。嗚乎，此非必勢諸名卿以相提掖，唯其德盛仁熟，誠之不可掩，媲夫草中之蘭，人服媚之以爲國香，决非拼援傅會所得也。師住世年七十八，坐夏臘五十三，受具弟子宗仰而下二百餘人。窣堵波既成，宗瑄、宗邃求銘于余。凡二年，其求愈力，不可但已也。銘曰：

説法大洪，多曹洞宗。懿厥牧蛇，宗通説通。孰駕其説，郎星卿月。天宫帝子，爲綸爲綍。牧蛇一時，名振宗師。曹洞如綫，孔□大之。實蕃學徒，佩服師摹。一色邊事，有鄰不孤。

宋淳熙九年壬寅秋八月二十四日，小師宗瑄、宗邃等立石。民國《湖北通志》卷九二，民國十年刻本。

〔一〕題後原署：『承議郎、權發遣隨州軍州事兼管内勸營田屯□事、借紫張淵撰并書。』

葛邲

葛邲，字楚輔，號可齋，其先丹陽（今江蘇丹陽）人，徙湖州安吉（今浙江安吉北），立方子。以蔭授建康府上元丞。隆興元年登進士第，除國子博士、著作郎兼學士院權直、右正言，歷侍御史，累遷中書舍人。又遷給事中，除刑部尚書，同知樞密院事。光宗受禪，除參知政事、知樞密院事。紹熙四年拜左丞相，除觀文殿大學士、知建康府。寧宗即位，判紹興府，改判福州。以少保致仕，卒，年六十六。贈少師，謚文定。《宋史》卷三八五有傳。

密庵和尚塔銘〔一〕

釋迦如來滅度之後，其徒未免囿於名相。至達磨西來，不立文字，直指人心，見性成佛，而人始知佛之所以爲佛也。六傳而至大鑒，五宗而得臨濟，而佛之道益光明盛大而不可掩矣。臨濟之宗，直截根源，不涉階級，全機大用，棒喝齊施，或者喜其路之捷，而得之速也，然未免承虚接響，錯認話頭，撥無因果，生大我慢，却墮邪見，了不覺知。自非有明眼宗師，見處分明，行處穩實，則何以倒用横拈，得大總持，爐鞴後學，皆成法器耶？近世卓然杰出了此事者，則天童密庵師也。密庵得法於應庵華，華得法於虎丘隆，隆得法於圓悟勤，蓋臨濟之正宗，叢林之巨擘也。師諱感杰，俗姓鄭，福州福清人，密庵，其自號也。母嘗夢靈山老僧入其舍，已而生。師自幼穎悟不凡，每厭塵染，欲求出世間法。及受戒爲僧，不憚游行，遍參知識。初謁應庵，孤硬難入，屬遭呵咄，心不退轉，久而相契，遂蒙印可。自此道價益喧，人天推出，其分坐而説法，則見於吴門之萬壽，四明之天童；其正坐而説法，則見於三衢之烏巨、之祥符，金陵之蔣山，無錫之華藏。所至之處，舉揚宗旨，露裸裸，活鱍鱍，七縱八横，無少罣礙。然十二時中，步步皆踏實地，雖不待修證，而修證未嘗忘；雖不假精進，而精進未嘗怠。滴水滴凍，照瑩明徹，遂使天下衲子響合雲臻，相遇諸途，則曰：『何不禮師去！』文彩既彰，聲名上達，淳熙四年，有旨住徑山，召對選德殿，問佛法大要，開堂靈隱，又遣中使降香，道俗觀者如堵。七年，自徑山遷靈隱，上親灑宸翰，詢以法要，又遣侍臣，以《圓覺經》中四病爲問，師皆以實語對，恩遇甚寵。十一年，歸老于天童。十三年六月，忽示微疾，十二日趺坐而逝，年六十有九，臘五十有二，葬于寺之東。師應機接物，威儀峻整，晝則危坐正襟，以表衆視，夜則巡堂剔炬，以警衆昏。純白之行，終老不移；堅固之身，至死不壞。所遺齒髮多生舍利，人以爲异云。約齋居士張鎡，常參學於師，師亡，復經紀其後事。其他嗣法者數十輩，而了悟崇岳尤杰然者也。邲效官中都，與師相見，或道話終日，亹亹忘倦。别去，數以書相聞，臨寂又以書爲别。既葬，參學弟子慧光以塔銘爲請，辭之，請益堅，乃爲之銘，曰：

曹溪一滴，源深流長。至于臨濟，其道益張。如擊石火，如閃電光。不離當處，覿面承當。猗歟杰公，直造其堂。行解相應，非斷非常。一音演暢，七坐道場。衆生病惱，我爲醫王。衆生沈溺，我爲舟航。坐斷報化，不涉周章。聞者見者，踴躍騰驤。疑情頓釋，如葉殞霜。宗風不墜，繄師棟梁。名滿天下，若爲蓋藏。作奇特會，空費商量。此一轉語，爲師舉揚！《密庵和尚語録》附，日本大正新修大藏經卷四七。又見《密庵感杰禪師語録》卷下。

〔一〕題下原署：『正議大夫、刑部尚書、侍讀兼太子詹事、廣陵郡開國侯、食邑一千户葛郯撰。』

姜如晦

姜如晦，字彌明，曾知崇慶府新津縣。淳熙四年十一月被劾特降兩官。著有《月溪集》三十二卷。見《宋會要輯稿》食貨七〇之七〇，《宋史》卷二〇八《藝文志》七，《五百家播芳大全文粹》卷首《姓氏》。

金繩禪院增廣常住田記

成都諸刹以昭覺正法爲大，保福、信相等次之，金繩未在屈指之列也。淳熙甲午，道人某主院事，百廢具興，乃作五百應真岩洞，其莊嚴殊勝，不在潼川洞門下，諸方蓋没及也。由是龍天護持，道俗趨向，出財市田以廣常住者相繼而至。有河東太原之鄧景亨者，施十四畝有奇，直一百四十萬錢；成都李元有施二十六畝，直一百八十萬錢；潼川僧曰道方，施二十畝，直四十萬錢。凡此，皆住持道人願力應真，大士福力，願力無窮，則福力無量。施者受福，當亦無邊，而金繩之田，甲乙于四大刹，當有日矣。然以《金剛經》觀之，若人以三千大千恒河沙世界七寶布施，得福雖多，若以四句偈爲人演説，其爲福德勝前福德。蓋如上所施，是福德相，非福德性也。我今啓白住持：『若人願以廣長舌敷演微妙義，舉四句偈爲施田者説，使彼施者展轉演説，證一切空，則大地衆生盡入如來性，功德藏視彼頃畝斛斗之施之福，未可同日語也。』住持笑曰：『老僧昔無卓錐之地，今又無錐可卓，安得更有四句偈爲他人説耶？施田授田，儻有來歷，記之足矣，何言？』僕曰：『唯唯。』景亨之室曰袁氏，元有之室曰蔡氏，主事者皆繪其像於功德堂之末，而記其遠日於异時，則付之後來者，故并書之，以告來者。《成都文類》卷四一。

金繩院五百羅漢記

院在唐名東禪，在僞蜀名龍華，國朝鳳州太守王蒙正斥而大之，梁柱宏壯，爲諸方冠。其建置如禪規外，又爲大殿三，相屬於東偏。大中祥符元年始賜名金繩。建炎軍興，升成都府路安撫爲四川安撫制置使，别置官屬。三殿繪事雖富，而像設缺焉。有司便其空闊，即用爲官屬廨舍，院綱坐是頽委，幾五十年。乾道庚寅，上命敷文閣待制、廣漢張公震知成都，罷制置司官屬。一日，公顧瞻棟宇雄壯偉麗，長太息曰：『制置司興廢無常，安知後日之不復？若乘其間嚴像設，以補异時缺典，杜後日館廨之害，不亦善乎！』於是命僧子文領院事，諭意指，文以五百大羅漢請。閲四歲，像設才二百，於其中殿作彌勒像，未施金碧，而文歸寂。今住持勤心公繼之。勤以乙未春正月不假方便，諸聖推出，來往此刹。始至，有立魔論鼓惑衆者，謂勤決不嗣文志。勤刻苦經畫，錙銖積累，儉薄受用之須，散文所散，用文所使，終文所事，一毫不易。魔論將息，未幾何，施者雲委，不謀而同，乃闢前殿以爲洞户，貫三爲一，成大寶岩應真妙相。周回間錯，無量變現，龍宫海藏之會，儼然未散。歲在戊戌，大功德藏相將落，大師内翰胡公從佛地位現官寮身，具大正見觀，察無量壽佛，事從三昧，起而作是。言當來彌勒號稱，次補一十二相，則已莊嚴。云何釋迦大寶覺王世出，世爲人天師，能轉聲聞，入佛知見，而於此寶刹座從虚。譬如公朝千官百辟，衮冕巍峨，森列殿庭，至尊不臨，孰爲宗主？乃即後殿施紫金檀，作釋迦像與彌勒像。凡諸佛像有不具者，俱爲足之。前佛後佛共轉輪，與諸羊車、作大教主，諸修行事、諸化導法，周遍寶坊，靡不畢具。雖我世尊法華會上，眉間白毫，所照世界，所現瑞相，所作佛事，何以過此！靡金錢一萬萬，而住持足迹未嘗一出户庭，自非具本來福德藏，修本來福德性，其應於事相者，安能如是危危堂堂也哉！院枕繁闤，酒坑媱阱，盗山殺海，勢席詐怛，財鴆氣蟒，惡習盤結，周回四隅，境風業火，一刹那際摧菩提樹，焚般若種，錢圍深固，阿鼻暗黑，無量苦事，種種見成，如蟻旋空，以苦爲樂，晝夜觀歷而不覺，知是則名爲可憐憫者。今於其中即事示相，因相起信，轉大苦海成大善林，化愚痴人發智慧心，化暴急人發忍辱心，化懶墮人發精進心，化傲慢人發恭敬心，化散亂人發禪定心，化淫穢人發清净心，化貪盗人發滿足心，化慳吝人發檀施心，化嗔恚人發歡喜心，化殺害人發慈善心，化妄誕人發真實心，種種心生，種種心滅，一彈指頃捨惡趨善。其爲饒益，無有限量，無有窮盡。諸來觀者，彈指贊嘆，得未曾有爾。時有一居士自凡夫境諦觀凡夫作諸妄業，受諸妄報，王侯螻蟻，共一苦聚，心生悲惱，未有咨決，又聞如是大都會中有大業坑，復有如是大功德海，歡喜踴躍，稽首作禮。住持又問之曰：『昔須菩提常白世尊、阿羅漢道從無諍修無諍三昧，人中第一，又自世尊，我從空生證解空果，成無上道，即是義觀無諍及空。是阿羅漢滅妄證，真二大法門。我觀世間種種黑業，皆從諍起。諍心一萌，河沙國土微塵衆生各立見界，自爲同异於普佛境，失普物性；又觀世間諸不空者，皆依麗濁事相而立，認賊爲子，返爲賊謀，自劫家寶。客境窮露，無可誰何。今子於此有諍界中開示無諍正修，行路不空界中開示真空，本寂滅體，雖則對病設藥，猶墮有爲，但此界中諸有生者染病方深，云何勿藥？假一切有詣一切無，畢竟無中。藥病兩亡，事理俱泯。惟病與藥，總成昨夢，露地白牛，卓然獨立，子之所志，其在兹乎？』住持顰蹙而言：『嗟乎哉！是何子之多事也。老僧昔者南游諸方，至於何山，見一威猛大師子王，寓名曰辯。於千載後無見見中，親見臨際，我於此老承事供養，經歷年歲，寂無所知，忽從户外賣菜聲中聞師子吼，我於爾時性命俱斷，悟本來空，無得而得。今於此刹作粥飯頭，饑來即食，飽來即睡，十二時中一切平常。如子所説，我總不知，但以前日創始既有其緒，成功不毀，姑爲終之。諸世界中及世界法，總是大阿羅漢普通道場，無用强生分别作善惡想，立取捨見，何山所得如是？』居士曰：『咄！龍生龍子，鳳生鳳雛，四海老勤，名不虚得。』筆集緒言，因以爲記。《全蜀藝文志》卷三八。又見《宋代蜀文輯存》卷九七。

李長庚

李長庚，字子西，道州寧遠（今湖南寧遠）人，後徙居江華（今湖南江華西北）。登紹興二十四年進士第，乾道中爲左奉義郎、知賀州富川縣，累官至朝議大夫。居官廉潔，不事産業，惟聚書數千卷，號讀書之室曰『冰壺』。以壽終。著有《冰壺集》。見同治《永州府志》卷一八下，《宋詩紀事補遺》卷四四。

新建龍回寺碑〔一〕　乾道九年六月

金仙氏以慈悲爲心地，以方便爲法門，誓願洪深，福德廣大。布金長者，既成無漏之因；聚沙童子，□登最勝之地。學者能以向上一路，誘掖群迷，人稟五行之秀，爲萬物之靈，誰無佛性哉？吾見其歡喜樂從，如霜降鐘鳴，風行草偃，有不期然而然者矣。寧遠直北八十餘里，地名野勒，境接平陽，僻在一隅，素無梵宇。昇時善男子、善女人大發菩提心而莫知歸鄉，彼方之人深以爲慊。歲在丙辰，鄉耆鄭崇請之於官，得太平鄉廢寺，額曰龍回。歸結茅庵，令僧方紹主之。草屋數間，上雨旁風，歷載三十，莫之能改。方紹既死，弟子惠傳繼之。居無幾何，鄰寇竊發，白晝一炬，蕩爲烟埃，童行數人，龜居雁聚。廣法院僧惟直，方紹法眷也，振策至此，欲有鼎新之意。乃卜地□江之西，規以爲基，地主問之，欣然喜捨。初得謝宋璋捐金，以爲草創之資，謝允全勸率以立丹青之□。惟直不憚寒暑，遍走鄉鄰，錙積銖累，共得金五十餘萬。于是乎鳩工度材，擇日練辰，以戊子七月之己巳興工，至辛卯六月訖事。背負天柱嶺，面揖金子山，水秀峰奇，翠環緑迤，氣象清淑，林木陰森，望之肅然生恭敬想。佛殿僧堂，齋厨經室，一切日用，無不周匝。佛像、菩薩像、天像、神像，一切外護，亦皆備具。識者於此，益知佛之感人也深，故其化人也速。直能得其用心，宜乎人之樂從也。直梵行克修，嘗參諸方，凡八年而歸。宋璋亦長齋持戒，誦《金剛般若經》，朝夕不替。二人志氣吻合，針芥相投，是以言無不信，爲無不成也。他日直來請記，予謂直之爲此固可嘉已，使代居此者人人如直，寺其有不興乎？直亦宜詔其徒，凡居於此，必洒濯其心，清净其身，服釋之服，言釋之言，行釋之行，無若破戒比丘、名字羅漢，使後人指目以爲野千狐狸窟宅，庶幾不負與檀越之用心。直曰：『善哉！夫子之言，吾志也。願并刻之，以爲山門警策。』

乾道癸巳六月日，左奉義郎、知賀州富川縣事李長庚撰。左迪功郎、新連州司户姚宋佐書并篆額。

左朝請大夫、前瓊州安撫李寰立石。當代住持僧真傳幹緣，前住平陽廣法僧惟直□建，寺地謝宋璋、謝允同□德方幹辦。開碑鄭世賢，永明石匠蔣俊刻。周治《永州府志》卷一八下，道光八年刊本。又見嘉慶《龍回縣志》卷九。

〔一〕題下原署：『地主野勒謝宋璋立。』

王質

王質（？——一一八八），字景文，號雪山，其先鄆州（治今山東鄆城）人，後徙興國軍（今湖北陽新）。博通經史，善屬文，游太學，有時名。中紹興三十年進士第。御史中丞汪澈宣諭荆襄，樞密使張浚都督江淮，皆辟爲屬官。入爲太學正，上疏論政事，忌者謂其好异論，罷職去。虞允文宣撫川陝，偕行。再入朝爲敕令所删定官，遷樞密院編修官。後奉祠家居，淳熙十五年卒。著有《詩總聞》二十卷（存）、文集四十卷、《夷堅别志》二十四卷、《正法世譜》、《紹陶録》二卷（存）、《林泉結契》五卷（存）等。《宋史》卷三九五有傳，又見《文獻通考·經籍考》卷四四、五四，《宋史》卷二〇二、二〇八。

達磨大師行龕記

江陵張君孝芳事菩提達磨大師，作行龕與俱，以示某曰：『爲我記之。』達磨自竺乾來震旦，過建康見梁武，弗旋踵遁去，終其身於高山之間。夫事佛之力，他帝王未有加梁武者，藉此足以有爲矣，而去之何也？梁武繳纏名利之末，固不足以領達磨所付，而魏明者亦何足以知之？魏明見之三，達磨刧之三，此非有所可否於梁、魏也。孟子曰：『舜生於諸馮，遷於負夏，卒於鳴條，東夷之人也。文王生於岐周，卒於畢郢，西夷之人也。地之相去也千有餘里，世之相後也千有餘歲，得志行乎中國，若合符節。』大哉中土，聖人馳騁之地也，所謂天下之廣居者乎！如長江巨河，下萬斛之舟而巨風翼之，如平原大川以絶足之駟而駕輕車，其力易施、志易展也。英雄好爲事業者固與道异趣，所成如漢高帝斯已奇乎！其王漢中也，曰：『吾亦欲東耳，安能鬱鬱久居此乎？』聖人雖無心於擇土，而勢所便、氣所合者多在夫七曜五行純全融結之所，自慕功業者言之，所謂建瓴水於高屋之上者也。文王遷鎬而太公來，達磨至洛而慧可出，風虎雲龍，此豈偶然也哉！南印來東土，越海逾漠，爲法求人，見赤縣神州有大乘氣象，達磨固自云耳。文淵閣四庫全書本《雪山集》卷七。

王質

周孚

周孚（一一三五——一一七七），字信道，號蠹齋，濟南（今山東濟南）人，寓丹徒（今江蘇鎮江）。乾道二年進士，官真州教授。工詩，與辛弃疾善。淳熙四年卒，年四十三。著有《蠹齋鉛刀編》三十二卷（存）。見《京口耆舊傳》卷三、《宋史翼》卷二八、乾隆《江南通志》卷一六六、《四庫提要辨證》卷二三。

焦山普濟禪院僧堂記　癸巳

天下之事固有非世智所能測者。夫人之情莫不嗇於財而吝於施，而土木之功雖縣官猶且難之。有司之於民，常賦之外有一毫之斂，莫不悻悻然見於詞色。其有所興作，雖計日而督其力，尚或不辦也。此二者，世智之所能測者也。至於浮屠氏則不然。天下之民，其奉事佛者十室而九。貧者敝衣菲食之不給，而聞施於佛則往往假貸以自效。老而耄者其自奉養有所不忍，而持以供僧唯恐其不受也。夫如是，故郡邑之間穹楹奥宇隱然相望，總其工而計之，官府之力或愧焉，是豈世智之所可測哉？唯其世智不可測，故吾以爲必有非人力所能致而至者，而世未之察也。潤之焦山普濟禪院，予自冠而往游，視其寢廬、齋宫、庖湢之室無一不備，獨其僧堂庳下而隘，不能容百人，寺之衆以爲病，迨今二十年矣。歷住持者五人，而卒不能有所增加也。今長老定圜來主是院，知衆之不安乎此也，乃選其徒普安，使經營之，探於囊得人之捨於己者錢五十萬以畀安，而郡之大姓耆老相勸出金帛以佐其費。一年而財辦，二年而堂成。蓋爲屋九楹，爲錢千八百萬有奇。高明宏麗，動人心目，自是至普濟者無遺憾焉。圜嘗爲予言曰：『夫馮虚責實，化瓦礫爲金碧之區，使學道之士得安意肆志而無逼仄囂溷之嘆，此世智之所難而吾教之所易也。然向之諸師蓋常有是心矣，而卒成於吾之手，非吾能也，物之壞成廢興有數行乎其間。數未當然，雖殫心弊力終不能益毫末。及其至也，如反掌然。吾於此適承其數而已，何勞之有？雖然，寺之興創悉皆有記。子與我厚，可强爲我記之。』予以爲圜之才能成積年不可成之役，一宜書；既成矣，不自有其功而歸之數，二宜書。故并書之，且使世之人知浮屠氏之教其所以能振起者蓋如此。彼呫呫詆之者，亦足以自警也。影印文淵閣四庫全書本《蠹齋鉛刀編》卷二三。

金山重建南水陸堂記

乾道九年，金山寺之南水陸堂成，予所善僧慧海爲山之衆來乞文以爲記。予問其堂之制并其工用之幾何，曰：『堂衡七楹，從十有二楹，兩廡視堂衡之數而增其三，總爲屋二十有九。凡吾教之所嚴事與所振拔者，咸肖其狀於壁，總爲像七百有六。若木，若石，若金碧之飾，若雕鏤之巧，總爲工萬有三千。計材於三月之庚子，而用工於五月之庚申，至九月朔而告成，總爲日百八十有八。』問其財之所自出，曰：『今長老印公儲其人施於己者，凡三年得千一百萬而堂成，又求於衆，得二百萬，而像設具。』予嘆息曰：『不私其有，推以福於人，又能與人同其善，是實可紀也。』乃爲之記。夫佛之教雖爲世所趨向，而其塔廟之在四方者亦或隆替不常，是何也？蓋道不虚行，必待其有能。以是鼓舞斯人者，固能若是興也。自予居於潤，閲兹山之主者亦多矣。或因陋就寡，支傾補壞以苟歲時；或有興作之心而人不信，以私自蠹，卒壞于成。而比年以來，土木之功蓋未嘗輟也。故其奉賜詩者有閣，待游觀者有臺，休老疾者有堂，而又面江之陽爲門者三，并山之脅爲浮屠者二，至於外廊内寢咸闢而新之，費蓋巨萬，而又及於兹堂也，其雄甚壯麗駸駸乎熙豐之舊矣，是皆積年之所冀而不可得者。夫成壞以數，其所以成壞則以人，自古以來可覆也。然予聞諸里人，兹山當大江之衝，風水相搏，主者難以久。自達觀穎公而枚數之，其歷年多，而人信之者惟佛印、元公與今印爲然也，則其所成就蓋有陰相而然贊之者矣，而人何足以見之？雖然，印得道於中峰民公，而圜悟勤公之孫也，彼其中蓋寂然而無所營，泊然而無所慕，雖草彌堂下而莫之顧者也，而予乃以其有爲者言之，予亦陋矣。淳熙元年四月十日，迪功郎、新差充真州州學教授周孚記。

建康府句容縣圓寂寺記

句容縣之西南三十有五里，有山曰赤山。曩時邑民之避亂者常栖焉，群盗旁午而卒無患，相謂山之神有以相我，願致力於佛以報神惠。會比丘景倫自溧水來，止於其縣之香林院，衆素聞其名，相與出錢買地於山之陽以留之，而知縣事鄒惟叙助爲之請，且言於府，乞以紹興詔書移故圓寂寺之額於此。知府事葉公夢得許之。方芟夷蓬藋，規度庭宇，而景倫卒。景倫之徒道愿來主寺事，而同門道忠實佽助之。二人惡衣菲食，檀施之入雖一錢不敢私〔一〕，通倫之世二十有九年而寺始成。蓋有殿以嚴像設，有室以安勤舊，有堂以待方來之衆。寢廬齋庖各以其序，而瓦甓金石之用，丹堊髹彤之飾又皆稱其事也。道愿圖其寺之所在而以書來言曰：『此邑中耆舊之願而先師之所未能成者也，今幸成矣，願乞文以爲記。』予發書按圖爲之嘆息。夫天下之事，方其勢之可以亟成也，孰不願儌幸焉?苟或事與意相齟齬而歲月不可冀，則色倦神沮以他爲解，甚者釋之而去，委其責於人。惟其如是，故事卒不立。今是縣介於兩州之間，而地又僻，且縣之籍初未嘗有是寺也。歷年之久，向之願施者凋零略盡，後生晚出疑笑者半，愿不撓不隨，獨能有成，嗟亦勞矣。故吾於此有感焉。

願持律嚴甚，其學者誅誅奉其教不敢少犯，是寺之興，蓋未易量也，故予記之。圓寂本梁同泰寺，治平間始賜今名云。《蠹齋鉛刀編》卷二四。又見《句容金石記》卷五。

〔一〕入：原作『人』，據《句容金石記》改。

蒙庵記

浮屠鑒公初主蘇之瑞光院，名其燕坐之室曰『蒙庵』。既去瑞光，則曰東西南北法身皆然，而吾庵何遷哉！故凡所至輒以是榜其室。戊子之夏，與予遇於江上。予數過之，指其室願有述也。余曰：『子何取於是名哉？子之教號曰大圓鏡智，而見性如隔羅縠，如來猶訶之，奈何子之自托於是也？且子豈真昧昧而無識者？而學佛者亦豈必如盲如聾而後謂之得道哉？子之於衆亦有緣矣，使子而果蒙也，則彼何所賴子？故吾以是疑子也。雖然，子之意則有在矣。子學博而知守之以約，行高而知持之以晦。其於物也無所麗，其於時也無所競。則其退托於是者，蓋將以警諸徒也。吾其爲子記之，使世之人讀吾之言，則知佛之學不以昏昏默默無所識别爲賢，而觀子之所以自處，則知譸張夸大之説不足信，而睢盱自矜之心不萌於中，亦教之一助也。』鑒，犍爲人。初爲士，舍而學佛，得法於應庵華禪師，與之語猶不忘儒也。間出其贊佛之文示予，理邃而語工，予是以與之游。九月日記。《蠹齋鉛刀編》卷二四。

羅願

羅願（一一三六——一一八四），字端良，號存齋，徽州歙縣（今安徽歙縣）人，汝楫子。早以蔭補官，紹興末調臨安府新城縣監税，又監饒州景德鎮税，尋監南岳廟。乾道二年擢進士第，授饒州鄱陽知縣，不樂往，主台州崇道觀。八年除贛州通判，攝其守事。淳熙六年知南劍州，陛辭奏疏，深中時弊，孝宗嘉納，從臣交薦，改知鄂州。淳熙十一年卒於任，年四十九。著有《爾雅翼》《新安志》《羅鄂州小集》，均存。見《鄂州太守存齋羅公傳》（《新安文獻志》卷九四）。

徽州城陽院五輪藏記

佛氏之書，載以五輪，此役之巨麗者也。以吾州人之勤於力，今歙縣南所謂城陽院者，乃亦有之。先是紹興中，里人余聰買其書號四大部置院中，歲益久，主僧宗仁謀所以藏之，首得錢百萬於同里張應周，而余實、余端誠繼之，錢各五十萬，又别累積，凡爲緡以三萬計。一年而藏室具，又二年，當乾道之九年，而輪畢成。凡其書亦隨具，斯亦難矣。夫五天竺，蓋聯綴木葉，右行而記之，以爲文字。及其寫以黄紙，標以赤軸，函貯而尊閣之者，皆華人之爲也，然而未有輪也。傅氏鑄銅以爲式，其植若箸，横爲梁，而中貫之，列七佛焉。觸之以指，則轉而不窮，是輪而已矣。其後因之爲大輪，八觚上象鈞天帝居，下爲昆侖海水，仿百物以爲飾，猶不盡其巧，則又分而爲五。當其無事，不震不動，大小縱然，芬烟既作。有聲軯然起於地中，則有軋軋者群起而和，中聽未及審，而所觀變於前，怳然如入雷電之室，隱轔揮霍，而莫知所爲。如五山之宫殿，岌嶪無所著，而隨物播徙；如充庭之輅，禮畢而出，鑾鳴轂動，相切而争馳。其上則爲鳳爲猊，爲天人，爲龍蛇巨雀之神，爲旌蓋，爲網鐸，爲金爲碧，爲火與日，爲草木華實，散放五八四十面之中，更見迭出而不相蔽虧，使玩常習故者視之，震眩心目，而不知其外曠宇天高地下，八方奠位自若也。彼相進以仗者，一至於此，夫孰求其初要而言之？此其意亦有所表，又以人之情悦於巨麗，得佐其説以行。惠子多方，其書五車，莊周偉之，以終天下之道術。東方生正書至用三千牘，公車令兩人共持，僅能勝之。人主忻然讀之，二月乃盡，皆以言博而役巨，傳之至今。今是書逾五千卷，藏之者又如此，獨不爲偉乎！宗仁御衆以律，能使其徒皆樂事勸功。而智海尤堅忍，至以醫道走四方，用佐費，所以能鼓舞斯人而與之爲其難者歟！淳熙二年四月十五〔一〕，州人羅願記。粤雅堂叢書本《羅鄂州小集》卷三。

〔一〕『十五』下疑脱『日』字。

林亦之

林亦之（一一三六——一一八五），字學可，號月漁，又號網山山人，福州福清（今福建福清）人。林光朝高弟，繼光朝講學於莆之紅泉。淳熙十二年卒，年五十。景定間贈迪功郎。有《網山集》。劉克莊稱：『網山論著，字字句句足以明周公之意，得少陵之髓。其律詩高妙者絶類唐人。』見林希逸、劉克莊《網山集序》。

游羅漢院記

九月二十日，月魚子同吾黨十有二人游鍾山。日向夕，幽趣未足，更登一小垤。望其下有破屋一區，或識爲羅漢故院。四邊無尺椽，惟中夾一古殿，傾崎僅存。殿中有數隻几子，塵埃一色。睨而視，縱横皆佛軀，或斷其臂，或闕其鼻。壁之西北角有聖僧椎子一枚，蟲食其半。屋梁上挂一片破甑，翩翩欲墮。而世尊尚巍然於高坐上開目微笑，如鄉者説法時也。同游見之，傷嗟不已。予遂以手摩挲蟲注椎子，生贊嘆心，云：『此真所謂法王，法如是也！』又有語我者：『此去大湖十數里有一院，目之爲大藍。南北西東，固無籬壁，佛殿上頭，亦無屋子。蕭然數柱，煢煢而立。下有

《大藏經》一櫃，櫃板已壞爛，而經卷所寄，乃在風雨草露中，半爲蟻窠，半爲朽壤耳。又西過横塘一帶，有如東林。不惟薪石既毁，所謂故基，往往莫辨。前後沙門惟指一草峬爲住持。』予聞此語，不覺失笑。隻履西歸，謂佛法即滅，所賴有此生生無滅也。月魚子平生不學佛，偶聞此語，便欲寫之碑陰，而草莽無有刻之處。入門已昏黑，即促燈書之，聊以補傳燈録之闕。彌勒下生，當有肯吾語者不也？影印文淵閣四庫全書本《網山集》卷八。

鮑義叔

鮑義叔，温州永嘉（今浙江温州）人。乾道二年進士。淳熙七年除建康府學教授。紹熙中爲通州州學教授。慶元中歷官奉議郎、知紹興府上虞縣，遷簽書江陰軍判官廳公事。官終紹興府通判。見《景定建康志》卷二八，《至元嘉禾志》卷二二，萬曆《通州志》卷一，雍正《浙江通志》卷一二五。

真如寶塔記

中土自摩騰、竺法蘭以經來華，人固知有經也；菩提達摩以法來華，人固知有法也。阿育王於佛滅度後，一日之中，造浮圖八萬四千，此西方殊勝事，華人未之知也。逮吴赤烏二年，康僧會擁錫至建業，大帝使求佛舍利，既得之，即爲造塔，自是浮圖始建於中土，而吴中特盛焉。隋、唐以來，名山勝地，表刹相望，赤珠夜明，毫光晝現。四種八種，三意六意，瓶沙發願，窣堵正名。衆生不見心、不見身者，如暗而迷。仰觀斗極，無感不應，無應不神，所謂塔廟莊嚴，始遍於四維上下矣。檇李爲郡，實今輔藩，臯陸四周，平夷洞達，宜有標植，用鎮陬隅。雉堞離方，真如般若，薌雲覆地，華雨彌空。嘉祐壬寅歲，有法師自南者，嘗建仁王護國般若寶塔，善導衆生，修崇梵福。宣和庚子，逆寇兆亂，焚蕩無遺，僅存地宫冶銀塔像，佛牙舍利，光彩如新。歷年既多，因循廢墜。今比邱上首智炬，夜夢觀音大士有所告語，於是猛勇精進，捐財施力。復有長者檀波羅衆，舍己愛樂無量數計，共成佛事。鳩工於淳熙十年仲冬二十九日，落成於慶元三年孟冬之六日。雲壁八面，絢爛淩空，露盤七層，巍峨出地。東際滄海，昒爽光明；西瞻都畿，佳氣葱鬱；南極於越，濤江轟豗；北頫吴會，太湖汗漫。介日月之間，出雲雨之上，十通大用，三界無邊，統萬有於微茫，視億載於晷刻。猗歟偉哉！誠迦維之妙利，群生之指南也。作是語已，有一居士長跪問言：『昔聞如來談《法華》於鷲峰，時有七寶塔涌出現前，其中發大音聲；又休胥國道合尸羅於指端出浮圖十層，有僧執爐蓋旋繞而行。以此較彼，孰真孰幻？』夫萬法生滅，孰非妄幻。幻身既妄，物物非真。作如是觀，名無爲法，不取於法，無得而修。法固無爲，相有真實。現前三昧，如丘山高，福不唐捐，亦復如是。如來方便，提引衆生，勤力修行，成就幻力。空即是色，道不虚行，出世階梯，故應頂禮。是歲陽生後五日，奉議郎、新知紹興府上虞縣、主管勸農公事、賜緋魚袋永嘉鮑義叔記。《至元嘉禾志》卷二二。又見萬曆《秀水縣志》卷九，《古今圖書集成》神异典卷一二三。

東塔廣福教院記

嘉禾郡之東偏，距關五里而遥，有廣福賢首教院，幽閴僻左，居無囂塵。僕記少時偕伯仲氏肄業於斯，比竹茨草之室，不支風雨，魚鼓罷響，齋厨弗充，并院西南桐界之内，僅有廢塔二級，餘悉神林鬼冢，蛇虺所孕育，污萊不食，多歷年所。僕既長立，宦學飄零，二十年間，家居官居，足迹未始一踵舊游也。側聆里閈士女話，謂是院甸歲典刹得人，輪奐日新，龍象雲集。强僕往臨視之，至則寂然法師清雅肅客而入。外敞三門，金篆高揭，天魔鎮守，萬法之要關也。門内即塔院，露盤匝地，風鈴韵天，群迷之標指也。塔院直北，建大悲寶閣，浮空百尺，俯瞰日星，清净之目，母陀之臂，具足妙相，普現聲聞，正覺之道場也。獻殿八楹，枕閣前軒，鑿池引流，芙蕖自然，可以建齋行道，燒香散花，精於佛寺之宇也。閣後飛橋跨空，過華嚴堂，高廣宏曠，金碧璀璨，猊座巍峨，荃廡周繞，敷演聖言之所也。堂後葺土爲臺，以建上方，燕安身心，瓶錫是寄。東闢一軒，軒外巨竹，千挺扶疏，晝陰人天，尊仰之所也。廊廡臂伸，齋房指列，窗牖虚明，巾單整潔，諸教比邱體用雙修之地也。西則有大天龍，背負踴起，輪藏在焉。東則有香積妙供，苾蒭芬芳，庫司在焉。以至綱統之寮，伊蒲之舍，澡滌之室，溷湢之軒，莫不崇深壯麗，甲乙於諸山。其他小物細故，動欲垂示久遠，未嘗苟且。僕既周游觀覽，乃慨嘆而謂雅曰：『昔黄太史有「毁中民百家之産而成一屋，奪農夫十口之飯而飯一僧」之語，況受供於日中，托宿於林下，續禪床以斷薪，繞飢腹以三篋，皆師宗門之故事也。向者敗屋數區，不猶愈乎？』雅炷香合爪言曰：『毗盧遮那，宫殿樓閣，光遍十方，無所分别。一彈指頃，三昧現前，詎與夫人間世經紀究度，規畫主辦，然後成就者之比哉？是刹故基墝埆庳陋，狸鼠庭除，蝸蚓几席。誠不可與一朝夕雜處也。況欲闡揚宗風，安集徒侣，其可耶？兹地爽塏高明，故命工撤取之。凡楝楹、梁桷、蓋瓦、級磚之具，皆長者自爲布金，舍己愛樂，無所靳惜。領徒以來，檀信施入，悉助其費，不銖黍留，故能奮其僡於創殘摧敗之餘，而無厲民駭衆之舉。適歲旱澇，此方貧弱不自存者，厚以役直，使食其力，俱知心兢，不敢告勞，亦我大雄氏慈憫方便之一也。居士以斯言爲信，其爲證明之。』僕曰：『有是哉。汝佛如來嘗示不誑語之戒，僕儻未信而言，於心有負。』故摭實以爲之記。師，昆山人也。純直簡古，於華嚴宗旨川流電激，學者坐夏，無慮千指，是豈特能繕弊支傾而已哉。慶元庚申二月己未日，承議郎、新僉書江陰軍判官廳公事、賜緋魚袋永嘉鮑義叔記。《至元嘉禾志》卷二二。又見光緒《嘉興府志》卷一八。

樓鑰

樓鑰（一一三七——一二一三），字大防，舊字啓伯，自號攻愧主人。明州鄞縣（今浙江寧波）人。隆興元年登進士第，試教官，調温州教授。爲敕令所删定官，改宗正寺主簿，歷太府、宗正寺丞，出知温州。光宗即位，除考功郎，兼禮部。改國子司業，擢起居郎兼中書舍人，俄兼直學士院。遷給事中。寧宗受禪，以論韓侂胄遷吏部尚書，以顯謨閣學士提舉江州太平興國宫。尋知婺州，移寧國府。罷，仍命奪職。侂胄誅，召爲翰林學士，遷吏部尚書兼翰林侍講。嘉定元年除端明殿學士，簽書樞密院事，升同知，進參知政事。位兩府者五年，累疏求去，除資政殿學士、知太平州，辭免，進大學士，提舉萬壽觀。六年卒，年七十七，謚宣獻。鑰爲官剛直，文辭精博，有文集一百二十卷。見袁燮《樓公行狀》（《絜齋集》卷一一），《宋史》卷三九五有傳。

天童山千佛閣記

淳熙五年，孝宗皇帝親灑宸翰，大書『太白名山』以賜天童山景德禪寺。寺之門甚雄，敬刻雲章，尊閣其上。又于方丈專建一閣，以藏真迹，實爲禪林盛事，前所未有也。初，西晋永康中，沙門義興卓庵此山，有童子來給薪水。後既有衆，遂辭去曰：『吾太白一辰，上帝以師篤于道行，遣侍左右。』因忽不見，自是始有太白天童之名。山在郡東南六十里所，太白一峰高壓千嶺，雄尊深秀，爲一郡之望。紹興初，宏智禪師正覺欲撤其寺而新之，謀于衆。有蜀僧以陰陽家言自獻，曰：『此寺所以未大顯者，山川宏大而棟宇未稱。師能爲層樓杰閣以發越淑靈之氣，則此山之名且將振耀于時矣。』覺深然之，乃拓舊址，謀興作，内外鼎新，以次就成。智匠高妙，務極崇侈。門爲高閣，延袤兩廡，鑄千佛列其上。前爲二大池，中立七塔，交映澄澈。游是山者初入萬松關，則青松夾道，凡三十里。雲棟雪脊，層見林表，而倒影池中。未入窺樓閣，已非人間世矣。中建盧舍那閣，尤爲壯麗。住山三十年，其爲久遠之計，皆絶人遠甚。後有慈航了朴，一坐亦二十年，起超諸有閣于盧舍那閣之前，複道聯屬，至今巋然相望。又大築海塗，增益歲入，由是天童不特爲四明甲刹，東南數千里亦皆推爲第一。游宧者必至，至則忘歸，歸而詫于人。聲聞四方，江湖衲子以不至爲歉。皇子魏惠憲王出鎮，一見慈航，歡若平生。暇日來游，顧瞻山林，登玲瓏，坐宿鷺，或累日不忍去。因圖以進于上。會稽郡王太師史文惠公又從容奏請，遂有四大字之賜。瑰奇絶特之觀，無以加矣。十六年，虚庵懷敞自天台萬年來主是刹，百廢具舉，追迹二老。而千佛之閣歲久浸圮，且將弗支，猶以前人規模爲未足以稱上賜，欲從而振起，更出舊閣及前二閣之上，僉以爲難，師之志不回也。先是，日本國僧千光法師榮西者，奮發願心，欲往西域求教外别傳之宗，若有告以天台萬年爲可依者。航海而來，以師爲歸。及還天童，西亦隨至。居歲餘，聞師有改作之意，請曰：『思報攝受之恩，糜軀所不憚，况下此者乎？吾忝國主近屬，它日歸國，當致良材以爲助。』師曰：『唯。』未幾遂歸，越二年，果致百圍之木凡若干，挾大舶泛鯨波而至焉。千夫咸集，浮江蔽河，輦致山中。師笑曰：『吾事濟矣。』于是鳩工度材，雲委山積。列楹四十，多日本所致，餘則取于境内之山。始建于紹熙四年季秋之甲申，才三載告畢，費緡錢二萬有奇。是歲，海莊倍稔，贏穀三千斛，如有相之者。不求于人，見者樂施，以迄于成。凡爲閣七間，高爲三層，横十有四丈，其高十有二丈，深八十四尺，衆楹俱三十有五尺，外開三門，上爲藻井。井而上十有四尺，爲虎座，大木交貫，堅緻壯密，牢不可拔。上層又高七丈，舉千佛居之，位置面勢無不曲當。外檐三，内檐四。檐牙高啄，直如引繩。旅楹有閑，翬飛跂翼。周延四阿，繚以欄楯，内爲綺疏，表裏明豁。自下仰望，如見昆閬。梵唄磬鐘，半空振響。倘徉登覽，四山下瞰，河漢星斗，如在欄檻。御書金榜，巍乎中峙。翊以翔龍，護以絳綃，高出雲霄之上，真足以彈壓山川，傳示千古。善財童子大裝嚴藏，入見樓閣廣博無量，則不可知。若經行四方，室屋巨麗，殆未見其比也。鑰奉祠東歸，嘗往游焉。驚嘆杰特，目眩神駭，過于耳聞。敞請記其事，老矣學落，不能形容，姑記大概，以表吾鄉之勝。海内好奇之士欲游而未遂者，覽此則太白之景思過半矣。虚庵道價素高，禪子向方，島夷亦聞其名而歸之。加以願力深重，才刃恢恢，巧匠瑰材，成此勝事，觀者無不羡嘆。或請飾之，敞曰

『殫力竭財，幸躋登玆。行且謝去，若丹雘華飾，尚有賴于後之人』云。武英殿聚珍版《攻愧集》卷五七。又見《天童寺志》卷二。

安岩華嚴院記　代仲舅汪尚書

吾鄉僧刹最衆，奉川一邑凡七十有二，雪竇古道場爲冠。其次則安岩山也，林壑幽邃，非餘山比。出縣治三十里，創于唐之大曆，而廢于會昌。五季漢之乾祐，僧清聳義仙入山求卓庵之地，登高四望，投以一石，誓曰：『石所住處，吾其止焉。』既得之，曰：『此五龍之地，居此者當利見大人。』皇朝乾德，錢氏猶在吴越，聞聳之名，命住杭之靈隱寺，號了悟禪師，乃以此庵爲四明道場。爾後浸爲徒弟廢壞。天聖中，有老禪伯，其名上曰居，下與泰陵廟諱同字，久住天童山。邑有汪居士湜，自號和静先生，以其好佛，里人稱爲汪長老。率信士十人，力挽師爲此來。既至，尤與居士契合，遂相與營度形勢，遷立寺基，相去二百步。有蔣宗盛施錢十萬，鑿山平址。汪君鳩合衆力，建寺宇百餘楹，殿堂宏敞，中嚴像設。康定元年，括囊山人志全爲之記，大率稱其地之勝，東接奉川，西連台嶠，南臨滄海，北倚四明。言其興造之速，則曰：『霜暑不再，金碧相輝。』師又自作十方遺戒，謂永爲十方宗師説法道場。語論深切，蓋凛然可畏人也。手植松六千本，自葛隩至門約十餘里，亦有《松門記》。三碑皆居士所立，稱爲檀越主，則施財出力爲多矣。慶曆三年，賜『華嚴禪院』之額。外建玉澗、流峽、望春、濯塵四橋，中有釣臺、緑蘿、望海亭，皆爲佳境。距今百六十餘載，間有興作，支傾補壞，視舊不能有所增益。今住持僧無盡，俗姓汪氏，實居士五世孫也，出或庵體公會下，三住名藍，來主華嚴十年矣，念居士經始之勤，益務興起。族弟智德捨俗爲僧，與之勠力，有蓬道奥山，綿亘三千畝，岡壟險絶，莽爲盜區，僻在此山之西，德之己業也。至是捨入山中，别立一庵，以謹護守。林巒映發，又一勝處。于北名馬迹，開廢田八頃，又以衣盂增置三十畝，以贍塔庵。盡公既已重建僧堂鐘樓等，比舊加壯，創爲春碓，機輪激水，爲無窮之利，又將增廣大殿香積。地之廢興，固自有時，居士植福深厚，厥後族處雙溪，爲大家，其興未艾，豈苟然哉！余家久與之通譜，視之猶南阮也。族子仮與宗黨求記于余。余笑曰：嘗觀白樂天《沃洲禪院記》，謂晋宋以來白道猷始居此山，中間浸荒。大和有頭陀僧白寂然卜築，遂爲禪院。寂然謂樂天爲從叔，乞爲之記，樂天系以詞云。道猷肇開，寂然嗣興，今日樂天又垂文兹山，异乎哉！沃洲與白氏其世有緣乎？今安岩大刹居士建立于前，無盡嗣興于後，又委余以記。余有從子清一，方禮盡公爲師，其于汪氏又不止如沃洲之與白氏也。因慨然爲書之。《攻愧集》卷五七。

徑山興聖萬壽禪寺記

徑山，天下奇處也。由雙徑而上，至高絶之地，五峰巉然。中本龍湫，化爲寶所，國一禪師開山于天寶之初，特爲偉异。天作地藏，待斯人而後發。道成名震，召歸長安。代宗爲之執弟子禮，將相不得預大丈夫事。繼之以無上，又繼之以法濟，坐鎮群魔，刃斫禪床而色不動。識錢武肅王于微時，故吴越累世崇奉尤謹。皇朝至道中，太宗皇帝賜以御書并佛骨舍利。元祐五年，内翰蘇公知杭州，革爲十方祖，印悟公爲第一代住持。紹興七年，大慧禪師來主法席，衲子雲集，至千七百衆。末年南歸，重來跆而復振，人境相與映發，道俗趨仰，龍神亦隨指麾而定。顯仁皇后在慈寧宫、高宗皇帝在德壽宫時，皆嘗游幸，就書『龍游閣』扁榜。孝宗皇帝書『興聖萬壽禪寺』，又賜以《圓覺經解》，天下叢林拱稱第一。大慧以來，名德繼起，神龍靈響素著，國家民庶有禱輒應，累封神應德濟顯祐廣澤王，廟爲靈澤，且有玉圭、玉帶、黄金瓶爐、祭器之賜，其盛極矣。然而廢興有數，不可豫知。國一之後，以會昌沙汰而廢。咸通間無上興之，又後八十餘年，慶賞始以感夢起廢，爲屋三百楹，翦去樗櫟，手植杉檜，不知其幾。今之參天合抱之木皆是也。蒙庵禪師元聰以慶元三年自福之雪峰被旨而來，道譽隆洽，不愧前人。五年仲冬，行化浙西，而回禄挺灾，烈風佐之，延燔棟宇，一昔而盡，异哉！人皆以爲四百年積累之業一旦掃地，有能興之，非磨以歲月未易就也。先是，寺基局于五峰之間，又規模不出一手，雖爲屋甚夥，高下奢儉各隨其時，因陋就簡，亦復有之。衆爲之請曰：『大慧無恙時，豈不能撤而更之？顧其勢未可。兹焉火起龍堂，瞬息埃滅，豈龍神欲一新之乎？况祖師之像出于烈焰而不毁，開山之庵四面焦灼而茅不傷，師與國一俱姓朱氏，或疑以爲後身。比移醬壇，涌泉成井，今日安知非暫廢而當復大興耶？』聰曰：『有是哉，微我誰當爲之？』乃出衣盂爲之倡率，學徒元韶、可達等所在緣化，兩宫加以錫賚，施者聞風日集，動以萬計。又命南悟等廣募閩、浙、江東、西良工，伐木于山，日役千輩，斤斧之聲震動山谷。凡食于山者，無問比丘、優婆塞，相與勸勉，智者獻謀，壯者出力，夙夜經營，不翅己私。開拓舊址，首于東偏爲龍王殿，以嚴香火之奉，繼爲香積厨，以給伊蒲之饌。延湖海大衆，則有雲堂；供水陸大齋，則列西廡，此皆一日不可緩，寺之所以立也。寶殿中峙，號『普光明』，長廟樓觀外接三門，門臨雙徑，架五鳳樓九間，奉安五百應真，翼以行道，閣列諸天五十三善知識，仍造千僧閣以補山之闕處。前聳百尺之樓，以安洪鐘，下爲觀音殿，而以其東西序庋毗盧大藏經函。鑿山之東北以廣庫堂，輦其土石，置後山巨壑中。開毗那方丈于法堂之上，復層其屋，以尊閣思陵宸翰御榻。修復妙喜塔亭，仍建蒙庵于明月池上。爲香水海以沐浴，爲天慧堂以選僧，禪房客館，内外周備，像設雄尊，金碧璀璨，法器什物所宜有者纖悉必具，不可勝書。蓋其百工競起，衆志孚應，經始于六年之春，成于嘉泰改元之夏，閲月才十餘，而變瓦礫之區爲大寶坊。始者蕩廢于一彈指頃，若甚慘矣，及其興之神速，則高掩前古，而又雄壯杰特，絕過于舊。按圖而作，井井有條。雲棟雪脊，翬飛層叠，迥出于烟霏空翠之表。春秋二會，來者益衆，奔輳瞻仰，如見化城。驚瞿踴躍，稱未曾有。徑山于是乎大振矣。余嘗登含暉之亭，如踏半空，左眺雲海，視日初出，前望都城，自西湖、浙江以至越山，歷歷如指諸掌，真絕景也。爲别峰寶印賦詩，有『百萬楸松雙徑杳，三千樓閣五峰寒』之句。印爲之撫掌，且曰：『山中之景幾無餘藴矣』。是時新創大閣，丹艧未施，上下一色，如凝霜雪，涉二十年，猶屬夢境。今則土木之盛，何止十倍，恨未能一寓目也。聰忽以書相尋于寂寞之濱，屬以記文，遣僧契日携書來見，備道始末。辭之曰：『年侵學落，筆力隨衰，子之師願力宏深，成如許大佛事，不求于重望雄文之士而爲此來，何其舛耶？』求之再三，拙庵又助之請，遂隱括其語，爲之大書，且告之曰：大慧千僧閣之成，一時稱爲盛舉，善乎！李資政之記以謂：『在杲公何足道，而循習齷齪者以爲奇特，不亦陋甚矣哉。』聰之爲此，初豈有意于興作者？因鬱攸之奇變，偶人情之響答，上資國力，廣集喜捨，時節因緣，有相之道，以隮登兹，是固不可不記以傳遠。然于師何有哉！矧國一之初，本無可傳之法，其後瞻禮之衆傾于億兆，財施之廣形于千萬，視之如幻，等之于空，居惟一室，室惟一床，布褐陶匏，浣衣糲食，其視寵榮震耀何如也。聰方以此道行，而余欲以言語贊嘆有爲功德，多言益足爲贅。是故言盡于此，師其以爲然乎？《攻愧集》卷五七。又見《徑山志》卷七，嘉慶《餘杭縣志》卷一五，民國《杭州府志》卷三八。

江州普照院記

余少侍先光禄自洪都舟行，順流而東，過彭蠡，望廬山，開翠屏于空外，小泊南康，迫于行役，不及一至山中。歷指五老、香爐諸峰，悵望而行，猶意此生可游也。老矣，遇人自山中來，必問泉石之勝。或惠以圖與記，讀之若身到其處也。住育王瑞公，九江人，嘗以問之，最能言受業普照院之詳。蓋院去湓城之東才十五里，爲邦人游樂之地。昔曇珣律師講經宴坐，感白鹿之祥，至今有白鹿臺，臺下即此剎。晋義熙中，遠公與十八賢結蓮社于兹山，而于山巔水涯建立法幢甚衆，此蓋其一也。雖非深入廬阜，而面勢殊勝，前横大江，江中桑落洲正與之對，亦爲一古剎。中更兵火，蕩爲榛墟。紹興初，僧崇信始誅茅結屋，而徒弟普誠與嗣子師瑞、師紹、師義、師卿相與募緣興建。已而正殿、廊廡、法堂、寢室、輪藏、三門、鐘樓、佛閣、庖湢等處，無一不備。瑞公自以土木但爲有爲功德，出而游方，以一大事爲己任。首住舒之興化，移浮山，未幾被命來育王。時佛照光禪師自徑山乞歸，來居東堂，瑞其高弟也。既嗣法席，父子更唱迭和，相爲引重，衲子雲集。因念受業香火之傳猶有未滿人意者，罄衣貲，度智日、智月等十僧，使相其事，爲經久之計，增田以待雲水高人。是剎之立幾七百餘載，既廢而復大興，豈無數耶？瑞公清介孤高，而未嘗爲矯厲之行，道俗歸重，故能一坐大道場至于九年，略無魔惱。已而退居西塔，又復累歲。一日語余曰：

『出本無心，住亦隨緣。拙庵既已示寂，吾將歸老于前山。山間素無碑志，願爲之記。將歸而刻之。』噫！余既無由杖屨相從以酬素願，縱到山中，勝具亦已無有矣。師之歸，度無再見之日，廬山面目，終不能復識。既爲書其始末，又重爲之憮然也。《攻愧集》卷五七。

魏塘大聖塔記

僧伽本西域人，唐龍朔中始來中國，于泗州臨淮縣信美坊乞地建標，欲爲伽藍，掘得古香積寺石記并金像一軀，上有『普照王佛』字。或言師頂有一穴，窒之以絮。夜去絮，則香滿一室。質明香還，復窒之。萬回异人謂觀音化身也。示寂于長安，以有靈應遷還泗上，爲之建塔，傳于世久矣。鑰先祖少師年四十爲守，家傳其顯應事甚衆。陳子充大光，了齋之孫，貳卿之子，與余家有連。比任太府寺簿，余方爲郎，相與尤厚。余既投閒，而子充亦挂衣冠矣。忽以書來云：『先侍郎自紹興十二年南蘭陵解郡組，延平既無先廬，無所于歸，始謀禾興之居，僑寓魏塘大聖院六年，始得今竹橋之宅院，以「大聖」名。中有瑞像靈异，幾不勝書。蓋自治平、紹聖時屢發妙光，其明屬天，圖志實載之，至今水旱灾疫必求于此。祖父諫議嘗因從兄默堂繪像而爲之贊，所謂「一月在天，影分萬水」者也。方寓居時，祖妣尚無恙。洎吾二親闔門敬奉，皆所親見，久思有以崇事之。

老僧清梵戒行堅潔，一夕夢僧伽欲建塔于寺中，既以實告，適符願心。自淳熙六年竭力爲之經理，歲捐百斛以爲助。今將二紀，土木之工悉已就緒。其高七層，塔心相輪以次而舉，指日可畢，願爲我記之。」余方病足，僵卧一榻，酸呻無聊，未能屬筆。隔歲而相促不已。余昔誦韓文公詩『僧伽後出淮泗上，勢到衆佛尤魁奇』，且有『突兀三百尺』之語。東坡之詩云『不嫌俗士污丹梯，一看雲山繞淮甸。』乾道間，以假吏過泗，但有『火燒水轉掃地空』之嘆而已。盤溝小像之在吴門，人猶敬之，不謂殊特之觀乃見于此。子充疏財好施，既以輕視軒冕，不問家之有無，獨于此舉惟力是視，倡率衆施，成此勝事。三請之勤，見于羅雀之門。與世异好如許，余亦不得而辭也。《攻愧集》卷五七。

仰山太平興國禪寺記

仰山，天下之勝地也。雖未曾一至其處，讀韓昌黎之文而知山之有神，閲《傳燈》，而知小釋迦之開山，二神蕭姓，釋迦之來，實有靈響，遜山爲寺，又能陰相默佑，招致檀施。以至于今，迦之道愈高，山之神益靈，山之名日以著。環袁之境，旁及四鄰之外，水旱疾疫必禱，而奉香火者尤衆。其詳又見于孚惠二王集録。寺興于唐會昌之元，至皇朝太宗皇帝賜以『太平興國禪寺』之額，仍賜御書，棟宇之盛，甲于江右。自迦至今，凡三十有七代矣。嘉定元年閏四月三日，不戒于火，延燔殿堂樓閣，三百餘楹，盡爲煨燼。兹豈有數耶？太守寺正余公謂一郡倚此山爲命，當有以興起之。亟捐金錢三百萬，首建法堂及二王之殿。户部尚書趙公爲建僧堂三門，且爲之主盟。知隆興府待制趙公前後施錢亦三百萬，作佛殿。住山清公率其徒持鉢四遠，聞者樂施，不數月，佛殿、丈室、香積、廊廡盡還舊觀，而焕然一新，則大過之。嗚呼！又何其神速也。余侯以丞相之弟，平易近民，既已成民，而又能致力于神。尚書斂澤民之惠，袖活國之手，歸而燕居，助成大事。連帥又出俸餘爲之倡率，清以一衲度寒暑，頃在浄慈，孝宗知其名，召對而賜之頌，至今土木形骸不改故時。四人者相與敬孚惠之靈神，興釋迦之名刹，一廢一興，殆不偶然。清屬予爲記，記其大概云爾。神有二祠，去寺遠者一舍，近者才五里。而寺亦祠之。釋迦諱慧寂，初來自郴。余侯名應誠，尚書名善堅，待制名希懌，清自號簡庵，余四明樓鑰也。《攻媿集》卷五七。

上天竺講寺十六觀堂記

嘉定改元，歲在戊辰四月乙巳，被命禱雨於上天竺山。住持左右街僧録妙珪有請曰：『公頃年直學士院時，嘗許以修造記，既而去國，遂求於内相洪公。今公既再入朝，而寺之十六觀堂崇成，願求記文，以踐前言。』余何辭？余四明人也，城中延慶教院爲東南最盛處，嘗讀諫議忠肅陳公所爲《净土院記》云：『元豐中，比丘介然修西方净土之法，不卧三年，謂其同行曰：「我等各據一室，成此勝緣。」來者加衆〔二〕，而室不增多。寺之西隅尚有隙地，得檀施錢二千餘萬，爲屋六十餘間，中建寶閣，立丈六彌陀之身，夾以觀音，勢至環爲十有六室，室各兩間，外列三聖之像，内爲禪觀之所。殿臨池水，水生蓮華，不離塵染之中，豁開世外之境。自是更七寒暑，無一不如其志。初，介然燃手二指，誓必成此。元符三年三月落成之日，復燃三指以增净誓。於是見聞歡喜，净習之士無有虚位。期滿者去，發志者來，依勝境而獲善利者不知其幾何人也。』了翁洞明教觀，其序大略如此。抑聞介然願心深切，當時一木一石，微至磚甓，皆以大悲咒歷歷咒之，而後授匠者。建炎兵燹，城郭焚蕩，寺亦不存，獨所謂净土院者，至今堅緻如故。間一至其處，幾於未施敬於民而民敬者。上天竺山以觀音大士功德殊勝，四民所欽。孝宗皇帝留心内典，乾道三年二月駕幸此山，修供大士，賜緡錢二萬，俾建此室，遂寫延慶規模以爲之。嚴净精妙，過者必肅。又嘗命建於禁中，退朝餘暇，多燕坐其上，或引禪律高僧設齋講道，非人間所可及也。光宗皇帝時在潛邸，奉旨書額，自此四方修梵行者接迹其中。然物必廢興，不離乎數。開禧二年七月二十六日，燈灺爲灾，悉以煨燼。珪公竭力營建，成於期年，又過於舊。金碧輝映，稱其所謂净土之説。得旨再摹光宗御書揭之。山去都城最遠，幽邃秀潤，固已素離塵染，况又爲此净處，坐進此道者可不勉乎？余去已告老，不謂復爲此來。珪公住山十有七年，建立勝事，又作復庵於山之南，爲歸老計。道俗歸嚮，日領三數百衆，修進不倦。累朝眷遇，至今不衰。余非久於此者，將復尋延慶之游，又不能如了翁推明九品十倫之旨，特以珪三請之勤，爲書其實以遺之。《咸淳臨安志》卷八〇。又見《上天竺講寺志》卷七。

〔一〕者：原無，據《上天竺講寺志》補。

昌國州超果寺記

明有邑曰定海，去郡一百里而近。山横海中，名蛟門，潮汐之所吞也。出門則爲巨浸，便風乘潮，而後至昌國。昌國遠矣，岱山在蓬萊鄉，其去縣若縣之去定海也，則益遠矣。山有僧廬，自石晋天福二年建於高亭嶺下，號資福。困於寇鈔，不寧厥居。嶺西有白石峰，尤爲秀拔，林樾蒼潤，時有白霧蒙其巔，人以爲福地。皇朝乾德四年徙焉。茅茨草創，僅合數楹。治平二年明堂恩，改賜今額。四年，唯吉始建大殿、法堂、丈室。紹興初，慧實增葺之，遂得苟全。歲久，腐敗相仍，一殿之外，殆不足蔽風雨。淳熙十祀，如一來主是刹，喟然曰：『地雖僻，乃吾徒所宜居。室雖壞，若一日必葺，磨以歲月，尚庶幾乎有成。當盡吾力，以聽緣法。失今不爲，後不復可爲矣。』勤篤從事，不憚寒暑，以次修立，增廣舊規。不及十年，院以告備。外嚴三門，旁翼兩廡。堂以處僧，殿以覆藏。下至庖湢，舉撤而新之。輪奂俱美，道俗稱嘆。一嘗聽學于延慶者，因深器之，舉以居此。人徒知其有得于教乘，不知其才具又足以辦此也，蓋以因爲知人。當天福時，有主僧惠詵於高亭西墨請海塗爲田。崇寧、政和間，仲章復田於馬乳山大墨、谷墨之地，遇上熟才足以支半歲。近又得寺僧慧興捐鉢盂，募衆緣，一力經營。莊成，遂卒歲之望，鄉之士民歡喜和會，相與言曰：『吾鄉邈然海山中，他處佛室相望，補陀孤絶，又去我不遠，獨此山未有爲衆植福之所。今一公作此殊勝，悦若化城，且又有以飽其徒，是皆可書也。前既不得如天台章安諸公爲之倡，苟無以記之，何以傳不朽？』乃摭邑之圖經，考院之契券，詳建立遷徙之由，因國仲觀之光求記于余。仲觀鄉之善士也，其母與吾母俱汪出，少同硯席，實兄事之。嘗寓是邑，又與一厚。余亦喜一之能有成，興克佐之，故并爲書之，以告來者。紹熙三年清明，朝請大夫、太府少卿兼玉牒所檢討官樓鑰記。大德《昌國州圖志》卷七，咸豐四年刻本。

徑山涂毒禪師塔銘

徑山爲東南第一叢林，非第一等人不足以居之。淳熙十五年冬，丈室虛席。臨安守臣奏請無錫華藏涂毒禪師。壽皇素聞師名，制曰可。明年二月初吉，方入寺。遇今皇帝始登寶位，詔就靈隱開堂。中使賫御香以賜，恩禮甚渥，道俗輻湊，驚嘆未有。且曰：『是爲叢林一段盛事，非師不足以當此也。』師名智策，姓陳氏，天台人，自號『涂毒』。岩生英敏穎异，父母素奇之。十歲，護國僧楚光見之，曰：『此子風骨巉巉，有出塵之姿。』又六年，遂祝髮，光授以經律，理詣昭徹，迥出流輩。性剛簡，居處語默肅如也。尤不喜泛交，善則慕之，有不善，雖親昵亦絶不與通。年十九，或告以定慧等學可以明見佛性，即造護國，請謁寂室。光僅七日，偶過門，洒然有省。寂室許之，謂老于叢林者不能過也。育王無示、萬壽大圓皆一時大名德，無不肯可。大圓問師甚處來，曰：『天台。』曰：『見智者大師麽？』曰：『即今亦不少。』曰：『因甚在汝脚跟下？』曰：『當面蹉過。』圓曰：『上人不耘而秀，不扶而直。』一日辭去，圓送之門，拊師背曰：『寶所在近，此誠非寶。』師領之。時豫章雲岩游禪師號典牛，聲震江湖，師往投之。道由雲居，風雪塞路，坐閲四十二日。午初，版聲鏗然，豁爾大悟。及造門，典牛獨指師曰：『甚處見神見鬼？』曰：『雲居聞版聲來。』曰：『是什麽？』師曰：『打破虚空，全無柄靶。』牛曰：『向上事未在。』師曰：『東家暗坐，西家厮駡。』牛曰：『嶄然超出佛祖，他日起家，一麟足矣。貞净老人若在，見子亦當下拜。』遂領師至僧堂前，撞鐘大言曰：『侍者大徹矣。』牛機辯峻峭，莫有嬰其鋒者。師與之平章今古，泉涌風駛，聞者爲之錯愕。逾年告別，牛送以偈曰：『咄咄臨濟宗，行行正在爾。』遂結庵于淮西烏崖之下。典牛凡見浙客，必曰：『識策公否？』客曰：『識之。』則欣然曰：『不虚生于浙江。』其器重如此。大圓移大潙，請居第一座。秉拂之初，衆已驚服。嘗問訊圓，圓俯眉不語。師曰：『何其瞀悶？』圓曰：『期子濟濟多衆，如雪峰存、潙山祐之流。而談天者謂子無徒，子意如何？』師曰：『參學惟恐無本，苟有本，對泥像説法，亦高出諸方。』圓曰：『吾子器識過人，玄酒太羹，非常流所能知味也。』東歸，又分座于國清。此庵景元方住護國，謂師曰：『公來歸三峰，景元即收卷波瀾矣。』出世，住黄岩普澤，爲典牛焚香，是爲黄龍四世孫。歷天台太平，吉之祥符，越之等慈及大能仁，所至道價興行。旋自護國華藏來住此山，而師已老矣。力行祖道，衆至千餘。每謂其徒曰：『來日無多，豈久于此者？』弟子請建塔于東岡之麓，紹熙三年秋畢工。師曰：『生平言出没死生如適園觀，此言幾户知之？時節因緣，乃在于此。』十六日升堂訣別，舉，衆曰請偈贊者如市，隨叩即信筆應之。二十五日，門人宗惠問疾，囑以後事，仍曰：『子以文祭我。』師整襟危坐，傾聽久之，至『酹茶尚饗』，爲之盱衡一笑。二十七日辰初，湯沐已竟，剃髮更衣，萬衆雲集，説偈云：『四大既分飛，烟雲任意歸。秋天霜夜月，萬里轉光暉。』俄頃泊然而逝。八月二日，舉全身瘞于東塔，壽七十有六，臘六十夏。得法弟子已出世者十二人，度四十三人〔一〕。余非學佛者，未嘗參禪，又與師無半面。而惠公余鄉人，録師行實求銘。既適越，貽書不已。惟師之始末勁挺洞達，無一毫回護意氣，于余心似有契焉。乃具載所録，而系以銘，其實無此可也。銘曰：

臨濟正宗，直下不絶。楊岐積翠，何有分別。矯矯典牛，付授親切。涂毒一聲，聞者腦裂。雲居版聲，風撼深雪。徑山一著，霜夜秋月。掃盡葛藤，光明透徹。我詞贊揚，慚愧饒舌。《攻愧集》卷一一〇。

〔一〕『人』字下原有注：『此下原本空缺十餘字。』

天童大休禪師塔銘

余家四明，十禪剎錯立名山中，兒時未甚省事，已聞人稱老尊宿頗衆，而大覺小珏之名尤著且久。大則宏智正覺，小則師也。師名宗珏，和州烏江人，姓孫氏。生不茹葷，世業儒，而性樂空門。年十六，白父母願出家，止之不可，遂依貞州定山貞如住持德雲。十八進具，長蘆祖照道和聲振東南，師往叩謁。照與語，奇之，留爲侍者。時真歇了公爲座元，師入室問云：『佛祖不到處，是什麽境界？』歇竪起一拳。師擬議，歇揮之，師即領悟，遂云：『將謂無人到。』歇云：『放過一著。』宣和中，歇主長蘆，學徒益集，至千七百衆。師代居第一座，爲衆説法。建炎初元之蔣山，入慈受深公室，語契淵微，尤相器重。尋避地浙東，侍歇居補陀岩，道價愈高。郡請住岳林布袋道場，不就。寵智時在天童，視歇爲兄，邀歸山間，又命師挂牌領衆。象山廷壽虚席，使君延請再三，始從之。紹興二年，太守陸公長民仍遷師于岳林，備禮開堂。丞相范公宗尹自號退晦居士，與師爲方外交，遠來勸請。參政孫公近時爲部使者，爲范公草疏，禪門以爲美談。師即嗣真歇，幾三年，退處翠山，依宗禪師。待制仇公悆遷之香山，一住十八年，衲子雲趨，寺爲一新。二十五年，尚書王公俁請住雪竇。二十九年，直閣張公偁遂以天童招之。師念太白名山，實寵智之後，一遵規式，無所更改，道俗益嚮之。師容貌奇龐，度量恢偉，喜愠不見于色。終日頽然，無所修綜，亦未嘗振厲風采，而見地明白，深造自得。死生之際，卓然過人。人于是尤以爲不可及也。時城中湖心辯公宗師與師生之年月皆同，三十二年八月上浣，辯以遺書來。師初無恙，覽書笑曰：『齊年既行，吾亦逝矣。』翌日迎賓如平時，晚欲小參，侍僧以爲暮矣，即令集優婆塞。衆人知其有异，舉寺咸會。師從容普説，多致垂别之意。既歸丈室，濯足就座，整容跏趺，泊然而逝。又八日，學徒奉全身葬于南谷。壽七十二，臘五十四。師等慈接物，無貴賤之間。待制張公劭昆弟與師爲中外親，舍人孝祥又視公爲父行，皆一時名勝，師視之藐如也。嗣法三十餘人，分領宗風，而足庵智鑒爲最顯。足庵住雪竇數年，與余素厚。紹熙三年，余官後省，忽得足庵垂絶之書，專以先師大休塔銘爲祝。大休，師自號也。余幼欽師之名，而不忍違足庵之祝，爲之銘曰：

是釋者流，視生若浮。生兮若浮，死兮若休。生既曰休，死又何求？足庵之求，爲銘諸幽。《攻愧集》卷一一〇。

瑞岩石窗禪師塔銘

師諱法恭，明州奉化人。俗姓林，母楊氏，號佛光道人，日誦蓮經甚專。一夕夢胡僧來謁，既寤而生師。父早喪，年十五乃白母出家，以栖真禪院僧則韶落髮爲師。宣和七年，受具戒，習南山律于湖心寺，繼受天台教。天童宏智覺禪師法席方盛，師又更從之。兄事自得暉，晝夜危坐。一日坐殿廡間，忽傍有僧曰：『本自不生，性無和合。』師一入耳根，豁然開悟，流汗浹體。即見宏智，反覆問答，機應如響，智遂留侍傍。久之，再歷江湖，遍參石佛萬年閑公室中。嘗一舉『似地擎山』話，經月不契，他日再往，閑曰：『似地擎山作麽生？』師掩耳而出。草堂清不許暫到入室，師直造前，清舉拂曰：『識得這個，參學事畢。』師曰：『拈却這個，唤作什麽？』清擬再舉，師奪拂子擲地上曰：『老漢拂子也不識。』一衆駭嘆。黄龍忠置界方槌拂于香案上，師謂其侍者曰：『和尚此一絡索作何用？』少頃，一一拈起問過，一機不來，莫言不道。侍者白忠，乃盡撤去。三年，復歸天童主藏事，即分座説法，遂爲第一座。智所舉宗要，師不爲苟合，智愛而畏之。紹興二十三年，越之光孝虚席，帥移書于智，求一本色人。智以師參學行業，始終明白，薦之。既往，會應天塔壞，或請捨去，師曰：『非我尚誰爲耶？』塔成始行。未幾，復住能仁。隆興改元，趙公侍郎出守四明，命主報恩。兵燹之餘，前人相繼興造，凡所未備者，如鍾經二臺等處，皆師所建。軒敞宏大，遂爲一城蘭若之冠。乾道六年，退居小溪之彰聖。明年，滎陽郡王又起住瑞岩，居山幾一周星。闢舍宇以安衆，開山田以足食。又建圓通杰閣，輪奐甚美，皆師餘事也。大參范公請師于雪竇，自得暉公歸自净慈，乃請以雪竇還之，復居瑞岩。淳熙八年八月十三日感微疾，謂弟子曰：『毋以藥石累我，殆將行矣。』十九日，以書招自得，且促之。越五日，始至，談笑如平時，付以後事。作士大夫及道友書六緘，已而諸山皆會，以翌日遲明升座説偈而逝。郡守謝公修撰得師遺書，喟曰：『恨不識此老。』即以其座元如璧繼之。師壽八十，臘五十九。受度者四十三人，嗣法者十人。山之西偏夙號上方，于是立塔以葬，實九月三日也。師之從姑歸余叔祖，故自少時與師游。璧求銘于余。余非學佛者，然竊謂桑門之法有三：曰律，曰教，曰禪。學者當先習律以檢其身，次聽教以廣其業，然後參禪，以求直指人心，見性成佛，一聞千悟，世出世間法，則爲全人矣。况是三者本無异途，苟能貫通，何所不可？惟師天姿勁挺，持律嚴甚，而禪教并行，直以古德自期。愛身如冰玉，終老不衰。累主大刹，起居寢食無一日不與衆共。不務緣飾，無他嗜好，自號石窗叟。峭直骨鯁，未嘗借人以詞色。見有道者，雖坐下版，必力加提引，成就名譽。郡命公定師，略不容私，或以賂得，叱之不貸，至白郡將汰遣之。諸方异辭，輒遭呵咄。衲子慧而狂者，至則摧折。有僧自謂罷參，指地曰：『人人唤作地，我道不是，汝唤作什麽？』僧未及對，即斥去。同行僧請代一轉語，遂舉一拳，師曰：『同坑無异土。』并逐之。臨安净慈，人所願得，嘗馳書請。師乃航海以避命，郡爲申免。皇子魏王作牧，每加敬禮，欲訪師于山間，辭曰：『路遠而險，徒勞民耳。』其嚴冷類此。公卿名士爲方外交者甚衆，丞相魏公晚歲與師尤厚，嘗嘆曰：『自得如深雲中片石，石窗則空門中御史也。』緇流以爲名言。師行解甚高，不爲夸詡以驚衆。壬辰夏旱，郡請説法，即日甘澍。次年又旱，定海宰延之。師曰：『前此偶爾，非吾力也。』堅拒不受。邑人固請，即又雨焉。嗚呼，禪林五枝，蓋出一本，惟曹洞宗至芙蓉而大振。石林葉公左丞稱其與之嚴者得之必精，傳之必久。河南邵公子文稱其爲特立之士。二公皆名儒，言必不苟。一再傳而至宏智，尤光明俊偉，而師得其正傳，卓立杰出，確然自信，末後一著照映今昔，盛矣。師機緣有三：會録，瑞岩，後録，壁立千仞，不可挹酌，叢林尤所尊敬，讀者當自知之。瑞岩古道場璧以師故出世即居之，久而衆無异辭，不負所托矣。銘曰：

此道本無二，五派浸分别。猗歟曹洞宗，綿密更親切。稽首芙蓉師，壁立蹊徑絶。邇來一再傳，奇雛出丹穴。石窗嗣宏智，游方俱洞徹。門庭晚益峻，坐斷衲僧舌。如識滋味人，啖土炭石鐵。鹹酸甘苦辛，開口了無説。何以傳不腐？君其視兹碣。表裏無纖瑕，琉璃含寶月。

《攻愧集》卷一一〇。

雪竇足庵禪師塔銘

師諱智鑒，滁之全椒人。俗姓吴，自兒時已喜佛書，每以白紙爲經，跏趺端坐，誦之琅琅然。母嘗與洗手瘍，因曰：『是什麼手？』忽對曰：『我手是佛手。』遂視母大笑。少長，日記經文千餘言。連遭親喪，决意出家，誓修苦行，以報罔極之恩。真歇禪師方住長蘆，徑往依投，一見异之。師勤苦精進，終歲脅不至席。大休小玨禪師領千七百衆，爲首座，獨指師爲法器，曰：『汝當振吾宗。』已而侍真歇來四明，至補陀山，遇群盗蜂起，避地之馬秦，駭浪翻空，舉舟驚懼。師坐篷外，獨不沾濕，真歇益异之。會京城三藏道法師講菩薩戒，師受戒已，背若負萬金然。道曰：『汝真得上乘戒之證也。』徐即身輕。真歇住雪峰，服勤三載，雖日親示誨，終未超徹。復回四明，遁于象山縣之鄭行山，乃海岸孤絶之處。相傳山有怪妖，不可入，入亦多以驚异逃歸。師曰：『吾爲法忘形，何懼耶？』乃即山中盤石縛茅爲庵。地高無泉脉，師禱曰：『吾辦道來此，山神其惠吾泉。』因鋤小坎，移時而水溢。食不繼則啖松枝以療飢，時紹興二年也。一日有巨蟒入庵，矯首怒視，越數日復旋繞于床，師不顧而去。夜聞庵後岩谷震響如霆擊，旦起視之，有巨石飛墜，越庵而立于門，并庵大木皆爲之摧拉，變怪百出，略可記者如此。師不爲動，終不能害也。明年正月十四夜，于深定中豁然開悟。師自念云：『威音王以前無師自證，威音王以後無師自證者，皆天魔外道。』遂下山，見延壽然曰：『日來肚大無物可餐，庵小無床可卧。若能與食展庵則住，不然則去。』然與師反覆問答，不能屈，因叩師見地，師云：『一坐四旬，身心瑩徹，忽爾古鏡現前。非由天降，不從地出，自是本有垢净光通，不勞心力自照也。昔真歇嘗于室中舉問：「一物上拄天，下拄地，常在動用中，動用中收不得，是什麽物得恁麽？」而今照破，方知天蓋不及，地載不起，唤作古鏡，亦是謗他。遂有頌云：「個鏡光流遍刹塵，鑒照無礙體難分。群靈巨德皆稱妙，凡聖無非裏許身。」』然云：『不易到者田地。』師至陳山，欲航海，或指曰：『此鄭行山中肉身菩薩也。』人皆環繞求偈。時天大風不可渡，師謂篙人曰：『吾爲汝借風。』洎登舟，俄頃而濟，抵岸則逆風如故。徑至岳林，見大休云：『久違尊顔即不無，如何是同風不問底人？』珏云：『井底蝦蟆吞却月。』師云：『賓主不立，報化平吞。』珏云：『向賓主不立處道。』師云：『不辭道恐涉唇吻。』珏云：『只今將什麽抵對？』師云：『不借。』珏云：『佛祖不奈爾何。』師禮拜，遂令受具。聞翠山宗白頭機鋒峻峭，往叩焉。時師方爲岳林行丐，擔二布囊，隨得即受，備歷艱勤，人所不堪。宗云：『爲衆竭力，不無其勞。』師云：『須知有不勞者。』宗云：『尊貴位中收不得時何如？』師云：『觸處相逢不相識。』宗云：『猶是途中賓主。作麽生是主中主？』師云：『丙丁吹滅火。』宗以手掩師口，師拂袖出。宗遷雪竇，挽師偕行，荷負衆事。會法堂新飾，且命師爲衆普説。宗嘆曰：『吾生有耳，未嘗聞也。』叢林愈加敬焉。宗乃宏智高弟，師因造宏智室，動輒深契。二十四年，遂舉住棲真。隆興二年，移定水。侍郎趙公子潚聞師名，屬侍御王公伯庠製疏，備開堂禮，嗣法大休，實曹洞十一世孫也。乾道五年退席，遂之天台。八年，嗣秀王來鎮，請住廣慧。淳熙四年，皇子魏惠憲王請住香山。七年，參政范公移主報恩。十年，遂歸西山，爲終焉計。十一年，雪竇虚席，衆皆以師爲請。師念明覺知覺道場，勉爲起廢，一住八載。所在道俗歸仰，至是尤盛。隨力葺理，内外一新。紹熙二年謝事，止于寺之東庵。太守林公枅稔聞道價，命師再住，不從。必欲識面，既見，問道終日，致請益堅，力辭而歸。三年七月乙未示疾，己亥親筆遺書，晦日以道具抄録。八月哉生魄夜分，戒其徒曰：『吾行矣。送終其務簡約，勿用素服哀慟。』言訖書偈，趺坐而化。時暴雨疾風震動山谷，人尤嗟异。四遠聞者奔赴盡哀，于是相與建塔于山之左。戊午奉全身以葬，壽八十八，臘五十三。嗣法及受度三十餘人。師素與余厚，在雪竇作錦鏡以蓄飛雪上流，爲一山奇觀，嘗爲之記。師且死，手書遺余告别，以大休塔銘爲屬。余既銘之，師之徒又以此請，不忍拒也。余不習釋氏學，然聞古德相與傳授之際，多藉導師有以啓發之。惟師根器過絶人，自誓不悟不爲僧，則識趣已不凡。操心如鐵石，視身猶土芥，又有人所不能及者。初雖久依真歇，鄭行之居，略無怖畏。非有師傳而遂得道，禪門少見其比。是時自覺般若有靈，真有飢則一與之食，寒則一與衣之驗。夜行深雪，自然得路，若有陰相。自以爲大千世界，無如我者。一見大休，誦言所歷，休徐曰：『但盡凡心，勿爲异解。』師爲之濯然意消而歸心焉。師天資樸厚，見地真實，業履孤峻，苦行堅密，至死不少變。等慈接物，法施不吝，具大辯才，浩博無礙。爲人説法，或自曉至暮，或自昏達旦，至連日，亦無倦色。音吐洪暢，晚亦不衰，聞者聳服。學徒每出衣資，請師演説，此尤禪林所未有也。雲深火冷，尸居淵默。有召之者，雖祁寒隆暑不拒。一毫施利，悉爲公用。丈室蕭然，故六主廢刹，積逋動數千緡。不過期月，百廢具舉。若禱雨暘，救疾苦，其應如響。神祠烹宰物命，輒爲易以素饌，有藏其鬚髮而得舍利者。此皆世俗所創見，師不欲人言之，以爲非此道之極致。使其有之，亦皆師之餘也。師既亡，太師史文惠公祭之以文，有曰：『了悟圓通如觀音大士，隨機化俗如善導和尚。』人不以爲過也。師生于淮南，而化緣獨在四明，屢易法席，名震江湖，而終不越境。自號足庵，人以古佛稱之，惟師可以無愧云。銘曰：

祖師西來，乃始有禪。燈燈相續，皆有師傳。師之得道，幾于神曜。心鏡孤圓，大千俱照。曹洞正宗，實艱其承。十有一傳，至師中興。蛇虺之宅，聞者怖恐。惟師宴坐，曾不爲動。振錫出山，據大道場。四衆歸仰，廣爲津梁。生于淮堧，緣在甬東。名震江湖，卒老吾邦。法施不吝，辯才無礙。行實堅苦，而大自在。人稱古佛，師則無愧。銘以表之，用詔末世。《攻愧集》卷一一〇。

瑞岩谷庵禪師塔銘

淳熙五年秋有旨，以明州智門僧景蒙住台州瑞岩寺。先是，參政錢公請爲墳院。公既薨，其孫今江東轉運判官象祖以大父治命辭于朝，仍請敕差住持。太傅史魏公再當國，謂蒙可。瑞岩台甲刹，師一旦自海山膺敕命，孤雲野鶴，雖無心于去來，然空門之盛舉也。魏公分教永嘉時，與心聞賁禪師爲方外交，罷相里居，夢如平生。傍有僧曰景蒙，貌古神清，談笑久之。覺而叩天童朴曰：『僧名頗异，有斯人否？』朴曰：『是方爲堂中第一座。』招之恍如夢所見，與論出世法，了辯如響。問其師，則心聞也。大异之，遂爲延譽。而得智門，一住七年，寺以浸興。嘗葺古殿，得瓦于脊，有字粲然，蓋建隆改元之秋，讖語六言，中有師名，若言超進之意，抑又异矣。在瑞岩前後十夏，道俗傾嚮。寺居兩山間，樓觀層出。有溪自東北横貫寺中，一夕暴漲，衝决堤防，棟宇漂蕩，强半爲瓦礫之場。人以爲不復可興矣，師曰：『吾當任此。』既而財力交施，從容規畫，曾不逾時，輪奂一新，壯麗反過其舊。師才智超邁，不以毫末自見，因事而顯，無不嘆服。韜養之深，從可知矣。師姓邵，温之平陽人。族姓甚衆，多以儒自業。母感异夢而娠，英特開爽，幼聞鐘梵則喜。年十三，從惠安净覺大師惟梵著僧伽梨明，習天台教觀。自以名相之學不足了大事，去游國清，又參育王山佛智裕公。裕問以宗門節目，師不知所對。嘗入室，誤問鄉里，師曰：『永嘉人。』『還識永嘉大師麽？』未及答，批頰而出，至于再，兀然如痴，寢食不安者累月。行道次，忽聞鐘聲而悟，即造室中，又問：『永嘉大師即今在什麽處？』師曰：『即日伏惟和尚尊體起居萬福。』裕隨問向上事如何，師擬酬應，又復逐去。次日再入，裕方發問，師抗聲曰：『老漢今日敗闕也。』一拍而出，裕曰：『雋哉！』念母而歸。龍翔心聞一見深器之，問曰：『言無展事，語不投機，承言者喪，滯句者迷。試向言詮不及處，通個消息。』師以左手畫一圓相，聞以拂子擊左，師即畫以右手，擊右，師又畫于中，以兩手托呈，聞以拂子當中畫兩畫。師禮拜而立，聞大笑云：『三十年揀辨苗裔，今日得此烏喙耶？』由是依止室中，通徹無滯，遂令執侍左右。既歸鹿園，如在庵賢、雪庵瑾、㖢庵鑒、全庵存、箬谷達、還庵淳會下，皆一時之名流。惟師妙齡杰出，聞以『谷』名師庵，且爲之銘，蒙侍者之名曰：『高矣。』又嘗謁臨安顯寧志公，志聞風壁立，學者望崖而退，獨謂師曰：『先世遺風餘烈，若未墜者，尚在汝躬。吾且拭目觀之。』名山法席聚衆千數，師分座提唱，諸方咸畏而仰之。師孤高絶俗，若不勝衣，而嚴冷峻峭，不可挹酌。既坐道場，槌拂所加，龍象蹴踏，長靈之道光焉。十四年十月十有七日，爲施主説法，似感微疾。既歸，趺坐良久，泊然而逝。山林震動，鳥獸鳴悲。緇白奔湊，如哀所親。越七日，闍維舍利遺骨瘞于居禪師塔之右，實晦日也。壽六十四，臘五十一。度小師四十，嗣法者十餘人。鑰贅倅丹丘，草疏請師赴郡假道。别未幾時而師以訃聞，亟遣茗奠。其徒以魏公真翰來，俾銘其塔，且曰：『吾師生得公贊，死又辱祭以文，願終惠之。』鑰不敏，敢不承相君之命？銘曰：

　　鞔峰高高壓千嶺，寶坊樓閣非人境。大浸稽天夜溟涬，世界變滅彈指頃。金碧掃地誰復整，谷庵若子一笑領。發揮金粟舊光景，手高妙絶風斤郢。棱棱鶴骨雙眸炯，古廟香爐無波井。栗棘横施發深省，一超透出毗盧頂。真隱神交錐脱穎，聲駕諸方增九鼎。我游丹丘與三請，再别幾何俄奠茗。石上主人呼不醒，迷途多岐孰知警。勿謂空言如縛影，影與俱傳久逾炳。《攻媿集》卷一一〇。又見《南雁蕩山志》卷四。

延慶月堂講師塔銘

吾鄉延慶教院爲東南諸郡之冠，祖師建立，不置佛殿，所以待後人者不淺。累代多得人，如所期焉。余不及見紹興以前事矣，余歲時見鄉人尊重圓辨講師道琛，永嘉人，初至説法。是時宏智禪師諸大老拱手相顧曰：『此非闍黎也。道價最高，大興此山。』繼以覺去，予嘗銘其塔。月堂惠詢之住持在乾道五年之後，然得圓辨之正傳者也。惠詢字謀道，月堂其自號也。姓陳氏，父安寔家昌國縣蓬萊鄉之昫山。母馬氏，夢僧倚門乞食而娠。生有奇相，甫八歲，父母携入寶印院，謁了印大師，善隆摩其頂曰：『能出家否？』欣然願留，不肯去。父母見其幼静，不類凡兒，每竊奇之，不奪其志。始授蓮經，兩月而成誦，無不駭嘆。十四爲僧，即造延慶，依澄照子先法師學，日勤講業，夜則坐禪，迥與衆异。或以飯食物玩游戲等試之，一切謝絶。獨行獨坐，惟以參尋祖意爲急。衆目之曰『詢獨立』。章庵道因法師高視衆作，時居第一座，驟加稱賞，親炙數歲，盡得其説。欲遍見諸山，問所先，因曰：『天台能仁法照老人，當今大善知識也。』且送之以序，有曰：『吾子氣貌温恭，烈暑鑠金，而法服襪履望之儼然，夜坐而不卧，不與群輩相狎戲。』又曰：『兩山宿學，皆吾故人，盍行矣？』法照尤喜朝夕與處，衆嫉之，且曰：『吾曹久侍老師，反不若新進耶？』夜堂講習，一呼而隨者數人，俱至師前，遽曰：『教門多途，叢雜非一，欲從公以決之。』師正容徐曰：『吾學佛祖之大道壽量觀法，十境十乘，三千三諦皆是也。得之則見性成佛，失之則殃墜無間。有疑則問來，若名相之學，方困算沙，非吾所知也。』一衆愕然，不敢措辭而退。或曰：『此學海義龍也，安得以衆人待之？』獨步于兩山者三載，圓辨方住延慶，師曰：『百聞不如一見。』密入衆底，竊聽開演，已自欣快。偶聞提唱曰：『吾祖之道，荆溪之後傳者雖多，不無小疵。惟法智天資超悟，不假傳而自知。用一性惡之旨，大闡圓頓之談。論即論具，豈待煩惱之轉除；約佛約心，寧外婆娑之别旨？一理貫通，諸法悉捨。』師于言下洞然明白，感發既深，涕泪俱下，遂造丈室，自列辨曰：『子再來人也，特吾之點示耳。』即日挈包在弟子列。自爾左右逢源，鋒不可觸，尋入堂司。有監寺以事忤衆，衆欲捲堂，負擔于門矣，師急止之：『吾當任責。』乃領衆白辨曰：『維那之言然。』即書片紙付堂司，起監寺，不共住，衆遂帖然。微師片言，豈不殆哉！辨亡，爲廣嚴第一座。偶擇主僧，郡以十名置瓶中，一索而得師。或以年少爲言，師曰：『吾何求哉！』力辭之，尋出世，住海瀕華雲，以省母之便，欣然就之。沙岸持鉢，忽遇群盜，劫盡所有，將解師衣，正色叱曰：『汝何爲者？我法戒貪嗔痴，貪求何益于汝！生有王法，死有地獄。眼光落地，受極苦時，悔將何及？貧富有命，强取之物，豈爲終身之樂？幸自無事，而作此業，實可寒心。』盜曰：『我將殺汝。』師曰：『吾以寂滅爲樂。汝若殺我，早歸寂滅，受大快樂，有何不可？』盜相顧曰：『是善知識也，安可害之？』盡還其物，羅拜而退。慈力攝持，又能如此。移住奉川之禪院，又遷净居，前田後江。師曰：『此處可與鬼神説法。』夜必炷香暗坐，講《法華經》信宿。間有飛螢一二繞于前後，尋有百十，乃至千萬，明于燃燭，講罷輒去。嘗夜出，螢往來江上，不入講室。夜分既歸，螢忽來迎，如繁星然。師見而笑曰：『是待吾講耶？』自爾每見之。師不以語人，然自以爲差適人意也。移住普和，問于草庵，草庵曰：『僻在一隅，大江横前，峭壁對聳，佛影岩也。前輩聚徒之地，吾子其當之。』學子雲集，鐘鼓一新，朝參暮請，晝誦夜禪，禮講以時，策筵有節。乾道五年延慶虚席，公定埸中，一舉師名，衆口翕然。師氣貌魁梧，儀矩凝重，未嘗以詞色假人。精持律范，動不逾矩。法席謹嚴，數百衆無敢犯者。説法必窮藴奥，學者有不能解，昏後坐起信堂，一香一燈，遠在檐下，僧徒畢集，師乃揮麈縱辯。夜静堂深，言詳理到，境法俱勝，隨資發越，直疑祖師之復生，忘其久立之疲也。至今舊人過其處，遐想高風，多至隕涕。制帥秀王每曰：『延慶，人中鳳也。』寺之西有蔬圃，官欲以爲貢院，勢甚急。師怡然不顧，方杜門終日，禪定纔信宿，府主見招，迎謂師曰：『貢院之擾，得無動心乎？今已得基址，可以放懷矣。』師謝外護之庇，蓋有神現夢以爲言也。丞相魏文節公好内典，《法華》中有『是法住法位，世間相常住』，稽疑以叩自得石窗，終未有所契，舉以問師。師曰：『此非大力量人不能致此問。』乃曰：『春生夏長，秋凋冬落，世間之相乎？』曰：『然。』『非以其遷變而致疑乎？』曰：『然』。師曰：『四時遷變，歲歲同耶？异耶？』曰：『無以异也。』師曰：『非止今年明年無以异，窮過去，極未來，亦無所异。既無所异，豈非世間之相常住哉！以至君臣父子，生息大小，不動本位，皆得究竟。以至天地日月，明暗色空，海闊山高，鶴長鳧短，皆出自然。莫不名體不轉，貞常圓極。故曰是法住法位，世間相常住。了此法者，不落階梯，隨所見聞，立地成佛。』文節有省，嘆曰：『經綸之妙，還他教家。』魏惠憲王臨鎮來游，獨坐一榻，俾師坐而問所傳何道，師曰：『天台教。』王曰：『恐不及禪家之直指。』師又曰：『禪教皆如在方便，若就實知實見言之，何爲禪，何爲教。妙悟之人，一切掃除，絲毫不挂，然後龍菩提妙華遍莊嚴，隨所住處常安樂。』王大悦，屢以金繒爲齋施。尋盡出衣盂，建雨華堂等。又募緣一新兩廡。至于卧不解衣，講必更净，非入浴走厠，袈裟未始去體。非赴齋啜粥，蓮經不曾離念。厨庫諸司不一回顧，工匠報作略不舉目。大綱整肅，不事苛細。然犯必不恕，欺必照破。中外井井，無毫髮之遺。史文惠王曰：『能使教門增重，今惟月堂一人而已。』師之傳道，直欲追配古人，非徒塞責。每曰：『以語之相似而證其言，以資之善記而篤其説，皆非所以説法也。惟自悟心宗而宣演之，庶得祖師之傳。吾求悟門，切勿自畫。凡説教義，不出私科。惟著《立宗解》一卷，以救時弊。』淳熙六年十月二十五日，召門人曰：『吾覺背痛，殆將不久矣。』越二日辛丑，集衆諷《十六觀經》，經終而逝。十一月庚申，奉全身葬于崇法祖塔之側。師壽六十一，法臘四十五。聚髮一器，舍相無所，葬于蓬萊先塋，遵遺言也。分舍利之半，同法智頂骨塔于大悲閣。郎中省庵陸公沅贊之甚詳。所度小師嗣法者六十人。今柏庭善月，其上足也，餘皆散處諸方。靈龕即路之日，緇素男女秉爐持花，填郛溢郭，幾于罷市。觀者贊嘆，以爲前此未有。此豈人力也哉！後二十有五年，其徒請銘其塔。余非學佛者，尤昧于教乘，以其請之勤，而察其實行實諦爲可敬，爲之銘曰：

智者禪師，祖天台教。乃知禪教，本無二道。禪貴直指，教若支離。存乎其人，統而一之。圓辨之興，教門鼎盛。粤惟詢公，傳得其正。如淵之淳，如玉之潔。入自悟門，縱横演説。辯才無礙，脱落窠臼。如老斫輪，得心忘手。月雖已墮，孤老故躔。柏庭之徒，尚永其傳。《攻愧集》卷一一〇。

育王山妙智禪師塔銘　代魏丞相

皇帝即位之十五年有詔，明州阿育王山廣利禪寺釋迦文佛舍利寶塔詣行在所，住持僧從廓侍行。既至，命入禁中觀堂安奉。上御素膳，焚香瞻禮，親睹殊勝，遂召廓對碧琳堂，問舍利從何發見。奏曰：『自陛下聖心發見。』上大悦，親洒宸翰，大書『妙勝之殿』，賜廓以『妙智禪師』號，仍度僧五員，頒錢萬緡，眷賚優渥，前所未見。由是寶塔之靈益顯，而廓之名愈彰矣。廓姓林氏，福之長溪人。家世業儒，踵登賢科。生而穎悟，不妄言笑，群兒强以聚嬉，泊焉如不聞。有以出世法語之，則忻然解悟。年十五，依邑之建善寺祝髮受具戒。時閩中名刹多有道之士，悉往從之。佛心纔分室中，舉『四大各離，今身妄身當在何處』，有所感發，述《投機頌》。佛心首肯之〔一〕，而不自以爲足也。去之，見懶庵需公，爲侍者，復依大圓璞。璞大慧杲公之高弟〔二〕，門庭甚高。始叩之，若自失，久之豁然有得，服勤數載，璞撫之以爲類己。然以未識大慧爲恨。不憚重趼，見于衡之回雁峰下。大慧深加器重，留三年。告歸，送之以偈，又以書屬璞曰：『廓乃佳衲子，可爲成就，使异日爲吾家種子。』自此叢林争下之。紹興丙子，大慧被旨來育王，復來依焉。大慧移徑山，璞以繼之，衆逾千數，以爲第一座。制帥丞相沈公以廬山請出世，大慧方名冠天下，無不願出其門以借重。開堂日，乃以瓣香嗣大圓，諸方以此益高之。已而育王虛席，尚書韓公欲邀大慧，而舉以自代，遂主此山。禪衲雲集，以祖孫三人世繼坐道場，築堂于丈室之東，名以三秀，遂爲空門美談。才具素高，以其暇日興土木之工，皆極其壯麗。增庾入數千斛，施者委金帛，創爲長生局五所，百需皆備。月施金錢，飯僧以萬計。又造金塔以奉舍利，此特其餘事爾。日本國王閲師偈語，自言有所發明，至遜國以從釋氏，歲修弟子禮，辭幣甚恭。且以良材建舍利殿，器用精妙，莊嚴無比。丞相史公帥七閩，以鼓山趣其歸。滎陽郡王力挽無行。魏王出鎮，一見其風儀，目爲僧中龍。又聞其機辯峻發，肅然加敬。師晚以衣囊立庵于烏石山，名以『笑月』，爲終焉計。有偈云：『三峰斂却閑雲，大海冷涵秋月。』庚子季春，拂衣歸庵，杜門不與世接。俄示微疾，八月四日，呼左右付以後事，澡浴趺坐，書偈曰：『掣斷黄金鎖，鑿碎玉樓鐘。騰身太虚外，半夜日輪紅。』擲筆而逝。壽六十二，臘四十七。月五日〔三〕，葬于庵之寢室。惟臨濟楊岐之宗至大慧而益震，又得如師者爲嫡孫，上承聖天子之休寵，下爲帝子公相之所尊禮，近焉道俗之歸向，遠焉外夷之師仰，可謂盛矣。籌室所度，未易悉數。有宜意者得法最的，住平江開元，方有聲于時，而遽即世，禪家惜之。徒弟至百餘人，家法嚴甚。嘗以師語録萃爲巨編，師呵之曰：『汝輩隨語生解，去道益遠矣。』固不許。師既没，乃始得百之一二刊之。余投老山林〔四〕，與世相忘，師謂可以語道，往來無虚月。謦所未至，相期歲寒。一旦弃我而先，愴念不已。其徒求銘于余，爲之銘曰：

楊岐千古栗棘蓬，諸方誰敢嬰其鋒？佛日老子雲夢胸，呵佛駡祖一洗空。子孫三秀玉几峰，妙智杰出傳家風。碧琳一語開淵衷，帝子謂是僧中龍。三韓萬里滄海東，酋杰稽首禮益恭。一聲擊碎玉樓鐘，日輪夜半通天紅。亭亭寶塔上凌空，烏石與之俱無窮。《攻媿集》卷一一〇。

〔一〕肯：原作『背』，據文淵閣四庫全書本（簡稱『四庫本』）改。

〔二〕杲：原作『果』，徑改，宗杲也。

〔三〕月：疑當作『越』。

〔四〕投：原作『段』，據四庫本改。

延慶覺雲講師塔銘

浮屠氏法盛于東南，而明爲最，蘭若相望，名德輩起。予固不能盡知其人，然采之公言，其間雖一代宗仰者往往未免評議。至問覺雲師，則同然無异辭，余尤不能知也。嘗造焉，修幹古貌，丹脣碧眼，長松野鶴，無一點世間氣。與之語，愈叩而愈無窮，名下士信不虚矣。師既以隆興癸未歲十二月十有八日化，叔祖居士語鑰曰：『士之難其全久矣。趙魏老猶不可爲滕薛大夫，矧釋氏事寂滅而不免于應世，二者冰炭，誰能一之？能使學佛者宗其教，交游者服其人，周旋酬酢，無一可議，殆鮮有覺雲如者。我與之方外交，既已叙其行事，汝銘之。』遂謹書而系以銘。師諱志連，字文秀，覺雲其賜號也。俗杜氏，世家于明州鄞縣之寵山。孕有祥，生又不凡，故母山氏篤志竺乾法，令從禮寂公慧云爲師，肄業崇壽。年十八受具戒，明智目爲僧中鳳雛。圓照授以天台教義，後從智涌，頓悟圓宗。年登三十，適延慶，爲第一座，始開講席。辯才先放，落落風生，四衆聳服。靖康以來，更主五刹，惟妙音不及煖席而遷，餘皆碎于兵火。師一居之，卒化瓦礫爲寶所。圓辯重建延慶于煨燼之餘，功未竟而死。遺基廢礎，尚多有之。虚席曠歲，實難其人。天童宏智禪師以師爲首，衆議是之，遂徙居焉。經營十年，無有不備。施利山積，一毫不自奉，悉以資建立事。雲棟雪脊，杰然城隅，望之如昆閬間物，非大勤勞不易至此，而師未嘗足也。或贊其新伽藍者四，當不愧智者。師曰：『此有爲功德耳，豈敢以此比迹前哲？深恐不能洪宣祖道，爲法門罪人。』故雖所至興建，而講學不少休。承學之徒翕然向風，誠于祈禱，感應響捷。或欲記之，必痛以妄語爲戒。秘監姜公守四明，爲師作真贊，門人固請立石，師終不以爲榮。其不求名聞類如此。一時名士多樂與游，望之則毅不可犯，即之則和易温恭，久益敬之，終不得而親疏也。有達官與之劇談，貫穿禪律，纚纚不倦，驚曰：『師禪教并通。』師曰：『冰泮雪消，固一水耳。』又問：『《華嚴》《般若》似過于繁？』師曰：『支離所以爲簡易也。』于是肅然，尤敬异之。丞相沈公來鎮，以僧職處師，師以老疾固辭。丞相遺手札曰：『師當表正一方，紀綱諸剎，毋退避以自潔。』且迫于諸方勸請，始受命。謙退謹愿，不見有异。然主盟衆事，惟是之從。或有私請，雖大勢力，富檀那，不能回也。時度牒再頒，受戒者僧吏邀取無藝。師爲立成規，省十之九，沙彌至于今德之，有不遠數百里求附壇者。所革宿弊，徐而不暴。□□□□嗚呼！此皆人所難及者。然師之所存，心大而不密，體卑而道尊，恭而不僞，博而不雜，寂用之涯，不可得也。感疾既革，衆以藥進。師曰：『十方無礙人，一道出生死。』書偈畢，撫掌大哂，又以指彈屏風。或問之，曰：『我自幸至此，不覺喜樂，鐘鳴當往矣。』已而信然。師之所存，果易識耶？享年七十有六，僧臘五十有八。度弟子行丕等十有二人，登門者甚衆，傳道者三十餘人。即以十二月二十有八日葬于城南祖塔之側。銘曰：

舟不涂，車不川。離乎器，用必偏。惟寂滅，釋所先。惟應酬，世所虔。工與拙，必一焉。偉覺雲，幾于全。峻而通，周而專。得其得，悟獨圓。出緒餘，應世緣。識不識，無間言。教不吝，道以傳。建塔廟，崇人天。定生慧，無礙禪。融一理，逢其原。金而玉，岳而淵。爲尊師，豈偶然。道既成，如蜕蟬。嗟後人，視銘鐫。《攻愧集》卷一一〇。

王信

王信（一一三七——一一九四），字誠之，處州麗水（今浙江麗水）人。紹興三十年進士及第，授建康府學教授。進所著《唐太宗論贊》及《負薪論》，特循兩資，爲太學博士。權考功郎官，指摘吏人奸欺，不避權要。升左司員外郎，遷太常少卿兼權中書舍人，轉給事中。假禮部尚書使金，歸言金人必衰之兆有四，備禦之策有二。求奉祠，提舉崇福宫。起知信州，擢知紹興府、浙東安撫使，徙鄂、池州。紹熙五年以疾卒，年五十八。著有《是齋集》行于世。見《王給事墓志銘》（載《括蒼金石志》卷六），《宋史》卷四〇〇有傳。

華嚴閣記

錢塘南北山爲浮屠氏居者大小幾四百所，而授禪家學者三：靈隱、净慈，地雄勢重，易起人鄉慕心，故凡事隨欲輒辦。惟中天竺蕭然孤立乎上下二大刹之間，雖在昔爲名山，而前後因陋就簡，往往不克自振。粤僧法華來主丈席，奮然提空拳於人所不敢爲之中，而自謂能昌宗風於幾墜之地。聞者笑之，余亦訝其不量力也。淳熙十四年，被旨禱雨大士，道過其門，則杰閣巋然，群目驚异。

僧帥其徒要於路請觀之，攝衣同登，金碧璀璨，中設千葉盧舍那像，立文殊、普賢二菩薩於其旁，五十三善知識布列左右，而翼以鐘、經二臺。四山環焉，如拱如衛，高欲躡雲，俯疑臨淵，石梁横陳，清流激湍，氣象瑰富，非曩所見。余問之曰：『帥何力辦此，誠不易。』法華曰：『未也。吾將與佛殿，而東之方丈法堂廊廡，皆撤其故，度材計工，不辦不已。』言若大而夸，而已事明驗，人所樂施，余不敢以爲誕。法華請記歲月日，經始於癸卯之夏，而落成於丙午之秋，深辭之不可。世言釋氏子能鑿空建事，而竟於成，歸於其立志果，用力專，然亦憑佛願力，乃克有濟。法華身若不勝衣，言語無緣飾，而短小精悍，膽大如斗，能動人如此，豈非其一念所起，勇猛精進，足以感發人之善心？不然，人以爲難，何爲之遽而成之易也？法華起而言曰：『寺闓荒於千歲，寶掌禪師生於周威烈王之十二年，至唐顯慶二年而化，蓋住世千七十有二年，維記可考也。法華灑埽於兹，歲在己亥冬十一月望之夕，夢一僧來桂子堂，額聳貌古，金環貫耳，自言爲千歲和尚，昔嘗居此。今汝能建立，吾道興矣。言訖不見。晨興，集大衆焚香作禮像前，而致禱焉，此其願力也。法華何能爲？』余雖未敢遽信其説，然觀千歲歸寂之偈，嘗有『他生復來』之語，法華之夢不爲無據。譬如爲山，進以一簣，虧以一簣。法華其勉之。《咸淳臨安志》卷八〇。又見《淳祐臨安志》輯逸卷二，《西湖志》卷一三。

崔敦禮

崔敦禮（？——一一八一），字仲由，通州静海（今江蘇南通）人，與弟敦詩同登紹興三十年進士。愛溧陽山水，買田築居。歷江寧尉、平江府教授、江東撫幹、諸王宫大小學教授，官至宣教郎。淳熙八年卒。著有《芻言》（存）、《宫教集》。見《景定建康志》卷四九，《南宋文範作者考》上。

建康府溧陽縣報恩寺度僧田記

建康府溧陽縣報恩寺，蕭梁天監中所作也。初在縣之西北五十里，元祐間改築於東門外，今其址也。乾道三年，余始卜居是邑，見于寺者惟頹櫓腐棟，蛇鼠穿穴，如逃人家，單鉢不陳，像設隊剥，過者動心焉。五年，衆請蜀道淵住持。淵素爲一方信向，至是慨然以興作爲己任，勤身苦志，不避寒暑，盡力于治。寺門廊殿，經像樓閣，齋庖庫庾，嚴飾略具，鐘唄日聞，粥魚齋鼓之聲不絶。一日，淵與其徒謀曰：『吾支傾補壞，粗成禪席。今將時葺而歲增之，莊嚴殊勝，作大道場，則豈吾力所可獨任？亦賴方來之士心同力全，臂股相用，乃克有濟。而寺素空窶，無以度人，四方之游者泛然惟傳舍之視，苟不爲之計，寺之興廢未可知也。』乃飭其徒慧如者循諸方例，募置常産，爲度僧局，銖積寸累，得膏腴之田若干畝。凡志于學，利于衆，勞於寺事，則以歲之入度之，設爲科條，至精且密。於是人勸其功，墮者思進，懦者思奮，歡喜踴躍而作佛事。淵猶懼其無以示後之人也，乞余爲之記。吁，佛教之盛於世，非特曰死生禍福之説足以儆動人也，蓋爲之徒者類能維持其法，深計而善殖之，是以至於愈久而不泯也。吾儒之道根於人心，被之天下，若飢食渴飲，不可以一日廢。學吾學者解褐而仕，仕則以道德爲迂闊，以詩、書爲陳腐，無有能長慮遠圖爲名教地者。相薰以此，雖有賢者作，豈易得志于其間哉！余觀淵之用心而有感于吾道也，故爲之書。淳熙三年十一月二十五日，静海崔敦禮記。《宫教集》卷六。

海虞山寶嚴寺田記

常熟縣之北有海虞山，而西有道場曰寶嚴寺。寺有教院，荒陋不足安衆，又無神靈降依爲之驚動禍福，以來四方之供，單鉢不陳，像設無饗。余每過之，雖憐而力不至也。一日，主僧德章來謁曰：『吾院有可興之理。邑人劉姓康名者自言其父嘗以報慈、寶嚴及吾院俱貧不能給，欲施田以辦百斛，爲三寺助粥飯。緣生前願力勝追修百倍，是不可墜，乃舍之，如其數而三分焉。今梵宫相望，粥魚齋鼓，硡硡隱隱，振響山谷間，劉氏與有力也。吾將自是莊嚴積累，興無盡供，願求一言記之，以勸來者。』余曰：『近世多田家連亘阡陌，至不可畝計，揚珠搗玉，露積而不收。及其較封洫，辨疆畎，争尺寸如争死利害。劉氏除慳舍有，割膏肥之地而作佛事，如執左券樂然付之，略無難色，是可取也矣。』故爲之言。康孝而樂善，其父諱仲榮。《宫教集》卷六。

沈煥

沈煥（一一三九——一一九一），字叔晦，定海（今浙江鎮海）人。乾道五年進士，官紹興府上虞縣尉。淳熙四年調揚州州學教授，未上。八年爲太學録，調高郵州教授，選充浙東安撫司幹辦公事。淳熙十五年，改宣教郎、知徽州婺源縣，擢通判舒州。紹熙二年卒，年五十三，謚端憲。見袁燮《通判沈公行狀》（《定川遺書》附録），周必大《通判舒州沈君墓碣》。

净慈寺記

奉化縣治之西六十里有佛宫焉，按圖志，唐乾符六年所建。院有故籍，又謂始於石晋天福五年，他無考證。自天福庚子逆數而上，適周一甲子，圖經流傳，不應無據。院初號仁王，其錫名净慈者，本朝治平二年也。淳熙戊申，里之父老告於州曰：『净慈爲刹，實明、越、天台三郡田夫野婦，遠近老稚奔走徼福之地。山無常産而地少，朝晡稻蔬之供未始告匱者，實賴山王陰率潜化，若有人從空中告語相勸導者。凡粟米、豆麥、布帛、絲麻、薪炭、菜果隨闕而應，不求自至，傾瓮倒囊，負擔挾篋，牽聯號呼，纍纍而來，捨其有而求所欲，無不響答。比年主丈室者行業不孚，禱祝弗應，里多疵癘，人心累驚。願更擇有道行者居之，以妥慰山靈而加惠一方。』邦君吏部侍郎岳公從之，悉召州之名刹育王、天童而下十有六主首，俾通選一人，得今住持師宏，臨江人，嗣法佛照禪師。始至，周視庭宇，喟嘆荒蕪，衆相與畢力支傾補罅，規恢隘陋。甫期月，百堵徐興，法堂清嚴以祇演佛事，僧堂奥敞以休處朋徒，且過接待之寮，闢而新之，以安適來者。度僧有庫，會浴有室，鐘魚震響，草木葱茂，叢林規制大略具體。宏師以書來乞記其事。余觀人之一心，精誠所達，雖天高地厚，豚魚細微，金石無情，有感必通，况數椽之興廢乎！是心苟存，鬼神其相之矣。雖然，天下之事其將興也，責於己，求於心；其將壞也，聽諸神，歸諸天，古今一軌。宏師能充此心不倦，則道俗丕應，興起法席，蓋未艾也。不然，徒日燃熏瀹供而神不我孚，吾恐山王去之遠矣。書以遺之，使刻之山中。若夫自漢以後，佛法入中國，四民風靡，競求福利，上之人往往多倡導之，其來已久，豈特一净慈而已哉！民生不及三代遠甚，其本安在？宏師不求余言，姑置勿道，獨識其所以振作頽廢之概如此。紹熙改元八月記。民國張壽鏞輯《四明叢書》之《定川遺書》卷一。又見明抄本《四明文獻考》三〇〇頁，《四明續志》卷一一，光緒《奉化縣志》卷一五。

許尚

許尚，號和光老人，淳熙間秀州華亭（今上海松江）人。著有《華亭百咏》。見《宋詩紀事》卷五六。

廣化漏澤院記　淳熙六年正月

宋有天下垂二百年，龐恩厚澤，滲漉乎宇宙。崇寧、大觀間治至極矣，方之成、康、文、景之世，不是過也。九重之心可以釋然矣，然猶未始一日忘乎民也，寬大之書、欽恤之詔，未嘗虚月焉。天下之人無横征暴斂之虞、獄犴不平之嘆，而九重之心猶未已也，慮天下之窮民或耄且病，則俾與之醫學以全完之，饘粥以生毓之。當是時，無一夫有無聊不滿之意，而九重之心猶未已也，痛民之或死而無主，將不免于暴露也，則敕天下郡縣即閑隙之地，俾舉得以占瘞，而錫名曰『漏澤』，天下之人無委壑之慘矣。九重之心抑猶未已也，又聽其佛之徒廬其旁，夙夜贊唄之，以導夫魂之所升，而慰夫魄之所由歸也。皇乎仁哉！華亭超果寺之北有地焉，可以掩骼而埋胔。道者永珍，姓葉氏，來自赤城萬年院，一矅比丘也，適奉是詔，乃請於其地主林珍，珍從之，又請地於童昉，昉亦與之，由是漏澤之園成矣。其徒顧善明亦以道者瘞斂如旨而得度牒。紹熙初，住持僧曇秀始請于朝，得『廣化』之名。屋纔數楹耳，門廡庳陋，庖溷不具，不足以稱名院之意。太師鄖國章公之後曰欽若，嘉秀有興拓之志，乃割薪米以助之，且以申追遠之意。秀樂與其屬景仁、法欽、景倫、景佺、子元、宗遠合謀勠力，闢而廣之，翬飛輪焕，猶一望刹。然吾嘗溯珍之始爲是圖實崇寧之二年，越三十年始賜額于朝，又三十年而院始成。後之繼者知珍之所以經其始，秀之所以成其終，又知國家厚乎民者，使生有所養而死有所殯，則是院也，可不日加意乎？景仁固嘗主于院矣，猶不忘前人之勤，求余文以記于久。余亦愛仁之誠也，故樂爲之書，時淳熙己亥正月望日撰并書篆。康熙《松江府志》卷二六，康熙二年刻本。

毛士龍

毛士龍，淳熙間爲將仕郎。

東塔院記 淳熙六年十月

寺觀環縣治者七，唯東岑形勝係焉。晋置縣建塔于九牛山，熙寧間葛長官徙今址。且謂青龍有角財富足，青龍有聲井邑興，以故邦人裒金殿佛，捐田飯僧，鳴鐘鼓以象龍吟。時開山子賢夾徑蒔松，每一根四十九拜，誦咒如之。歲久，林木蔚薈，陰陽家目爲文峰，登巍科者相續。紹興丙子十月朔旦，祥雲五彩，下覆其巔。越明年，詹事王公廷對，爲天下第一，節概凜凜，蓋秀氣所鍾也。未幾，七寶主僧義懷以其從子附院籍，攘其田，童其山，徒散屋圮，塔遂零落，邑用不寧。淳熙乙未，父老相與求直于官。嗣義懷者曰忠禮，出而力争，卒以衆怒而逃。既而令趙公按圖經證諸疆界，悉以故業歸之。會趙解去，訟復興。今令袁公閲實前案，争始絶。命僧法徽奉香火，亟募緣砌石徑二千八百尺，達于山，仍翼以松，極力興建。公輟俸贊役。於是進士朱謙之爲創三門，湯修鳩材以助，施者益衆。以戊戌九月堂殿成，周以廊廡、厨庖、膳湢。塔即其旁。面海爲夙祈堂，室有三五星居其中，左序川源，右列坊巷，凡苗稼蟲蝗之神畢秩焉。俾就精嚴，以時禱禬者，官所營也。復給新塘田百畝以益之。父老喜風土仍舊觀，合衆德公，而語余曰：時節貪緣，若有定數，山之否去，邑之泰來，啐啄謂時相值遇。自塔鐘壞，屢更鑄，丁酉春會成，而聲清越。令君適至，年穀荐登，財賦告足，百廢具舉，焕然一新，有聲夙讖，殆驗於斯。雖然，輪奂美矣，如無額何！异日復有義懷者出，得不隳前功乎？顧山之廢，吾邑利害是切，僧何預焉？幸令君與我請額于朝而畀之，豈惟山之寵云！余具以告，公諾之。父老更相賀，命余書，庸忍辭？淳熙六年十月記。永樂《樂清縣志》卷五，天一閣藏明代地方志選刊本。

西塔院記

環邑皆山，晋人卜以立浮屠者三：北翔雲峰，東九牛峰，旁無居守，北竟廢，東徙文峰。唯西岑勢號虎踞，尖合十三層鎮其巔，下瞰井陌，旁僧居焉。甘泉自涌，其徒日益，洒掃不絶也。錢氏有國，第屬温郡，所闢浮屠，止列于二。皇朝初，祥光屢現。咸平甲寅，令邊公爲締精藍，以崇瞻禮。募樵人三萬，各予一金，搏石新之。越二年，景德丙辰，令宋公畢其役。先是安仁院在雁蕩東，四遷依其下。祥符改元，朝廷旌塔瑞，尋改安仁爲七寶。魔寇焚毁，塔獨存，鄉先生廣文鄭君邦彦叙本末，得一二老衲，自營數椽，以奉香火。七寶復三遷，遠之東林，甚孤先朝寵名之意。洛陽李君穀奉祠寓居，慨然爲創觀音堂一區，令今泉使太傅姚公更以四方講員主之。緇流稍集，荆榛未暇闢也。三衢袁令公來，一日登山，四顧久之，且曰：『東西岑形勝均也，塔聳如頭角，燈明類眼目，廢一可乎？』首爲禁薪牧。新塘成，給田百畝。民言以厲祟爲恐，公致禱，卒無患。己亥春，乃即塔北爲室三，以祠瘟神、火神，載諸縣志，歲爲常祀。於是僧居隱罄衣鉢資財傭工，公輟俸佐之，施者輻輳。不旬月，爲三門，爲廊廡，爲丈室厨會，延門步詹，聯接環繞，輪奂翬飛，猶摶扶摇而駕絶頂也。若夫鑿山穴徑，入門舒曠，雙巒插空，翠阜中峙，修竹籠烟，茂林卷霧，飯食經行，如在雲路中。離室之外，浮江千帆，夾溪萬屋，天高地下，隔絶塵寰，心境兩清，真選佛場。惟兹山址，於晋歷七百年而後發揚於聖代，又歷一百七十有九年而後訖成於公。廢興不于其時，于其人。公廉介自將，以他人爲家者爲邑，爲子孫者爲民，凡可以弭灾變，移風土千百年之利者，必極力爲之，用心亦云廣矣。晋謝尚夢人告之以來歲當有妖氣爲毒，惟造塔營寺可禳。計未能辦，可於杖頭刻爲寺塔形以禳之。卒用其言，舉室獲全，嬰之者無噍類。尚之事誠异矣，惜其唯夢是踐，忍不起由己之思爲邦人禱祓而全之，興嚴佛廬，不幾楊氏之所謂歟，兹尚之所以爲東晋人材也耶！永樂《樂清縣志》卷五。

王正德

王正德，泰州海陵（今江蘇泰州）人。淳熙間寓蜀。著有《餘師録》四卷（存）。

昭覺寺無量壽佛殿記

淳熙六年正月二十三日，四川制置使、敷文閣學士胡公之夫人魏氏以其弟軍器監丞叔介大祥，欲擇勝地建無量壽佛之像，以資冥福，久莫之得。因其父參政敏肅公諱日，設供於昭覺禪寺。至庫前，見穹屋十數楹，翼以廊廡，閎壯静深，可爲佛宫，而其下蕪穢弗治，夫人有感焉。於是規度面勢，整修壞漏，遂建無量壽佛以居之。像成，設坐几、窗牖、凡供具，又命其女慧齊大書殿名以揭之。復念旁壁污壞，弗稱巨麗，將飾而新之，繪西方變相而壁之。塗忽有剥落者，視其下則舊有畫宛然，即西方變相也。僧老環拱，嘆嗟以爲异事。夫人亟命工盡去舊塗，補其圮闕，蓋以丹青之飾，光采呈露，而殿益華好，克稱西方氏之居。邦人和會，闔城來觀，以其此屋閲百年，過而游焉者幾千百人，而曾無一人發之。雖久否則傾，久晦則明，物之理也，然非夫人之德，則無有發之者。豈道心默契，顯晦固有待耶？夫人第三子通仕胡紳幼而敏悟，素所鍾愛，次年十月五日偶以微疾不起，死之夕與其生之日時俱同，固知壽夭有不得而加損。夫人痛焉，又命工妝塑觀音、勢至二像於無量佛之兩旁，以資冥福。浄土道場於是備矣。或曰：『夫人爲是佛事，福田利益不可思議。』余曰：『夫人之心，豈誘於福田利益而後動耶？方敏肅公坐廊廟，布大政於天下，盡還遷客於南，而今大學公又厲砭石以起西蜀之病，夫人蓋有助焉，是非福田利益之尤乎？夫人性根於仁，定生於慧，宴坐繙經垂二十年，而今志益厲。既書《楞嚴》《圓覺經》鋟之木，以幸學者，又刺指血書《金剛經》《彌陀》《勢至經》以薦考妣，今又書《妙法蓮華經》七卷，口誦心維，洞達奥妙。雖老師宿學業於西方氏之教者，自以爲弗及，是豈偶然者哉？』余於釋氏瞢不知曉，至是若有得焉，故爲記之，而又贊之：惟一切心，具一切佛，彼昏蝕之，弗見杪忽。匪心則然，如大明月，微雲過之，顛倒毛髮。惟定於一，内明外通，八萬四千，一毛竅中。我聖有作，毋以一唯，訂之西方，理一無二。敬出頌言，擊蒙刮瞽，導揚佛心，垂戒終古。《成都文類》卷四一。

王希吕

王希吕，字仲行，宿州（今安徽宿州）人，南渡後寓居嘉興府。登乾道五年進士第，授秘書省正字，除右正言。以劾權臣張説，責遠小監當。起知廬州。淳熙二年除吏部員外郎，尋除起居郎兼中書舍人，復知廬州兼安撫使，加江西轉運副使。五年，召爲中書舍人、給事中，轉兵部尚書，改吏部。八年，出知紹興府，以言者罷職奉祠。後以疾卒于家。嘗預修《四朝國史》，成書三百五十卷，淳熙七年進呈。見《直齋書録解題》卷四、《咸淳臨安志》卷九二、《嘉泰會稽志》卷二、《南宋制撫年表》卷上、《宋史》卷三八八有傳。

普向院記

紹興十六年，朝廷以西湖之陰隙地三百弓爲殿前司十三軍之塋地，創立精舍，爲之薦拔之所，遷南蕩之廢寺曰普向者榜其上，從故帥太傅楊王存中之請也。乾道八年，住持僧法千言，兹寺之建，諸軍之士生死蒙福，獨其主帥之屢更，敷陳之不時，州縣之不相謀，故賜額闕焉。深恐歷日寖久，疑信相半，本末之不克備，無以新衆視，示來世，朝廷德意殆成虚美，是誠不可緩者，敢以爲請。今殿帥節使王公友直即以其事聞，於是有旨，賜以『愍忠資福普向』之額。法千既以敕牒刊之堅珉矣，又筆其大概，使來請文。希吕與千同時杖策而南者，義不可辭。昔先王之治天下，其紀綱法度所以維持天下者甚設，若其政理，則不過曰本諸人情而已。人情莫不好生，則爲之養生之道；人情莫不惡死，則爲之送死之道。是故生者遂其生，死者得其死，而無怨恨不滿之心。孟軻氏以養生送死無憾爲王道之始，揚雄氏亦以病者養、死者藏爲爲政者之思，此之謂也。自兵民始分，日尋干戈，若齊之誄宏父，衛之殤童汪，秦之封殽尸，晋之收死傷，見於傳記，班班可考。惟唐太宗既定天下，立佛寺十六所，以福死士，恤典之有寺，當自此始。然驅無辜之民，置之必死之地，雖假手像教以資冥報，甚非先王養生送死之意矣。本朝聖聖相繼，寢兵措刑，著爲家法。今和戎有年，邊塵不驚，六軍之士安居而飽食，優游以生死，而且賜之葬地，守以僧舍，錫以美名，恩深漏泉，德施罔極，三代以來本朝而止耳。夫禮尚往來，事有施報，施而不報、往而不來者，世無是理也。將有人是寺讀是文者，灼然知聖人廣大之德，而潛有以發其忠孝慷慨之心，以篤於施報往來之義。异日摧城陷陣，立非常之功，以上報非常之恩者，必有其人矣。其辭曰：

天生衆民，作之君師。惟君代天，職其撫綏。於衣其寒，載食爾飢。生養死藏，惟君之爲。於赫我宋，始終以仁。二聖嗣於理，新之又新。孰民而兵，盛時是逢。不戰不征，天涵地容。有名有糧，錢帛既豐。不幸而死，又終其終。耽耽北山，古佛所廬。喬木巉天，下列幽墟。鐘鼓朝昏，梵唄凌虚。死者可作，揆安其居。大哉天之德，二聖配之。二聖之德，惟天似之。小臣業儒，文以識之。尚俾來者，知寺之始基。《咸淳臨安志》卷七九。又見《西湖志》卷一二。

精嚴禪寺記

佛之道至難學也，毁形而苦行，割愛而忍辱，食以粗糲，衣以壞色，器以瓦鐵，誦經禮佛，求師問道，從衆應俗，登門望施，修齋設供，立木營造，像設修爲之事無一不爲。至於口腹之欲、紛華之欲、男女之欲，凡人道之不可無者，一有犯焉則有司得以治，檀越得以弃，天下之人莫不起而議之。佛道之難學蓋如此。秀州精嚴寺舊號靈光，即東晋選部尚書徐侯熙所施之宅。寺鄰於市，寺亦爲市，僧居於市，僧亦爲市。既爲而久，既久則盛，其分房裂户以百數，而爲之徒者且數百人。龐眉皓首，畏罪慕善，閉門燕坐，勤力精進者往往有之；而血氣方剛，聞道未篤，六賊所誘，一念不固者亦所不免也。淳熙四年，直寶文閣韓公彦質以黄岡政成，聖恩優异，付以兹郡。公遇事精敏，濟以公平，下車未幾，奸伏弱直，優游撫馭，遂以無事，推其治理，勤厥外護。乃請於朝，願以是寺改爲十方，有旨從之。於是籍寺所有，得二萬餘緡，招一因師俾主其事。因資巽懦，不任是責，侯即喟曰：『變律爲禪，欲藥其病，變不如初，吾且有過。』乃命黜因，乃命諸山選一道行可以經理者，衆以十六輩諗公，公於其末擇一永祚師景壽使補其處。壽公道學既高，世法亦熟，年未五十，而十王名刹，升座之日，法音宏暢，舉揚宗旨，合因與果，演化道俗。復以叢林所立規矩先以律身，還以導人，瞻聽所接，内嚴外敬，頑革善入，一傳百應，先信後舍，無有齟齬，皆順以附。緣法既契，乃取因老所用之餘，計四千緡，并舉韓使君所施之財與大衆之所施者，又爲數千緡。鳩工匠，會竹木，商瓦甓，給雇直。凡爲秀王祠堂三間、戒壇一所、廊廡三十四間、法堂一十一間、僧堂六間、雨花堂五間、前資寮行堂共一十三間、旃檀林後架二十間。爲水田二千餘畝，歲得米一千餘石；爲蘆場二千餘畝，歲得薪五萬餘束。經始於五年之春三月，斷手於六年之夏四月。始師嘗曰寺成當求記於王居士，既成，使其徒師源具以本末來，希吕使謂之曰：『夫應時有緣，悟道有性，化荆榛爲道場，闤市井爲佛地，易土木爲像設，改喧哄爲禪觀，凡見於有爲者，是謂緣。著一盂糲飯，聚四方衲子，大開不二門，共究無生理，凡歸於自然者，是謂性。今師既已奮空拳，竭願力，了大事，破群疑矣，盍亦息乎其所已爲，而思惟其所未爲者。自緣而修性，由性而悟道，以上報國恩，而次報佛恩乎？』師曰：『諾。』乃爲記之，復以偈言終之，其辭曰：

佛身廣大充兩儀，肉身有壞法者非。波旬有請不可違，雙林佛子涕泪垂。六反震動人嗟咨，付與迦葉法與衣。其餘佛法得者誰？國王大臣專主之，檀那有力同扶持。維昔東晋咸安時，徐侯家居海之湄。夜有光怪經天維，迫而視之井所爲。乃請舍宅爲佛祠，年來井神不能奇，蜂房蟻穴生瑕疵，既久而變亦其宜。韓侯凜凜百吏師，有意外護非己私。壽公之來乘始基，補儹百弊研毫厘。以身率人人相隨，内嚴外敬自此推。始終一律無可疑，一唱百和風聲移。中堂幻出高巍巍，廊廡繩直遠近齊，方丈寮舍相發揮，山田水國日用資。自起一念不逾期，算計見效如所期。雖然佛法非一岐，傳道應緣實相依。靈刹衲子須自知，請師開門拈白槌。來看兄弟相磨治，以篾縛肚捐飽飢。説出諸方上下機，一洗萬劫貪瞋痴，佛法到此尤光輝。朝散郎試兵部尚書、兼給事中、兼修玉牒官、兼侍讀王希吕記。《至元嘉禾志》卷一八。又見雍正《浙江通志》卷二二八。

袁說友

袁說友（一一四〇——一二〇四），字起岩，號東塘居士，建安（今福建建甌）人，寓居湖州。登隆興元年進士第。淳熙四年爲秘書丞，歷知池州。紹熙中入爲侍左郎中，知臨安府。寧宗即位，爲户部侍郎兼侍講。慶元二年出爲四川制置使兼知成都府。復入爲吏部尚書，歷知紹興府兼浙東安撫使。嘉泰二年除同知樞密院事。三年，拜參知政事。罷知鎮江府，以資政殿大學士致仕。嘉泰四年卒，年六十五。著有《擇善易解》，《東塘集》。嘗命僚屬纂輯蜀中詩文爲《成都文類》五十卷（存）。見《東塘集》附《家傳》，《宋史翼》卷一四本傳。

陳氏捨田道場山記

湖州道場山聚衆萬指，异時迫弗贍，其徒乞食以居，權贏較乏，歲愁以懼，而學之勤弛，蓋未遑詰也，衆病之。年來住山多名禪，熟緣法，飽心計，有以挾佛力而撼檀施者。於是膏腴之田願陪佛供，金錢之入願置沃壤，衍裕饒足，日有餘力，其禪足以學矣。淳熙丙午，有保義郎、新監行在豐儲西倉陳泌者，施錢逾百萬，市田百畝於路村，而告方丈隨侃曰：『歲九月十日，其爲我設冥陽供，齋無礙僧，以薦先室趙氏，救護幽途，使大無畏。』隨侃歡喜懺禮，對佛作證，而囑湖之寓客袁某爲之記。曰：佛流中華，歲千二百，教孚東南，盛於二浙。湖在吴右，叢林蔽崗，維今道場，開山自唐。精藍千楹，毳納萬指，朝餐夕粥，斗儲勺累。歲弗遑贍，緇流興嗟，云何一飽，立兹僧伽。爾時祖師，循方乞食，豈無衆生，捨貪施得？住山隨侃，説無上緣，堂殿有供，郊坰有田。誰曰旨哉，實善知識，諸方影附，檀施雲集。倉人陳氏，發菩提心，市田百畝，捐百萬金。一念熏修，無漏善故，薦我室靈，出纏離苦。我聞圓覺，譬如苗增，言念此田，助其幽冥。又聞《楞嚴》，蒸石成飯，言念此田，成彼善願。稽首大衆，十鉢一盂，趺坐飽食，當贊幽塗。稽首佛慈，已滅生滅，鑒兹福田，願破迷惑。維山蒼蒼，維田穰穰，我爲斯文，式慰爾亡。文淵閣四庫全書本《東塘集》卷一八。

僧如尚法藴可用塔銘

義烏縣之東郭，舊有六如庵，興化僧寶月、梵淵所創也。二僧頃來是邑，誅茅以立香火。其嗣如尚朴而好善，邑人以佛稱之，知其後必昌也。再傳而至法藴，規度施置，益懋前績，堂殿崇成，庖湢飭具，松竹交映。衆皆瞻仰，歎曰：『是當爲名刹，一庵不足稱也。』法蘊亦具是願。其嗣可用者，出儒家流，而喜醫術，務求濟人而不喻利，每以桐君自娱，非庸緇比也，士夫多與之。有嗣曰了恩，頂相豐厚，中有定力，協其師以成法蘊之志。頃之，庵以寺名矣。寺甫成，而三師相繼以逝。嗚呼！豈三師者宿緣相值，宿志相合，共爲此寺而生，共成此寺而亡，殆非偶然者歟？不然，何生也相爲謀，而死焉相爲屬也？妙欽者傳三師衣鉢，而能侈續其業，於寺之對山鼎立石壙，置三塔於上，所以識開山者之甚艱難也。妙欽亦粗知書，其志高遠，他日當爲名僧。塔具，請銘於予。予知始末甚詳，故樂與銘。銘曰：

其生也相與以成，其化也相忘以形。萬瓦鱗鱗，三塔以寧。我銘識之，厥艱孔明。《東塘集》卷二〇。

陳祖仁

陳祖仁，遂寧（今四川遂寧）人。乾道五年進士。淳熙中爲潼川府觀察推官。見嘉慶《四川通志》卷一二三，道光《蓬溪縣志》卷五。

寶梵寺碑　淳熙十一年十一月

院之興，先因羅漢名，以佛法重也。後得寶梵名，以君賜重也。溪山環繞如昨，楹桷莊嚴一新，律居而禪規，在世而出塵，使人入門，知有西方之神，不生下劣輕慢想，賜紫大師宗顯更革之勛也。師姓令狐，里中人，弱冠落髮，誠敬自將。凡鄉邑大佛會必與，種種滿人意。常曰：『三寶僧居，一得□僧則貴，□□世間泉貨長物，爾何用爲』。於是得財施即以改造諸不度者，自階道至門，若殿、若樓、若諸齋廳，僚閣、佛菩薩、羅漢諸神像，及七里灘石橋，日積月累，次第飭立，一一可觀。費緡錢餘萬有二千，皆囊鉢所貯，不以擾人，抑亦難矣。故曰：我佛之法不殫，則律師之模畫似矣。道其未醇乎？非也。精進不力，沈滯空寂，兀然無爲，禪之病也。執物不堅，□壞戎定，莫克有爲，律之蠹也。蠹律病禪，飽食安眠，人相我相，□□面顔，山岳貢高，□□一切，庸人也。庸人滿天下，伽藍起滅，誰責耶？侈土木、焕金碧、崇□□設，以境示人，是則於佛不爲無助，師所以不著禪、不縛律而特盡心於此也。乃今緇徒，往往既其名不既其實，視栖身賫食地若丘亭虚聚，上雨下風，泣龍象、穴狐兔，無一分顧惜，第知貨佛，滋益非用，至捐一錢、易一椽，如生龜脱殼。入師之室，覽師之建立，無愧怍者幾希。予喜師一念正知，願力洪遠，年逾七十，略不退轉，因爲記之，并繫以偈言：

幻身浮膒草頭露，實見卓立中流柱。世網走逃如脱兔，菩提了了無他路。迷人捐軀大火聚，自灼自焚甘自苦。諸佛菩薩慈憫故，教以一捨勿復取。顯公超然知落處，功德銷磨貲萬數。一單一鉢朝昏度，佛事日富貧非慮。如是降心如是住，嘔噦鼠蓄與蟲蠹。風清松竹相爾汝，誰其嗣之需一悟。

甲辰淳熙十一年冬至日，儒林郎、前潼川府觀察推官陳祖仁記，小溪進士胥天錫篆額，邑士王鉱書。修造賜紫慈慧大師山主住持宗顯同。《金石苑》。又見道光《蓬溪志》卷五，《宋代蜀文輯存》卷七二。

鄭舜卿

鄭舜卿，字虞任，福州長樂（今福建長樂）人。乾道五年登進士第。淳熙中以迪功郎爲道州司法參軍。見所撰《永福寺記》，《淳熙三山志》卷三九。

修永福寺記

東南名山曰茅山、曰廬、曰衡、曰武夷、曰九疑。衡、廬多古佛刹，茅山、武夷、九疑號神仙窟宅。今茅山武夷道家所居鴟尾相望，意九疑亦然。余去秋從山間謁虞帝祠，求何侯之丹井，鄭安期鐵臼，訪成武丁於石樓，張正禮於娥皇，與蕚緑華、王妙想之故迹，當有編茅復數椽舍〔一〕。其從來使者有稽〔二〕，乃了無所寄，因留永福寺齊雲閣二日。朝烟夕雲，出没欄楯，望三蘢床於縹緲之間，桂林萬壽諸峰四顧如楫，巋然爲一奇觀。主僧意超者言曰：『寺故有閣於法堂隅，路以湮，暮夜童僕秉燭，困於風。山深易雨，設蓋，曳芒屨上下。暑月宜凴高，蛇虺當道。主者弗居，客弗寓，時掃落葉及虎豹涎沫於户限。前年歲次丁酉，作堂於法堂之後，曰徹堂。堂上别作一閣，曰華嚴之閣。自徹堂爲梯，歷華嚴，凡三轉四十二級，以上齊雲。寢於斯，頌于斯，爇而拜於斯。童僕每若謝，虎豹不爲眷屬，因得呼其徒，聽昏鍾，就方丈，門列勸説，共力爲辦莊嚴佛事。今三門兩廡與毗盧之殿，海雲、香積、雨花之所，增疏易朽，加塗丹堊，翼翼一新。凡自文佛以下九，傍羅漢十六，菩薩二，飾金碧丹彩，立六祖、彌陀、無量壽佛凡三，繪菩薩八，散聖十，與四圍窗墻悉已周密。工值厚酬，晏成不逼，足支歲年，不圮摧剥。』予曰：『佛法邇來衰微，湖水尤寥落。二三十年前尊宿行道去處，往往殘僧數四，住持人視所有刹爲傳郵。故時屋廬如彭蜞脱釜，所存中間臍殼，四出遮擁以保其中者無矣。所謂莊嚴佛事，墜落空虛。超公於窮山邃谷，能發如是願力，作如是功德，异時有好古君子策杖尋幽，與予同病顛，詔之曰：與其得丹井鐵臼，不如叩永福寺，覓炊香糠乾啖，壯脚力，攀躋看山。與其拜成武丁、張正禮，不如問寒山拾得，相顧拍手一笑者竟爲何事。與其親見萼緑華之金玉緣脱，火浣布手巾，聞王妙想天樂之音，旌幡羽蓋，不如披《華嚴經》，看佛於摩竭提國，與一切人天説法。摩尼爲幢，常放光明，常出妙音，衆寶華纓，周匝垂布。』超曰：『請居士記之。』宋淳熙七年歲次庚子春三月望日，迪功郎、道州司法參軍長樂鄭舜卿記。朝奉郎、權知梧州軍州事、兼管功勸農事、借紫河内向子廓書〔三〕。住山意超立石。（《九疑山志》卷三，康熙二年刻本。又見隆慶《永州府志》卷一七，《古今圖書集成》山川典卷一七〇，光緒《寧遠縣志》卷二。）

〔一〕此句疑有誤。

〔二〕此句疑有誤。

〔三〕借紫：原作『清紫』，據文意改。

釋修信

修信，孝宗時僧人。

乾明寺記　淳熙八年九月

大宋太平興國三年，詔賜興元府中梁山伽藍號乾明禪院。山在《禹貢》梁州之中，隸漢中郡，距郡城一十四里，高四里。西望嶓冢，北眺褒斜，東瞰洋川，南睨巴丘，溪谷窈窕，林徑盤紆。而上有石馬池水，春冬不涸，時出雲雨，見怪物。馬今亡矣，入夜或聞其嘶鳴。其神曰靈壽將軍。紹興二十年，聖朝加封休應侯，廟號澤潤。山半舊有館舍，初不知何自興起。僞蜀廣政間，新羅國僧，傳失其名，從海東來居之，遂成伽藍。其後有慧眼、法乘、禪印、法眼諸師并稱有道，伽藍於是乎益大。紹興三年，兵火延燒棟宇，經像無孑遺，僧徒皆奔逃去。時則有尊宿居行來，首圖興造。其次仲璋，又其次勝嶢、永璘、靖永，逮今海珍，先後經營之，垂五十年，伽藍皆復就。凡爲屋若樓殿堂室、祠廟亭宇，以至賓寮廄舍，無慮千楹。闢田疇，水陸僅及百頃，飯禪衲歲不下十餘萬人。嗟乎盛哉！恢弘象教，隆振法化，如此六尊宿者，可謂能事矣。雖然，今之成者，昔之壞者也。方其壞也，非夫郡邑公卿大夫士清信檀越戮力調護之，曰我有以云爲，何由哉？珍，洋川人，肄業於城固法隆院，嘗游東吴，從天台禪師授心印，臨濟正傳也。住山十餘年，禪林法制燦然一新。乃礱石於宇下，使其徒德珪來，俾予書之。是歲辛丑淳熙八年秋九月，苾芻修信書。《古今圖書集成》職方典卷五三四。又見康熙《漢南郡志》卷一八，乾隆《南鄭縣志》卷一四。

張布

張布，字伯夷，台州臨海（今浙江臨海）人。乾道八年以南省第四人登進士甲科。歷撫州州學教授、太學録、太學博士、樞密院編修官、宗正丞、權金部右侍郎。遷秘書丞、知徽州，不赴，奉祠，終朝奉大夫。著有《六經講解》。見《嘉定赤城志》卷三三，《台州金石録》卷七。

台州净安禪院興建記　淳熙十四年五月

臨海之西五十里，有院曰净安。初名資壽庵，咸平元年賜今名。紹興初爲禪院，院仍庵舊，規模不加闢。更宣和間，盡於劫火。繼者因陋就簡，僅蔽風雨。今自殿至于寢，凡浮屠所宜有者略具，則前主僧了恭之所作也。院據黄奢之勝，黄奢於州西爲曠野，山盤而水旋。山發源西北，以大雷峰爲宗，衆流皆聚于常風山之下。院後山曰大雷，峰曰碧雲，面直常風，其上多龍洞。自恭師一新興作，廟像焕然，憑高望遠，□□□山水奇勝。鄉井歲時雨暘之禱祈，與夫觀游之盛，始萃于此。蓋經始于紹興己卯，迄淳熙丁酉，中間輟而復繼，相距凡十有七年而後成。其爲屋以楹數之

□□□□□，像大小百有二十軀，鐘、經藏各一，經凡千卷。余自庚子一疾，屏書册□□□□以自釋，取藏中所謂千卷者，間出閱之，三年而後周。是能忘其憂，而輕□□，俱恭之施也。恭自有材略，善治其徒衆，禪教兼貫，講説磊落可聽。始居此山，□庵於東偏，已而徙日山之永明，未幾舍而歸休。後赤城、陽淡兩山争以郡命致之，而恭不復出矣。此豈無所見而然耶！恭以志其歲月屬余，余辭以疾。歷數年，而請不已。余以法施不可不報，又其山乃自吾先世僧之所受經也，於是乎書。淳熙十四年五月朔日，修職郎、新撫州州學教授張布記。從政郎、新監臨安□□□□陳鑄書。奉議郎、提舉江南東路常平茶鹽公事、借緋謝深甫篆額。《台州金石録》卷七。

曾丰

曾丰（一一四二——？），字幼度，號撙齋，吉州永豐（今江西永豐）人。乾道五年登進士第。淳熙七年爲贛縣丞。九年，假贛州會昌縣令。十二年，除廣東轉運司幹辦公事。十五年，知静江府義寧縣。光宗紹熙中，知浦城縣。寧宗慶元中通判瓊州。嘉泰初朝臣劾其「搜求星説，傳習妖祥」，放罷奉祠。後以朝散大夫知德慶府，嘉定二年復坐言官論其「一意聚斂」放罷。晚年無意於仕進，築室曰撙齋，以詩酒自娱。以文章名世，著有《緣督集》四十卷。真德秀幼嘗受學於丰，及執政，奏取其集入崇文四部。事迹見本集諸文及《宋會要輯稿》職官七四之一〇、七四之三三，《宋史》卷六五、二〇八，元虞集《道園學古録》卷四三《曾撙齋緣督集序》，《宋史翼》卷二八。

重建華嚴寺記

紹興戊午，占崇仁籍學佛者行冲，請於縣，出力起華嚴寺。華嚴寺廢，憚靡錢多，重遷，其築維新，其基維舊。大歸沿陋就簡，材苦窳而工綿蕞，非所以崇教也。有改圖意，未决，卒之日，屬其嗣如儼。閲十四年，是爲淳熙丙申，相於南原，厥坡突宜屋，厥泉甘宜井，厥壤腴宜圃。山之後如伏，前者如拱，左右者如擁，四顧者如環。卜焉而龜食，禱焉而神不吐。曰：『易地莫逾此。』意輕三萬錢當得之，如搏手何？無以，乞於修職郎、主福州閩縣簿羅某，如其數，乞以貿焉，舉而絜之。地方八百尺，規模視故倍。經材綜用，無算莫出也。簿公復乞百萬，日差其剛，工鳩其良，誅茅而薆閞開，埏土而窪陷平，準而礎其上。爲閣、爲堂、爲殿、爲門，端屋也。爲藏、爲廡、爲寮，靡屋也。爲庖、爲帑、爲湢，奇屋也。其築也如磐，其架也如騰，其覆也如幕，屋之質相陸續以立。其塈如鏈，其甃如織，屋之文相陸續以成。如儼私錢擬簿公之半，欲乞於他足之〔一〕。百爾像設，千斯器須，靡錢又擬屋之半。已莫出矣，乞於他不欲也，簿公復乞百萬，其兄之子廑乞三十萬，相陸續以創。徹屋表裏，金碧獻狀，不日月而自輝；虬龍肖形，不風雷而自怒。周數百里徠游，少者亟見，老者歡談。二十年間，物輕錢重，富家不敢睨土木，待釋老可知〔二〕，或乞於人不應，或應而不繼輒寢。顧寺自丙申迨辛亥，無歲不役，無役不訖。爲工五萬而贏，問其費，如儼乞於簿公者三，乞於他不知幾也。如寄而取之簿公，與不知幾者之乞，如儼如逋而庚之。豈事與時不相遭則難，人相遭則易歟？簿公雅輕施，屬有得所乞錢，卒浪耗，鮮不悔且懲。非如儼忠實足以動人，堅強足以立事，則乞焉未必不重乞，乞焉未必不浪耗也，安得有響應翕成之效焉？故爲簿公雖難，爲如儼尤難。寺故在下傳，無圖記，屬何歲興，莫考也。有銅爐存，其題爲大中祥符三年，則廢居復未知屬何歲爾。兹不爲可考者以遺，則千百年後，復興之迹與始興類。相與謀，屬記於予。釋學，予不知也。概如儼以吾道，不負其師，所屬近孝，蓋可書也已。况復諉曰：『爲國祝頌近忠，爲民祈禱近義。』奮不自嫌，書之使刻焉。文淵閣四庫全書二十卷本《緣督集》卷一九。

〔一〕欱：疑當作『欲』。

〔二〕待：原無，南京圖書館藏清抄本《搏齋先生緣督集》（簡稱『清抄本』）有『侍』字，按當是『待』之誤，據補。

福慶寺始末記

紹興十有九年，詔撫州創縣，是爲樂安。治在詹氏之墟，釋老宫與墟故相左。縣成，帝誕之月，國諱之日，令丞尉迂駕蕆事。三十有一年，令王植曰非便，聞於朝，遷廖源之延福寺於郭。乾道元年，築堵未就，灾，嗣令陳薦弼改卜今址，背庚而面甲。主寺了初奉令意鼎爲堂，於以措座。六年，從仕郎彭光邦之父大全襲爲殿，於以措佛。八年，承仕郎黄藏器又襲爲殿，於以措藏。了初之嗣廣倚乞於衆，襲爲藏，於以措經。淳熙五年，廣倚之嗣良幹襲爲堂，於以措翻經者。他須缺外，復策窮矣〔一〕，莫出也。六年，提舉常平今顯謨閣學士鄭僑見祖道，才之，風知州事王公曉畀以主座，責其卒工。至，則事以勸理，行以勸孚。十年，鼓吾宗進士泳與其嫂廖覺真、侄澥、滙，倡於衆，襲爲堂，於以措僧。又鼓詹道倡於衆，襲爲扈，於以措釜。又鼓朱安、黄廷振倡於衆，襲爲門，於以措彩，揭其上。十有二年，設會曰大乘，乘機乞於衆，襲爲樓，於以措鐘。十有六年，覺真倡於衆，又襲閣曰華嚴，於以措毗盧像。此其凡也。續九大廬，竹木土石以爲質，丹漆堊黝以爲文。猶曰未也，其間百爾器須，一隨所主辦之，於寺足之。座措於堂，隆者一，其餘刹；佛措於堂，尊者三，其餘庫；又其餘則羅漢像十八、觀音像一，分措傍。若後藏之建，爲殿柱四，覺真、泳如其數，爲神龍像蟠之。爲輪面八，市稠人如其數，爲力士像推之。鄒邦倚爲岳主像措其前，黄師旦又爲彌陀像措其後。藏藏藏器，所施經爲大部四，爲小函百而觭，計藏費增於殿堂十五。樓爲鐘設者，其隙復措驪山所施彌陀像；閣爲華嚴設者，其隙復措黄夢弼所施地藏王像、十大善像。五十有三門，左措金剛像，右如之。寢有堂，醫有寮，溲沐有舍，汲有井，儲有帑廩，示不紊也。漏者補之，傾者正之，污者潔之，朽者圮之，窳者泐更之，示不忽也。開址詹氏子、曾氏子，施貲彭氏子、黄氏子，俱爲祠享之，示不忘也。紹熙二年，又埏土布道，南與官衢接，而寺役畢矣。此其悉也。寺故律，至道二年録爲禪刹。創寺僧義祥雖無圖記，有鐘題未剥，可核也。粤從歲辛巳遷於郭，逮淳熙戊戌十有八年，主寺不一而足，堂殿藏質粗具，而文未稱。己亥，祖道主寺，迄紹熙辛亥纔十有三年，不寧一新樓閣門之質，又并堂殿藏而加文之，餘屋地界等是，所須者備，所備者嬔。信祖道之成終，視了初之經始，廣倚之營中，勞相倍也，費蓰也。祖道白予：『費出於人，勞出於我，何當人我記之？』静循施者如大全、覺真，其身壽，其家益，其子孫昌，於報云然，可書也；而有不然者，概書之，人未必信，奚不愛數百言而記焉？復循寺之役，實固爲佛，名亦爲國。止於實而已，雖勞費之必，然揆之吾教，未免爲利而行之者，況有不然乎？夫惟有名，曰吾亦爲國，則勞斯義勞，費斯義費，奚嚴數百言而不記焉？《緣督集》卷一九。

〔一〕窮：原作『家』，據清抄本改。

重興院記

崇仁之東北十里而觤，有釋氏院，謂之重興。慶元戊午，裂古僧像，得其中保大八年里長雷勘院帳稽之，謂之重興矣。其始興，莫稽也。帳有主院彦芳，自新淦之李出者。天祐三年，吉之龍興寺受戒僧，僧幾年然後主院，主院幾年然後帳，不可意逆。天祐、保大，相去四五十年，治少亂多，院之興衰，視時治亂，可意逆也。則始興其在唐，中衰其在閏唐歟。年號甲子，裂古佛像，得其下匠氏板記稽之，主院法端也。殿成于嘉祐五年，像成于七年，則彦芳之後，院嘗重衰，至法端又重興歟？自嘉祐逮紹興，徂興成衰，至淳熙則積衰成廢矣。一新之，主院如皋志也，而力與志違。乘尤港楊作舟間白以築事，大之堂、殿、廊、樓、門，小之寮、庖、帑、廩、厠，其凡所靡，工擬億而縮，錢緡擬萬而縮，米石擬千而縮。其妃吴氏聞之，曰：『大役也不敢當。』又曰：『美事也不可失。』索吾儲，視所擬而贏，與作舟謀，割以施焉。歲在癸卯，一割而工挾其伎，儈挾其材，徒挾其力，翕然售以奮，而堂成。乙巳再割，工儈徒售如初，而西廊成。丙午再割，三者售如初，而東廊成。庚戌、辛亥再割，售者如初，而殿成。乙卯再割，售者又如初，而樓若門成。像設器須，四三年間，又相次第成。其質土、木、金、石，其文黝、堊、朱、碧，其形倮、介、鱗、翼，其聲鐘、魚、鐃、鼓，窮鬼工，極神械，稱出有混，細入無間，未云巨麗，不曰中藻乎？戊午以後，自清蒙其師如皋成，無廢潤色，示後有繼，不忽末也。又塑彦芳像如故，置帳其中，示先有祖不忘本也。更持以堅而守以謹，不百年不葺可也，滿同异。吴氏，儒家女也，自歸楊，以其祖父所以自立者左右夫。立家不夷佛，大矣；爲儒教中美事之餘，又爲佛教中美事，大之大也。彼有疑爲豫徼後福設者，其吴氏之細耶。吴氏以其大忘儒佛矣，不以其大忘禍福耶？吴氏初者志于爲善而已，報歟否耶不計也。其迹容有投人以疑者，正欲與世相混，寓吾之大爾。吾恐未大者之施過于計報，萬有一不如所計，而佛之權窮，則爲善者怠，并吾儒教之廢莫起者。故于院推其初迹矣，復于吴氏推其初心，充未忘禍福者之識，使之加大，視爲善，爲當爲，相與爲無已焉。《緣督集》卷一九。

南曹山集善禪院輪藏記

江西名山，南曹與焉。自閏唐保大間爲庵，浸拓爲寺，迄宋淳熙乙巳，垂三百年，寺所應爲廬皆具，獨未有所謂輪藏者，於梵典爲缺。主寺本端，經紀之意鋭矣。顧厥緒大，莫作謀以倡也。其檀譚禹成，字元勛，奮而出，度靡錢緡五千，米石五百，又從而度囊，獲十之一，舉以施焉。經紀之緒諧矣，顧厥費大，莫聚眥以維也。其徒印静奮而出，度數百里間烟户多寡、生力厚薄，爲之數，又從而度時態紓緊爲之節，挾簿周門以乞，獲十之九，舉以歸焉。經紀之費贍矣，顧厥役大，莫宣勞以董也〔一〕，本端、元勛相顧語，老矣奈何？印静復奮而出，度土宜墌，石宜礎，木宜楹宗衡椵枅櫨矣，又從而度工焉。骫之兩閲月而柱立，蓋明年九月庚申也。又明年四月己卯工訖〔二〕。市其教所有經函置藏間。規模出於有獨，工械入於無間。金紛碧華，神卓鬼立，游者改觀，禱者起敬。元勛儒家者流，入於道，明有施無禱，而走書謁記者再，曰，務使後人有考耳。又明年，累見速。余惟乙巳至丁未，歲連不稔，詔蠲民租至半，容有輸不給而逋者。州無紓辦，縣有趣□，期會之愆，鞭笞是逮，逋而不輸自若也。而藏靡錢若米，與劣縣歲入等。元勛施疾於輪，借曰輕財，它豈人人而勛哉〔三〕！曾不咄嗟而十九之施，其疾亦如之。烏虖！佛骫福之權，重於國之刑賞，印静斂散之數，高於州縣史蓋如此，安得不使人羡且嘆歟？余又重羡且嘆也。按佛書，造寺寫經，於三莊嚴直末耳，故志藏之所爲成，不若志藏之所爲轉。夫人集虚以生，自有光明藏存焉，止以心轉足矣。心轉不足，從事藏。兹藏成，釋子自爲其法轉與人之有禱而轉者，于今凡幾矣？于後又凡幾也？人人而萌正念，是名轉藏；萬有一它念萌焉，余恐不能不爲藏所轉。故於志藏之成，復疏臆見，授執藏事者刻而植其傍。繼自兹，凡爲藏至而起敬者，及未轉之先，道而前，指示之，俾自揆其念何如，勿徒轉云。《緣督集》卷二〇，清抄本。

〔一〕『莫』與上句『大』字原倒，據文意乙。

〔二〕『已』上原衍『也』字，據文意删。

〔三〕『它』『勛』二字疑誤。

圓覺庵記

慶元二年十月，全州文學劉舜元葬其父邦先於瑞稠山之陽。墓矣，復廬其上，苫於斯〔一〕，塊於斯，飾大痛也；廬矣，復庵其傍，像於斯，薰於斯，燭於斯，致永思也。廬若庵不經見〔二〕，若爲爲之？蓋土初復，墓必浮，淫以風雨則剥，弗廬孰固？喪之終除廬必敗，磨以歲月則墟，弗庵孰繼？故廬者，備墓之未遽實，而庵則備廬之不長存歟。庵成，不有人主之，與無庵同，於是屬之學道者；人在，不有粟食之，與無人同，於是給之田。彼學道者得庵以居，得田以食，其職奉薰燭而已，去素餐幾希，於是授之孝宗《御注圓覺經》，晨興，九瀨而誦之〔三〕，三擎而祝之。圓斯覺，于以出大暮；覺斯圓，于以入天通。在者之想，没者之享，容或有此理也。離之則圓與覺爲二，合之則圓與覺爲一。孝宗以孟子之覺覺《易》之圓，以《易》之圓圓孟子之覺，合而爲《圓覺經注》。主庵者知之，游庵者未必知之，於是揭『圓覺』字于楣，一則偉衆觀，二則侈上施也。或疑文學於邦先之卒〔四〕，自屬纊至迎精，一視《禮經》從事；越而廬，猶謂禮事可以義起；又越而庵，不幾以儒釋道雜之？曰：無傷。紹熙七年，有詔更寺之萬壽爲廣孝，爲追遠設也〔五〕。宋制通用儒釋，蓋隋唐第第而然。揆之六經，雖與事不師古若，抑變而從宜之謂歟。孔子於禮，大用則吾從先進，未大用則吾從周，各適於義而已矣。文學未得爲橋時事〔六〕，故用釋之詔，與從周之義合，余固云不哉。雖然，靡不克爲，鮮克成；靡不克初，鮮克久。聖賢與學者期，久則三月，加久則三年，極久則百年，不違仁，無改道，有終憂是也。廬墓五月于兹，視不違仁，無愧矣。未知未終喪，無改道，未没身，能有終憂否？文學其勉之。資父於君，移孝於忠，又從而預卜焉。《緣督集》卷二一，清抄本。

〔一〕苦：原作『苔』，據文意改。

〔二〕不經見：疑當作『不見經』。

〔三〕瀨：疑誤。
〔四〕邦先：原作『鄭先』，據上文改。
〔五〕追：原作『退』，據文意改。
〔六〕橋時事：疑有誤。

豐樂寺藏記

贛羅紹興壬申兵毀亡，浮屠氏家下立丘虛〔一〕。隆興、乾道間，豐樂殿堂門廡歲復歲矣，藏於寺務爲急。豈無欲施也？寺無常主，主無常心，莫之底麗，未應也。淳熙庚子，慧宣主寺事，底麗矣，顧日猶淺，與施者交未孚也，又移妙聖去，莫之權輿。戊申來歸，交者孚，施者樂。時僚則太守監丞周公必正〔二〕、侍郎趙公彦藻倡之；寓公則汀守田椽、南安通守曾模倡之。權輿矣，顧和而施者士民也，力不副心，入不枝出，莫之録續。紹熙甲寅，安人邵氏爲其夫太博譚公惟寅乘江西憲傳没于官，他無可寓追遠意〔三〕，施奉四千緡而奇。録續矣，功焉猶虧，施者已屈，莫之白盛。嘉泰壬戌，通守周集顧伯父監丞公志莫卒者，會所須施焉。於是乎甫白盛也。圬之金碧，詭然而昭回；蟠以虬龍，橋然而薄怒。闔州驚見，曰偉觀也。禱者起敬，游者起羡。先一年，余還自海表，過寺。起羨次，慧宣與余言：『藏者，無盡藏也。經、律、論，無盡藏之文藏其中也。經轉爲律，律轉爲論，轉無窮〔四〕，莫知其終。去佛愈遠，愈不可轉言〔五〕。吾欲及其未至於不可轉也，轉論爲律，轉律爲經。度律未能〔六〕，姑用傅大士故智，合三者而盛之曰藏，轉之曰輪。至者睹之，觸輪而悟轉。上智轉以驟，一轉至佛可也；下材轉以馴，厥初惟艱，要其終必至。敢問何如？』吾聞慧宣，《法華》學也，心正轉《法華》，心邪《法華》轉，有南能成説在。今也未諭人以正心，而先使之轉藏，藏之末也。反求焉，八藏而已；又反求焉，三藏而已；又反求焉，一藏而已，曰佛藏是也。在人爲佛，在身爲心，心與律俱無論，心與經俱無律，心與道俱無佛。佛何人哉？道在我爾。爾轉藏者，誠能勿邪爾心，則藏惟爾是轉。自勿邪充之〔七〕，至於無邪，則論、律、經惟爾是轉。自無邪充之，至於無無邪，則佛惟爾是轉。故彼有藏也，我亦有藏也。彼藏藏三，我藏藏四。爾轉藏者，轉彼之藏爾。爾其歸，更轉我之藏焉。《緣督集》卷二二，清抄本。

〔一〕此句疑有誤。

〔二〕丞：原作『承』，據文意改，下同。

〔三〕寓：原作『遇』，據文意改。

〔四〕轉：原作『摶』，據文意改。

〔五〕言：疑衍。

〔六〕律：疑當作『力』。

〔七〕充：原作『光』，據下文改。

游九言

游九言（一一四二——一二〇六），字誠之，號默齋，建寧府建陽（今福建建陽）人，初名九思。從張栻學，舉江西漕司進士第一。初任古田尉，淳熙初監文思院上界。張栻帥廣西，辟爲幕僚。開禧初，爲淮西安撫機宜，尋知光化軍，充荆鄂宣撫司參謀官。開禧二年卒，年六十五。端平中特贈直龍圖閣，謚文靖。其著作今存《默齋遺稿》二卷，蓋後人掇拾而成。見《宋史翼》卷二五，《宋元學案補遺》卷七一，《宋會要輯稿》食貨六八之八九。

能仁寺佛殿記

寺南接秦淮數百步，其地古青溪之濆也。自宋始建，至南唐改興慈。無鎸識可考，獨據《圖經》所載。然五代唐愍帝應順甲午爲吴大和，逆數會昌乙丑，蓋已九十年。既曰廢矣，中間誰所繼續，院之老僧僅能記本朝之言。院故在西門雙廟之東，至道中有圓覺律師德明者際遇太宗，召見，錫御容及羅漢像以歸。咸平間，重賜院基田産，更律院爲禪寺，寵以詩章，寺復顯。至崇寧賜名承天，政和七年改能仁。今之寺其咸平所賜而還也。又曰，《圖志》謂寺常廢於開寶中，繼有捨宅爲寺者，邦人復以卑濕徙今地，不知何據。觀咸平制書，則老僧相傳當爲可信。建炎三年，室宇暨朝廷所賜復毀，猶賴制書無恙，以詔後。自是草創，數十年無振起者。淳熙丁酉，余客金陵，偶至，寺殘僧蕭然，敗壁風雨莫蔽，門臨街，喧卑，過者陋焉。適主僧允微初嗣法席，布衣芒屩，徒步通衢，略無外飾，氣貌淳夷，語言動止，心固重其爲人。後十八年，余來爲帥屬，則大門易東嚮，堂廡壁甃，盡撤其舊，僧徒彬彬，而微則老矣。然其布衣芒屩如故，户庭雖華而居室甚陋，齋庖潔豐而自食至菲。金陵城中多巨刹，同時主者出有澤車，衣有纖縞，而臺殿攲斜，藉口檀施，漠不顧恤。微頹然自勵，曾無緼袍狐貉之慚。慶元丁巳，鼎建大殿，微言曰：能仁非他方比，國朝忌日，府臺率屬文武駿奔炷薌，冠蓋填溢。今老釋之宫咸曰焚修爲國也，而廢頹若是，何所掌乎？願記其事，并録院之始末，毋若向之失傳。《至大金陵新志》卷一一下。

劉光祖

劉光祖（一一四二——一二二二），字德修，號後溪，簡州陽安（今四川簡陽北）人。乾道五年進士及第，除劍南東川節度推官。淳熙中累遷校書郎，知果州。光宗立，除軍器少監兼權侍左郎官，爲殿中侍御史。出爲潼川運判，江西、夔州提刑。寧宗即位，除侍御史，改司農少卿，進起居舍人、起居郎。爲韓侂胄黨所排，奉祠，後又謫居房州。久之，起知眉州，除潼川提刑、權知瀘州。侂胄誅，歷知襄陽、遂寧、潼川府。升顯謨閣直學士，提舉宫觀。嘉定十五年卒，年八十一，謚文節。光祖爲當世名臣，趙汝愚稱其論諫激烈似蘇軾，懇惻似范祖禹，世以爲名言。爲文渾厚正大似其人，詩尤清婉。著有《後溪集》百餘卷，《峴山》《鶴林》《金泉》《眉山》等集合若干卷，《諸經講義》若干卷，惜皆佚。見真德秀《劉閣學墓志銘》（《真文忠公文集》卷四三），《宋史》卷三九七有傳。

大雄寺記

大雄氏以清净寂滅無相爲宗，老子以虛無自然不争爲道。二氏之教深微寥邈，本同而末异。异則涉乎相，涉乎相則争，有争而後有是非。是是而非非者，儒之道則然也。故曰，紛争辨訟，非禮不決。禮也者，理也。天與水違行，凡事不順乎理則爲訟。夫理之始，曷嘗有訟哉！君子揆其事，謀其始，而訟息矣。夫二氏也者，循其道之始何如哉？逮其末之争也，而後吾儒以其事始而决之，而復歸於無事。嗚呼，使其真歸於無事，則反始而近道矣。今中江大雄寺者，唐號『乾昌』，乾元二年建也。老杜有《題玄武禪師屋壁》詩，相傳即其處。玄武，山名，在邑之東，上應虚危之宿，結爲二氣之形。山下有淵，産文石，其文隱隱若龜蛇然，因以名其邑，又以名其江。其旁亞松山有真武將軍廟，廟毁徙乾昌。本朝天禧初，天下晏然備順，天子齊心，冥探至道，東封之後，封真武爲靈應真君，邑改今名，避不敢指，示敬也。皇祐中，祠始有記。治平二年，以『大雄』易『乾昌』之號。元豐間，東坡蘇公答邑宰程建用書云：『山形之勝，廢卷閉目，如到其間』，即大雄江山是也。寺依山，祠依寺，其所由來久矣。至大觀中，林靈素悉冠天下僧，廢佛寺，令道士主之。大雄以亞松祠在焉，遂爲真靈觀。建炎悉復，幾七十年矣。紹熙四年，僧盡死，道士趙虚中欲奪而有之。府、臺异見，經三大帥，寺祠各按堵如初。公選高行僧住山，掌凡寺事香火，其祠然後名正而訟息。《春秋》書取郜大鼎於宋，蓋儒者之學，正名爲先。大《易》之義，謀始爲要也。雖然，此豈二氏之道本然哉？離其本而末勝，末勝而争。魏太武、崔浩信奉寇謙之詔，悉誅天下沙門，無少長坑之，又悉毁其經像。唐會昌末毁寺四千六百，髪僧尼二十六萬五百人，則趙歸真之私也。嗟夫，林靈素之事何以遠此！余嘗得《北方真武經》而讀之，曰：『正無形相，空寂亦無。真一潛神，斡旋流動。其正真妙，未始推移，故伏諸邪，不虧妙用。』此與佛説同乎异乎？邑人前進士趙伸請予記寺本末，遂并書之，以曉夫學二氏之道者，又當明其本末如此。乾隆《中江縣志》卷四，乾隆五十二年刻本。又見民國《中江縣志》卷二〇，民國《簡陽縣志·詩文存》卷五，《宋代蜀文輯存》卷七〇。

陳亮

陳亮（一一四三——一一九四），字同甫，學者稱龍川先生，婺州永康（今浙江永康）人。自幼穎异，才氣超邁，喜言兵，議論風生。隆興初，與金約和，亮獨以爲不可。會婺州以解頭薦，因上《中興五論》，不報。已而退修於家，益力學著書者十年。淳熙五年，復詣闕上書，極論時事，反對和議，力主抗金。孝宗欲官之，弃不顧，遂渡江而歸，日狂飲爲大言，人以爲狂怪。淳熙十五年，亮復上書，乞以太子監軍，駐節建康，以示鋭意恢復，不報。紹熙四年，亮以狀元登第，授僉書建康軍判官廳公事。未及上任，次年卒，享年五十二。端平初追謚文毅。亮與朱熹友善，往復論學，多所辨難。著有《三國紀年》《龍川文集》《龍川詞》，又嘗輯《歐陽文粹》。見《宋史》卷四三六本傳，《宋名臣言行録》外集卷一六。

普明寺置田記

永康接台處之衝，而婺之屬邑也。由縣治東北行，滿五十里，衆山回環，若蹲若伏，其名曰龍窟，疑取象於山以名也。然其西三數里，有所謂龍門坑者，龍真有窟於此乎？商、周而上，其地未通於中國，宜亦何所不有。事不經見者，有無皆不可以意斷也。陳氏之居，在龍窟之南五里，耳目所及，蓋八九世矣。自吾祖始徙居龍窟，徙未十年而生余。余家之西北，有寺曰普明者，實據其地之勝處。余少長，往往多讀書山中，訪寺之始末，以爲興於梁大同間，而不能詳也。然田無三十畝，余猶及見其有僧四五十人，其役稱是。則藉丐施以活，其來非一日矣。爲釋之徒，丐施固其職也。然環寺之居民歲以供寺者，自昔不知其幾；而僧之歲幹寺事者偶失支梧，至無椽瓦以自庇。僧與民豈不兩病乎！余以爲使一僧有田十畝，彼固不能耕也。歲藉一夫耕之，則一夫反資僧以活。計田之所出，猶足以及僧之所役，是一僧不復爲居民之費，而三夫共飽於十畝也。使天下之僧皆如此，雖不耕而民瘳矣。王政既已廢壞，釋老之徒，固不必盡惡也。豈惟罪不在彼，而天下之人豈皆自耕而食乎！始余所見寺僧四五十人，今其存者七八人耳，合新度者不及三十人，有田三百畝，則可以安坐而自遵其教矣。因與僧如靖、允禧謀，掇拾寺之遺餘，漸置田，以百畝爲準。他日當有嗣其事者，不必盡出於我也。靖以醫游井邑間，甚有恩意，又甚盡心於此寺。鄉之長者以其名聞之縣，使爲寺主首。未三年間，已有田二十畝，而靖死。今計寺之所有，又足以得三十畝。而庸僧無遠慮，人自爲説。未幾，禧又死，余將使之以束如瑋、之徹、時濟、懷順者合辦之。故具記其事，使知自宇宙而有茲山，自梁而有茲寺，自余而後有田，經始於靖與禧，而叶成於此五人者；亦以見買田之議非溺於因果，而出於天下之公心也。田畝以次列之碑陰，與凡割施者悉附見其姓字云。中華書局一九八七年印行《陳亮集》卷二五。

普明寺長生穀記

昔者先王居民之制，固使之交相養，而非欲其截然而各立也。井邑之間，有無相通，緩急相救。是以疾病死喪，民無遺憾；鰥寡孤獨，天有全功。此治道之極，而聖人之所以贊天地之化育者也。及至後世，於民之中又有爲釋老之徒者，壞形惡服，不耕不蠶，以自枯槁於山林，而求識其所謂心性之本根者。故其勢不能自衣食而衣食於人，人亦樂衣食之而不厭。而釋氏於衣食之餘，尤好窮其侈心，以致其莊嚴之説。儒者因是而力排之，以爲斯民之蠹，至欲人其人，火其書，廬其居，以行吾聖人之常道。不獨其徒之不可化，而斯人常有不忍之心焉。溺於其説者，因以爲其道當與吾聖人并行，雖有識者亦以爲并行而不悖也。彼其乘王政之廢壞，而駕其説於中國，使其徒出入於井邑之間者，蓋千有餘年於此矣。一日斥而去之，於人情固有所不忍；而四民之中莫貴於士，自後世之爲士者，百家衆説猶或雜出於其間，則亦何惡於釋老之徒也！使夫有無相通，緩急相救，苟不至於窮其侈心者，豈不足以自附於先王井邑之義乎！始普明方創議買田，僧允禧復爲如靖謀，從富人乞穀三百石，貸之下户，量取其息，以爲其徒目前之供。而鄉之長者黄君處仁、胡君勳、汀州户曹胡君樟、吕君師愈慨然損穀若干以倡其餘，而余亦與焉。事方就緒，而黄君與靖相繼下世，黄君之子浦城主簿公槐與其弟某實成君意，曰：『吾不欲死其先人也。』夫乞穀於富人，而取息於下户，以供其山林之枯槁者，則三者各得其稱，是真有先王井邑之遺意；而又欲執王政之詳，一二以律之，徒以起斯人不忍其廢壞之心，吾未見其有補於吾道也。四君與凡捐穀之姓字與其穀出入之約束，具列之碑陰。姑道余之所以相此寺之本意，以發千載之一嘆而已。《陳亮集》卷二五。

北山普濟院記

金華固多佳山水，而游者往往依浮屠、老子之宫以窮其足力之所至。其所不能至者，宜其遂爲樵夫牧子所私，高人逸士因得以自混於其間，而天巧有非人力之所能盡發者。梁劉孝標以不合當世，弃官居金華北山，今其故居，是爲清修院。蓋嘗溯流緣磴，欲以盡發山水之奇，結廬紫微岩，吴會人士多從之學。岩有石室，因以爲講書之堂，所謂『劉先生講堂』是也。至今其山號講堂原。而陳、隋及唐，泯然置之不問。周顯德二年，吴越王始建寺於岩麓，曰九龍。本朝慶曆六年，郡守關公嘗命河南許歸以氈筆書『紫微岩』三巨字，鑱之石。治平二年，又改賜普濟院額。山之僧因陋就簡，日底於廢。參知政事蕭公燧由從橐來爲此邦，以僧奉欽爲才，命往主之。奉欽能銖積寸累，服勤不懈，佛殿法堂建如程式，敞三門於前，而翼以兩廡，庫堂藏室，罔不略備。翰林學士洪公邁還其甲乙住持之舊，免其諸般科買之擾，以厲其成焉。今太守秘閣殿撰趙公師揆染寺額以張大之。然後此山之勝不復爲樵夫牧子所私，而劉氏講堂亦因寺以著。愛金華山水者，於是可無遺恨矣。以奉欽一力而能有功於幽勝如此，天下而各用其力，則事功寧有既耶！奉欽以寺記爲請，聳然爲書以授之。《陳亮集》卷二五。又見雍正《浙江通志》卷二六一。

趙蕃

趙蕃（一一四三——一二二九），字昌父，號章泉，信州玉山（今江西玉山）人。居玉山之章泉，故世號章泉先生。以曾祖暘致仕恩入仕，爲太和簿，調辰州司理參軍。奉祠歸，積祠庭之考至三十有三。理宗即位，以太社令召，三辭不拜，特改奉議郎、直秘閣、主管建昌軍仙都觀。越三年，差主管華州雲臺觀。紹定二年四月，轉承議郎，依前直秘閣。閱月而卒，年八十七。景定三年謚文節。受知於楊萬里，著有《乾道稿》《淳熙稿》《章泉稿》（均有輯本）。見劉宰《章泉趙先生墓表》（《漫塘集》卷三一），《宋史》卷四四五《文苑傳》七。

澄心院銘

玉山之東，江山之西。百畝之餘，半百有畸。依山并田，古道臨兹。有徑横入，始直中罙。舊木剪已，新植立離。磴級而上，有岩豁而。不怒而飛，匪雲而垂。前騫後瞰，日月不虧。寮室四著，香火正施。有金華者，日本人爲。納骨于塑，旱或應祈。方懷簡時，其徒嘗滋。以其實窶，後不復來。迨夫妙智，荒蕪漸治。未幾復寂，孫英繼之。載撐載拄，庶不終隳。忽有使來告，院昔無碑。治平普賜，雖微不遺。有是足矣，何以碑爲！闕亦不可，施以銘詩。康熙《廣信府志》卷二七，康熙五十二年刻本。

孫時敏

孫時敏，贛州贛縣（今江西贛州）人，淳熙初免解進士。

韶州光運寺寂通證誓大師碑　乾道九年

乾道九年仲冬朔，光運寺住持僧正成謁孫子曰〔一〕：『儒佛之道，相爲表裏。如來以心印相授，不立文字，非通儒啓其關楗，學者莫知所從入。曹溪老盧親傳黄梅衣鉢〔二〕，必得柳宗元、劉禹錫潤飾之，然後其道益尊。今吾招提寂通證誓大師道場也，一方信嚮，欲雨欲暘，應祈如響。碑刻蔑然無述，舊有行狀，建炎兵火，煨燼弗存，流俗相傳，訛鄙失真。子摭以記顛末，吾將鑱石焉。』予復之曰：『此吾素心也。』春二月望，先君捐館，卜三月五日。窆期將及，雨淫不止，余窘甚，奉香哀禱于師。又明日，陰雲剥散，霽色舒麗，遂克襄事。未知報師之所，秉筆紀實，其何敢辭。於戲！師之生歲在己巳，唐高宗總章二年也。師之寂歲在癸未〔三〕，明皇天寶二年也。距今癸巳之歲，遥遥四百三十載，其詳不得而聞矣。考諸余襄公《塔銘》及《韶州圖經》，僅得其略焉。謹按師郴人，姓朱氏，法名道廣。幼而悟空，長而弃俗，禮衡州超和尚，祝髮於福田寺，受具於南岳。梵行孤潔，法相嚴冷，振錫興游〔四〕，止於韶州仁壽臺。群丐所居，與臺密邇，師日持盂化食比屋，以所得蔬飯同之一器，爲和羅飯，先飼貧病，群丐飫足，自餐其餘，行之悠久不倦。天寶元年，韶大旱，農畝龜拆〔五〕。郡守馮君失其名。雩祀亡應，師慨然嘆曰：『吾食於人，旱魃肆虐，當與人同病。』徑詣湞、武二水合流處〔六〕，浮坐具水上，合爪正坐，沿流下官灘，溯洄而歸，謂人曰：『雨且至矣〔七〕。』老稚歡迎于臺，見庭中井霧氣上騰，黑龍躍起，密雲布空，大雨沛然，千里沾潤，變凶爲豐。明年冬十月二日，趣門人具湯澡盥罷，危坐瞑而寂〔八〕，异香盈室。門人築浮圖以安師像，壽七十五，臘五十五。網羅舊聞，可書之事，止於此爾。余以是知師心廣大慈悲，此師所以證果成佛也。今寺建於隋初，仁壽臺，以年名也。及師居之，世呼廣和尚院。唐僖宗時，郡守謝君肇惡其斥師名，改曰廣明院，亦以年名也。僞劉專制〔九〕，謚師曰輔聖，名其塔曰寶元，寺曰光運，具龍舟以迎師，與六祖同入宫，加謚證真、寂照焉。皇朝元豐五年，賜謚寂通證誓大師，寺塔名仍其舊。建炎五年，郴寇窺境，欲劫師以歸。前期，郡守管君因可夢師假館，既寤，奉師坐亡之像于州治，寇至無所得，焚宇而去。紹興八年，副總管韓侯京起其廢，規模比舊差隘，塔不復治。寺成，奉師真像以歸。余既書師事，系之以偈，偈曰：

佛法從西來，暗與儒道合。吾儒惻隱端，即是佛慈悲。慈悲與惻隱，同實而异名。若有善男子，哀愍濟衆生。普視大千界，願同沾利樂。不起自私心，反手成佛道。稽首寂通師，性根大智慧。一念百千念，不離慈悲心。常持和羅飯，先飼貧病者。不自厚其身，無有不厭足。同憂歲大旱，浮水現法力。驅龍洒甘雨，無有不沾潤。師心本湛然，未嘗有作爲。及其有作爲，哀愍衆生故。師寂四百歲，慈悲如在時。雨暘或愆期，應禱如枹鼓。願終惠此方，净洗千劫塵。歲歲是豐年，在在成樂土。咸知大慈悲，信嚮永不怠。

淳熙三年八月朔，本寺住持、傳法沙門正成立石，免解進士章貢孫時敏撰并書，文林郎、知梅州程鄉縣事、主管學事周南張概題額。嘉慶《廣東通志》卷二一一。又見同治《韶州府志》卷三八，光緒《曲江縣志》卷一六。

〔一〕寺：原無，據光緒《曲江縣志》補。

〔二〕此句右引作『曹溪老盧親受衣鉢於黄梅』。

〔三〕癸未：原作『癸巳』。按天寶二年爲癸未，因改。

〔四〕興：光緒《曲江縣志》作『遨』，似是。

〔五〕坼：原作『拆』，據右引改。

〔六〕滇：原作『真』，據右引改。按《新定九域志》卷九，韶州有滇水。

〔七〕矣：原無，據光緒《曲江縣志》補。

〔八〕危：原作『跪』，據右引改。

〔九〕僞：原闕，據右引補。

趙愷

趙愷（一一四六——一一八〇），孝宗次子。初補右内率府副率，轉右監門衛大將軍、貴州團練使。孝宗受禪，拜雄武軍節度使、開府儀同三司，封慶王。太子薨，愷次當立，然竟立恭王惇，故加愷雄武、保寧軍節度使，進封魏王，判寧國府。淳熙元年，徙判明州，加荆南、集慶軍節度使，行江陵尹，改永興、成德軍節度使，揚州牧。七年，卒於明州，年三十五。謚惠寧。見《宋史》卷二四六《宗室傳》三。

供舍利金塔記　淳熙二年閏九月

四明阿育王山有佛舍利塔，其來舊矣，光明顯現，爲一方植福之地。名徹海宇，無問識與不識，莫不加敬。我光堯壽聖憲天體道性仁誠德經武緯文太上皇帝亦异其事，蓋嘗灑宸翰，目以佛頂光明之塔。余自幼年聞之，願見而不可得。淳熙甲子之冬，被命來鎮兹地，今年四月十一日，因往廣利禪寺，恭視御書，遂獲瞻禮。誠心一啓，不俄頃間，毫光發見，青紅交眩，變示不一，乃始知佛大神通，歷千百之久，而靈像無乎不在，是足以驗前日傳聞之不妄也。既睹此异，思欲信以傳信，默成一贊四章，章四句，用見皈依無盡之意。且體塔製，鍍之以金，造成一座奉安寶塔於其中，敢以贊語刻于塔之四旁，庶乎保護尊仰，永永無窮云。淳熙二年閏九月，皇太子〔一〕、雄武、保寧軍節度使、開府儀同三司、判明州軍州事兼沿海制置使魏王愷書。《阿育王山志》卷三。

〔一〕皇太子：按史，愷未曾立爲皇太子，此『太』字當衍。

何澹

何澹，字自然，處州龍泉（今浙江龍泉）人。乾道二年進士，累官國子司業，遷祭酒，除兵部侍郎。光宗内禪，拜右諫議大夫兼侍講，進御史中丞，除焕章閣學士、知泉州，移明州。寧宗即位，還爲御史中丞。慶元二年，除同知樞密院事、參知政事。六年知樞密院，仍兼參知政事。執政凡五年，以資政殿大學士提舉洞霄宫，起知福州，進觀文殿學士，尋移隆興府。後除江淮制置大使兼知建康府，移使湖北，兼知江陵。奉祠卒，贈少師。澹少年取科名，急于榮進，阿附權奸，斥逐善類，立僞黨之禁，賢士爲之一空，其後凶黨俱逐，澹則以早退幸免，優游散地幾二十年。著有《小山雜著》。《宋史》卷三九四有傳。

崇因薦福禪院金光明閣記　淳熙十六年七月

龍泉爲括壯縣，崇因薦福禪院者，爲龍泉巨刹，地四望均而琉璃金碧之所焜耀，儼然真天人居也。院舊名覺海，崇寧四年澹之曾伯祖清源郡王請爲奉先之所，改賜今名。舊有閣名諸天，規製淺狹，重檐邃宇，姑藉掩映。建炎四年燔于兵，其徒掃地新之，三傳至惠定，院侈于舊，而兹閣閲五十餘年未有能復之者，定有意而年已老矣。淳熙丁酉，住持僧祖映始議經畫，未幾示寂。而至愚師實來，與僧證本者遍謁邑中之豪，始于清源王家而遠達閩浙諸邑，積緡錢以二萬計，鳩工賦財，始于己亥之冬，迄於甲辰之秋，向者定之老而不克議，映之議而不克究者，至是悉備。其高九丈，深六丈，其横十丈有一。周以闌楯，夾以繪畫，山川雄勝，争助氣勢。盧舍那佛坐寶蓮華居其中央，文殊、普賢騎獅子、象翼其左右，帝釋天衆東西對列。恍惚變化，莊嚴神妙，金仙大覺□□出現，俾凡有情之衆，隨見有感，隨感有得，豈□□□西俗爲事哉！方閣之未成，峙大木以十數，幾年無所蔽覆，其黨有疾之者，則指示笑曰：『此柱其菌乎？』本雖聞不退，轉由是以轃厥成。既成，愚謁銘且請記曰：『本有功于閣者也，焦勞而勇爲，堪忍而能幹，愚不及焉。然而閣成而本死，愚不敢没其實也。』余聞浮屠氏舍己以爲人，忍辱而成方便，又其願力之深重者，生而死，死又繼之以生，終不釋其所爲。本之於此閣也，不計其艱難勤苦，雪霜風雨之所暴露，使柱不菌而身爲微塵了無憾焉，况不惟不菌而桴叠拱猶其生存也哉。今又黼黻青黄之，使本而在不能加毫末於斯，然則死猶生也。本以身殉役，愚有功不居，皆賢于人者，不可以不記。淳熙十六年七月一日記。光緒《（浙江）龍泉縣志》卷一二，光緒二年刻本。

靈芝崇福寺記

沿湖古刹相望，以得湖之多爲勝，既勝矣而去城遠，則人倦游焉。靈芝附城瞰湖，湖繚其三之一，去城闉不百步，都人士足相踵也。寺本吴越故苑，芝生其間，捨以爲寺，號曰靈芝，皇朝益以崇福二字。地既廣袤，宇亦雄勝。元豐間，郡守李悰以僧元照持南山戒律有聲，俾闡其化，從游嘗五百衆。照以政和六年九月一日示寂，塔全身於寺之西北隅，宗緒有傳，四衆咸仰。建炎兵火焚寺，塔存於埃燼，衆以爲异。六飛駐蹕於郡，割寺基十八九爲顯應王廟，羽流復廬其旁。一塔之外，敗屋殘僧，凄然托處，香火不絶如綫。紹興十一年，照門人用欽聚其徒謀曰：『吾師不徒爲後學宗，爲民有禱靡不應，其可無謚號？』請諸朝，得謚大智律師，塔曰『戒光之塔』。其徒自是思復上賜田，以興廢爲事。乾道改元，道心律師實來講明宗旨，以化遠近，凡土木之役則命寺僧智輝董焉。輝練達物情，左籌右計，不顧其地與力之不足而苦心專志，隨方逐圓，以寓其巧，積銖累寸，以底其成。先用日者説，易向爲東南，峙三門，翼兩序，經藏、香積次第而舉。繼心曰彦熙，建善法堂。繼熙曰通戒律師端妙，仍委輝以役事。築基衍址，不愆於素，佛殿僧堂，輪奂壯麗，丈室、齋寮、下屋、圊湢悉具。淳熙庚子，妙以老退處，上下合詞推首座法光爲主，光推己與人，聽講充斥，首新大智之塔，既又增宇以栖雲衲，飾館以備檀那，潮音大振。紹熙元年四月，孝宗皇

何　澹

帝幸寺，明年上元，召光入重華宫，親問戒律大義及施食因緣，大契旨。三月，孝宗再幸，賜緡錢五百。四月，太皇太后臨幸，賜白金百兩。五月，孝宗又幸，愒息終日。御小車至僧堂，飯僧賜襯，坐方丈良久，顧謂光曰：『此地清幽，施食甚宜，如隘陋何？』光奉詔創大軒三楹於正寢之後。帝聞，月給内帑就施。光積所賜及他檀施，别創觀音道場，作水陸大齋所於西偏，盡挹湖山之勝，像設莊嚴益甚。法堂素淺，每修浄會，道俗交病，於是又斥大，與堂合而爲一。工告訖功，凡地與屋無欠無餘。自心至光，人更者五，年更者三十九，而後大備，稍復永平之觀，琉璃金碧，上下相映，木魚鐘鼓，見聞咸喜，人樂其成而不知其成之不易也。光與輝輩志堅心齊，後先相須，如出一手，豈不可尚哉！故因光請而樂爲之書。雍正《西湖志》卷一〇。又見《咸淳臨安志》卷七九。

倪思

倪思（一一四七——一二二〇），字正甫，號齊齋，又號景迂老人，湖州歸安（今浙江湖州）人。乾道二年進士，授遂安軍節度掌書記。淳熙五年中博學宏詞科，除國子正，歷太常博士、校書郎，進秘書郎。光宗時除中書舍人兼直學士院，累官禮部侍郎，出知紹興府。寧宗即位，召除吏部侍郎，兼直學士院，忤韓侂胄，出知太平州，歷知泉州、建寧府。召試禮部侍郎兼直學士院。侂胄誅，復召，權兵部尚書兼侍讀，徙禮部尚書，又忤史彌遠，出知鎮江府，改福州，以顯謨閣學士致仕。嘉定十三年十月卒，年七十四。謚文節。所著有《齊齋甲乙稿》《兼山集》《承明集》《班馬异同》三十卷（存）、《經鉏堂雜志》十卷（存），以及表奏詩詞、經史雜著等凡四百餘卷。見魏了翁《顯謨閣學士特賜光禄大夫倪公墓志銘》（《鶴山集》卷八五），《宋史》卷三九八本傳。

重建净相院佛殿記　紹熙二年二月

繇雷峰之陰，并湖而行餘里許，有院曰净相。背負山麓，面敞平湖，松竹森蔚，景趣幽雅。庭有杜鵑花數本特盛，東坡先生所爲賦詩也。始余在學館，遇勝日或休沐，時時游焉。蓋院占湖山之勝，而處地最僻，又距城闉不遠，此余所以樂數往也。當是時，院之堂宇雖備，而佛殿自建炎毀於兵，未克修建。主僧師雅指其基謂余曰：『吾當募衆助而鼎新之，期以某年成。果成也，君爲我記之。』言若無甚難者，雖嘉其志許之，然意其役費巨，未必果如期能成也。自是數年，余婁膺遷擢，事緒滋多，無須臾間，不至净相者已久。去年春，師雅忽造門曰：『曩所欲建殿，今成矣。許我記文，敢請。』余疑其成之敏，則往觀焉。輪奂一新，丹雘炳煥。中塑像七，又圖畫其兩旁，皆極嚴麗。顧問所以能辦此者，則曰：『吾立志既定，堅忍不移，隆暑祁寒不辭勞，丐謁檀施不憚煩，錙銖而累之，日月而積之，是以役費雖巨，而終獲如吾志。』余又以冗，未暇置思，遷延逾年。師雅時一造門，輒伸前請，最後請尤堅，余益信其真能有志也。人苟有志，其何事不立，余於此有感焉。夫以余昔所嘗游之地，又嘉師雅之志而有感，且重於食言，合是三者，記雖欲不作，得乎？院始於周顯德間，錢忠懿王所創，號瑞相院。至太平興國三年，改今額。宣和中，大本禪師嘗敷法席。隆興初，右街僧録彦觀維持，其徒甲乙相嗣，三世而至師雅。師雅，永嘉人，稟質純實，多與士大夫游，有足嘉者。殿成於紹熙元年三月，記之刻則二年二月也。《咸淳臨安志》卷七八。又見《西湖志》卷一〇。

魏鯨

魏鯨，淳熙時從事郎、階州州學教授。見《隴右金石録》卷四。

福津縣廣嚴院記　淳熙十五年八月

夏四月，別駕吕侯行縣，過福津谷，至古蘭臯戍，歸而語其客魏鯨曰：西距郡城六十里，并□東行，兩山間曰福津谷，岡阜聯絡，若伏若起，約六十里許，突爲□峰，蜿蜒□□，□曠平夷，可聚百家。衆山環合，拱揖先後。有僧庵曰廣嚴院，直峰之址，竹樹蒙密，殿屋崇麗，杰出樹杪，宜其地勢堂皇，樓閣廣袤相稱，像設嚴備，徒侣繁集，鐘鼓梵唄之音□□□時，如通都□□□浮圖之居。因召其主僧，問起廢所因。曰院故名彌陀，舊廬谷下缺八字。始之。至嘉祐中，改賜今名。紹興中，爲漲潦嚙壞，無尺椽寸瓦留者。普興與師道恩始相今址，衷一方施金，遷而新之。起於紹興三十一年，落成於乾道九年，凡十二年。爲八十□，□□二，爲堂二，爲寮十，庖廥□浴，無不咸具。又以餘力爲鐘鼓而縣之，度弟子十有二人，皆普興□爲之也。其用力之難，且必如此。事之以難廢，以不能堅忍壞者多矣，如普興者，不亦异歟。吾儒皆事聖人，而至於尊信其道，力行其説，用力之難，且未必浮圖氏若也，可不爲之嘆惜歟。明日，普興自狀果，自狀其始末，詣太守郭侯白狀，又詣吕侯請焉，曰侯幸辱臨於普興之廬，若有意爲普興記，亦以遷而新之。故願卒圖之於吕侯，以屬於鯨。而普興亦因□□至六七反不倦，遂不辭而爲之記，俾有考焉。《隴右金石録》卷四。

又見同治《武階備志》卷一七，光緒《甘肅新通志》卷九二。

楊楫

楊楫（？——一二一三），字通老，號悦堂，福州長樂（今福建長樂）人。淳熙五年進士，歷莆田尉，司農寺簿，國子博士，轉少卿。嘉定三年知安慶府，復持憲湘南，累官江西運判。嘉定六年卒於官。爲朱熹高弟，與楊簡、楊方齊名，時號三楊。見所撰《雲谷雜記跋》，黄幹《祭楊通老文》（《勉齋集》卷三九），《宋元學案》卷六九，《宋元學案補遺》卷六九，《考亭淵源録初稿》卷九。

重建靈峰寺記

直長溪之北，環地十餘里，岩洞邃深，峰巒羅列，如天施地設，奇變萬狀，是爲太姥山。山有三十六峰，一峰發於其麓，自南而北，得地平寬，楊氏五百余年聚族於其傍，是爲潋溪。由潋溪之西盤折紆回，别爲一窟穴，有招提焉，是爲靈峰寺。寺之建不知何所始，考楊氏族譜，蓋唐代宗大曆間楊氏之祖始卜居潋溪，其寺記則咸通元年楊氏捨田以爲子孫植福之地也。俗傳乾符間寺遭回禄，堂廡悉爲煨燼，獨殿内三軀佛巋然獨存，里人以爲禪靈。僧智饒於是因舊基重建是殿，年代浸久，梁棟傾撓，不庇風雨，過者懼將壓焉。有大全上人者，實昔住持真教大師法海之弟子也。真教住此山二十餘年，道俗歸向，鐘魚鼓板之聲不絶，叢林號曰小雪峰，後移住董山蓮華峰之資國。大全復還靈峰，力行真教道，不忍視其殿之壞，慨然欲起而作新之。衆不之許也，疑忌相半，讒毁交作。大全愈堅持不退轉，餐風饕雪，擇日與里之信士同心比力，庀才鳩工，不三四年成此勝事。棟宇佛像皆增於舊，金碧相輝。動人心目。向之疑者忌者與讒且謗者，亦皆心悦誠服，無异詞焉。然則佛之教盛行於天下，豈盡出於人心之所同然哉，亦由其徒之崇其道者皆有大全堅持之操，任重之器，故能成就如此。自仁宗朝詔天下州縣皆立學，至於今有司大率視以爲故事，每歲春秋長吏率生徒行釋奠禮，至月之朔則羅拜於庭下。苟且滅裂，若不獲已而爲之。异時則閩之學宫雖像魂缺剥，屋宇頽壞，未有過而動心者焉。舉國皆儒服，祇以爲利禄計，其存心反不如釋氏之所以勤奉其教者，其故何哉？祇并書之，以著大全之善於植立，而亦愧夫吾道之不行也歟。嘉慶《福鼎縣志》卷八，嘉慶十一年刻本。

釋志南

志南，淳熙中住天台山。見所撰《三隱集記》。

天台山國清禪寺三隱集記

豐干禪師唐貞觀初居天台國清寺，剪髮齊眉，衣布裘。人或問佛理，止答『隨時』二字。常唱道，乘虎出入，衆僧驚畏，無誰語。有寒山子、拾得者，亦不知其氏族，時謂風狂子，獨與師相親。寒居止唐興縣西七十里寒岩，以是得名。拾因師至赤城，道側聞兒啼聲，問之，云孤弃於此，乃名拾得。携至寺，付庫院，後庫僧靈熠令知食堂香燈。忽登座與佛像對盤而餐，復於聖僧前呼曰小果。熠告尊宿等，易令厨内滌器。常日齋畢，澄濾殘食菜滓，以筒盛之，寒來即負之而去。寒容貌枯悴，布襦零落，以樺皮爲冠，曳大木屐，時至寺。或廊下徐行，或厨内執爨，或混處童牧，或時叫噪，望空慢駡云：『咄哉咄哉，三界輪迴。』僧以杖逼逐，即拊掌大笑。一日問師：『古鏡不磨，如何照燭？』曰：『冰壺無影像，猿猴探水月。』曰：『此是不照燭也。』更請師道，曰：『萬德不將來，教我道什麽？』寒、拾俱作禮。師謂寒曰：『汝與我游五臺，即我同流；若不與我去，非我同流。』曰：『我不去。』師曰：『汝不是我同流。』寒問：『汝去五臺作什麽？』曰：『我去禮文殊。』曰：『汝不是我同流。』師尋獨入五臺，逢一老翁，問：『莫是文殊否？』曰：『豈有二文殊？』及作禮，忽不見，後回天台而化。寒因衆僧炙茄，以茄串打僧背一下，僧回首，寒持串云：『是什麽？』僧云：『這風顛漢。』寒示傍僧曰：『你道這個師僧，費却多少鹽醬。』趙州到天台，行見牛迹，寒曰：『上座還識牛麽？此是五百羅漢游山。』州曰：『既是羅漢，爲什麽作牛去？』寒曰：『蒼天蒼天。』州呵呵大笑，寒曰：『笑作甚麽？』州曰：『蒼天蒼天。』寒曰：『這小厮兒，却有大人之作。』潙山來寺受戒，與拾往松門，夾道作虎吼三聲，潙無對。寒曰：『自從靈山一别，迄至于今，還相記麽？』潙亦無對。拾拈拄杖曰：『老兄唤這個作什麽？』潙又無對。寒曰：『休休，不用問他。自從别後，已三生作國王來，總忘却也。』拾掃地，寺主問：『姓個什麽？住在何處？』拾置帚叉手而立，主罔測，寒搥胸曰：『蒼天蒼天。』拾問：『汝作什麽？』寒曰：『豈不見道東家人死，西家助哀。』因作舞，笑哭而出。又於莊舍牧牛，歌咏叫天，曰：『我有一珠，埋在陰中，無人别者。』衆僧説戒，拾驅牛至，倚門拊掌微笑曰：『悠悠哉，聚頭作相，這個如何？』僧怒呵云：『下人風狂，破我説戒。』拾笑曰：『無瞋即是戒，心净即出家。我性與汝合，一切法無差。』驅牛出，乃呼前世僧名，牛即應聲而過。復曰：『前生不持戒，人面而畜心。汝今招此咎，怨恨於何人？佛力雖然大，汝辜於佛恩。』護伽藍神僧厨下食每每爲烏所耗，拾杖抶之，曰：『汝食不能護，安能護伽藍乎？』神附夢于合寺僧曰：『拾得打我。』詰旦説夢，一一無差，視神像果有所損，驚异，牒申郡縣，郡謂賢士遁迹，菩薩應身，號拾得賢士。初，閭丘胤將牧丹丘，頭疾，醫莫能愈，遇禪師名豐干，言自天台來謁使君。告之病，師曰：『身居四大，病從幻生。若欲除之，應須净水。』索器咒水，噀之立愈。閭丘异之，乞言示此去安危之兆，師曰：『記謁文殊、普賢，此二菩薩，見之不識，識之不見。若欲見之，不得取相。國清寺執爨滌器寒山、拾得是也。』閭丘到任三日，至國清，問：『此寺有豐干禪師否？寒山、拾得復是何人？』僧道翹對曰：『豐干舊址在經藏後，今闃無人矣。寒山、拾得尚處僧厨。』閭丘入師房，止見虎迹，復問：『在此作何行業？』翹曰：『唯事負舂供僧，閒則諷咏。』入厨尋訪寒、拾，見於竈前向火，拊掌大笑。閭丘致拜，二人連聲呵叱，執手復大笑曰：『豐干饒舌饒舌，彌陀不識，禮我何爲？』相携出松門，自此不復入寺。閭丘歸郡，送净衣香藥到岩，寒高聲喝曰：『賊！賊！』遂入岩石縫中，且曰：『報汝諸人，各各努力。』石縫忽合。後有僧采薪南峰，距寺東南二里，遇一梵僧持錫入岩，挑鎖子骨，曰取拾得舍利，乃知入滅于此，因號岩爲拾得。閭丘俾道翹尋訪遺迹，於林間葉上得寒所書辭頌，及村墅人家，三百餘首。拾亦有詩數十首，題石壁間云。按舊序，二人呵叱，自執手大笑，閭丘歸郡，遺送衣藥，與夫挑鎖子骨等語，乃知寒山不執閭丘手，閭丘未嘗至寒岩，拾得亦出寺門二里許入滅，今《傳燈》所録誤矣。因筆及此，以俟百世君子。淳熙十六年歲次己酉孟春十有九日，住山禹穴沙門志南謹記。《豐干拾得詩》卷末，四部叢刊本。又見《天台三聖二和詩集》卷首。

杜斿

杜斿，字叔高，婺州金華（今浙江金華）人，陵第三子。嘗問道於朱熹，與辛弃疾等人游。端平初以布衣召，入館閣校讎，年已八十餘。見《南宋館閣續録》卷九，《宋元學案》卷六九，《宋詩紀事》卷六五。

昭化寺記　淳祐三年七月

昭化起周顯德間，歲久頽圮。一僧道淵能奮空拳，有立志，寺土産磽薄，厨空廩竭，餘升斗粟，以待朝夕，乃猛力一向，慨然欲起三百年之頽圮，有力者壯而憐之，爲乞于部于州，俾以甲乙領寺事，遂與其弟子祖刊辛勤上下，翦荆棘，埽狐兔，而棟宇之，其詳見於余之甲乙記，浸起舊觀矣。淵死，刊承襲，乃苦志刻勵，殊不減淵在時，一布縷備寒暑，一菜茹免饑渴即止。至於營造梵宇，窮日夜力不置。募檀施，捐己力，起舊創新，乃若整暇。客至門，館舍如歸，其徒麇至，急鳴魚鼓、洗杅鉢以待。自紹定辛卯至嘉熙之戊戌，千佛閣落成，倏見於參差雲木之上，高可若干丈，深廣稱之。下闢法堂，旁開丈室，又稱之。凡木之可楹可棟，石之可礱可琢，瓦以萬計，工以千計者可累數而上。約費錢六千餘緡，殆不類一頹圮寺所能辦也。以彼佛言之，淵善創，可自附於開山之鼻祖；以吾儒言之，刊善繼，可無忝於肯堂之家嗣矣，未易輕也。若夫以小喻大，由下風上，余切有慨于中。今衣冠世胄，族大蟬聯，一朝衰歇，過者憐之，生子寧馨，能振迅其後，不替前修，則隆隆世胄，故無恙也。夫世胄亦其小者爾，上而繁劇藩府，吏蠹民殘，見謂難理，天子下明詔，選良刺史，以政事理財，以仁愛撫凋瘵，變愁嘆爲歌謡，期月可待也。夫一藩府亦其小者爾。又大而天下國家，遭艱虞之運，懷饑渴之憂，外有敵國外患，内有法家拂士，廟堂之上，皆足爲宏濟于艱之大計，雖燦然復興可也。不然，吴夫差之終不忘越，趙武靈王之必取中山，彼獨爲何時哉！在刊浮屠法，不宜退轉心。淳祐三年七月日記。《癖齋小集》附，《南宋群賢小集》本。又見《金華文徵》卷五，雍正《浙江通志》卷二三二，光緒《蘭溪縣志》卷三。

劉褒

劉褒，字伯寵，建寧府崇安（今福建崇安）人。登淳熙五年進士第。紹熙末爲静江府文學參軍。歷知全州，累官司門郎中。以臺評而歸，自號梅山老人。工詩詞，有文集，又編有《桂林文集·續集》。見《萬姓統譜》卷五九，《詩人玉屑》卷一九，《宋史》卷二〇九《藝文志》。

興教寺記

四明西南隅曰小溪，乃鄞之隸鎮也。雖非水陸往來之要衝，然撮景勝概，四明江山之麗秀，盡在於兹。竊以爲松之森森鬱茂，則其下有异卉靈根，地之真境勝絶，宜建精藍梵刹。歷代釋教，莫如我宋之盛。天下伽藍，惟東南尤熾。是以山川勝地，必多建焉。是境也。有院曰興教，在小溪之東北隅，始自唐太和年中置立，即古號興福，至今朝治平元年賜今額。是院之興，初爲甲乙徒弟繼踵住持，至僧維谷則又易作傳教，命十方僧徒主之。熙寧末，本院仲明者精心專行，所得施資，勠力修院，功成身退。守能者又從而營緝，殿閣参差，松筠蒼翠，梁雕宇峻，金碧燦然。學者市歸，

僧徒雲會。余調官小溪已三考，富有佳山奇水，得此吏隱優游，俾拾故老遺言，記其本末。乾隆

《鄞縣志》卷二五，乾隆五十三年刻本。

李元信

李元信，合州（治今重慶合川）人。淳熙中進士。見嘉慶《四川通志》卷一一三。

惠寂院記

李氏之七世祖曰丞配，五季之亂，挈其妻子出游，避地入蜀，自遂徙於合陽。有别業在緱溪，山環水秀，林麓蒨茂。其近有山，順溪而起，名曰永清，横亘數里，平衍陂陀，巴岳南峰，山岡對峙如揖。風朝月夕，每徜徉而往來其上，樂其深静而廣遠也，則遂捐其地以爲招提，鳩工捨財，一不假丐於外。中建大殿，與門相直，左右翼以廊廡，周以禪房，環寺之址，水田足以爲之供。工告成，請諸朝，錫名曰惠寂。揆其規制，雖未敢與□□□然清遠幽寂，誠山林學者之道場也。今主僧自應捐其餘力，增葺而大李氏之祠堂，訪余言曰：『寺爲李氏福田，垂三百□□有石刻久而漫滅，況金鐘銘所紀事有可考，盍記之，前世潛德，與此山俱傳，不亦可乎！』余諾之曰：『佛氏以無住相，布施爲上，如斯所言，得無麗諸相否？且劫火洞然，大千俱壞，當此時，山且何在？師安用記爲？』師曰：『不然。君所言乃無爲法，我方以有爲法攝化衆生，詎能忘言哉？』元信曰：『然。』勉而爲之記。光緒《銅梁縣志》卷一三，光緒元年刻本。又見《宋代蜀文輯存》卷七三。

楊亢

楊亢，遂寧府小溪（今四川遂寧）人。慶元五年進士，爲迪功郎、新果州西充縣主簿。見《臨安志輯逸》卷五，嘉慶《四川通志》卷一一三。

顯嚴院修創記　慶元五年八月

浮圖氏以塔廟爲像教之盛，錢王時獲佛螺髮，始建塔於雷公之故峰。洎宣、政兵火，屋宇燼矣，獨塔頽然榛翳間。建炎末，有司欲毁之，度其材以修城，忽巨蟒出繞其下而止。其後軍寨於此，環塔爲藏甲處。一日烈風震霆，攝兵器於外，而局鍵如故。主將怪其事，遷而他之。靈迹章章如此，四衆驚异，婁有志營葺而未克成。乾道七年，有大比丘智友歸自方外，草衣木食，一意興崇。餘二十年，乃訖功。佛暨菩薩，與種種嚴飾，勝妙殊絶，得未曾有。先是，塔院後即顯嚴院廣慈法師道場，亦經擾攘，居無尺椽，獨放光觀音像存焉。至普照復興，傳之妙誂，甲乙相仍。隨起隨替，且歲凶無宿儲，緇徒散落。至是，衆請友公歸方丈，以總其事，實慶元元年也。院舊在塔西，禮奉莫便。及審度地勢，更爲法堂，與塔對峙。僧堂兩廡以及三門，翼然崇新，院始合而爲一。齋鼓粥魚，晨香夜燈，梵唄之聲不絶。主事修正者實左右之，睹是勝事，亦欲緣化，置立常莊，奉安宿德閲光明藏，爲大福田，即傾餘囊，首捨所有。時大檀越慶國夫人，亦助施焉，自是施者累累矣。功有緒，求記首末。凡物盛衰成壞，關諸時數而存乎心。況佛塔廟龍天護持，經河沙劫所不能壞，但恨其徒志願不固，不能拂拭補苴，作諸蕪穢以壞之耳。今友公崇奉如此，而正又欲廣置莊田以利無窮，吾知塔有興無壞耳。正尚一乃心，誓不退轉，日引月長，以積於成。汝一念故，十方現前，尺土之積，百千萬億。壞從汝心，則衆寶莊嚴等同瓦礫，一切功德應念消散，人誰起信，況復捨施？正其勉之：友得法於月堂昌禪師。正，友之嫡嗣，行力堅，克世其家。慶元五年八月十一日，迪功郎、新果州西充縣主簿楊亢志并書。《臨安志輯逸》卷五，武林掌故叢書本。

楊汝明

楊汝明，字叔禹，眉州青神（今四川青神）人。登紹熙四年進士第。歷官校書郎，嘉定八年官軍器少監，兼權左侍郎官、考功郎官。爲起居舍人，禮部侍郎。歷瀘南帥，官至工部尚書。見魏了翁《瀘州贍軍田記》（《鶴山大全集》卷四八）、《哭楊尚書》（卷九一）、《道命録》卷八、《南宋館閣續録》卷八、《宋代蜀文輯存作者考》。

雙溪化城接待寺記

徑山天下第一禪刹，窈深修阻，高人達士之所輻湊，余每恨無因至焉。去年春奉詔祈澤山間，佛日禪師宣公獲今丞相魯國公居是山七年矣，忻然領予裴徊周覽。雲山重復，草木蓊蔓，可悦人意，而又棟宇宏麗，器物潔齊，爲之驚愕加嘆。彼息心净往，何爲得此哉！乃言曰：『重趼而來者，窮其日力，食息無所。吾又於雙溪之上築室百間，濟其所不及。皇帝嘗錫「化城」二大字，因創重屋，尊而閣之，殿寢門厢，庖禀湢浴，靡不備具。願得識其實。』亟命篼輿并游，至則有過其言，無不及也。余遂言於師曰：『吾儒之道，食無求飽，居無求安，敏於事，謹於言，就有道而正焉。釋迦氏初至雪山，勞其筋骨，餓其體膚，既勤且勩，不減吾儒也。今爲僧者不耕而穫，拱坐得食，隨寓隨足；又爲之茇舍，使朝不及餐，於此乎穀，夕不及宿，於此乎館，將翱將翔，不至半塗而廢，得無過于安且飽乎？夫登山者將爲道謀乎？將爲安飽乎？苟志於道，則居不必安，食不必飽，孜孜求之；求之不得，不敢少怠，意會神契，斯有得矣。師謂何如？』師曰：『此吾考室之意也，能不愧此室，則在其人。』吁，彼能識師意歟？既畢力營繕，遠近信敬，翕然樂施。師又自裒其橐合緡市田千畝，爲無盡供。於是化城之居，可久以大，而師所以待其徒之意始愜，不可不識也。師名可宣，吾蜀嘉定許氏子，别峰印公、橘洲曇公之弟，曇又其同氣也，禪印師曇，有之似之。上雅聞其名，用錫佛日之號。奎畫焜耀，草木生榮。年餘七十，嘗手書《華嚴》等經，庋藏兹山，又築萃堵波於後，當相與爲不朽云。《徑山志》卷七。又見《宋代蜀文輯存》卷七九。

黄由

黄由（一一五〇——？），字子由，自號盤野居士，平江府長洲（今江蘇蘇州）人。淳熙八年進士第一，授南安軍簽判，通判紹興府。累遷秘書郎、著作佐郎，爲嘉王府贊讀。紹熙中歷著作郎、起居郎兼權給事中，遷中書舍人兼侍講，以父憂去職。寧宗立，累除吏部侍郎、權禮部尚書。慶元六年，以臣僚言其「締結僞黨」，出知建寧府，尋罷。嘉泰中，以寶謨閣學士提舉宫觀。開禧中起知隆興府，又罷，仍與宫觀。嘉定初知紹興府、浙東安撫使。三年，除刑部尚書兼直學士院。官終正奉大夫，卒贈少師。見《通直郎致仕總幹黄公行狀》（《水心文集》卷二六），正德《姑蘇志》卷五一，《宋會要輯稿》禮四九之八九、職官七四之七、職官七四之八、職官七四之二六、選舉二二之九、選舉二二之一二，《宋史全文續資治通鑑》卷二八，《宋歷科狀元録》卷六等。

普光教院記略　紹熙中

去華亭縣之北隅比二舍許，人烟衺密，有村曰章廟。地居大聚落，土厚而水深，就一邑論之，蓋境内之爽勝處也。其南則機山旁列，岩巒娟秀。其北則青龍連亘，窣堵對峙。吴松之灝渺，而西是地自吴泰伯匯澤於二江；盈浦潴其南，而水源瀰瀰朝揖。故富家大姓多居焉。居人杜君嘗曰：『是地自吴泰伯後，浸見圖牒，越唐天寶後，又因爲縣。版圖生齒，視舊日繁，距今千有餘年，若在極樂國土。沿浙江左右，沙門精舍，宿張棋布，今吾地獨無善知識以聚清衆，無旃檀林以來信施，斯則可惜。』於是規地一頃，出力經始之。修爲崇門，廣爲寶殿，堂以説法，室以舍徒。峻爲之樓，以□鐏也；奥爲之藏，以函經也。廊廡翼翼，庖湢肅肅，□□藻井，金碧交輝。凡十五年之間，遂成一刹。既而有請丐移普光寺以冠其額，是爲普光教院。計工木之費逾十萬緡，而又捐上腴之田爲轉食輪以安衆。四方緇侣，尋聲窺光，户外之履，浩然朋集，齋魚一響，鉢囊相先。彼知慚識愧者率曰：杜君德也。君諱國珍，字君寶，自號爲敬庵云。嘉慶《松江府志》卷七六，嘉慶松江府學刻本。

葉適

葉適（一一五〇——一二二三），字正則，號水心，温州永嘉（今浙江温州）人。登淳熙五年進士第，授平江節度推官，累遷太學博士。光宗嗣位，由秘書郎出知蘄州，入爲尚書左選郎官，遷國子司業，除太府卿，總領淮東軍馬錢糧。後爲言者論列，降兩官罷，主管衝佑觀。起爲湖南轉運判官，遷知泉州。召對，乞銷磨黨偏，復合人才，寧宗嘉納之，自是『僞學』禁網漸解。除權兵部侍郎，以父憂去。服除，召爲權工部侍郎，改權吏部侍郎。時韓侂胄鋭意開邊而諸軍屢敗，遂除適寶謨閣待制知建康府，兼沿江制置使，進寶文閣待制，兼江淮制置使。及北伐兵敗，侂胄伏誅，御史中丞雷孝友劾適附侂胄用兵，遂奪職，自後奉祠者凡十三年。官至寶文閣學士、通議大夫。嘉定十六年卒，年七十四，謚忠定。著有《水心先生文集》《别集》《習學記言》等。見《宋史》卷四三四本傳。

白石净慧院經藏記

樂清之山，東則雁蕩，西則白石。舟行至上水，陸見巨石冠於崖首，勢甚壯偉，去之尚數十里外，險絶有奇致。其山麓漫平，深泉衍流，多香草大木。陸地尤美，居之者黄、錢二家，累世不貧，以文義自篤爲秀士。北山有小學舍，余少所講習之地也。常沿流上下，讀書以忘日月，間亦從黄氏父子漁釣，島嶼縈錯可游者十數。有楊翁者，善種花，余或來玩其花，必大喜，延請無倦。間又游於其所謂净慧院者，院僧擇饒善詩。義充、從岳、文捷，皆黄氏子，終老不出户，而從岳又以其兄子仲參爲子。余時雖尚少，見其能侃然自得於山谷之間，未嘗不嘆其風俗之淳，而記其泉石之美，既去而不能忘也。蓋天下之俗，往往皆如是。使爲上者知冒之以道，而不以偏駁之政亂之，則以余所聞於古人之治，何不可致之有哉！他日，仲參忽來謁余，叙其所以爲别者，蓋已十五六年矣。問其舊人，則擇饒、義充、從岳、文捷皆死矣，其他老人，多無在者，楊翁者亦已死。而草木衰謝，不復可識，因相對感愴久之。問其院之興廢，則曰：『門廡殿堂庫湢之室，昔以毁而缺者，今粗具。獨轉經藏，屋廬閎麗，像設精嚴，殆爲一院之極，此今之所創而昔之所無也。』於是仲參請曰：『此經藏者，先人以垂死之言，命余輟其學而爲之者也。雖不敢有其勞，亦無廢於先人之命。以公昔之所嘗游而今問之之悉也，盍爲我記焉！』余既嘉其以成先志爲孝，而重其申故舊之請，且因可以記余之所不忘者，故不得辭。問其院之始末，則曰：『始建於唐之龍紀，爲廣教集雲，而今名净慧者，大中祥符之所錫也。其在政和，嘗易爲道士之觀，而後還爲院。既還而睦州盗起，焚於宣和之三年。而淳熙三年十一月朔，則此藏之始建也。』八年十一月。光緒八年瑞安孫依言刻本《水心文集》卷九。又見民國《樂清縣志》卷一五。

温州開元寺千佛閣記

始，開元寺屋以里數，門閣高百三十尺，旁翼二臺，千佛閣在其後，高又過之。鍾梵隔雲雨，欄檻羅網，階陛門户夸耀甚，不獨爲一郡巨麗也。於時永嘉至僻陋，顯官富民之居，俯眉而入，賄藏好贈，不實於篚而奉佛若此。余頗記僧清了者來，所過空聚落迎拜。金帛之獻，舟銜輿戛，以先至爲幸。造寺洪流中，不日月而成。蓋薄其家而厚佛僧，自唐以來迄於渡江，其俗然矣。紹興庚申歲，火延燒開元皆盡。其僧感憤激發，誓以復起，死則後至繼之。然自是人益以施爲難，烏集其門，側睨横出，漫不酬對，有終不捐一錢者。辛苦逾一甲子，猶未悉就。已就者，廣崇之度與初寺相百也。所謂千佛閣者，居廣實爲之。廣贍智博習，能誦説，俗所信愛，施之差易。積至三千萬，斧斤不絶聲十年，方之昔爲隘，視今華敞矣。顧他釋、老舍，兵殘火毁，荒基斷礎相望，十不能興一二也，何論復舊美哉！雖然，余觀今之爲生者，土以寸闢，稻以參種，水蹙而岸附，壟削而平處，一州之壤日以狹矣。异木别草争植於圃，隆棟深宇角勝於家，毦衣卉服交貨於市，四民之用日以侈矣。然則以昔之厚佛僧者而自與，情之所便；抑异以安俗，退夷而進華，又義之所出也。雖然，將充夫先王之道而一由於至順，則固不以吝於人者爲己利，損於外者爲家侈，然後富教而德正，禮辨而俗樸，此三代之上所以爲治道一而義理明也。故余因廣之請，并今昔之變紀焉。嘉定元年九月。《水心文集》卷九。

蔡開

蔡開，字子明，秀州崇德（今浙江桐鄉西南）人。登淳熙八年進士第，授永興尉。歷監六部門，通判隆興府、平江府。旋知邵武軍，杜官增糴之害，俾民自用概糴，白於朝爲定式。後知鄂州，并攝憲、倉二司，尋改漕江西。卒於官。見《至元嘉禾志》卷一三，《楚紀》卷五二，雍正《浙江通志》卷一六七。

崇福寺經藏記

禦溪吾土也。自頃六龍南渡，駐蹕錢塘，遂爲要衝。生齒户口，視昔蕃衍，衣冠甲族，彬彬日盛，以至井里街郵、精廬祠寺之制大率類是。歲在庚午夏，崇福經藏成，巋然峻峙，尤足以增兹邑之壯觀，過者罔不歆嘆。先是，寺有藏在西，建于政和之歲，中更兵火，燎焉弗存。已而因陋就簡，成小轉輪，爲邑人祈禳之地。豈惟土木華嚴之弗備，而氣象萎苶，重爲法教羞。比丘修玩一日慨然，發心勇猛，以興是役爲己任。傾倒鉢囊，得錢五千緡，手自區畫，剋日鳩工。于是遠近見聞，忻喜贊相。時則有昭慶軍節度使劉懋首出巨木，以建藏心；保義郎沈才施錢三千緡，以助工費。未幾，布金畢集，不待勸募，隨念響應。規模既定，乃闢故基而作新之。藏方八面，面各九尺，高廣合度。外爲大殿，壯麗宏敞，與藏相稱。梵宫法界，星羅雲拱，秘函寶帙，鱗次櫛比。黄金丹碧之飾，珠貝旃檀之像，巧侔造化，光媲日月。有大天龍，背涌鯨海，諸天善神，環繞鎮護。壁間繪善財童與五十三參相，皆假莊嚴之妙，以彰變幻之機。勝利崇因，視東南諸刹，蓋不多見。總費二萬緡有奇，積日三期，役工萬有八千。噫，兹事體大，非有願力者孰能成之如此其易！余自少時即識修玩師，既壯，與之游，相知愈深。其平居粗衣糲飯，戒行孤高，了不退轉，故人敬愛之，樂爲供施。而師無慳心，悉捐所有，遂能興起衆緣于一彈指之頃，鼎新盛事于六十年頹圮之後，是亦可嘉也已。余聞禪宗西來，教外傳心，初無以文字爲也。然釋迦文佛有不可説佛刹微塵數，正真大教流入中華，爲經、爲論、爲律凡五千四十八卷。雙林大士創造法輪，藏秘典，傳襲至今，作大利益，夫豈規規然斡轉機軸，裒取檀施而已哉！所謂實際理地，不受一塵，佛事門中，不捨一法，師之功用可勝既耶！師本邑人，年十二爲僧，遍歷叢林，得正法眼藏。不喜住山，不求師號，自名納碧老人。以辛亥歲六月四日書偈歸寂，年七十有四。後六年，其弟前雙林老善猷率其徒可瑛、懷璞、智端、妙芬請于余，願有以紀其事。開既知其顛末，不得辭，于是乎書。慶元三年十一月日，從政郎、新隆興府録事參軍蔡開記。

《至元嘉禾志》卷二六。又見萬曆《崇德縣志》卷八，嘉慶《石門縣志》卷九，《嘉禾金石志》卷二六。